승자와 패자의 갈림길 (12)

제 12대 총선이야기

(1985. 2. 12)

장 맹 수 편저

선 암 각

> 승자와 패자의 갈림길(12)

제 12대 총선이야기

(1985. 2. 12)

초판인쇄 : 2020년 4월 10일

편저자 : 장맹수

발행처 : 선암각

등록번호 : 제 25100-2010-000037호

주소 : 서울특별시 노원구 마들로 31

전화번호 : (02) 949 -8153

값 20000원

승자와 패자의 갈림길 (12)

제 12대 총선이야기

(1985. 2. 12)

장 맹 수 편저

선 암 각

목 차

책을 펴내며   5

제1부 제5 공화국의 역사적이지만 비정치적 사건들의 모음   9

1. 관할 주민 91명을 살상한 의령경찰서 우순경   10
2. 희대(稀代)의 사기극을 펼친 이철희 · 장영자 부부   13
3. 잃어버린 30년, KBS 이산가족 찾기 생방송   22
4. 소련은 KAL 여객기를 사할린 상공에서 격침   27
5. 북한 김정일 지령에 따른 아웅산 국립묘지 참극   34
6. 별들의 전쟁으로 불린 정래혁 · 문형태의 이전투구   42
7. 눈물과 통곡 속에 오고 간 남북고향 방문단   48
8. 납북되었다 탈출에 성공한 신상옥 · 최은희 부부   51
9. 국력의 신장을 돋보인 제10대 서울 아시안게임   60
10. 북한 공작원 김현희의 KAL기 공중폭파   64

제2부 전두환 5공체제에 대한 도전과 응전   72

1. 정치적 안정과 눈부신 경제성장   73
2. 전두환 대통령의 지속적인 유화정책   87
3. 88서울올림픽 유치와 LA올림픽 선전   97
4. 일본과의 관계정립 및 중공의 등장   103
5. 메아리 없는 국내용 대북정책은 여전   109
6. 부산 미국문화원 방화사건의 파장   121
7. 군부독재체제에 대한 부단한 저항   127

제3부 신한민주당이 돌풍을 일으킨 제12대 총선   135

1. 대폭적인 해금과 해금 인사들의 방황   136
2. 선명야당의 기치를 내건 신한민주당 출범   146
3. 민정당의 조직책 교체와 총선전략   156
4. 제1야당 고수를 향한 민한당의 총선전략   163

5. 급조한 신한민주당의 후보공천과 총선전략　　　170

6. 한국국민당등 군소정당들의 선거채비　　　176

7. 이번 총선의 선거쟁점과 금권. 불법선거　　　181

8. 예상을 뒤엎은 신한민주당의 돌풍　　　190

9. 총선이후 급변하는 정국의 흐름　　　203

제4부 지역별 불꽃튀는 격전의 현장들　　　213

1. 돌풍속에서 민정당 후보가 대부분 당선된 수도권　　　214

2. 대구 – 경북과 부산 – 경남으로 정서적으로 분열된 영남권　　　285

3. 여전히 권력의 주변부를 맴도는 비영남권　　　367

4. 충성파와 돈 냄새가 물씬 풍긴 전국구　　　471

_책을 펴내며

지난해 12월에 제13대 (1988. 4. 26) 와 제14대 (1992. 2. 24) 총선이야기 4권이 속간됨에 따라 이제 가까스로 5부 능선(稜線)을 넘어섰다.

우리나라의 고질적인 지역감정과 지역갈등을 영원히 종식(終熄)시키기 위해서는 지방행정구역을 과감하게 재편(再編)해야 한다는 지론(持論)을 펼치기 위해 승자와 패자의 갈림길, 제18대 총선 이야기를 구상(構想)한 것이 지난 2008년이었다.

그동안 제13대 (1988년), 제14대 (1992년)는 물론 제15대 (1996년), 제16대 (2000년), 제17대 (2004년), 제18대 (2008년), 제19대 (2012년), 제20대 (2016년) 총선이야기와 제헌의원 선거에서 제20대 국회의원 선거이야기를 요약한 역대 국회의원 선거 이야기까지 18권을 엮어냈다.

1만여 페이지에 달하는 방대한 자료를 정리하다 보니, 일부는 전재(轉載)하거나 오자(誤字)가 듬성듬성하는 부끄러움도 있으나 잊혀지기 쉬운 역사적 사건과 선거에 관한 진면목(眞面目)을 나름대로 집대성했다고 자부한다.

이번엔 여야 동반(同伴)당선의 기록을 가진 제9대 (1973년), 제10대 (1978년), 제11대 (1981년), 제12대 (1985년) 총선이야기 4권을 상·하권이 아닌 단권(單卷)으로 함께 출간했다.

제9대와 제10대 국회는 유신독재체제에서 국회의원 정수의 3분의 1을 대통령이 임명하여 국회의 안정을 확보할 수 있었고, 신군부세력이 정권을 탈취한 제5공화국 치하의 제11대와 제12대 국회는 제1당인 민주정의당(민정당)에게 전국구(全國區)의 3분의 2를 특별 배려하여 야당의 숨통을 조일 수 있었다.

제12대 총선이야기 제1부에서는 제5공화국 전두환 정권 때 일어났던 역사적인 사건이지만 비정치적 사건 10가지를 묶어보았다.

경남 의령경찰서 우순경이 관할 주민 91명을 살상하는 경찰사상 최악의 오욕사건, 장영자·이철희 부부가 2,600억원에 달하는 어음사기를 벌여 정, 관계가 발칵 뒤집혀 졌다.

KBS 이산가족 찾기 생방송에는 53,525명의 이산가족이 참여했고, 269명이 탑승한 KAL기가 사할린 상공에서 소련 전투기 미사일 공격을 받고 추락하는 불상사가 일어났다.

버마 아웅산 국립묘지에서 전두환 대통령은 서석준 부총리 등 17명을 순직시키고 귀국하는 불행한 사건도 맛보아야만 했다.

영남정권에서도 성공을 거둔 호남 출신 정래혁과 문형태가 별들의 전쟁을 벌여 함께 추락했고, 분단 40년 만에 서울과 평양에서 남북이산가족 상봉이란 이벤트가 1회용에 머물렀다.

홍콩에서 납북됐던 최은희·신상옥 부부가 오스트리아 빈에서 극적인 탈출을 감행하여 영화 같은 삶을 이어갔고, 86 아세아

경기대회에선 5천년 민족사에 새로운 기념탑을 건립했고, 김정일 지시를 받은 북한 공작원이 바그다드에서 서울로 향한 KAL기를 태국 밀림지대에 추락시켰다.

제2부에서는 대통령선거인단 선거 90.2%의 압승으로 대통령에 당선된 전두환 대통령은 11대 총선에서 제1당에 전국구의 3분2의 할애라는 특혜를 받아 민정당이 과반을 훨씬 넘긴 의석수를 확보하여 정치안정을 기하자 김대중을 사형에서 형집행정지로 석방조치 하는 등 광주사태와 김대중 내란음모사건 관련자에 대한 은전을 베풀고 민생안정에도 힘을 쏟았다.

30%를 웃돌던 물가를 한자리수로 잡고 경제성장을 지속시켰고 서울올림픽을 유치하고 일본과의 경제협력으로 40억 달라를 제공받아 경제개발의 밑거름으로 활용했다. 그러나 결실이 없는 줄을 알면서도 대북에 대한 각종 제의를 남발했고 미국의 철통 같은 군사동맹으로 북한의 남침이 사실상 불가능함에도 북한의 침공이 있을 것처럼 호도하고 북한의 도발과 간첩의 창궐을 심심찮게 보도하도록 했다.

5공의 체제에서는 정권교체가 불가능하다는 절망감에서도 부산 미국 문화원 방화사건이 발생하자 전두환 정권은 저항의 뿌리를 뽑겠다는 일념에서 가혹하게 처벌했지만 군부독재체제에 대한 저항은 지속됐다.

특히 1985년에 실시한 12대 총선에서 김대중, 김영삼의 지원을 받아 신한민주당이 돌풍을 일으키자 대통령 직선제를 연호하는 시위와 저항은 절정을 이뤘다.

이어 제4부에서는 신한민주당의 돌풍 속에서도 민정당 후보가 모두 당선된 수도권, 대구 – 경북과 부산 – 경남으로 정서적으로 분열된 영남권, 언제나 권력의 핵심부에서 벗어나 권력의 주변부를 맴돈 비영남권, 충성파와 돈 냄새를 물씬 풍긴 전국구에 대한 개괄적인 설명과 92개 지역구에 뛰어든 후보들의 면모, 지역구별 판세점검, 승패의 갈림길과 득표상황을 정리했다.

아무쪼록 영·호남의 지역갈등이라는 업보가 우리의 후손들에게 유산으로 남겨지지 않도록 과감하고 전면적인 지방행정구역 개편의 계기가 마련되기를 간절하게 기원하면서 정치인은 어떠한 어려운 상황에서도 가벼운 언행을 경계해야 한다는 교훈을 새겨주고 싶을 뿐이다.

2020년 4월

장 맹 수

[제1부] 제5공화국, 역사적이지만 비정치적 사건들의 모음

1. 관할 주민 91명을 살상한 의령경찰서 우순경

2. 희대(稀代)의 사기극을 펼친 이철희·장영자 부부

3. 잃어버린 30년, KBS 이산가족 찾기 생방송

4. 소련은 KAL 여객기를 사할린 상공에서 격침

5. 북한 김정일 지령에 따른 아웅산 국립묘지 참극

6. 별들의 전쟁으로 불린 정래혁·문형태의 이전투구

7. 눈물과 통곡 속에 오고 간 남북고향 방문단

8. 납북되었다 탈출에 성공한 신상옥·최은희 부부

9. 국력의 신장을 돋보인 제10대 서울 아시안게임

10. 북한 공작원 김현희 KAL기 공중폭파

1. 관할주민 91명을 살상한 의령경찰서 우순경

(1) 주민들을 난사한 경찰사상 최악의 오욕사건

1982년 4월 26일 경남 의령경찰서 궁류지서 우범곤 순경이 지서(支署) 무기고에서 카빈총 두 자루와 실탄 180발과 수류탄 7발을 부근에 있는 예비군 무기고에서 꺼내 시장통과 우체국, 민가로 뛰어다니며 주민 62명을 살해하고 29명에게 중경상을 입혔다.

피의 난동을 부린 우 순경은 수류탄 2발을 한꺼번에 터뜨려 주민 5명을 폭사시키고 자신도 그 자리에서 함께 자폭했다.

사건이 난 뒤 40분 뒤에 신고를 받은 의령경찰서는 무장경찰을 인근부락에 배치하고 최재윤 의령경찰서장은 현장으로 달려가 우 순경을 발견 즉시 사살하라는 명령을 내렸으나 우 순경의 범행을 저지시키지도 못했고 자폭할 때까지 속수무책인 상태였다.

우 순경은 자신의 집에서 동거 중인 내연의 처 전말순 씨와 낮잠을 자다 날아온 파리 한 마리 때문에 심한 말다툼을 벌인 후 술을 마시고서 이 같은 광란의 총기난사극을 벌였다.

주민들은 얼굴을 아는 사람이고 신분 또한 경찰로서 '공비가 출현했다' 면서 총성에 놀란 주민에게 다가가 거짓말을 해도 우 순경을 믿고 피하지도 않고 있다가 변을 당했다.

경찰간부도 최악의 학살사건이었다고 자탄하기도 했지만 단독으로 불과 6시간 동안 91명이나 되는 고귀한 생명을 살상한 이번 사건은 동서고금에서 그 예를 찾아볼 수가 없었다.

마을을 찾아다니며 불 켜진 집만을 골라 들어가 총을 난사하고 상가집에서 술까지 얻어 마셔가며 가증스럽도록 차분하게 만행을 계속한 것은 경찰에 대한 신뢰는 물론 인간 잔혹성의 극한을 보여준 것 자체였다.

한 미친 경찰관의 만행으로 한밤 궁유면 다섯 마을이 아수라장이 되었고 곧 비극의 현장이 되었다. 반상회를 하느라 곳곳에 모여 있던 마을 주민들은 영문도 모른 채 마구 쏘아 댄 총에 맞아 숨졌으며 일가족이 모두 숨지는 등 참사가 잇달았다.

이번 사건은 경찰사상 최악의 오욕사건이었다.

국민의 생명과 재산을 보호해야 할 막중한 책임을 지고 있는 경찰관이 아무리 병적인 주벽이 심했다 하더라도 이처럼 끔찍하고 엄청난 대량살상을 할 수 있단 말인가 하며 국민들은 경악했다.

(2) 서정화 내무장관을 문책 경질하고 노태우 장관을 임명

전두환 대통령은 경찰관 난사사건에 대한 보고를 받고 이범석 비서실장과 김태호 정무2수석을 현지에 내려 보내 사망자 유족들에

게 조의를 표하고 부상자들을 위로토록 했다.

민한당은 관계장관과 치안책임자의 퇴진은 물론 경찰의 기강 확립을 위한 획기적인 조치를 촉구했다.

유창순 국무총리는 "정부는 이번 사건에 대한 책임 소재를 명백히 가려 국민 여러분이 납득할 수 있는 방향으로 처리하겠다"는 특별담화를 발표했다.

이번 사건을 수사중인 정부합동 조사반은 비상체제가 갖춰지지 않아 현지에서 보고가 뒤늦어 출동도 늦었고 진압조차도 미온적이었다.

더구나 이 같은 사실을 감추기 위해 관계 서류까지 은폐·조작했음을 밝혀내고 관련자 20여 명을 형사처벌했다.

개략적인 상황보고마저 치안본부에는 정식보고 계통을 통해 접수되지 않고 사건 후 사건 경위보고나 사후 수습에 갈팡질팡하는 꼴마저 드러났다.

여러 갈래의 주민신고가 있었는데도 이에 대한 효과적이고 신속한 대응책을 마련하지 못하고 속수무책이었고 예비군 조직이 활용되지 못했으며 무기고 관리가 허술했다는 것 등이 문제점으로 드러났다.

합동조사반은 진압도 미온적이며 출동도 늦어 우 순경의 범행을 도중에 저지해 최소한 주민 30여 명은 구할 수 있는데도 이를 구하지 못했다고 밝혔다.

경찰에 대한 국민의 신뢰를 실추시킨 사건은 지난 1981년 10월에는 윤보살 살해사건의 수사 형사였던 용산경찰서 하영웅 순경은 살해사건의 초동수사를 진행하다 안방 장롱 서랍속에 들어있던 550만원짜리 예금증서를 보자 욕심이 생겨 동료들 몰래 호주머니에 넣었다가 현금을 인출하려다 발각되었다.

이 사건으로 인하여 용산경찰서 이상점 서장이 물러나는 경찰로서 치욕적인 사건도 있었다.

지난 1972년 2월에는 경남 진주경찰서 이영재 순경이 합천경찰서로 발령이 나자 권총으로 강영환 경비과장을 쏘아 죽이고 박종영 서장을 인질로 난동을 부린 사건도 있었다.

유창순 국무총리는 "모든 공무원은 이번 사건에 대한 공동의 책임을 통감하고 재발되지 않도록 최선의 노력을 다할 각오"라며 대국민 사과문을 발표했다.

전두환 대통령은 서정화 내무장관의 사표를 수리하고 노태우 체육부 장관을 임명했다.

이번 내무부장관의 문책 경질을 단행한 것은 책임행정 구현의 본보기를 보인 것이며 민심수습을 위한 조치의 일환 등 복합적 의미를 내포하고 있었다.

2. 희대(稀代)의 사기극을 펼친 이철희·장영자 부부

(1) 한국은행이 민간기업 지원을 위해 2,000억원 긴급방출

대검 중수부는 1982년 5월 7일 유정회 의원으로 태화산업회장 이철희와 부인 장영자를 외국환관리법 위반혐의로 구속했다고 발표했다.

이들은 암달러상으로부터 미화 40만 달러를 바꿔 자택에 감춰 놓은 혐의이다.

이들은 일신제강, 태양금속등이 사채를 빌어쓰고 담보로 어음을 제공했다가 사기를 당했다는 진정을 해 옴에 따라 수사에 착수했었다.

진정내용은 이들 부부 때문에 부도를 낸 액수가 1,300억원에 달한 것으로 알려졌다.

이들 부부는 월 2푼 미만의 낮은 금리로 장기간 돈을 빌려줄 테니 빌려가는 액수의 두 배 이상에 달하는 어음을 담보로 맡기라는 상투적인 미끼를 활용하여 어음사기행각을 벌였다.

이렇게 해서 확보한 어음을 사채(私債) 시장에서는 물론 은행 및 단자회사에서 할인했는데 금융기관에서 제3자 융통어음을 할인하는 것은 제도적으로 금지되어 있어 이것은 제도권 금융기관이 불법으로 사채 복덕방 노릇을 해왔음을 보여주었다.

중앙정보부 차장, 유정회 국회의원 등의 화려한 경력과 특수한 위치를 들먹이는 이들의 사기극이 그럴 듯했고 무엇보다 이자가 싼 돈에 눈이 먼 기업들이 다른 생각을 할 겨를이 없었을 것으로 보

여진다.

한마디로 '신비한 힘'과 '엄청난 돈'을 갖고 있다는 확신을 기업인들에게 심어 줄 수 있었기 때문에 그러한 사기행각이 가능했으며 바탕이 허술한 마천루(摩天樓)나 모래성을 연상케 한다.

그 모래성은 또한 온실 안의 건축으로 온실을 감싸는 유리는 금융과 세제의 특혜, 수출 드라이브 등 색깔로 덮여 있었다.

장영자는 두 번째 남편과의 이혼할 때 받은 위자료 5억원 등 25억을 기초자산으로 하여 돈을 빌려주면서 두 배에 달하는 어음을 받아 이 어음을 사채시장에서 할인하여 현금으로 바꾼 뒤 다른 기업체에 빌려주는 방법으로 사채놀이를 해 왔다고 진술했다.

얼굴 없는 전주(錢主)들이 몰리는 현재의 사채시장 규모는 줄잡아 1조 원이 넘어서고 있다.

이는 총 통화 16조원의 6%, 4조원가량의 통화의 4분의 1에 달하는 규모로 세금도 없이 경제활동의 현장을 굴러다니고 있는 셈이다.

검찰은 조흥은행과 상업은행이 공영토건과 일신제강에 대출한 총액이 4,028억원이며 이 중 무담보 대출이 2,415억원이다.

아울러 이철희·장영자 부부의 재산은 300억원 정도이며 채무액은 1,300억원으로 1천억원가량의 변제가 불가능하다고 발표했다.

나름대로의 조직과 정보능력을 갖춘 기업들과 돌다리도 두들기고 건넌다는 금융기관이 어떻게 무더기로 거액의 사채사기극에 말려들었는지 불가해(不可解)한 일이 아닐 수 없다.

이번 사건으로 2개 업체의 도산과 2개 은행장의 퇴진, 피해업체 구제를 위해 민간기업 지원을 위해 중앙은행이 돈을 찍어내는 전례가 없는 2천억 원의 한국은행 긴급자금 방출이라는 변칙을 저질렀다.

이번 파동이후 사채시장의 거래는 거의 끊기고 있지만 금리는 월 2.5% 정도에서 할인되고 있으며 사채 시장이 번성한 것은 공금리(公金利)가 인플레를 제대로 보장해 주지 못하는 우리나라의 금융구조 때문이다.

이들 부부는 시중에 유통시키지 않는다는 조건으로 일부 업체로부터 약속 어음을 받고서 이 어음을 시중에 유통시킨 것은 사기죄에 해당되어 검찰은 이 부분에 수사를 집중하고 있다.

이번 사건의 관련업체는 공영토건, 일신제강, 라이프주택, 삼익주택, 태양금속, 해태제과 등 6개 업체이며 이들 업체의 피해 규모는 2,600억원 규모이다. 정부는 공영토건을 법정관리로, 일신제강을 공매처분하기로 결정했다.

공영토건 변강우 회장은 은행 금리보다 싼 연이자 20%로 자금을 빌려주겠다는 제의에 현혹되어 169억원을 빌려 쓰고 1,468억원의 빚더미를 안고 도산하게 됐다.

공덕종 상업은행장과 임재수 조흥은행장이 "고위층과 어떤 관계에 있다는 암시만으로 사실도 확인하지 않은 채 은행에서 대부와 편의를 제공한데 따른 문책인사"라는 중평 속에 사표를 제출하고 수리됐다.

현실적으로 기업자금조달의 큰 몫을 차지하는 사채금융시장의 위축으로 인한 기업자금난을 덜어주기 위한 한국은행 긴급자금 방출은 통화증발을 초래하여 경제운용계획의 틀을 뒤흔들고 국민경제 전체에 부담을 안겨줄 우려를 가져왔다.

이번 사건은 실물경제에 뒤진 낙후된 금융산업, 차금(借金) 경영에 길들여진 기업체질, 만성적 자금부족 등 구조적 문제의 산물이며 우리 경제의 취약성을 여지없이 드러낸 것이다.

(2) 이번 사건의 주역인 이철희, 장영자 그리고 이규광

검찰은 이철희·장영자 부부가 거래회사, 사채업자, 은행 등과 거래하면서 장영자의 형부인 광업진흥공사 사장 이규광 씨가 배후에서 비호해 주는 것처럼 위장 행사했다고 발표했다.

발표와 함께 이규광 사장의 사표는 수리됐다.

이철희는 충북 청원 출신이지만 일본에서 해군정보학교를 다녔으며 육사 2기로 졸업하고 5·16 당시에는 준장으로서 방첩분야 책임자로서 장도영 육군참모총장에게 쿠데타 첩보를 제공했다.

그리하여 5·16 이후 불우한 입장에 처한 적도 있었지만 박정희 전 대통령과 육사 동기인데다 정보 장교로서의 능력이 인정되어 중앙정보부에서 14년 동안 근무하면서 제2인자인 차장까지 올랐다.

이철희는 1979년 제 10대 유정회 국회의원으로 발탁됨에 따라 정보업무에서 벗어났다. 그는 직장 밖의 외부인사에 대해서는 존대말을 쓰는 공손한 사람이었으나 직장 부하에 대해서는 폭군으로 임하는 두 얼굴의 사나이로 알려졌다.

전남 강진의 대지주를 할아버지로 둔 장영자는 독실한 카톨릭 집안에서 태어나 첫 남편과의 결혼도 가회동 성당에서 올렸다.

미모에 천부적으로 사교술이 능한 장영자는 골동품을 모으는 중 불교신자로 돌변하여 '장보각행' 이라는 법명을 얻어 불교계에서는 큰 손으로 알려졌다.

이철희 장군과 장영자 보살의 결혼식에는 최영희 전 의원과 송지영 의원이 축사를 하고 이규광씨가 가족 대표인사를 했다.

대검 중수부는 장영자로부터 3억 2천만원짜리 집과 상당액의 생활비와 용돈을 받은 것으로 밝혀진 이규광씨를 구속했다.

이규광씨는 5·16 쿠데타 이전에는 헌병감으로 장도영 육군참모총장과 대립하여 구속됐고 5·16 이후에는 '박임항 장군 쿠데타 음모사건'에 관련되어 사형선고를 받기도 했다.

출옥 후에는 직업없이 17년동안 불우한 시절을 보내기도 했으며 두 번째 부인의 처제인 장영자로부터 금전적인 도움을 받기도 했다.

이순자 영부인의 작은 아버지인 이규광씨는 10·26 이후 막강한 실력자로 부상하여 재계와 정계의 인사들이 권력의 줄을 잡기 위해 구름처럼 몰려들었다.

이규광씨가 막강한 영향력을 갖게 되자 장영자에게는 '고기가 물을 만난 격'이었고, 이규광씨에게는 '오랫동안 신세만 져오다 그것을 갚을 수 있는 처지'가 된 것이다.

장영자는 정치자금 유입설은 전혀 터무니없는 것이고 민족을 배신한 만큼 우리는 나쁘지 않다고 주장했다.

검찰은 이철희·장영자 부부는 15년 징역형을 각각 구형했고 이규광 피고인은 5년 징역형을 구형했다.

재판부는 이철희·장영자 부부의 사기죄가 성립된다고 분명히 밝히고서 검찰의 구형대로 법정최고형인 징역 15년씩을 선고했고, 이규광 피고인은 특수한 신분을 지닌 사람은 평소의 처신에도 신중해야 할 법적의무를 지닌다는 취지로 징역 4년형을 선고했다.

대법원에서 이철희·장영자 부부에게 유기징역 최고형인 징역 15년이 확정됐고 이규광 피고인에게는 징역 1년 6월이 확정됐다.

(3) 전두환 대통령 사과 및 국무총리, 11개 부처 장관 경질

이번 사건에서 기업이나 은행 임직원들이 '권력비호를 위장한 속임수'에 넘어간 것인지, 아니면 '어쩔 수 없는 상황에서의 압력 때문이었는지'가 끝내 밝혀지지 아니했다.

그러나 민정당 권정달 의원의 관련설과 정치자금 관련설 등 시중

에 나도는 소문으로부터의 피해의식에서 나온 반작용으로 민정당과 전두환 정부는 초강경자세로 돌변했다.

정부에서 시중의 사채에 대한 규제 조치, 전면조사설 등 각종 헛소문이 나돌고 있으나 정부는 이철희·장영자 부부사건과 관계없는 일반 사채에 대해서는 일체 이를 조사하거나 규제 조치를 취하지 않을 것을 거듭 밝혔다.

민한당 유치송 총재는 "한 여자의 손에 의해 어떻게 한 나라의 경제전체가 흔들릴 수 있는지 불가사의하다"고 사건 배후에 대한 의혹을 제기하며 "장영자는 장희빈보다 더 독한 여자"라고 혹평했다.

유치송 총재는 "이번 장여인 사건에는 분명히 배후가 있다" "이번 사건은 관권 만능의 풍조와 누적된 부패가 한꺼번에 터진 것"이라고 국정조사권 발동을 주장했다.

민한당과 국민당은 '장여인 사건에 대한 국정조사 특별위원회 구성안'과 '유창순 국무총리 해임 권고 결의안'을 제출하여 정부와 여당을 압박했다.

나웅배 재무부 장관은 국회에서 "이규광씨가 장 여인의 파티에 초청돼 참석한 일은 있으나 이 씨가 장 여인을 비호했거나 장 여인에게 도움을 준 일은 결코 없었다"고 강변했다.

전두환 대통령도 "권력층을 이용해 사업을 쉽게 하려는 풍토는 절대로 용납될 수 없다"면서 "여기에 이용당하는 공직자를 비롯한 관계자는 모두 법에 따라 엄하게 다스릴 것"이라며 항간의 소문을 의식하여 나 자신을 포함한 누구든 조사하여 관련자는 엄단하라고 지시했다.

검찰은 두 은행장 및 공영토건, 일신제강의 대표 등 15명을 구속했다. 검찰은 장 여인은 자금난을 겪고 있는 기업에 돈을 빌려주고 액수 이상의 어음을 교부 받아 이를 사채업자에 할인하여 그 돈으로 증권투자를 하는 한편, 은행에 예금을 하고 그것을 미끼로 대출을 받아 챙기는 수법을 활용했다고 발표했다.

검찰은 이 사건에 이규광 이외의 배후는 없다고 밝혔으나 수천억 원에 달하는 자금의 행방과 엄청난 사건이 정치자금과 관련이 없었느냐 하는 측면에서도 국민의 의혹을 더욱더 짙게 하고 있다고 야당은 국정조사특위 구성 제안 이유에서 밝혔다.

정치근 법무부 장관은 세간에서는 장 여인이 형부 이규광의 비호 아래 사기를 한 것으로 생각하고 있으나 이 사건은 이철희가 주동한 조직적이고 계획적 사기사건으로 장영자는 하수인이라고 못 박아 설명했다.

전두환 대통령도 "대다수 국민들이 성실, 근면하게 살려고 노력하고 있는 이때 어음사기 사건이라는 불미스러운 일이 일어나 비통한 마음 금할 수 없다"고 국민에게 사과하면서 유학성 안기부장은 이번 사건의 정보부재에 대한 인책차원에서 해임되고, 노신영 외무부장관이 영전됐다.

전두환 대통령은 민심수습차원에서 법무, 재무, 국방, 상공 등 11개 부처장관을 경질하고 권정달 민정당 사무총장 등을 해임하고 권익현 경남도지부장을 기용했다.

전 대통령은 시국수습 차원에서 유창순 국무총리를 경질하여 김상협 고려대 총장을 임명하고 법무부 장관은 정치근 검찰총장을 임명했다.

이번 사건도 아마 영원한 미스터리로 남을지도 모른다.

권력의 냄새만 나도 사족을 못 쓰고 권력 앞에서는 논리도 이성도 움츠리는 이 한심스러운 작태부터 고쳐 놓지 않고서는 진정한 의미의 전두환 대통령의 집권이념인 정의사회 구현이나 의식개혁 운동도 한낱 공허한 구호일 뿐이다.

3. 잃어버린 30년, KBS 이산가족찾기 생방송

(1) KBS 방송에 출연한 이산가족만도 53,525명

1983년 6월 20일부터 한국방송공사가 방영한 이산가족 찾기 프로그램은 전쟁이 남긴 깊은 상흔과 피붙이와의 쓰라린 헤어짐의 아픔을 생생하게 보여줬다.

극적인 재회는 당사자들에게는 감격을, 시청자들에게는 충격을 안겨줬으며 오매불망하던 가족을 찾은 희열이 넘쳤는가 하면, 밤새워 기다려도 나타나지 않은 실의가 짙게 깔리기도 해 기쁨과 눈물과 한숨이 범벅되는 순간, 순간들이 이어졌다.

이 흥분과 감정의 도가니 속에서 TV를 지켜보던 70대의 노인은 북한에 남겨 놓고 온 가족들을 그리던 끝에 스스로 목숨을 끊는 애처로운 사연이 펼쳐지기도 했다.

방송 사상 유례없는 생방송으로 '이산가족, 지금도 이런 아픔이' 프로에 모두 4만여 명의 헤어진 사연을 접수하여 566가족 1천여 명이 30년 만에 핏줄을 다시 잇는 극적 상봉을 이루게 했다.

행여나 헤어진 가족을 되찾을까 밤샘하며 단 몇 초라도 자신의 사연이 방영되기를 기다리는 수 만명의 군중이 KBS 건물 앞에서 장사진을 펼쳤다.

여동생을 33년 만에 다시 만난 오빠는 감격을 누르지 못해 펄쩍펄쩍 뛰며 만세를 외쳐 댔고, 이름도 성도 제대로 기억 못하는 혈육들이 귀밑의 상처 등 신체상의 특징을 찾아 서로를 확인하고는 펑펑 눈물을 쏟으며 얼싸안는 감동적인 사연이 줄달았다.

사회적인 지위나 스스로의 체면도 모두 벗어버린 채 인간 본연의 기쁘고 슬픈 감정을 온통 표출한 이산가족들은 단 한마디 "이제 다시는 헤어지지 말자"고 다짐하며 전쟁이 할퀴고 간 깊은 상처를 원망했다.

KBS에서 특별프로그램을 마련한 뒤로 방송국 건물 안팎에는 수천 명의 이산가족들이 손에 손에 헤어진 사람의 이름을 적은 피켓을 들고 찾아와 쏟아지는 비도 아랑곳없이 "내 가족을 찾게 내 사연을 보도해 달라"고 애원했다.

끊긴 핏줄이 다시 이어지는 이 감동이 세상 어디에 또 있었을까. 설레는 가슴으로 서로 아픔을 묻고 몸에 난 상처를 확인하고 아버지, 어머니가 숨진 장소와 상황을 얘기하다가는 복받치는 설움을 못 이겨 영영 울어버리는 이산가족의 이 아픔, 이 통곡을 30년의 세월, 강산이 세 번 바뀐다는 그 긴 세월도 전쟁이 할퀴고 간 깊은 상처를 아물게 하지는 못했다.

6·25 남침, 그 민족 상잔의 와중에서 헤어져야만 했던 부모 형제, 친척들을 찾아주기 위한 운동의 일환으로 KBS가 벌이고 있는 '이산가족 찾기' 캠페인을 통해 아스라이 사라져가는 한 가닥 기억을 더듬어 다시 찾는 장면은 눈물의 도가니를 이뤘다.

그러나 아직 만난 사람보다 찾지 못한 가족이 압도적으로 많고 보면 그 비극의 깊은 늪은 영영 메워지지 않을 것이다.

이에 비해 6·25를 체험하지 못한 전후세대들은 "이산가족이 이처럼 많은 줄 몰랐다" "한 핏줄 같은 민족임을 이보다 더 뜨겁게 느낀 적은 없다" "정치적 비극이 얼마나 많은 슬픔을 줄 수 있는가를 실감했다"는 반응들이었다.

전쟁의 참화 속에 헤어졌던 가족이 이산가족 찾기 운동을 통해 33년의 단절을 이기고 재결합, 단란한 꿈의 동산을 이루는 계기가 됐다.

지난 11월 14일 장장 136일 계속됐던 '이산가족 찾기 운동' TV 방송을 끝낸 한 기자는 "토끼나 몇 마리 잡을 가벼운 기분으로 시작했는데 막상 시작하여 보니 노루목이었다"고 감개무량했다.

6·25 동란 33주년을 맞아 95분짜리 1회용 프로그램이 '이산가족, 지금도 이런 슬픔이'는 누구도 예상치 못한 엄청난 반응과 충격, 감동을 몰아왔다.

136일 동안 34차례에 걸쳐 453시간 45분의 생방송이 나갔다는 것이 우선 기록적이고, 방송에 출연한 이산가족 수만도 53,525명에 이르러 매일 400명이 TV 화면에 소개됐다.

상봉가족은 1,189 건으로 방송출연자 대비 20%, 신청자 10만 952명의 11% 수준에 머물렀다.

(2) 정부도 이산가족 재결합 종합대책을 수립, 추진

김상협 국무총리는 "이산가족 재결합 장면을 TV로 보고 눈물을 흘렸다"면서 "이렇게 쉬운 일을 왜 진작 못했는가 하는 생각이 든다"면서 "이 운동을 광범위하게 또 계속적으로 전개해서 더 많은 이산가족이 재결합될 수 있도록 했으면 좋겠다"고 소감을 피력했다.

전쟁으로 고향을 등져야 했던 실향민들은 상당수가 지난 30년이 근근히 삶을 이어가는 구명도생(苟命圖生)의 세월이었다.

뿌리가 뽑힌 풀같은 인생은 피난 도중에 잃은 가족과 친척을 찾아 다니기만은 할 수 없는 삶에 쫓긴 세월을 살았다.

전두환 대통령도 이산가족 찾기 운동을 펴고 있는 한국방송공사(KBS)를 방문하여 방송현장을 돌아보고 이산가족과 방송관계자들을 격려했다.

방송을 통한 이산가족 찾아주기가 국민들로부터 큰 관심을 끌자

'왜 휴전 30년이 지나도록 행정당국에서는 체계적이고 적극적인 이산가족 찾아주기 운동을 펴지 않았는가'하는 아쉬움을 나타내는 반응도 높았다.

그동안에도 이산가족 찾아주기 사업을 치안본부, 적십자사, 이북 5도청, 언론기관 등에서 벌여 왔다.

그러나 이들 기관 간에 유기적인 협조가 없었고 남한 안에 있는 이산가족보다 북한 거주 이산가족 찾기 추진에 중점을 둔 형식적인 사업을 벌여 성과를 거두지 못했다.

치안본부는 지난해부터 국내 이산가족 찾아주기 사업을 펴 7,855건을 접수하여 2,211건의 혈연을 찾아주는 성과를 올리기도 했다.

유창순 대한적십자사 총재는 북한 적십자사 측에 대해 "남북의 1천만 이산가족 문제의 해결을 더 이상 미루지 말고 조속히 남북적십자 회담을 재개하자"고 촉구했다.

전두환 대통령은 남북한 간의 이념과 제도가 다르다 하더라도 이산가족 문제의 해결을 더 이상 지연시키는 것은 인륜에 반하는 일이라고 전제하고 "북한당국자들은 이 절실한 이산가족들의 아픔과 피맺힌 절규를 직시하여 그들의 소원을 풀어주는데 성의를 보여야 할 것"이라고 촉구했다.

정부는 이산가족 명단을 컴퓨터에 수록하여 흩어진 가족을 신속하고 효율적으로 찾는 업무를 본격적으로 계속해 나가기로 했다. 또한 KBS 이산가족찾기 프로그램을 주1회 심야, 철야 방송을 정규화했다.

정부는 이산가족 재결합사업을 민간주도사업으로 추진하되 보다 실질적이고 효과적인 범국민운동으로 추진하기 위해 외무부, 내무부, 문공부, 이북 5도청 등 관련부처가 각종 지원을 위한 종합대책을 마련키로 했다.

4. 소련은 KAL 여객기를 사할린 상공에서 격침

(1) 항공사상 전례가 없는 민간항공기를 미사일로 공격

승객 240명과 승무원 29명 등 269명을 태우고 1983년 9월 1일 미국 '뉴요크'를 출발하여 서울에 도착할 대한항공(KAL) 747 점보 여객기가 일본 북해도 근해 상공에서 마지막 교신을 한 뒤 연락두절 됐다.

일본 정보 소식통들은 이 여객기가 소련 전투기의 미사일 공격을 받아 격추됐을 가능성이 크다고 보도했다.

조지 슐츠 미국 국무부 장관은 항로를 잃은 대한항공 여객기가 소련 영공으로 들어간 후 소련 전투기의 공대공 미사일 공격을 받고 격추됐다고 발표했다.

슐츠 장관은 "소련 전투기 8대가 항로를 잃고 소련 영공에 들어간 KAL 여객기 1대를 2시간 반 동안 추적하다가 소련 조종사가 육안으로 KAL기를 확인했다고 관제소에 보고한 후 공대공 미사일을 발사하여 격추시켰다"고 부연 설명했다.

레이건 미국 대통령은 소련의 KAL기 격침을 공노할 폭력행위로 비난하고 소련 당국의 상세한 상황설명을 요구하며 한국과 공동으로 안보리 이사회 개최를 요구했다.

승객과 승무원의 가족들은 설령 민항기가 항로를 이탈하여 소련 영공을 침범했다 한들 국제법이나 민간항공협약상 승객과 기체를 안전하게 보호해야 하는 것이 너무나 당연한 국제 불문율인데도 KAL기를 미사일로 요격하여 격추시킨 행위는 역사를 통해 전무후무한 가장 야만적인 해적행위라는 분노가 불길처럼 솟아올랐다.

민간항공기에 대한 군 전투기의 공격은 세계의 항공사상 전례가 없는 일이다.

미국은 소련 수색대가 격추된 KAL기의 탑승객 일부 시체를 발견했다는 정보를 입수했다고 발표했다.

사고현장에는 소련 함정 수 척이 버티고 있으면서 일본 선박의 접근을 저지하는 등 수색활동을 견제하고 있는 것으로 알려졌다.

일본 자위대 전파망에서는 소련기들이 "육안으로 확인" "2km까지 접근" "상대는 아직 못 알아차렸다" "미사일 발사" "추락했다"는 지상과의 교신 내용을 확인했다.

소련은 KAL기의 소련 영공 침범은 사전 계획된 행위로 밖에 간주될 수 없고 KAL기는 민간항공기로 위장하여 아무런 방해 없이 특수정보목적을 달성하려던 행위로 생각될 수 있다고 발뺌했다.

승객의 국적은 한국인 81명, 미국인 61명, 일본인 28명, 자유중국인 22명으로 확인됐으며 소련지도자들은 사건을 은폐하거나 희생자들에 대한 책임을 회피하려는 통상적인 본능을 버리고 잔인한 범죄를 인정해야 할 것이다.

전두환 대통령은 "소련의 KAL기 격추 사건은 패권주의 국가가 추구하는 팽창 전략의 무서운 실체를 여실히 보여주었다"며 "함부로 넘볼 수 없는 힘 있는 상대에게는 평화와 공존을 내세우면서 그렇지 못한 국가에 대해서는 무자비한 유린행위를 서슴지 않는 저들의 생리를 우리는 뼈아픈 희생을 치르면서 다시 한번 체험하게 됐다"고 약소국의 입장을 밝혔을 뿐이다.

(2) ICAO는 소련이 불법으로 KAL기 요격 확인

뉴욕 타임즈는 KAL기장이 소련 전투기들의 추적을 알고 있었으며 그들의 지시에 응할 용의가 있다는 신호를 국제적으로 공인된 절차에 따라 보냈음에도 불구하고 피격 받아 추락했다고 보도했다.

레이건 미국 대통령은 소련의 KAL기 격추사건에 대한 해명과 사과, 관련자 문책, 미국인 희생자 61명의 유해 송환 및 보상을 요구하고 대소항공 및 외교적 제재 조치를 발표했다.

소련은 "소련 전투기 조종사는 KAL기가 민간 여객기임을 정말 몰랐다. 그 비행기는 운행등을 끄고 비행했으며 그 형체도 미국의 첩보기와 비슷했다"고 주장했다.

소련은 KAL기가 중대 첩보임무를 띠고 소련 영공에 파견된 것이라고 강변하면서 이 사건에 대한 책임은 전적으로 미국에 있다고 생떼를 쳤다.

미국은 "국제법 원칙에 대한 극악스럽고도 정당화될 수 없는 위반 행위이자 국제적으로 합의된 절차에 대한 위반 행위"로 간주하며 효율적 배상을 요구하는 각서를 전달하려 했으나 소련은 즉각 거부했다.

소련에 의한 KAL기 격추만행을 토의하기 위해 캐나다 몬트리올에서 열린 국제민간항공기구(ICAO) 특별이사회에서 한국, 미국, 일본을 비롯한 대부분 ICAO 이사국들은 소련의 KAL기 격추가 비인도적인 만행이라고 규탄하고 KAL기 격추 사건에 대한 진상 조사와 배상 문제, 대소 결의안 채택, 유사사건 재발 방지책 마련 등의 토의에 들어갔다.

서방 측 결의안은 소련에 대해 사고 현장에 최신 전투기를 발진시키는가 하면 실탄 사격 훈련까지 감행하는 등 의식적으로 긴장을 고조시켰다고 비난했다.

ICAO 특별이사회는 KAL기 격추사건을 깊이 개탄하며 ICAO의 독자적인 조사를 요구하는 서방 측 결의안을 압도적인 표차로 채택했다.

한국의 박 근 대표는 "피격 KAL기는 소련의 무기에 의해 배후에서

고의적으로 비밀리에 추적 조준되어 마치 맹수가 어린 사슴을 뒤에서 살금살금 뒤따라와 잡아먹는 식으로 파괴되었다"고 대소 규탄 포문을 열었다.

중공은 소련의 야만행위에 유감을 표시하면서 기권했고, 인도는 소련 두둔 발언을 하면서 기권함으로써 제3세계 국가들은 눈치 보기에 급급했다.

소련은 잠수정을 동원하여 KAL기 잔해를 인양한 것으로 알려졌다. 그러나 탑승객의 유해는 KAL기 동체에 갇혀 추락하여 해역의 바다 밑에 수장되어 있을 가능성이 큰 것으로 보고 있다.

소련은 지난번 유엔 안보리에서 KAL기 격추만행에 대한 국제적 비난의 포화를 뒤집어씀으로써 당분간 외교 무대에서 설 자리를 잃게 되어 그로미코 외무상의 유엔총회 불참을 통보하게 됐다.

KAL기 격추사건에 대한 대소 규탄 공동결의안을 채택한 미국 의회는 레이건 행정부에 대해 소련으로부터 배상을 받아내기 위해 법적, 외교적 작업을 촉구하는 압력을 행사했다.

이번 유엔 총회는 KAL기 격추사건으로 집중되고 있는 대소비난의 화살을 피하기 위해 소련 외상이 불참을 결정하여 유엔 역사에 또 하나의 오점을 남기게 됐다.

전두환 대통령은 KAL기에 대한 소련의 만행을 상기하면서 "우리가 국력신장에 박차를 가하여 불의의 횡포를 응징할 수 있는 힘을 기르는 일이야말로 이번 사건이 주는 교훈을 올바로 받아들이고 전화위복의 슬기를 발휘하는 길이며 또 비명에 간 원혼(冤魂)들의 한을 다소나마 풀어주는 길"이라고 역설했다.

소련 외교관들은 KAL기가 민간여객기인줄 알았더라면 격추시키지 아니했을 것이라고 변명하면서도 당시 KAL기는 미국의 지원 아래 정찰업무를 수행하고 있었다고 주장했다.

KAL기가 격추된 해역에는 미 · 소 양국의 수색함정이 손에 잡힐 듯 운집하여 KAL기 잔해 특히 블랙박스 인양작업에 불꽃 튀는 첩보를 벌이고 있어 피격현장엔 미 · 소 함정들이 꼬리를 물고 대치하여 긴박감과 긴장감이 감돌았다.

한국은 KAL기가 첩보비행 중이었다는 소련 측의 주장은 전혀 근거 없는 것으로 묵살한 ICAO의 최종보고서를 환영하면서, 소련에 대해 KAL기 격추에 대한 전적인 책임을 지라고 또다시 요구했다.

ICAO 조사단의 최종보고서는 KAL기가 승무원의 고의적 영공침범 가능성이 없음을 지적하고 소련이 적법한 절차에 의하지 아니하고 KAL기를 요격했음을 밝혔다.

뉴욕타임즈는 KAL기 격추사건 당시 미국 관제탑의 요원이 KAL기가 항로를 이탈한 것을 알았으며 "그에게 경고를 해야겠다."고 말하는 소리를 담는 녹음테이프가 변호사들에 의해 법원에 제출됐다고 보도했다.

(3) 비행기의 항로이탈과 블랙박스는 영원한 미스터리

KAL기 격추를 최종 명령한 자는 소련군 부서 가운데 하나인 극동 군수 사령관 '고보로프'인 것 같다고 영국의 선데이 타임즈가 보도했다.

정부는 "우리나라는 소련과 국교 관계가 없기 때문에 배상요구를 미국을 통해 소련 측에 전달키로 했다"고 밝혔다.

그러나 소련은 배상요구 각서 접수 자체를 거절했다.

소련은 사할린에서 KAL기 관련 회수품을 인수하는 일본 순시선에 한국인 전문가의 승선을 미수교국이라는 이유를 들어 거부했다.

승무원들이 앵커리지를 출발하기 전 컴퓨터 프로그래밍을 잘못 입력할 수 있고 이에 따라 비행기가 캄차카 반도 부근 통과지역에 접근하면서 소련의 통제구역을 끼고 남하하는 항로로 방향수정을 못하고 그대로 캄차카 반도를 가로질러 직진했을 것으로 추정될 뿐이다.

그러나 3명이 읽어가며 통과지점을 입력하여 실수는 사실상 불가능한것으로 알려졌다.

결국 KAL기가 왜 항로를 이탈하고 소련의 영공을 침범했는지는 영원한 미스터리로 남겨지게 됐다.

조종실 음성기록장치(CVR)와 비행자료기록장치(FDR)로 구성된 블랙박스는 사고시간 직전까지의 모든 비행관련기록을 갖고 있어 이를 분석하게 되면 사고기의 순간을 소상히 밝혀줄 것으로 보인다.

이번 KAL기 블랙박스는 앵커리지를 이륙한 후 사고를 당한 지점까지의 정확한 항로를 밝혀낼 수 있을 뿐만 아니라 자료를 모의비행장치에 입력한 시험을 거쳐 항로이탈 원인을 가려낼 수도 있다.

미국은 소련이 블랙박스를 인양할 경우 블랙박스의 기록들을 변조할 수도 있을 것으로 믿고 있다.

그러나 만약 미국이 먼저 인양할 경우에는 소련이 비행기록의 신빙성에 의문을 제기할 수도 있다.

소련은 KAL 관련 회수품을 인수하는 일본 순시선에 한국인전문가의 승선을 거부했다. 소련은 한국이 이미 미국에 교섭권을 양도함으로써 미국이 한국의 교섭대표국이라는 이유를 내세웠다.

소련이 더욱 가증스러운 것은 소비에트 연방이 무너지고 러시아로 탈바꿈하여 우리나라를 방문한 엘친 러시아 대통령은 KAL기 블랙박스를 넘겨주었지만 거기에는 블랙박스가 들어있지 아니한 사기극까지 벌였으나 거기에 대한 응분의 조치는 결코 할 수 없었다.

뉴욕 타임즈는 소련 공군기에 의해 격추당한 KAL기는 정보수집업무를 띤 것이 아니었으나 소련은 대실책의 연발로 KAL기를 미국의 정찰비행기로 오인하여 공격했다고 보도했다.

5. 북한 김정일 지령에 따른 아웅산 국립묘지 참극

(1) 순직한 서석준 부총리 등 17명의 합동국민장 엄수

전두환 대통령은 1983년 10월 8일 공식수행원 22명과 함께 버마, 인도, 스리랑카 등 서남아 3개국과 호주, 뉴질랜드 등 대양주 2개국 및 브루네이 등 6개국 순방길에 올랐다.

전 대통령은 출국인사를 통해 "이번 순방이 우리나라와 이들 나라와의 유대강화를 통하여 아시아·태평양 지역의 평화와 번영을 위한 협력체제로 진일보시키는 계기가 되기를 기대한다"고 말했다.

또한 전 대통령은 "최근 소련의 KAL기 폭파사건에 대해 반문명적, 반이성적 폭력의 실상을 생생히 체험했다"고 지적하며 "같은 동족인 북한 공산집단은 동포의 희생에 대한 유감 표시는 커녕 오히려 가해자를 두둔하고 나서는 모습에서 반민족과 반인간의 극치를 목격하고 암담한 심정을 금할 수 없다"며 북한을 비난하고 나섰다.

전 대통령의 서남아, 대양주 6개국 순방의 첫 방문지인 버마의 아웅산 묘소에서 폭발사건이 발생하여 전 대통령의 묘소참배에 배석하기 위해 미리 도열 중이던 수행원 17명이 사망하고 14명이 중경상을 입은 참사가 벌어졌다.

북괴(北傀)가 장치한 것으로 보이는 폭발물에 의해 서석준 경제부총리, 이범석 외무부장관, 김동휘 상공부장관, 서상철 동자부장관, 함병춘 대통령비서실장, 심상우 민정당 의원, 이계춘 주 버마대사, 김재익 경제수석, 민병석 대통령 주치의, 하동선 해외협력위 기획단장, 강인희 농수산부 차관, 이기욱 재무부 차관, 한경회 대통령 경호관, 이재관 공보비서관, 이동현 동아일보기자 등이 순직했다.

이기백 합참의장, 최재욱 공보비서관 등이 부상을 당했으나 전두환 대통령 내외는 당초 묘소도착 예정시간보다 다소 늦게 도착하여 무사할 수 있었다.

전 대통령은 이 사건의 철저한 범인 색출은 물론 국제음모에 대한 진상을 철저히 규명토록 버마 대통령에게 공식적으로 요구했다.

전 대통령은 이번 충격적인 사건이 발생함에 따라 나머지 5개국 순방 일정을 중단하고 급히 귀국했다.

이계철 주 버마대사가 모터케이트의 선도를 받으며 태극기를 단 대사 전용차로 공식수행원 가운데 마지막으로 현장에 도착하여 이미 도열에 있던 공식 수행원들과 악수를 나누며 합류하고 때맞춰 진혼의 나팔소리가 울려 퍼지자 이계철 대사를 전 대통령으로 오인한 북괴 공작원들이 미리 장치한 폭발물을 원격 조정하여 폭발시킨 것으로 추정되고 있고, 범인들은 전 대통령이 등단하는 묘소 지붕 위에 미리 폭약을 매설한 것으로 보고 그 조직적인 범죄계획의 치밀성으로 보아 북괴의 소행이 틀림없는 것으로 분석됐다.

이번 참극이 일어난 아웅산 묘소는 영국 식민 통치하에서 버마 독립전쟁을 이끌었고 독립 직후 암살당한 건국의 아버지 아웅산을 비롯한 9명의 순국자들이 모셔져 있는 버마의 성역으로 랭군의 외곽에 있는 유명한 쉐다곤 파고다 공원 부근에 자리잡고 있다.

이병용 대한변호사협회 회장은 "국제외교사상 초유의 참사인 것 같다. 버마 정부가 국빈이 참석한 행사가 치러진 장소에 대해 좀 더 철저한 사전 점검과 보안에 신경을 썼어야 했을 것이다. 버마 정부는 폭발사고의 원인을 정확히 규명하고 사건처리에 모든 노력을 기울여야 한다. 이것만이 버마 땅에서 참사를 당한 한국 고위 사절에 대한 사죄의 길이다"라고 버마정부의 책임을 제기했다.

버마의 아웅산 묘소 폭발사건으로 순직한 서석준 부총리 등 17명의 순국외교사절 합동국민장이 여의도 광장에서 백만 시민이 참석한 가운데 엄숙하게 거행됐다.

(2) 버마정부는 북한 김정일의 소행임을 확인

버마 정부는 랭군교외 한 나루터에서 수상한 사람 3명을 발견하여 체포하여 연행하는 도중 이 중 한 사람이 수류탄을 터뜨리고 도주했으며, 도주한 용의자가 던진 수류탄으로 버마 경찰 3명이 사망했다고 발표했다.

버마 정부는 버마 경찰에 의해 사살되거나 생포된 3명의 한국인 테러리스트가 아웅산 묘소 폭발 사건을 자행한 동일한 집단에 속하는 범인들이며 암살폭발사건의 현지 지위본부는 북괴 노동당의 대남공작부에서 무역선으로 위장하여 운영중인 동건호(6000톤급)라고 발표했다.

랭군 폭탄테러범 2명이 입원해 있는 군 병원 엘리베이터에 범인들을 폭살시킴으로써 범행자백을 얻지 못하도록 하려는 소행으로 보이는 폭탄이 장치돼 있는 것이 발견돼 제거하여 처리되기도 했고, 폭발사건의 범인으로 체포된 북괴 공작원이 자신은 서울에서 온

강철민으로 서울 성북국민학교 출신으로 서울대 재학생이라고 주장하여 졸업생 명부와 학적부를 대조하는 소동을 벌이기도 했다.

버마 군 병원에서 치료받고 있는 2명의 북괴군 특공대원들은 북괴군 육군 상위(대위)이며 사살된 1명은 소좌(소령)인 것으로 확인되었다.

버마 법정에서 버마 경찰국장은 범인 3명은 개성에 주둔하고 있는 북괴 인민부력부 정찰국 소속 특공대 소속으로 북괴 육군소장 최창수로부터 전두환 대통령의 아웅산 묘소 방문시 묘소를 폭파하라는 지령을 받았다고 증언했다.

이 부대는 북괴의 제2인자인 김정일의 직접적인 지휘하에 있는 것으로 알려졌다고 일본 세카이 신문이 보도했다.

일본 요미우리 신문은 아웅산 묘소에 폭탄을 설치한 하수인은 이 묘소의 단장 수리를 맡았던 건설회사의 여성 작업 인부였으며 1만 2천 5백달러를 받고 폭탄을 설치했음을 자백했다고 발표했다.

버마 정부는 이번 아웅산 묘소 암살 폭발 사건의 범인들은 진모 소좌와 강민철, 김치오 상위 등 3명으로 구성됐으며 아웅산 묘소엔 경비가 전혀 없었다며 관리인은 약간 떨어진 근처 집에서 자고 있었기 때문에 강민철이 지붕을 타고 올라가 2개의 폭탄을 설치할 수 있었다고 발표했다.

버마 재판부는 북괴 두 테러범에게 사형을 선고했다.

강민철은 자신이 휴대했던 수류탄이 안전핀을 뽑자 마자 던질 겨를도 없이 폭발하는 살상용으로 북괴가 자기 같은 공작원이 체포

되기 직전에 소모품처럼 죽어 쓰러져 증거인멸을 할 수 있도록 만들어졌다는 사실을 알고 분개하여 범행을 자백했다는 정황 증거도 있었다.

버마인들이 이 사건에 개입돼 있는 것은 의심의 여지가 없으나 그들의 개입은 단순한 뇌물수수 차원이라고 지적했다.

20명에 달하는 이들은 자신들이 매수되고 있다는 사실조차 몰랐던 것 같다면서 버마에서는 뇌물이 생활화 돼있음을 상기시켰다.

버마정부는 아웅산 폭탄 테러사건에 대한 버마 정부의 조사결과를 유엔에 제출했다.

이 보고서에서는 아웅산 묘소 폭발사건은 북한 당국의 지령에 따른 북한인들의 소행이 명백하다면서 "17명의 한국인 관리와 버마인 4명 등 21명을 사망케 하고 47명을 부상시킨 이 사건은 국가간 평화적인 관계 및 협력상 중대한 의미를 지닌 이 사건을 국제사회에 제시한 것이 적절하다"고 밝혔다.

(3) 버마는 북괴과 단교하고 북괴의 국가승인을 취소

정부는 아웅산 묘소 폭발사건이 북괴에 의해 자행된 확증이 드러남에 따라 버마 정부에 대해 대북괴 단교를 공식 요청했다.

버마 정부는 지금까지 북괴와의 우호관계와 중립노선을 지향하고 있는 입장 등을 고려하여 사건전모 발표에 신중을 기하여 왔다.

일본에서는 "버마 정부도 북괴의 공작원에 의한 범행임을 인정하고 있으나 이를 단정할 경우 북괴와의 단교 등 즉각적인 강경한 외교조치가 뒤따라야 하므로 그 유예기간을 두기 위해 최종발표를 미루고 있다"고 보도했다.

서방 외교전문가는 "수년 동안 비동맹을 추구하고 스스로 고립을 고집해 온 버마 정부는 모종의 성명을 내놓지 않으면 안될 것이다. 특히 한국 국민들은 사건에 대한 버마의 분명치 않은 태도에 만족하지 않을 것"이라고 전망했다.

이어 이 전문가는 "강력한 상황증거에도 불구하고 버마가 아웅산묘소 폭발사건이 북괴에 의해 자행됐다는 사실을 계속 밝히지 않을 경우 한국이 버마와의 외교관계를 단절한다는 것은 놀랄 만한 사실이 아니고 버마가 이번 사건의 배후에 북괴가 있다는 결론을 내릴 경우 북괴와의 관계를 끊는 것 말고는 다른 선택의 여지는 거의 있을 수 없다"고 주장했다.

버마 정부는 아웅산묘소 폭파테러 사건이 북괴군 특공대 소행이라는 완전한 증거를 확보했다고 발표하고, 북괴와 외교관계를 단절하는 한편 랭군주재 북괴 대사관 요원들에 대해 48시간 내에 출국하도록 명령했다.

북괴 외교부는 "버마 정부가 사전에 아무런 상담도 없이 근거도 없는 증거를 바탕으로 일방적 조치를 취한 것은 놀랍고 유감스러운 일"이며 "버마가 책임을 우리에게 씌우는 것은 전혀 부당하며 무책임한 일"이라고 발뺌했다.

버마 정부가 수사결과와 함께 북괴 정부의 외교적 지위에 대한 승인을 철회키로 한 것은 우리 측에서 보면 당연한 결론이지만 버마가 놓인 국제정치적 환경을 감안한다면 매우 어렵고도 냉정한 정치적 판단이라고 평가할 수 있다.

북괴와 외교관계를 맺고 있는 비동맹국들은 이번 사건을 통해 북괴가 엄청난 행위를 할 수 있는 집단이라는 사실을 인식하고 만일 자국 내에서 비슷한 사태가 발생할 경우 남북한 문제에 대해 비동맹노선을 적용할 수 없는 외교적 딜레마에 빠진다는 것을 알게 됐다.

따라서 버마가 내린 최강경 조치는 북괴의 국가 존재와 정부를 승인하고 있는 모든 국가들에 대해 일대 경종이 됐으며 정부 혹은 민간 차원에서 벌일 수 있는 활동반경에 결정적 제약요인으로 작용될 것이다.

버마는 대내외적으로 명명백백하게 짓밟힌 국가적 위신과 자존의 회복과 그들의 대외정책에 상처를 줄 수 있는 미묘한 남북한관계라는 틈바구니에 끼어 고민했을 것임에 틀림없다.

모든 폐쇄사회가 갖기 마련인 강한 치안상의 자부심을 버마 역시 갖고 있다면 북괴의 처사는 버마 주권에 대한 일대 모독일 뿐 아니라 버마 내부통합에 대한 적신호로 해석됐을 가능성이 높았을 것이다.

버마의 실권 있는 지도자 비원 장군은 어차피 국경을 접하고 있는 중국의 영향력을 받지 않았겠느냐는 관측도 나돌았다.

마이니치 신문은 "소련보다 북괴의 권력 세습에 더 긍정적인 태도를 보여 온 중공이 이 같은 바보 짓을 연출한 북괴를 변호해 줄 이유가 없을 것"이라고 지적했다.

이들은 아웅산 묘소에 10월 초 매수한 버마 여인의 도움으로 폭발물을 설치했고 1.5km 떨어진 숲속에서 원격 조정했으며, 버마 경비병들이 전 대통령의 순방을 맞아 아웅산 묘소 경비를 강화하기 2, 3일 전에 폭발물을 설치한 것으로 알려졌다.

북괴화물선으로부터 잠입한 공작대는 북괴대사관 내에 있는 숙사에서 침식하면서 북괴 대사관의 전면적 지원 아래 극히 조직적이고 계획적으로 사전 준비된 테러였으며 범행 현장 왕복에 대사관 공용차를 사용하는 등이 밝혀져 이번 사건은 북괴 정권의 지시에 따라 국제적 신의를 바탕으로 안정된 외교특권을 이용한 행위라는 데서 단교에 그치지 않고 국가승인취소라는 강경 조치를 유발했다.

이후 버마는 국호를 미얀마로 변경했다.

6. 별들의 전쟁으로 불린 정래혁·문형태의 이전투구

(1) 명예훼손은 물론 무고혐의를 받은 문형태 전 의원

전두환 대통령은 1984년 6월 26일 민정당의 정래혁 대표위원을 전격 경질하고 권익현 사무총장을 후임 대표위원에 임명했다.

이번 당직개편은 선거를 앞둔 정당의 이미지 손괴를 최소화하기 위한 구조적 성격이라고 할 수 있으며 경질사유는 문형태 전 의원의 투서로 밝혀졌다.

문형태 전 의원이 제출한 진정서에는 정 대표가 서울 강남 지역 등에 거액의 부동산을 소유하고 있으며 그 재산의 상당 부분이 국회의장 및 대표위원 시절에 증식된 것이며, 그의 출신 지역인 전남 곡성에 선대의 송덕비까지 국고보조금을 받아 세웠다고 증빙서류를 첨부해서 주장했다.

그러나 정래혁 대표는 진정서의 재산 내용은 공직자재산등록 한 것과 거의 같으며 다만 시가산출에 차이가 있고 취득시기도 제5공화국 이전이라고 해명했다.

진정서 내용 중에는 일견 터무니없어 보이는 것도, 과장된 것도 있지만 그처럼 많은 부동산을 정 대표가 소유하고 있다는 사실이 확인되고 있는 이상 진정서를 낸 사람만 구속한다는 것은 서민들의 법 감정에 배치되고 있다는 소리가 높은 것이 현실이다.

더구나 정 대표가 그동안 제 5공화국에서 국회의장, 대표위원을 역임하고 그동안 정부가 정의사회 구현을 국정지표로 삼아 왔다는 점을 고려하면 단순히 사법적 판단에만 의존할 수 없는 이유이다.

대표위원 임명당시부터 그의 재산 상황이 지적되기도 했는데 호남 출신이라는 배려 차원에서 간판적으로 기용됐다. "이미 굴러가는 마차를 세울 수 없어 보고만 있었다"고 청와대 관계자는 밝혔다.

개혁주류가 이니시어티브를 취한 창당배경 때문에 당권은 사실상 개혁주류가 보임된 사무총장의 장중에 있었으나 당 대표는 당헌상에는 당 총재 다음의 제2인자이다.

언론기관에도 전달된 149페이지에 달하는 이 문건에는 "정 씨의 부정축재 재산 목록 및 증빙서류" "정씨 일가의 우상화에 대한 내용 및 사진" "지역구에 대한 부정과 그에 대한 자료" 순으로 엮었으며 정 대표의 재산은 180억원이 되며 국회의장 재직 시에 집을 3채나 지었다고 적혀 있다.

지역구와 관련해서는 애국자가 아닌데 애국자인 것처럼 조상을 떠받들어 면사무소나 국민학교 등에 송덕비를 세웠고, 일부 지역사업이 자신의 배려인 양 동판(銅板)을 붙였고 지역공무원 인사에 돈까지 받고 작용했다고 주장했다.

진정서의 실제적인 작성자는 경남 김해 출신으로 국민대 강사인 윤만덕으로 밝혀졌고, 정 대표의 6촌 동생인 정래근 씨도 진정내용에 결정적인 제보를 한 것으로 알려졌다.

정 대표는 축재경위가 권력이나 비합법성과는 무관하다고 해명했으나 사회통념상 한 평생 공직자의 축재 액수로는 과(過)하지 않느냐는 인상을 불식하는데는 실패했다.

그동안 이 사건을 수사해 온 검찰은 문형태 전 의원의 행위는 명예훼손은 물론 무고죄에도 해당된다고 보고 있으며, 그보다 더욱 중요한 것은 '괴문서'니 '투서'니 하면서 남을 중상하거나 모략하는 풍토는 없애야 한다는 소리도 높게 일고 있는 것도 사실이다라고 부연설명했다.

(2) 지장(智將), 덕장(德將)은 어디가고 졸장의 추태로 종지부

민한당은 "투서 대상인물인 정 대표씨 측은 제대로 조사도 하지 않은 채 재산 형성과정에 아무런 비리나 위법 행위가 없었다고 단정 발표한 것은 믿을 수 없다"면서 "정부, 여당이 집권당의 고위당직자라고 해서 비리 사실을 호도하거나 은폐하려 한다면 국민들도 절대로 이를 용납치 않을 것"이라고 정치쟁점화 했다.

국회 본회의에서 서석재 의원은 "정의사회와 청결정치를 표방해 온 집권층은 국민의 허탈한 감정을 깊이 생각하여 정치가 깨끗이 될 수 있도록 배전의 노력을 해 달라"고 한마디 거들었고, 이원범 의원은 "투서 내용대로 정 전 대표의 축재설이 사실이라면 공인의 입장에서 대표위원직은 물론 국회의원직까지도 함께 물러나야 한다"면서 "구정치인에 대해 가혹할 정도로 축재를 축출했던 현 정부가 이번 문제만을 도외시할 것인지 국민들은 주목할 것"이라고 일침을 놓았다.

국세청은 정 대표의 부인 주(朱) 씨가 재산 형성 과정에서 서울 강남 등지에서 부동산 전매행위를 통한 투기에 손을 댄 흔적을 포착하고 정밀 조사를 벌였다.

안무혁 국세청장은 30명의 조사반을 투입하여 정 대표 일가에 대한 세무조사를 벌인 결과 총재산은 106억 7천 3백여 만원이고 증여세, 종합소득세 등 3억 1천여 만원의 세금을 탈루한 사실을 적발하여 추징하겠다고 밝혔다.

검찰은 재산형성 과정에 뇌물이 오고 간 증수뢰나 관권을 이용하

는 등 범법행위가 될 만한 단서는 발견되지 않았다고 말했다.

서울지검 공안부는 정 대표 투서사건과 관련하여 문형태 전 의원을 연행하여 정 대표의 명예를 훼손했거나 투서 내용에 거짓이 포함돼 있어 무고혐의점이 있는지를 추궁했다.

문 전 의원이 구속될 경우에는 정 대표의 축재과정에 부정이 있었는지에 대해서 추후 수사를 확대할 것이라고 밝혔다.

정 대표의 진정서 사건은 정 대표가 의원직을 포함한 모든 공직에서 사퇴하고 재산을 사회에 환원시키는 한편 진정서를 낸 문 전 의원의 형사처벌을 원치 않는다는 뜻도 밝혔다.

정 대표는 총재산 106억의 절반 가량인 54억 8천 2백만원의 부동산 21건을 국가에 헌납했다.

정 대표의 재산 헌납으로 지금까지 공직자들이 축재물의로 국가에 헌납한 재산은 767억여원에 이르게 됐다. 이 재산 400억원은 농어민 후계자 육성기금으로 활용되고 있다.

정 대표의 의원직 사퇴로 11대 국회 들어 이우재, 나웅배, 정희택, 정순덕, 이헌기, 송지영, 한영수 의원에 이어 8번째 사퇴이다.

문 전 의원도 사회적으로 물의를 일으켜 죄송하다며 앞으로 정치활동을 일체 하지 않겠다는 내용의 공개사과를 했다.

항간에서는 60억원 이상 알려진 재산가인 문 전 의원은 "개인감정이라기 보다는 사회의 비리를 파헤치려는 공분에서 투서를 했다"고 변명했다.

정 대표와 문 전 의원의 출신지역인 화순 – 곡성 주민들은 이번 투서사건으로 두 인물을 잃어 큰 손실이며 마치 집 대들보가 무너진 기분이라며 "정 씨가 공인으로 축재한 재산을 환원하고 공직에서 물러난 것과 투서를 한 문 씨가 정치활동을 안 한다는 것은 자업자득이며 당연한 귀결로 본다"고 말했다.

문 전 의원은 일본 지원병 출신으로 국방경비대 하사관을 거친 육사 2기생으로, 정씨는 일본 육사와 육사 특 7기를 수료하고 군 생활을 한 이들은 장성으로 진급한 50년대 중반부터 30년 가까운 견제와 견제심리가 본격화된 숙적관계였다.

합참의장을 지내고 육군대장으로 1970년 예편한 문 전 의원은 체신부 장관도 역임했고 8, 9, 10대 공화당 의원을 지냈다.

정 대표는 19 78년 예편한 뒤 국방부 장관을 거쳤으나 문 전 의원 때문에 고향인 화순 – 곡성에서 출마하지 못하고 서울 성북에서 9, 10대 공화당 의원으로 당선됐다.

제5공화국 출범 후 정 대표는 담양 – 곡성 – 화순에서 당선돼 국회의장과 민정당 대표위원을 지낸 반면, 문 전 의원은 정치 피규제자로 묶였는데 이는 라이벌인 정 대표 때문이라고 주장해 왔다.

해금된 뒤에 정당을 선택하지 않은 문 전 의원은 "민정당에는 4성장군이 없기 때문에 4성장군이 필요할 것"이라고 주장한 반면, 정 대표는 "문씨가 합참의장이었을 때 정씨는 국방부 장관이었다"고 응수하는 등 신경전을 펼쳤다.

민정당은 더 큰 상처를 입기 전에 사건을 최소화 시키기 위해 정 대표를 교체하고 이 문제를 정, 문씨의 '숙명적 대결이 빚은 추태'

로 돌려 당의 이미지 손상을 최소화하려 했다.

경상도 정권에서 호남 출신으로 그래도 출세했던 정씨는 지장, 문씨는 덕장이라는 두 사람은 결국 졸장들의 추태로 막을 내리게 됐다.

7. 눈물과 통곡 속에 오고 간 남북 고향방문단

(1) 이산가족 상봉은 김일성 수령님의 덕분

남과 북으로 흩어져 살아온 이산가족들이 분단 40년 만에 서울 워커힐 호텔과 평양 고려호텔에서 마침내 해후하여 감루(感淚)를 뿌렸다.

그러나 북측의 이산가족들은 "모든 것이 김일성 수령님의 덕분이지요"라고 말해 분위기가 갑자기 굳어졌다.

이번 방문단 교환에서는 서울에서 30가족, 평양에서 35가족 등 모두 65가족이 흩어진 혈육과 재회했다.

북한 측은 "이산가족이 재회하는 마당에 남북이 화해 못할 조건이 없다. 남반부에 외세가 들어 앉아 있고 미국이 들어 앉아 있기 때문이다"라는 정치선전을 이산가족 대표에게 발표토록 했다.

흩어진 핏줄과 상봉한 남북의 65 이산가족들은 재회의 감격과 함께 혈육을 상상 밖으로 변모시켜 놓은 분단의 세월을 새삼 확인한 기간이었다. 이를 지켜보기만 할 수밖에 없었던 나머지 1천만 명의 이산가족들에게는 희망과 원망 그리고 위안과 고통을 함께 더해 준 착잡한 기간이었을지도 모른다.

이번 방문단 교환은 타의(他意)의 장벽이 한반도의 허리를 둘로 갈라 놓은 지 40년 만에 처음으로 민간인 교류를 실현한 것이기 때문이다.

분단 40년 만에 비로소 이산가족이 헤어진 혈육을 찾아 군사분계선을 넘고 양측의 예술인이 상대 측 주민들에게 무대예술을 선보인 이번 방문단 교환은 남북관계사에 한 장을 차지하기에 충분한 것으로 평가돼야 할 것이다.

북쪽에서 서울에 온 고향방문단원의 상당수가 남한의 연고자를 상대로 북한의 체제선전이나 김일성 찬양 등 정치적 언사를 늘어놓은 것은 인도적 사업인 교환에서조차 그들의 속성을 드러냈다.

지학순 주교의 누이는 "우리는 살아서 천당 가는데 오빠는 죽어서 천당 가겠다니 돌았구만요" "북한에서는 모두가 잘 먹고 근심 없이 잘 살아 이곳이 천당인데 천당을 어디에서 찾겠다는 거야요"라고 소리쳤다. 그러나 어쩐지 공허하게만 느껴지며 차라리 서글픈 마음까지 젖어들게 했다.

(2) 어렵게 성사시킨 고향방문단이 일회성으로 끝나고

유신체제 출범과 함께 중단되었던 남북적십자회담이 1985년 5월 27일 12년 만에 재개되어 회담에 참석할 북한 측 대표단 84명은 서울 쉐라톤 호텔에 여장을 풀었다.

이종률 북측 대표는 "우리측 대표단은 나라와 민족의 고통을 덜어주는 것을 앞당기기를 바라고 있다"며 "나 자신이 이산가족이다. 이산가족에게 재회의 기회를 준 이번 회담이 인도주의에 입각해서 민족화합에 큰 도움이 되기를 바란다"고 이산가족 상봉을 지속적으로 추진할 것임을 밝혔다.

그러나 북측에서는 '민족전통가무단' 교환방문을, 남측에서는 '이산가족 고향방문단' 교환방문을 제안하여 중점토의를 벌였으나 합의점을 찾지 못하고 제 9차회담에서 논의하기로 합의했다.

한적대표단 일행 84명이 제9차 남북적십자 회담에 참석하기 위해 평양을 방문하기 위해 판문점의 군사분계선을 넘어갔다. 이번 회담은 북한측에서 모란봉 경기장에서의 한적대표단 일행의 학생들의 정치선전 메스게임 관람 퇴장사건을 거론하여 아무 소득 없이 결렬되었다.

1985년 7월 5일 남북적십자 실무회담에서 남북한 이산가족 고향방문단 및 예술공연단의 교환을 원칙적으로 합의했다.

그리고 8월 22일 회담에서 고향방문단 50명, 예술공연단 50명, 기자 30명, 지원인원 20명 등 총 151명 규모의 고향 방문 및 예술공연단이 추석을 앞둔 9월 20일부터 23일까지 서울과 평양을 방문키로 한다고 가까스로 합의에 이르렀다.

평양 고향방문단에는 지학순 천주교 원주교구장, 홍성철 전 내무부 장관, 김재섭 영창악기회장 등이 포함됐고 예술공연단 중에는 김정구, 김희갑, 하춘화, 남보원씨 등이 눈에 띄었다.

이렇게 어렵게 성사시킨 고향방문단의 상호 교환은 일회성으로 끝나고 10여 년이 지난 후에야 재개될 수 있었던 것은 남북한이 체제를 수호하고 정국을 안정시키기 위한 정치적 이유였을 뿐이다.

이산가족의 염원인 남북고향 방문단이 또다시 남북의 정치적 이유로 중단되어 이산가족의 한숨을 깊게 하고 눈물을 더욱 흘리게 했다.

8. 납북되었다 탈출에 성공한 신상옥 · 최은희 부부

(1) 첩보영화를 방불케 한 신상옥 · 최은희 부부의 탈출

지난 1978년 홍콩에서 북한 공작원에 의해 납치됐던 영화배우 최은희와 남편인 영화감독 신상옥이 오스트리아 빈에서 미국 대사관에 신변보호를 요청하여 서방세계로 탈출했다.

최은희 · 신상옥 부부는 헝가리의 부다페스트에서 영화제작협의차라는 명목으로 오스트리아 빈으로 나와 북한감시원을 따돌리고 극적으로 탈출했다.

신상옥 감독은 지인인 빈 주재 일본특파원에게 "나는 사회주의자가 아니다. 서방세계에서 조용히 살고 싶다"고 심경을 밝히며 도움을 요청했다.

최은희는 홍콩거주 이상희로부터 영화 '양귀비'의 주연으로 출연해 달라는 요청을 받고 유인해 홍콩에 도착했다가 실종됐다.

신상옥은 최은희의 행방을 알아본다며 동남아 등을 돌아다니다 홍콩에서 실종됐었다.

그 후 6년이 지난 1984년 국가안전기획부가 두 사람 모두 북한에 의해 강제 납치된 사실을 발표했다.

이들 부부의 극적인 탈출은 북한 사회의 질식할 것 같은 체제를 더 이상 견디기 어렵다는 인간적인 절규에서 비롯된 '자유 세계로의 복귀'로 보인다.

이들 부부가 빈 시내 호텔에서 북한요원들의 감시를 피해 택시를 타고 미국 대사관으로 달려가 탈출에 성공하기까지의 약 20분 동안은 마치 한 편의 첩보영화를 보는 것 같은 극적인 순간의 연속이었다.

이들이 평양을 떠나 '베를린' '파리' '부다페스트' '빈'으로 이어지는 이들 부부의 탈출여로는 오래 전부터 치밀하게 계획됐던 것

같았다.

신상옥 감독은 "외교관으로 위장한 감시원 2명이 주변을 떠나지 않았으나 오늘은 일본 기자를 만난다고 외출 허락을 받아 빠져나올 수 있었다"고 털어놓았다.

감독과 영화배우가 연출해 낸 영화 아닌 현실 속의 시나리오는 최·신 부부가 사전에 미국 대사관으로 연락해 둔 것이 아니었으며 미국 대사관까지 동행한 일본 교토통신 특파원도 빈에서 만난 것은 영화 속의 장면처럼 정말 우연한 극적인 상봉이었고, 그들 부부는 북한의 외교관 여권을 이용하고 있었다.

최기철 주 오스트리아 북한대사는 "미국과 남조선이 공모해 최은희·신상옥을 납치했다"고 하는가 하면 "이들은 북한이 제공한 3백만 달러를 빼돌리려고 피난처를 구하는 거짓 어릿광대극을 벌이고 있다"고 주장했다.

최·신 부부가 호텔에서 행적을 감춘 뒤 30명에 달하는 북한요원들은 공항은 물론이고 한국인이 드나드는 장소에는 2, 3명씩 나타나 초조한 표정으로 감시의 눈길을 번뜩였다.

국가안전기획부는 홍콩에서 실종됐던 최은희, 신상옥 부부가 북괴 공작원에 납치돼 북한에 있는 것으로 확인됐다고 밝혔다.

안기부는 최은희, 신상옥 부부가 북한에서 김일성 부자의 우상화 작업에 강제 동원됐으며 북괴는 이들을 이용한 대남 모략 공작을 은밀히 진행시켜 왔다고 발표했다.

안기부는 이들이 의거 입북했다고 조작하여 선전하는 기자회견을 은밀히 추진해 왔다고 폭로했다.

안기부는 북괴가 신상옥 감독과 내연의 관계였던 오수미씨 사이에 출생한 두 자녀를 미국으로 입양시킨 뒤 인질로 삼기 위해 북괴로 데려가려 했다고 밝혔다.

두 사람은 납북된 뒤 분리 수용돼 협박과 회유 속에 집중적인 세뇌교육을 받으면서 '첫 보안서원이었다' '설한령의 메아리' '춘향전' 등의 영화제작에 연기 및 연기지도를 한 것으로 알려졌다.

이들은 북한 지역은 물론 동구권을 순회하면서 김일성과 북괴를 찬양하기도 했다.

남북 체육협회에서 한국 측은 버마 암살폭발사건과 최은희·신상옥 부부의 납북사건에 대해 사죄하고 납득할 만한 조치를 요구한 데 대해 북한 측은 스포츠 외적인 사안에 대해 사과를 요구하면 회담할 수 없다며 생떼를 쓰다가 일방적으로 퇴장해 버렸다.

(2) 기구한 인생 역정을 겪은 최은희와 신상옥

'삼천만의 연인'으로 불렀던 최은희와 한국영화사상 나운규 이래 가장 탁월한 영화감독이자 철저한 예술의 장인이었던 신상옥의 결합은 민족 분단의 비극에서 시작됐다.

최은희는 1926년 경기도 광주에서 태어나 경기기예(京畿技藝)고등

학교에 다녔고 극단 '아랑(餓狼)'에 입단하여 지방공연도 다녔었다.

최은희는 '새로운 맹서'의 여주인공으로 발탁되어 명성을 얻었으나 20세에 촬영기사 김학성과 결혼했다.

최은희는 단란한 신혼생활 중 6·25가 터져 북괴군에 의해 북한 땅 깊숙한 청천강 근처까지 끌려갔다가 국군에 의해 가까스로 구출됐다.

구출되어 온 최은희는 남편 김학성에게 "저한테 아무 말씀도 묻지 마세요. 저를 잊어 주세요. 은희는 죽었으니까"라며 흐느꼈다.

최은희는 시골뜨기를 일약 스타로 만든 김학성을 버리고 젊은 신상옥 씨와 재혼하자, 김학성씨는 이들을 간통죄로 고소하고 동료 연예인들은 "최은희가 6·25 난리를 겪고 나더니 완전히 미쳤다"면서 매정한 여인으로 몰아붙였다. 그러나 김학성은 연민의 정을 잊지 못해 고소를 취하하고 말았다.

신상옥 감독과 짝을 이룬 최은희는 '상록수' '어느 여대생의 고백' '사랑방 손님과 어머니' '청일전쟁과 민비' 등 50여 편에 출연하여 대종상과 아시아영화제 주연상을 타는 등 영화 예술인으로서의 영광과 꿈을 성취했지만 신 감독이 신인 여배우 오수미와 내연의 관계를 맺자 결혼 24년을 청산하고 헤어졌다.

신 감독이 최은희를 만난 것이 1951년 피난 시절 부산에서 최은희의 전 남편 김학성의 촬영조수로 일할 때였으며, 당시 최은희는 병상의 남편을 간호하는 한편 다방에서 마담으로 일하며 생계를 꾸려가고 있었다.

1924년 함경북도 청진에서 태어난 신상옥은 영화사에서 미술담당 세트맨으로 일하다가 김학성씨의 촬영조수로 자리를 옮긴 것이 최은희를 만난 계기가 되었다.

신상옥은 '신필름'을 설립하여 50여 편의 영화를 제작했으나 오수미와의 스캔들에 밀려 곤경에 처했다.

신 감독은 최은희와의 사이에 자녀가 없어 고아원에서 남녀 어린이를 데려와 양자녀로 길렀다. 오수미와의 사이에는 두 자녀를 두었다.

남북 8년 만에 '베를린' 영화제에 참석했다가 최은희 부부를 만난 영화배우 김지미는 "그 때 그들이 자유를 찾아 탈출할 계획을 하고 있는 것 같은 눈치를 챌 수 있었다. 대화 중에 무언가 불안하고 괴로워하는 듯한 느낌을 받았다"고 회고했다.

신 감독은 "내가 비록 북쪽으로 가긴 했지만 김일성을 찬양하는 영화를 만들 순 없지 않느냐"며 "그동안 '춘향전' '심청전' '돌아오지 않는 밀사'등을 찍었다고 말했다"고 전했다.

신 감독의 조카인 신명길씨는 지난 1983년 납북된 신 감독의 육성이 담긴 녹음테이프가 본인에게 전달됐을 때 무척 괴로웠다고 말했다.

신 씨는 신 감독의 납북 당시 상황에 대해 "액수를 밝힐 수 없을 정도로 많은 빚을 지고 있었고 부도가 나는 등 경제적 궁지에 몰렸던 것은 사실"이라며 "그러나 그 간에 월북했을 것으로 나돈 소문은 삼촌의 자유분방한 성격에 비추어 결코 사실이 아니다"고 말했다.

신 씨는 "최은희씨가 납북되자 삼촌은 몹시 괴로워했으며 현장이라도 가보겠다고 출국한 것이 결과적으로 납북되는 비운을 맞게 된 것"이라고 밝혔다.

신 씨는 "삼촌이 졌던 빚도 큰아버지(신태선)가 가산을 정리하여 모두 해결하여 이제는 돌아오더라도 별 문제가 없을 것으로 안다"고 덧붙였다.

이들 부부의 신병처리 및 최종 행선지는 본인들의 희망에 따라 결정될 것이라고 관계전문가들은 전망했다.

(3) 미국 기자들과 특별회견을 가진 최·신 부부

미국의 뉴요크 타임지와 워싱턴 포스트지와 특별회견을 가진 최·신 부부는 그들이 북한 김정일의 직접지시에 의해 납치됐다고 폭로했다.

신 감독은 "그동안 두 번이나 기회를 노려 탈출을 시도했으며 두 번째 탈출이 실패한 후 평양 근교의 제6형무소에서 4년 동안 수감돼 있었다"고 말했다.

 김정일이 "내가 당신들을 납치하도록 지시했으며 우리 요원들로 하여금 6개월 간격을 두고 따로 따로 납치해 평양으로 데려오도록 지시했다"고 말했으며, 최은희씨가 남포항에 도착했을 때 김정일이 직접 마중을 나왔다고 폭로했다.

이들 부부는 1984년 4월 유고의 베오그라드에서 북한의 지시로 그들 부부가 자진 월북했다고 주장했으며 이들이 북한에서 제작한 영화로 동구권에서 몇 개의 영화상을 수상한 다음부터 김정일의 신임을 얻게 됐다고 밝혔다.

이들 부부는 북한에 있을 때 북한 당국으로부터 탈출하면 암살될 것이라는 위협을 받았다면서 "북한이 우리를 살해할 가능성이 있다"고 예견했다.

김정일은 개인적으로 2만 개의 필름을 갖고 있는 영화광이며 북한에서의 영화 제작 자금은 김정일의 마음대로 사용되고 있다고 말했다.

김정일은 1975년 대남공작부서를 장악하면서 남한의 유명 배우나 연출가를 납치하여 남한 실정과 자본주의 사회를 비판하는 영화 제작에 이용하려고 확책했다.

김정일은 1977년 4월 영화배우 윤정희를 납치토록 지시하여 윤양은 북괴공작원에 의해 유고슬라비아 자그레브까지 유인 당했다가 뒤늦게 함정에 빠진 사실을 깨닫고 미국 영사관에 피신해 화를 면했다.

신 감독은 자신들이 미국으로 온 것은 망명이며 미국의 영주를 바라는 이유는 북한 쪽으로부터 받는 신변 위협이 매우 심각하기 때문이라고 설명했다.

신 감독은 김정일의 위치에 대해 "지금 북한은 김일성이 통치하는 것이 아니라 김정일이가 통할하고 있다"며 김정일이 서방에서 생각하고 있는 것처럼 절대권력을 잡고 있음을 밝혔다.

이들 부부가 언제 어떤 경로로 미국에 입국해서 어느 곳에서 어떤 상태로 지내고 있는지는 절대로 드러내지 않는 것이 미국 정보 사회의 불문율이었다. 본인의 의사결정이 오락가락한 이들은 한국 정부의 관용을 담은 논평을 듣고 기자회견을 가질 수 있었다.

신상옥씨는 미국 영주권을 신청한 이유는 "영화활동을 위한 것이며 한국이 싫어서가 아니다"고 몇 차례 강조하고 "한국 정부가 여권을 내 주겠다면 받겠다"고 말했다.

미국은 이들 부부는 미국의 본토가 아니라 오스트리아 대사관에서 도움을 요청하여 망명자가 될 수 없으나 난민신청은 할 수 있는 것으로 알렸으며 "난민 자격 부여의 전제조건은 탈출한 나라로 다시 가면 박해를 받는다는 일반적인 판단이 선행돼야 한다"고 말했다.

외무부 김흥수 대변인은 "정부는 어느 시기에라도 최·신 양인이 국내에 거주하는 가족과 친지를 방문하거나 국내에서 예술활동을 하기 위해 귀국을 원할 경우 그들의 과거에 대해 일체 불문에 붙이고 그들의 자유활동을 보장하겠다"고 발표했다.

북한은 "신 감독이 헝가리와의 합작영화 '징키스칸'을 제작한다는 명목으로 3백만 달러를 가지고 도망갔다"고 비난하면서 "돈만 반환하면 그들이 어디로 가든 자유"라는 입장을 밝혔다.

9. 국력의 신장을 돋보인 제10회 서울 아시안 게임

(1) 5천년 민족사에 새로운 웅비를 기약하는 축제의 함성

1986년 9월 20일 개막하여 16일간 25개 종목에서 열전에 들어갈 아시안의 잔치인 제10회 서울 아시아 경기대회 참가 선수단이 27개국 4,758명으로 확정됐다.

시리아와 남예멘이 북한의 방해 책동으로 불참했고 브루나이는 국상(國喪) 때문에, 버마는 재정적인 이유로 불참한 것으로 알려졌다.

이번 대회에는 지난 '뉴델리' 경기에서 종합 1위를 한 중공(中共)은 대회 2연패를 선언했고, 일본도 정상복귀의 의지를 보이고 있는 반면 우리나라도 개최국의 이점을 살려 종합 2위를 목표로 하고 있다.

269개의 금메달을 놓고 중공은 75개의 금메달을, 일본은 67개의 금메달을, 우리나라는 65개의 금메달을 공식 목표로 하고 있다.

박세직 대회 조직위원장은 "아시아 경기 대회를 개최하는 오늘의 이 벅찬 감격은 5천년 민족사에 새로운 웅비를 기약하는 기쁨이며 통일조국 성취를 위해 성큼 다가서는 뜨거운 박동의 소리인 동시에 30억 아시아의 형제자매가 손을 마주잡고 평화를 노래하는 축제의 함성"이라고 대회사에서 밝혔다.

아시아 올림픽평의회 세이크 파하드 회장은 "조용한 아침의 나라 대한민국의 수도 서울에서 지금 우리가 목격하고 있는 이 업적이야말로 아시아인 전체의 전진과 평화에 대한 잠재력을 상징한다"고 축하했다.

아시아경기 탁구단체전에서 한국 선수들이 세계 최강의 중공팀을 꺾고 세계 정상에 선 순간 녹색사각의 테이블에서, 관중석에서, 가정의 TV 앞에서 쏟아지는 함성과 갈채가 전국을 뒤덮었다.

4천만의 체중이 실린 2.5g짜리 탁구공이 10억으로 구축된 거대한 핑퐁의 벽을 마침내 무너뜨린 이날 밤 전국은 열광과 환희의 도가니로 변했다.

마지막 3세트의 스코아가 20대 16에서 21대 16으로 바뀌는 순간 안재형 선수는 두 주먹을 내 뻗으며 한 차례 뛰어오르더니 그대로 마루바닥에 벌렁 누워 일어날 줄 몰랐다. 엉엉 소리 내어 울었다.

관중들의 천둥 같은 기쁨의 함성은 진하고 뜨거운 박수로 바뀌고 있었다.

UPI은 한국 남자 탁구팀이 세계 최강 중공을 5대 4로 눌러 극적인 성공을 거둔 것은 스포츠사에 남겨질 명승부라고 지적했다.

양정화, 현정화로 구성된 여자탁구팀도 중공팀에게 3대 1로 역전승하여 또 한번 세계탁구계를 흔들어 놓았다.

한국 여자 대표팀이 중공 국가대표팀과의 경기에서 승리하기는 1973년 유고 사라예보 세계 선수권대회 이래 처음이다.

한국 남녀팀의 승리는 세계 정상을 향한 끊임없는 도전의 결과로서 세계 탁구계에 신선한 충격을 준 것으로 평가되고 있다.

(2) 옥의 티처럼 보인 김포공항 폭발물 참사

서울 김포공항 쓰레기통에서 고성능 사제 시한폭탄으로 보이는 폭발물이 터져 전송객과 공항관리공단 직원 등 5명이 숨지고 30여 명이 중경상을 입은 폭발참사가 발생했다.

치안당국은 폭발물을 분석한 결과 이 폭발사건은 아시아 경기대회를 방해하기 위한 북괴의 소행이거나 북괴의 사주를 받은 불순분자들의 테러행위로 본다고 밝혔다.

강민창 치안본부장은 "아시아 경기대회 개막을 앞두고 일어난 이번 폭발테러사건은 아시아 경기대회의 성공적인 수행을 방해하려는 불순하고도 야만적인 흉계에서 저질러진 것이 분명하다"고 단정적으로 분석했다.

김포공항 폭발사건을 수사 중인 군경 합동수사반은 일본인 3명에 대해 용의점이 있다고 보고 수사를 펼쳤다.

수사반은 금속 쓰레기통을 살상용의 파편으로 이용했다는 점에서 범인이 폭탄을 은닉하고 설치할 장소를 사전에 면밀히 탐색한 뒤 폭탄을 제조한 것으로 추정했다.

(3) 일본을 제치고 종합 2위에 오른 우리나라 선수단

제 10회 아시아 경기는 중공이 금메달 94개로 1위, 우리나라가 금메달 93개로 2위, 일본이 금메달 58개로 3위를 차지한 가운데 대단원의 막을 내렸다.

우리나라는 아시아 경기에서 처음으로 일본을 제쳤고 중공과 마지막까지 치열한 금메달 선두경쟁을 벌인 끝에 1개차로 2위에 머물렀다.

우리나라는 당초 금메달 65개를 목표로 일본과 2위 다툼을 벌일 것으로 예상됐으나 복싱, 양궁 등 주력종목은 물론 기대하지 않았던 종목에서 많은 메달이 쏟아져 기대 이상의 성과를 거뒀다.

우리나라를 비롯한 중공, 일본이 269개의 금메달 중 245개를 휩쓴 가운데 이란이 금메달 6개로 4위를 했고, 인도가 금메달 5개로 5위를 차지했다.

출전 27개국 중 스리랑카, 부탄, 예멘, 아랍 에미리트, 몰디브 등 5개국은 메달을 단 한 개도 따지 못했다.

이번 대회의 성공적인 개최를 축하하고 차기 대회의 성공을 기원하는 폭죽이 메인스타디움의 밤하늘을 화려하게 수놓은 뒤 폐막식장은 어둠에 쌓이면서 조명 속에 아리랑 연주의 환영을 받으며 전기차를 타고 88서울 올림픽 마스코트인 호돌이와 90북경 아시아드 마스코트인 팬더 곰이 트랙에 등장해 8만 관중들의 갈채를 받았다.

국창 김소희 여사 등이 강강수월래를 선창하는 가운데 그라운드에서는 참가 선수단이 출연진과 함께 손을 잡고 강강수월래를 추고 밤하늘에는 4천 2백발의 폭죽이 요란한 발사음을 내며 갖가지 꽃 모양을 수놓은 아래서 각국 선수단 임원들은 물론 스탠드의 관중들도 석별을 아쉬워하듯 떠날 줄을 몰랐다.

이번 대회는 단순한 체육행사의 측면을 넘어 한국이 국제화를 추구하는데 도약 디딤돌 역할을 하리라는 것이 정부 측의 기대이다.

또한 이번 대화는 지구 전체 육지 면적의 3분의 1, 세계 인구의 절반 이상을 포용하는 아시아가 서울에서 한마당을 이루고 전진의 기틀을 다졌다는 의의는 더 없이 큰 것으로 평가되고 있다.

외무부에서는 "국제적 지위 향상이란 곧 국익 증진을 뜻하는 것이기 때문에 아시아 경기의 성공적 종료는 그 자체가 커다란 이익"이라고 평가하고 있지만, 외교적 성과나 국익이라는 것은 가시적으로 나타나는 것이 아니기 때문에 우리가 대회에 쏟아 부은 막대한 비용과 견주어 볼 때 득실을 따지기가 쉽지 않을 것이다.

10. 북한공작원 김현희의 KAL기 공중폭파

(1) 실종된 KAL기 잔해가 태국의 밀림지대에서 발견

중동에서 귀국하는 건설현장 근로자 89명을 포함한 승객 95명과 승무원 20명 등 115명을 태우고 이라크 바그다드를 떠나 서울로 오던 대한항공 KE 858편 보잉 707 여객기가 1986년 11월 29일 오후 2시 뱅골만 상공에서 마지막 교신을 한 뒤 실종 22시간인 30일 정오 버마와 접경인 태국 영내 칸차니부라 밀림에서 사고KAL기의 것으로 보이는 기체 잔해가 발견됨으로써 KAL기는 추락하여 탑승객 전원이 사망한 것으로 추정됐다.

KAL기가 추락한 칸차니부라 지역은 태국 서쪽 접경 산악지역으로 대부분 밀림이 뒤덮여 있으며 적은 수의 사람들만이 살고 있다.

이 지역은 콰이 강이 북쪽에서 남쪽으로 흐르고 있으며 2차대전 당시 이 지역을 점령한 일본군이 영국군의 포로들을 시켜 건설한 콰이강의 다리로 유명하며 영화의 무대가 되기도 했다.

전문가들은 KAL 실종사건은 사고비행기가 공중에서 폭발한 뒤 추락하여 탑승객 전원이 사망했을 가능성이 가장 높은 것으로 추정하고 있다.

왜냐하면 사고 항공기는 이륙 직전 항공기 정비에서 별다른 이상이 발견되지 않았으며 엔진이 4개이기 때문에 예비엔진만으로 비상착륙이 가능하므로 운항 도중 엔진 고장이나 테러분자들에 의한 공중납치기도 등 비상사태가 발생한 것이 아니고 추락 또는 폭발 가능성에 무게를 싣고 있기 때문이다.

KAL기가 공중에서 폭발했을 경우에는 바그다드를 떠나 아부다비 공항에 기착했을 때 폭발물의 설치를 점치고 있는데 이는 아부다비 공항의 경비가 비교적 허술하여 승객 1명을 더 태우는 40여분 사이에 폭발물 설치가 이루어졌을 것으로 추측되고 있기 때문이다.

(2) 용의자 조사중 음독, 1명은 사망하고 1명은 중태

바레인 경찰은 일본인 신분을 도용하여 위조여권을 사용하여 바그다드에서 이 여객기에 탑승했다가 아부다비에서 내린 두 명을 추적하여 조사를 벌였다.

조사를 받던 중 음독하여 하치야 신이치라는 남자는 숨지고 하치야 마유미라는 여자는 중태에 빠져 있으나 이들이 폭발사고와 관련이 있는 것으로 보고 KAL기 실종사건의 원인규명이 급진전을 보이고 있다.

수사 관계자들은 이들 두 사람이 일본에 실재(實在)에 있는 사람들의 여권을 위조하여 사용한 뒤 KAL기에 잠입한 점으로 미루어 이들은 북괴의 지령을 받은 조총련계 공작원, 또는 북괴가 해외에 파견한 공작원일 가능성이 높다고 보고 바레인 병원에 입원 중인 생존여성의 정확한 신원 파악에 전력(全力)을 쏟고 있다.

이들은 바레인 공항에서 요르단으로 탈출하기 직전 바레인 경찰에 의해 출국정지돼 조사를 받던 도중 담배를 피우는 체하며 담배갑에서 독극물이 든 캡슐을 꺼내 삼켜 자살을 기도했다.

일본 경찰은 이들이 사용한 여권 이름의 실재 인물을 찾아내고 신원파악에 수사의 초점을 모으면서 관련 조직과 범행 동기를 캐고 있다.

바레인 경찰은 이들이 X레이 검사기에 투시되지 않는 플라스틱 콤퍼지션 폭약을 갖고 들어와 조종실 옆 화장실에 시한폭탄 장치를 해 놓고 내린 것으로 추정하고 있다.

KAL기는 이 폭탄이 폭발하면서 조종실이 파괴돼 통신기능의 마비로 응급구조 신호를 보내지 못하고 조종불능 상태에서 동체가 나선형으로 굴러 떨어지면서 태국 밀림지대에 추락한 것으로 추정하고 있다.

전두환 대통령은 "KAL기 사고원인과 경위에 대해서는 자세한 내용이 밝혀지지 않았지만 비행기에 탔다 내린 2명의 가짜 일본여권 소지자가 이번 사고와 관련이 있고 그 배후에는 북한 공산집단의 손길이 미치고 있는가 하고 일본에서는 보고 있다"고 국무회의에서 북한 관련설을 제기했다.

이들이 바레인 공항 요르단 항공사 카운터에서 출국 수속을 밟고 있는 사이 한국과 일본 측의 연락을 받은 바레인공항 이민국 직원들은 공항 사무실로 이들을 연행했다.

음독 자살한 히치야 신이치는 현재 도쿄에 살고 있으며 미야모토 아키라는 사람에게 여권을 맡긴 사실이 있다고 밝혔다.

미야모토 아키라는 이경우라는 한국명을 쓰는 사람으로 일본 도쿄에 살면서 폐품수집업, 금융업 등을 했으나 북한 스파이사건에 관련되어 조사받기도 했으며 1년 전부터 행적을 감춘 것으로 밝혀졌으며 그의 친척 중에 마유미가 있는 것도 밝혀졌다.

일본은 음독자살한 하치야가 도쿄에 살고 있다는 사실이 밝혀진 이후부터 이 사건이 일본인에 의한 것이 아니라 일본인을 위장한 제3국의 공작이라는 사실을 강조하기 시작했다.

배후인물로 지목되고 있는 미야모토 아키라는 제주도 출신으로 남로당에 가입하고 4·3 제주 폭동에도 관여됐으며 경찰의 대공요시찰자로 추적받자 가족과 함께 일본으로 밀항한 것으로 조사됐다.

그러나 일본 경찰은 남자의 지문이 여권 위조혐의를 받아온 미야모토 아키라의 지문과 다른 것으로 밝혀져 또 다른 제3의 인물로 판명됐다.

(3) KAL기 폭파는 김정일의 지시라고 김현희 공작원이 자백

KAL 추락사고 15일 만에 바레인에서 수사를 받고 있던 일본 위조여권 소지자 하치야 마유미와 하치야 신이치의 시체가 김포공항에 도착했다.

바레인 정부는 이 사건으로 가장 큰 피해를 본 한국이 철저한 조사를 하고 그 결과에 따라 범인을 처벌할 수 있도록 이들을 한국 정부에 인도한 것으로 알려졌다.

국가안전기획부는 승무원과 승객 등 115명을 앗아간 대한항공

858기 폭파사건은 88 서울 올림픽 참가신청 방해를 꾀한 북한 김정일의 친필 지령을 받은 북괴공작원 김승일과 김현희의 범행으로 밝혀졌다고 발표했다.

KAL기는 그들이 앉았던 기내 좌석의 선반에 두고 내린 시한폭탄과 술로 위장한 액체 폭발물에 의해 폭파되었으며 김현희는 한국어 자술서를 통해 이 같은 범행 일체를 자백했다.

안기부는 범행목적인 올림픽 개최를 방해하고 해외 진출 노동자를 희생시킴으로써 국내 근로 계층 서민의 대정부 불신을 충동시킬 수 있다는 북괴의 계산에서 나온 것이라고 밝혔다.

김현희는 7년 8개월 동안 전문교육과 외국인 위장을 위해 해외에서 적응 훈련을 받아왔는데 1984년 7월 김승일과 부녀로 가장한 공작조로 편성되어 해외여행을 해 오면서 자유진영 국가에서는 위조된 일본 여권을 사용해 왔다고 진술했다.

북한 외교관의 딸인 김현희는 평양외국어대학 재학 중 공작원으로 선발됐으며 1972년 11월 평양에서 개최된 남북조절위 회담에 참석한 우리 측 장기영 대표에게 꽃다발을 증헌했던 장본인이기도 했다.

김현희는 시내를 다니면서 시내 전경과 사람들의 모습, TV에 나타나는 여러가지 모습을 보고서 북한에서 교육받은 것이 현실과 너무 차이가 나고 무엇이 진실인지 알게 되고 진실을 깨닫게 되면서 북한에서 기만당하면서 살아온 것을 깨닫고 배신감을 느끼고 흥분하게 돼 사실을 밝히게 됐다고 기자회견장에서 털어놓았다.

김현희는 "앞으로 이번과 같이 무의미하고 헛된 일로 죄 없는 많은 사람이 희생되는 폭력적이고도 무의미한 사건들이 다시는 일어나지 않기를 바라기 때문에 이 자리에 섰다"고도 말했다.

절세의 미모를 가진 김현희는 카메라 플래시가 일제히 터지자 한때 얼굴을 돌렸으며 시종 고개를 숙이고 답변해 사회자로부터 고개를 조금 들어 달라는 주문을 받기도 했다.

김현희는 "이 사건의 진실을 밝혀 두는 것이 돌아가신 분들과 가족들에게 도리라고 생각해 이 자리에 나왔다"고 말할 때는 울먹이면서 말을 이어 갔고 가끔 손을 올려 눈물을 찍어내기도 했다.

안기부 수사관은 "김현희가 북괴에서 일본어와 일본에 관한 교육을 받을 때 일본에서 납치돼 온 여성으로부터 교육을 받았다"고 공개하면서, 김현희를 가르친 일본 여성의 본명은 알 수 없고 김정일의 은혜를 입어 목숨을 건졌다는 뜻에서 북괴에서 은혜라는 이름을 지어 주었다고 소개했다.

미국 국무성 찰스 레드먼 대변인은 "KAL 폭파가 북한의 범죄행위라는 움직일 수 없는 증거가 있다"고 말하고 "북한을 테러국가로 규정하고 북한인의 미국 입국 비자 발급을 더욱 엄격히 제한하고 테러목적에 사용될 수 있는 모든 물품의 대북한 수출금지를 실시한다"고 덧붙였다.

미국 하원의 북한의 테러행위를 규탄하는 결의안 채택에 앞서 미국 국무성은 "김현희에게 KAL기 폭파를 명령한 자는 항가리 주재 북한 관리인 이용혁과 한송삼이다"라고 증언했다.

김현희를 가르친 일본여인도 1979년 일본 해안가에서 북한 공작원들에게 납치됐다.

남매를 둔 이혼녀로 9년 전 일본 해안에서 잡혀가 이은혜로 이름을 바꾼 일본 여성은 일본에 두고 온 자식 생각에 자꾸 울었다고 김현희는 진술했다.

유엔 안보리는 KAL기 폭파사건이 북한의 소행이라는 점을 분명히 하는 한편 모든 문명사회는 이 같은 반문명적 흉악행위가 다시는 재발되지 않도록 북한 측에 주지시켜야 한다는 입장을 밝혔다.

한편 전두환 정부는 1987년 13대 대통령 선거 직전에 김현희를 압송하여 선거 막바지에 북괴의 만행을 상기시킴으로써 정치적으로 이용했다는 의혹을 받기도 했다.

[제2부] 전두환 독재체제에 대한 도전과 응전

1. 정치적 안정과 눈부신 경제성장

2. 전두환 대통령이 지속적으로 펼친 유화정책

3. 88서울올림픽 유치와 LA올림픽 선전

4. 일본과의 관계재정립 및 중공의 등장

5. 메아리 없는 국내용 대북정책은 여전

6. 부산 미국 문화원 방화사건의 파장

7. 군부독재체제에 대한 부단한 저항

1. 정치적 안정과 눈부신 경제성장

(1) 민정당은 과반의석을 확보하여 정국안정 운영

정권 탈취를 위한 5·17 비상조치, 5·18 광주사태, 최규하 대통령의 하야, 통일주체국민회의에 의한 대통령 보궐선거에 의한 전두환 육군대장의 대통령 당선 등 격동의 80년도를 넘긴 1981년 2월 11일 대통령 선거인단 선거에서 민정당 소속 선거인이 69.6% 당선되어 민정당 대통령 후보로 추대된 전두환 대통령의 대통령 당선에는 의심의 여지가 없었다.

1981년 2월 25일 실시된 제12대 대통령 선거에서 민정당 전두환 대통령 후보는 재적 선거인단 5천 2백 77명의 90.2%의 4천 7백 55표를 득표하여 당선됐다.

민한당 유치송 후보는 404표(7.7%), 국민당 김종철 후보는 85표(1.6%), 민권당 김의택 후보는 26표(0.5%)를 득표하여 들러리 수준에 머물렀다.

민정당 소속 선거인은 3천 6백 75명이었는데 1,080명의 선거인이 자기당 후보들을 찍지 않고 전두환 후보에게 투표한 것은 우리 국민들의 정치 수준을 대변해 주고 있는 것이다.

민정당은 1981년 3월 25일 실시한 11대 총선에서 지역구는 90석을 확보했지만 전국구의 3분의 2를 제1당에 할애한다는 법률에 따라 전국구의 61석을 배정받아 151석을 확보함으로써 의원정수 276석의 절반인 138석보다 13석을 더 얻어 원내 안정세력을 구축했다.

민한당은 지역구 57석, 전국구 24석으로 81석을, 국민당은 지역구 18석, 전국구 7석으로 25석을 확보하게 됐다.

민권당, 민사당, 신정당은 각각 2석, 민농당, 안민당은 각각 1석을, 무소속이 11석을 확보했다.

제11대 국회가 개원되면서 국회의장에는 민정당의 정래혁, 부의장에는 민정당 채문식, 민한당 김은하를 선임했다.

민정당은 11대 총선이 끝난 후 이재형 대표위원, 권정달 사무총장, 이종찬 원내총무, 윤석순과 이상재 사무차장 체제를 출범했다.

전 대통령은 82년 새해를 맞아 남덕우 국무총리를 경질하고 유창순 무역협회 회장을, 부총리 겸 경제기획원 장관에 김준성 한국은행 총재, 재무부 장관에 나웅배 민정당 전국구 의원을, 주유엔대사로 옮긴 김경원 대통령 비서실장 후임에는 이범석 통일원 장관을 임명했다.

전 대통령은 이철희·장영자 사건을 비롯한 대형사고로 흔들리고 있는 민심을 안정시키기 위해 11개 부처 장관을 경질하여 법무에 정치근, 국방에 윤성민, 국세청장에 안무혁을 기용했다.

민정당은 권정달 사무총장을 경질하고 육사 11기인 권익현을 발탁했다.

그리고 안기부장 황영시도 노신영으로, 외무장관은 이범석을 기용했다.

민정당은 이재형 대표를 진의종 대표 체제로 변경했다.

전두환 대통령은 1982년 6월 국민여론을 반영하여 심기일전 하기 위해 유창순 총리를 김상협 고려대 총장으로, 재무에는 강경식, 법무에는 배명인 등을 기용했다.

12월에는 정승화 육참총장을 공관에서 연행한 허삼수, 신군부세력의 찬탈과 개혁을 주도한 허화평, 언론 통폐합을 기획한 우파의 전사인 허문도 등도 정계일선에서 사라지게 됐다.

아웅산 국립묘지 참사에 이은 개각에서 전 대통령은 김상협 총리를 진의종 총리로, 부총리엔 신병현, 외무엔 이원경, 재무엔 김만제, 상공엔 금진호, 문교엔 권이혁, 청와대비서실장엔 강경식, 서울시장엔 염보현을 발탁했다.

진의종 민정대표의 후임에는 정내혁 전 국회의장을 임명했다

민정당은 돌연 정래혁 대표를 경질하고 권익현 사무총장을 기용하고 사무총장에는 이한동 의원을 발탁했다.

12대 총선이 끝난 1985년 2월에는 국무총리를 노신영으로 교체하고 내무에는 정석모, 안기부장에는 서동권 등 새로운 내각을 출범시켰다.

(2) 공무원의 분류 조정 및 직위 축소와 감축

정부는 공무원의 신분보장을 강화하고 능력과 실적 위주의 승진제도 채택으로 직업공무원제도가 정착될 수 있도록 하기 위해 부처간 인사교류의 활성화를 기하고 현행 공무원 계급이 1급과 2~5급 갑·을류로 돼 있는 것을 갑·을류를 없애고 1~9급으로 변경토록 하며 일반직, 별정직으로 분류하던 것을 경력직과 특수경력직으로 대별하고 경력직은 일반직, 특정직, 기능직으로 특수경력직은 정무직, 별정직, 전문직, 고용직으로 세분하여 모두 7종으로 나누도록 했다.

정부는 대국대과(大局大課) 체제로 정부기구를 개편하는 것을 주요 내용으로 하는 정부조직정비 기본방향을 발표했다.

4급 이상 10%에 해당하는 500개 이상의 직위를 감축하고 연간 2백억원의 예산절감효과를 기대했다.

다만 폐지되는 직제의 일반직 공무원에 대해서는 유보조항을 두어 현원이 정원에 일치할 때까지 초과 운영하며 조사연구기능이나 교육기관에 연수시킬 방침이다.

정부는 개편작업이 끝날 때까지 해당 부처의 4급 이상 상위직 승진인사를 유보키로 했다.

총무처는 50여개 부처의 국가 4급 이상 531개 직위를 폐지키로 했다.

행정개혁위원회, 국무총리 기획조정실, 국가안정보장회의 사무국,

경제과학심의회 상근위원과 사무국, 지방원호청과 지방체신청을 각각 폐지하고 3개실과 41개국 및 135개 과를 축소하는 정부조직 정비안을 확정했다.

이로써 장관급 2명, 차관급 6명, 차관보 8명의 직위를 비롯하여 1급 35개, 국장급 142개, 4급 서기관 346개 직위 등 531개 직위가 감축되며 연간 2백억 원의 인건비와 1백억 원의 부대경비가 절감된다고 김용휴 총무처장관이 밝혔다.

정부조직 축소개편작업의 마무리에 이어 국영기업체를 비롯한 정부투자기관 등에 대해서도 대대적인 기구 및 인원 감축이 불가피하며 그동안 위인설관식의 상위직이 많은 것으로 분석되어 경영부실 등 낭비적 요소를 없애기로 했다.

이로써 정부 산하기관도 간소한 기구, 최대의 봉사원칙에서 예외가 될 수 없음을 강조했다.

기구축소의 여파로 전두환 정부시절 수산청의 경우 7년동안 행정사무관(5급) 승진이 4명밖에 없었고 서기관(4급) 이상 승진은 아무도 없는 공무원 승진의 침체기를 보내기도 했다.

정부는 현재 중앙청 내에 있는 총리실, 총무처, 법제처 등 정부기관을 모두 과천 정부종합청사로 옮기고 현재 중앙청 본관건물 전체를 민속박물관으로 이용키로 했다.

공무원의 청백리상 시상제도를 만들고서 국회의원은 물론 부이사관(3급) 이상 그리고 경찰서장, 세무서장, 시장·군수도 공무원의 재산 등록을 의무화했다.

그리고 서기관(4급) 이상으로 대상을 확대하면서 모든 판사, 검사도 포함됐다.

정부는 구한말과 일본 강점기의 역사적 사실을 중점적으로 부각시키기 위한 독립기념관을 충남 천안군 목천면에 설립키로 하고 건축비 마련을 위해 정부 출연은 물론 범국민 성금운동을 전개하여 충당했다.

정부는 중앙부처 감축과 달리 1981년 3월 대구와 인천의 직할시 승격과 함께 경기도 광명, 송탄, 동두천, 강원도 태백, 전북의 정주, 남원, 전남의 금성(영산포), 경북의 영천, 경남의 김해, 제주도의 서귀포 등 10개 시를 승격시켰다.

아울러 1985년 8월에는 경기도 구리, 평택, 안산, 과천, 강원도 삼척, 충남의 공주, 온양, 대천, 경북의 상주, 점촌, 전남의 여천이 시로 승격되어 1 특별시, 3 직할시, 57시 체제가 확립됐다.

(3) 집권 초기 전두환 대통령의 중점 추진사항

전두환 대통령은 생활소음의 규제 방침에 따라 교회의 아침 종소리를 전면 금지함과 아울러 대통령 선거인단 선거를 앞두고 비상계엄을 1981년 1월 24일을 기해 해제했다.

비상계엄은 10 · 26 사태 직후인 1979년 10월 27일 선포된 이래

456일 만에 전면 해제되게 됐다.

전국 계엄으로 확대됐던 5·17조치로부터 253일만에 해제된 것이다.

전 대통령은 "10·26 이래의 국가적 위기상황이 극복되고 공명정대한 선거분위기를 보장하려는 뜻에서 계엄해제 조치를 취하는 것"이라고 말했다. 그러면서 전 대통령은 안정의 필요성이 없어졌거나 줄어들었기 때문에 계엄을 해제한 것이 아니라고 강조했다.

그리고 계엄 엄수를 성실히 수행해 온 국군장병에게 위로와 치하를 보냈다.

상투적인 안정이 이뤄지지 않는 곳에서는 민주정치의 토착도 경제번영의 성취도, 튼튼한 국방력 향상도 그리고 민족문화의 창달도 어려운 것이며 혼란과 불안 속에서는 전진이 아닌 퇴보, 신뢰 아닌 불신, 화합 아닌 증오만 있을 뿐이라고 덧붙였다.

정부는 1973년 11월부터 정부의 에너지 절약시책에 따라 중단된 이래 7년 6개월 만에 TV의 아침방송을 허용했다.

문공부는 "앞으로 아침 TV 방송을 통해 그날 그날의 뉴스를 비롯하여 국민 생활에 유용한 각종 생활 및 과학 정보를 신속 정확하게 국민들에게 전달하게 할 것"이라며 KBS, MBC에 각각 7시부터 10시까지 방영을 허가했다.

정부는 1981년 5월 의료보험료 부담 능력이 있는 농어촌 지역 주민과 변호사, 개인택시 운전사, 연예인 등 자영직종 또는 퇴직공무원 등 연금수급자 등도 의료보험 혜택을 받을 수 있도록 의료보험

대상을 대폭 확대했다.

그리하여 의료보험대상을 37.4% 수준에서 50%를 넘어 61.7%까지 끌어올렸다.

또한 직종별 2종 의료보험은 보험료 부담능력이 있는 자영업자 조합 단위로 실시되도록 지원했다.

내무부는 민방위 교육훈련 대상인 46세 이상 50세까지의 대원 교육은 직장대원은 년간 4시간의 정신교육만 받게 하고 생계가 어려운 대원에서는 교재만 나눠 주는 방안으로 대체했다.

년 1회 똑같이 교육받았던 46세 이상에 대해 비상소집만 받도록 민방위대 교육을 대폭 완화했다.

정부는 1981년 6월 전국에 산재한 45만 3천여 채의 무허가 건축물 가운데 상습 침수지 등 재해 위험지역에 자리잡은 7만여 채를 제외한 38만 3천여채를 전면 양성화시키기로 했다.

국공유지에 들어선 무허가 건물주에 대해서는 토지를 불하하고 준공 미필 기존 건물에 관한 특별조치법을 제정키로 했다. 이 같은 조치의 혜택을 받게 되는 사람은 모두 270여 만명에 이른 것으로 조사됐다.

1982년 1월 5일 자정부터 전방 접적지역과 일부 해안 취약지역을 제외한 전국의 야간 통행금지가 37년 만에 해제됐다.

12시부터 새벽 4시까지 통행금지는 사이렌소리를 알려 서민생활에 불편을 주었을 뿐 아니라 숱한 애환을 남겨줬다.

다만 경기도와 강원도 내의 10개군 71개 읍·면 지역과 일부 해안지역에는 아쉽게도 제외됐다.

(4) 80년대 경제여건과 성장기반의 조성

우리나라 1981년 말 인구는 3,902만 9,339명이었고 1983년 7월 29일 4천만명을 돌파했다.

그러나 인구의 9.8%가 절대빈곤층이었다.

1983년도 우리나라의 예산규모는 10조 4,167억원 수준이었고 외채는 382억 달러였다.

1983년도 1인당 GNP는 1,569달러였고 1986년도에는 2,076달러, 1990년도에는 2,566달러 달성이 목표였다.

상수도보급률은 50%를 밑돌았고 소비자 물가지수는 34.6%를 상회했다.

유치원 취원율은 8% 수준이었고 국민학교 학급당 학생 수는 평균 64.9명이었다.

은행의 대출금리는 20%를 상회했고 8만원 이하의 월급은 다반사였으며 1986년도 수출목표액은 530억 달러였고 무역수지 균형이 중점추진목표였다.

정부는 민간주도형 경제체제로의 전환에 맞춰 한일은행 민영화에 이어 대한준설공사, 국정교과서 등 24개 정부투자업체를 민영화하기로 했다.

정부는 택지부족을 해결하기 위한 방안으로 도시 주변에 있는 32억평 녹지 가운데 6천 9백만 평을 택지로 개발키로 했다.

5차 5개년 계획 중에 1백 46만 채의 집을 짓기 위해서는 6천 2백여 만 평의 택지가 부족하기 때문이다.

정부는 신정동, 목동 신시가지 개발 계획을 추진했다. 토지공개념을 처음으로 도입하여 택지 150만평을 조성하고 아파트 2만 5천가구를 건립할 계획이다.

정부는 1981년 5월 국내산업의 경쟁력을 강화하기 위해 이미 외국 제품과 경쟁력을 갖추었거나 수입제한의 실익이 없는 흑백 TV와 퓨즈, 수도미터기, 골프채, 정구라켓, 운동용구 등 모두 396개 품목의 수입을 자유화하기로 했다.

그러나 가방, 핸드백 등 112개 품목은 감시품목으로 지정하고 택시미터기, 조미료 등 12개 품목은 무역수지 역조가 심한 나라에서는 수입을 할 수 없는 다변화품목으로 지정했다.

국제화에 부응하기 위해 유학시험을 전면 폐지하고 정부는 해외진출 확대방안을 확정하여 지금까지 금지되거나 제한돼 온 부부동시 해외여행과 초청에 의한 방문여행 및 상용 여행에 관한 규제를 과감히 풀고 허가하지 않던 관광여행을 단계적으로 확대 허용키로 했다.

또한 해외이주비도 10만 달러로 상향 조정했다.

1981년 2월에는 포항종합제철 4기 고로가 준공되어 조강생산능력이 년 850만톤 체제에 들어감으로써 세계 11위 대단위제철소로 부상했다. 10년 동안 계속된 확장공사에는 1조 9천억원이 투입됐으며 우리나라의 조강능력은 년 1천 2백만 톤으로 북괴의 6백만 톤을 크게 앞지르게 됐으며 국내철강 자급율이 89%로 크게 높아지게 됐다.

동아건설은 리비아에서 발주한 32억 9천 7백만 달러의 대형수로 공사를 수주했다. 이로써 올들어 해외건설 수주액이 75억 달러로 연말까지는 1백억 달러를 넘길 것으로 예상했다.

대수로 공사는 리비아의 3억 6천 3백만 평의 사막을 농지로 만들기 위해 1,895km의 송수관을 묻어 하루 4백만 톤의 물을 공급하는 수로를 건설하는 공사다.

지하철 2호선 48.8km를 1982년 4월에 완전 개통했다. 지하철 3호선과 4호선도 1984년 말까지 개통하여 대중교통체계를 전면 개편하겠다고 염보현 서울시장이 밝혔다.

정부는 마두라 지역에 대한 3년 7개월 간의 탐사 및 시추작업 결과 총매장량 1억 1천만 배럴의 마두라 유전 개발에 성공했다.

시험생산한 원유 43만 배럴이 27일 전남 여수항에 도착하여 일산 1만 ~ 1만 5천 배럴의 상업성 있는 유전으로 최종 판명되어 마두라 유전의 원가는 15달러 수준으로 채산성이 높다.

정부는 188만 4천 달러를 지원했으며 우리나라 총소요량의 3%를 충당할 물량이다.

정부는 산업화와 도시화에 따라 2천 4백여 만평의 농경지가 공업용지 및 주택지로 전용됨에 따라 농경지 보전과 새로운 용지 수요에 대응하기 위해 간척 및 개간 사업을 적극 추진할 방침을 밝혔다.

바다를 둑으로 둘러막아 토지를 만들 수 있는 해안 간척지가 서울 전체 면적의 7.3배에 해당하는 13억 평에 달하고, 야산을 밀어 농지로 일굴 수 있는 개간적지도 전국적으로 14억 평에 달해 이를 전국적으로 개간하면 농경지가 20% 늘어나게 된다.

간척이 이뤄지면 남한 면적의 4.5%가 늘어나고 서남 해안일대 지도가 바뀌게 된다.

정부는 가방, 완구 등 경쟁력을 구비한 제품을 중심으로 1,000개의 기업을 중점적으로 육성했으며 미주지역에 신발, 악세서리, 봉제 등을 대상으로 기업이민을 적극 권장하여 1가구당 30만 달러와 기계설비에 대해서는 제한 없이 반출토록 허용했다.

정부는 대륙붕 개발관계협정을 비준하는 대로 제주도 남쪽, 일본 큐우슈우 서쪽의 제7광구 등을 본격적인 석유 탐사개발을 위한 구체적인 협의를 일본 측과 벌일 예정이다.

(5) 전두환 정권의 최역점과제는 물가안정

정부가 내세운 목표는 주요 물가 억제선을 50% 이상 웃돌던 물가 폭등의 악순환의 단절이었다. 1979년에도 28% 선에서 억제하겠다던 도매물가가 44.2%나 치솟았다.

정부는 정부미와 보리쌀, 연탄값을 동결하는 한편 석유류 값 인상도 당분간 불허할 방침을 세웠다.

공공요금은 15% 내에서 억제한다는 방침 아래 투자재원 조달을 위한 가격 인상을 하지 않는다는 원칙을 실행했다.

이리하여 1981년도 물가는 15% 선에서 대체로 안정됐으며 이는 원유의 안정적 공급과 가격 안정이 큰 도움을 주었다.

아울러 환율도 80년도에는 35% 올랐지만 1981년 이후에는 5% 선에서 유동화할 방침이다.

정부는 20% 웃돌던 은행 대출금리를 1982년 1월에 1% 인하하다가 1983년 6월에는 10%로 인하하고 33~38%하던 법인세를 32%로 조정했다.

총통화 공급량도 년 25%를 신축적으로 운영하여 주택수요자금도 대폭확대했을 뿐 아니라 근로소득세도 인하했다.

무엇보다 제5공화국 정부에서는 박정희 대통령 시절 매년 30~40%의 물가상승율을 매년 4~5%로 억제하여 서민들의 소득증대와 삶의 질을 향상시키는데 있었다.

또한 경제활성화 대책을 마련했고 제일은행과 서울신한은행, 조흥은행을 민영화하고 총통화 증가율도 연 25%에 구애받지 않고 신축적으로 운영키로 했다.

정부는 이제까지 추구해 온 선성장 후분배 개발전략을 바꾸어 1982년부터 시작되는 5차 5개년 계획 기간 중에는 성장과 분배의 형평을 동시에 달성한다는 목표 아래 주택, 보건, 교육 등 사회 개발 부분에 정부 예산의 54.7%를 투입키로 했다.

중학교 의무교육도 1985년부터 농어촌 지역에서부터 실시하여 1991년까지 전국적으로 확대할 방침이다.

정부는 개발도상국들과의 국제협력강화 방안의 일환으로 새마을운동 청년지도자들을 이들 나라에 파견하여 경제, 사회개발을 지원하기 위해 청년국제새마을협력단을 설치하여 운영했다.

정부는 폭발적인 인구억제 정책의 일환으로 공무원의 가족, 학비수당을 2 자녀 이내로 제한하여 셋째 이후에는 학비와 자녀 수당을 주지 아니했으며, 강남 아파트 가격의 급등에 따라 아파트 당첨에 채권입찰제를 실시했고 투기지역은 집중 세무조사도 실시했다.

80년대 경제성장의 밑거름은 무엇보다 일본으로부터 경제협력자금 40억 달라 차관을 도입하여 중공업 기반을 구축하는데 기여했으며 경제성장율을 매년 7~8%의 고도성장을 이룩할 수 있었다.

그리하여 상수도보급율은 60% 수준에서 100%까지 끌어올릴 수 있었으며 유치원의 취원율도 8%에서 50%까지 확충할 수 있었고 국민학교 학급당 학생 수도 64.9명에서 55명으로 낮출 수 있었다.

소비자물가 물가 상승률 34.6%를 8.0% 수준으로 안정시킬 수 있었던 것은 무엇보다 유가가 배럴당 34달러로 단일화 되었다가 30달러 수준에서 안정화 된 것이 경제성장과 물가안정의 두 마리 토끼를 잡는 묘수였다.

20%를 웃돌던 대출금리를 10% 이하로 묶고 17% 선을 유지하던 예금금리도 8%를 유지하여 예금실명제를 도입할 수 있는 기반을 조성했으며, 저임금에 시달리고 있는 6만여 명에게도 최저임금 8만 6천원을 지급할 수 있도록 행정지도를 강력하게 유도했다.

무엇보다 서민들의 집세도 2년마다 10% 이상 올리지 못하도록 지도했다.

그리하여 2000년에는 국민 1인당 GNP 5,103달러, 수출 2,309억 달러, 수입 2,239억 달러를 달성하는 초석이 됐다.

대학의 학도호국단이 폐지되고 35개월이 넘는 군복무를 30개월 이내로 단축한 것도 전두환 정부시절이었다.

2. 전두환 대통령의 지속적인 유화정책

(1) 김대중 전 대선후보에 대한 관용조치

전두환 대통령은 대법원에서 사형이 확정된 김대중 피고인을 무기징역으로 감형조치하고 징역 20년이 확정된 이문영 피고인에 대해 징역 15년으로 감형하는 등 김대중 내란음모 관련 피고인 문익환, 고은태, 조성우, 예춘호, 이신범, 김상현, 이해찬, 설 훈, 송기원, 이석표 등 11명에 대해서 각각 징역 3년~5년씩을 감형조치했다.

이광표 문공부 장관은 감형조치에 대해 "지금은 70년대 대립정치 상황과 10·26 사태 이후 야기됐던 국정 혼란기의 방황을 청산하고 새 역사의 장을 여는 시점"이라고 강조한 뒤 "김대중 등 피고인들이 관련된 사건은 구시대정치의 슬픈 유산으로서 이제 과거의 악몽을 가지고 제 5공화국의 서장을 얼룩지게 할 필요가 없다고 판단했기 때문"이라고 말했다.

이광표 장관은 "김대중 본인이 국가안보에 누를 끼친 점을 뉘우치고 국민 앞에 사과하면서 자신과 연루자에 대해 아량과 선처있기를 바라는 탄원서를 제출한 바 있다"고 덧붙였다.

전 대통령은 취임 1주년을 맞아 김대중을 무기징역에서 20년으로 감형하는 등 형확정자 2,863명을 감형, 복권, 형집행 정지했다.

김대중 내란음모 사건 관련자 13명도 감형되고 예춘호, 김종완 등은 형집행 정지처분을 받았다.

정부는 김대중을 1982년 12월 서울대 병원으로 이송하여 지병을 치료토록 조치하고 미국에서 신병치료를 포함한 관대한 조치를 취할 방침을 밝혔다.

아울러 정부는 김대중 내란 음모사건 음모자 및 광주사태 관련자들을 포함한 구시대 및 혼란기의 유사한 법 위반자들에 대해서도 사회발전에 동참할 수 있는 기회를 주는 방안을 검토 중에 있다고 밝혔다.

이진희 문공부 장관은 "이번 조치는 구시대의 잔재를 청산하고 국민화합을 이룩하려는 제 5공화국의 의지와 전 대통령의 각별한 인도주의적 배려에서 결정된 것"이라고 설명했다.

김대중은 전 대통령에게 보낸 탄원서에서 "앞으로 자중자숙하면서 정치에는 일체 관여하지 아니할 것이며 오직 새 시대 조국의 민주발전과 국가 안보를 위해 적극 협조할 것을 다짐한다"고 밝힌 것을 전 공무원에게 숙지하도록 조치했다.

이번 조치는 김대중에 대한 정치적 고려는 제5공화국 수립 후 정부가 계속해서 시도하고 있는 화합조치, 개방조치의 연속조치의 일환으로 이는 현재의 정치 상황에서의 자신감으로 이해됐다.

(2) 김대중의 귀국과 김영삼의 단식 투쟁

1985년 2월 김대중의 귀국길에는 전 엘살바도르 대사 로버트 화이트 등 외국인 20명과 외국 기자들이 동행했다.

기자회견 등 일체의 외부 접촉 없이 삼엄한 경비를 편 당국의 호위 속에 가족 및 일부 수행원들과 함께 자택으로 돌아갔다.

정부 당국자는 "김대중은 현재 형집행정지일 뿐만 아니라 정치풍토쇄신에 관한 특별조치법에 의해 정치활동이 금지되어 있기 때문에 앞으로 정치활동은 허용되지 않으나 통상적인 활동은 자유로울 것"이라며 "김대중이 이번 정부의 관용조치를 잘 인식해 주기 바란다" "형 집행정지를 받고 도피했지만 현재 18년 1개월의 잔여 형기를 남겨놓고 있다"는 점을 강조했다.

유치송 민한당 총재는 "고국의 품에 돌아온 김대중 선생의 무사귀국을 충심으로 환영하며 정부가 굳이 법적 근거를 내세우지 않고 자택으로 돌아갈 수 있도록 한데 대해 다행함을 느낀다"고 소감을 밝혔다.

신군부세력은 5·17 조치로 연금 상태에 놓인 김영삼의 집 앞에는 150여 명이 경찰이 외부인의 출입과 김영삼의 외출을 저지했다.

외출을 하려다 저지를 당한 김영삼은 경찰관의 멱살을 잡고 "누가 시켜서 이 짓을 하느냐"고 호통을 치고서 "양심이 있으면 비켜라"며 저지 경찰과 승강이를 벌이다 집 안으로 들어갔다.

연금상태로 외부인의 접촉이 제한된 김영삼은 정치피규제자 해금 등을 주장하면서 시작한 단식으로 사경을 헤메다가 단식 23일 만에 단식을 중단하고 서울대 병원에 입원하여 신군부의 심금을 싸늘하게 했다.

이들의 동정은 신군부의 통제로 언론에 공개되지 않고 재야라는 익명으로 허용된 범위 이내에서 편린이 공개됐을 뿐이다.

김영삼의 단식중단을 계기로 민정당은 재야문제와 학원사태에 대해 떳떳하게 입장을 밝히겠다고 선언했고, 민한당은 장외문제를 장내문제로 수렴키 위한 민주화가 실현돼야 한다는 입장을 밝혔다.

김영삼은 3차 해금에서도 제외됐다가 1985년 3월 전면해금 때 김대중, 김종필과 함께 해금되어 정치활동을 재개했으나 김대중은 1987년 6월 노태우의 6·29 선언에 의한 사면·복권으로 정치를 재개하게 됐다.

(3) 전두환 대통령의 연이은 특사와 감형조치

전두환의 1981년 3월 12대 대통령 취임을 기해 건국이후 최대 규모의 특사를 실시했다.

김계원 전 청와대 비서실장은 무기에서 징역 20년으로, 정승화 전 육군참모 총장도 특별 사면됐다.

정부는 "이번 조치는 민주복지국가 건설에 동참할 수 있는 기회를 부여하고 국민 대화합의 계기를 마련하기 위한 것"이라고 명분을 밝혔다.

광주사태 관련자는 이기홍 변호사, 정익섭 교수 등 176명을 사면하고 김병수 기자 등 131명을 복권 조치했다.

부마사태 관련자는 이진걸 학생 등 6명을 사면하고 주대환 학생 등 9명을 복권하고 YWCA 위장 결혼사건 관련자 가운데 박종태 전 의원, 백기완, 송진섭, 최 열, 임채정 등 12명을 특사했다.

사북사태 관련자 21명도 특사하고 김대중 내란음모사건 관련자 중 송건호 기자와 유인호 교수를 특사했다.

민청련사건 관련자는 박형규 목사, 인명진 목사, 김학민 학생 등 33명을 특사하고 5·16 반혁명 사건 관련자 원충연 전 육군대령 등 3명을 특사하고 이인수 전 육군대령 등 3명을 복권했다.

계엄포고령 위반사건 관련자 260명에 대해서도 은전을 베풀었다.

서동구, 안양로, 이부영 기자들과 유갑종, 손주항 전 의원, 조성우 등 180명이 특사됐고 윤반웅 목사 등 82명이 복권됐다.

그리하여 5,221명이 특사, 감형, 복권됐다.

전두환 대통령은 1981년 4월 광주사태와 관련돼 대법원에서 사형이 확정된 정동년, 박노정, 배용주 등 3명을 무기징역으로, 무기징역이 확정된 박남선 등 7명은 20년으로, 15년 이하의 징역을 선고받은 홍남순 등 13명은 형기를 1/2로 감형하는 등 관련자 83명을 특별감형, 복권조치했다.

전 대통령은 1981년 석가탄신일을 맞이하여 계엄법 위반으로 수감 중인 이해동(목사), 한승헌(변호사), 박성철(전 김대중 경호실장), 김홍일(김대중 장남) 등 60명에 대해 특별사면 조치하고 정해동 등 5명에 대해 복권 조치했다.

정부는 제36주년 광복절을 맞아 광주사태 관련자 8명, 김대중 사건 관련자 3명을 포함한 1,061명에 대해 특별사면, 형집행정지, 가석방 및 가퇴원을 실시했다.

광주사태 관련자인 김성용 신부와 김대중 사건 관련자인 함윤식,

김옥두, 한화갑 등 4명과 민청학련 사건으로 복역 중인 이강철, 장영달, 정화영 등 3명을 형집행정지 결정으로 석방했다.

전 대통령은 제12대 대통령 취임 1주년을 맞아 김대중을 무기징역에서 20년으로 감형하는 등 형 확정자 2,863명을 특별사면, 감형, 복권 등 특사 조치했다.

이번 사면에서 김대중 사건 관련자 13명과 광주사태 관련자 17명에게 감형 또는 형집행정지 처분을 내리고 김계원 전 대통령 비서실장을 징역 20년에서 10년으로 감형 조치했다.

예춘호 전 의원, 김종완 전 한국민주헌정 동지회장이 석방되고 이문영 교수, 정동년 전남대생은 감형되고 오태순 신부, 서동구 전 문화방송 조사국장 등은 복권됐다.

정부는 "이번 조치는 구시대 반목과 갈등을 청산하고 80년대 초 국가적 혼란기의 상흔을 조속히 치유하여 국민적 화합을 견고히 하기 위한 것"이라며 전 대통령의 결단에 의한 것이라고 대대적으로 홍보했다.

1982년 8월 37주년 광복절을 맞아 김대중 내란 음모 사건 관련자 3명과 광주사태 관련자 4명, 계엄법 위반자 28명 등 35명을 형집행정지로 석방하는 등 일반모범수형자 1천 2백 86명에게 특전을 베풀었다. 전 국회의원 김상현, 시인 고은태, 김대중 비서였던 배기선 등이 석방됐다.

1982년 12월 성탄절을 맞아 정부는 광주사태 및 김대중 내란음모 사건 관련자 47명을 형집행정지로 석방했다.

이문영, 문익환, 조성우, 이신범, 이해찬, 설 훈, 정동년, 배용주, 박노정, 박남선, 김종배, 정상용, 황인호, 권운상, 최 윤 등이 포함됐으며 정부는 "제 5공화국 출범 전 일련 사건 모두 매듭하여 구시대 잔재청산의 사회의지 반영"이라고 밝혔다.

1983년 3월에는 사형이 확정된 부산 미국 문화원 방화사건 주범인 김현장, 문부식을 무기징역으로 감형했다.

정부에서는 이번 조치를 "관용과 아량으로 국민적 화합을 이룩하려는 전두환 대통령의 따뜻한 배려에 따라 취해진 인도주의적 조치"라고 찬양했다.

1983년 8월 38주년 광복절을 맞아 1,944명을 특별사면, 감형, 복권 등을 실시했다. 최기식 신부 등 3명이 형집행이 정지되고 전민련의 이태복 등 2명이 감형됐다.

서남동, 송건호, 이택돈, 김녹영, 한승헌, 이호철, 박정훈 등 김대중 사건 관련자, 홍남순 등 광주사태관련자 등 318명이 복권됐다.

1983년 8월에는 해직교수 87명에 대한 단계적 복직을 허용하고 학원사태로 제적된 학생에 대해 "제적된 학생 중 자신의 잘못을 깊이 뉘우치고 개전의 정이 뚜렷한 사람에 대해서는 복교가 허용될 것"이라며 1,363명의 제적생에게 복교를 허용했다.

1983년 성탄절을 맞아 학원소요와 관련된 학생사범 131명을 포함하여 공안사범 172명과 일반형사범 1,451명 등 모두 1,623명의 형 확정자에 특별사면 등의 조치를 취하고 142명을 특별 복권 조치했다.

최기식, 정승화, 송기원, 고은태, 김병걸(문화평론가), 김태홍(기자협회장), 심재철(서울대생) 등이 이번에 복권됐다.

1984년 2월 학원사태 관련자 48명을 석방하면서 배명인 법무부 장관은 "구속 중인 학생 사범은 이제 한 사람도 없다"고 말했지만, 권이혁 문교부 장관은 구속학생 158명을 금명간 석방할 것이라고 엇갈리는 주장을 했다.

1984년 3월 5공화국 출범 3돌을 맞아 학원소요와 관련하여 복역 중인 학생 159명과 일반형사범 1,017명 등 모두 1,176명을 형 집행정지 또는 특별가석방으로 석방했다.

이진희 문공부 장관은 잘못을 뉘우치고 복교를 신청한 학생들에게는 복학을 허용할 것이며 복학생은 사회활동에 불이익이 없도록 배려하겠다고 약속했다.

1984년 광복절을 맞이하여 정부는 긴급조치 1, 4호 위반자 70명을 포함한 공안사범 형 확정자 714명에 대해 특별사면 또는 특별복권 조치하고 일반형사범 822명, 모범소년수 194명 등 1,016명을 특별 가석방 조치했다.

유갑종, 박종태, 양순직, 김지하, 이문영, 한완상, 박형규, 인명진, 이해동, 이우재 등이 특별복권 조치됐다.

정부는 "이번 조치는 구시대의 불행한 정치적 유산과 갈등을 말끔히 씻어버리고 국민 모두가 화합과 단결로 80년대 자주민족국가 건설이라는 과업을 달성키 위한 조치"라고 자찬했다.

(4) 교황의 역사적 방한으로 정권의 안정성 기여

1984년 5월 인류의 양심, 평화의 사도의 자비로움이 한국의 땅에 입을 맞추었다.

"벗이 있는 먼 곳을 찾아가는 것이 큰 기쁨"이라는 교황 요한 바오르 2세는 교황청 국무장관을 비롯한 수행원 32명과 함께 내한하여 영접 나온 전두환 대통령과 따뜻한 인사를 나눴다.

교황은 대구와 부산에서 크리스트의 사랑과 평화를 나누는 나눔의 날 행사를 집전했다.

교황에게 명동성당에서 김영삼 전 신민당 총재는 "적대와 분열이 있는 이 땅에 화해와 평화가 있게 하시고 권력으로부터 고통받고 있는 많은 사람들에게 교황성하의 축복이 있기를 바란다"고 말했다.

"오늘날 한국에 대해서는 그 용기와 근면과 잿더미로부터 모범국을 세우려는 의지를 누구나 일컫게 됐다"는 내한사를 남긴 교황은 25위 순교자의 유해가 안치된 절두산으로 향했다.

김수환 추기경의 안내로 카톨릭 신한대성당에서 미사를 집전하고 7만명이 운집한 광주 옥외마사에서는 "용서란 우리의 박한 마음보다 더 위대한 행위로 그것은 오직 하나님만의 것"이라고 강조했다.

이 땅에 화해와 용서와 사랑과 평화의 복음을 전한 교황은 백만 신도가 참석한 여의도 광장에서 순교 103위 성인 탄생 시성식을 갖고 4박 5일 일정을 마치고 파푸아 뉴기니로 떠났다.

3. 88서울올림픽 유치와 LA 올림픽 선전

(1) 일본 나고야를 꺾고 88올림픽을 서울에서

1988년 제 24회 하계 올림픽이 서울서 개최하게 됐다.

"서울이 유효투표 79표 중 52표의 압도적 지지를 받아 27표를 얻은 일본의 나고야를 제치고 개최권을 획득했다"고 사마란치 국제올림픽 위원회 위원장이 선언했다.

대한올림픽위원회 조상호 위원장, 박영수 서울시장, 정주영 유치추진위원장이 사마란치 위원장과 함께 서울 개최 약정서에 서명했다.

이로써 한국은 개발도상국으로서 최초의 올림픽 개최국이 됐고 아시아에선 일본에 이어 두 번째, 세계에선 16번째 올림픽 개최국의 영예를 차지하게 됐다.

조상호 위원장이 서울이 개최지로 결정한 데는 한국 유치단의 일사불란한 유치 활동과 재외 공관을 비롯한 각계각층에서 치밀한 계획 아래 협조를 아끼지 않았기 때문이라고 전제하고, 오늘의 결과는 5천년 한국 역사상 처음 있는 일로서 한국의 무한한 발전의 계기를 마련하게 된 것이라고 강조했다.

조 위원장은 52표 대 27표라는 표차로 개최권이 주어진 것은 한국이 국제사회에서 차지하고 있는 비중이 크다는 것을 입증한 것이며, 국제스포츠 사회에서의 위치가 예상 외로 높았기 때문이라고 자화 자찬했다.

사마란치 위원장은 "한국의 서울이 개발도상 국가로는 최초로 올림픽을 유치하게 된 것은 올림픽운동에 일대 전환점을 마련한 것은 매우 만족스럽게 생각한다"며 "한국의 모든 능력으로 보아 88년 서울 올림픽을 훌륭하게 치를 것"으로 확신한다고 말했다.

한국 측 개최유치 설명에 대해 소련 대표가 "일본에 60억 달러 차관을 요청하고 있으면서도 올림픽 개최가 가능한가"라는 질문이 일본의 경제대국의 풍모가 개발도상국으로부터 "이제는 올림픽까지"라는 반발로 이어져 일본기피를 유발하여 압승을 거두는 계기가 됐으며, 올림픽에 대한 일본 국민의 냉정한 반응과 재정 지원에 소극적인 자세를 보인 일본 정부 측의 태도는 패인의 하나였다.

박영수 서울시장은 "88년도 올림픽 대회의 서울 유치를 남북 분단 상황 아래 평화정책에 이바지하고 인류의 평화와 친선의 상징인 올림픽 유치를 위해 최선을 다하겠다"면서 "서울은 이미 고도의 도시개발이 완료돼 교통과 숙박시설이 갖춰져 올림픽 개최능력을 충분히 갖고 있음을 확신한다"고 밝혔다.

(2) 88서울올림픽 개최를 위한 차질 없는 준비

정부는 올림픽을 치르기 위한 재원 염출 방안 마련을 위해 5차 경제 계획의 투자 우선순위를 재조정하여 불요불급한 부문의 투자를 축소해 올림픽 개최사업에 사용토록 했다.

선수촌은 고급아파트를 지어 선수들이 쓴 다음 일반에게 분양하는 방법을 채택할 예정이나 30~40만 명을 수용할 숙박시설 확충이 애로사항이었다.

전 대통령은 "88년의 서울 올림픽은 정치성이 없는 순수한 체육의 대회로 승화되어 이념과 체제에 관계없이 온 인류가 우정 속에 웃으며 만나는 화합의 제전(祭典)이 되도록 우리 모두가 슬기를 모아 가야 할 것"이라며 "우리는 지나친 국가주의의 추구를 엄격히 자제함으로써 우리 자신부터가 이 대회를 정치적 목적과 관련시키지 않는다는 모범을 보여야 할 것"이라고 강조했다.

정부는 서울 올림픽 소요경비로 3천 5백 34억원을 책정하고 방송중계로 675억원, 입장료 및 부담금 98억원, 대회운영 수익금 136억원, 부지매각 대금 1,100억원, 국고보조 1,524억 원으로 충당할 계획이다.

서울올림픽 조직위원회를 구성하고 위원장에 김용식 대한적십자사 총재를 선임했다. 사무총장에는 이원경 KOC 상임고문이 선정됐다.

중공은 한국을 외교적으로 승인하고 있지 않음에도 불구하고 오는 88년 서울 올림픽경기에 참가할 것이라고 말했다고 영국의 더 타임즈에서 보도했다.

올림픽 주경기장이 1987년에 개장되어 88년 대회 성공개최를 다짐했다. 공기는 6년 10개월이 소요됐고 10만명을 수용할 수 있는 엄청난 규모이다.

(3) 1984년 미국 LA올림픽에서의 선전

80년 모스크바 올림픽에 미국 등 서방세계 일부 국가의 불참으로 반쪽 대회가 열렸고, 84년 미국 LA 올림픽에도 소련, 북한을 비롯하여 동구 공산권 16개 국가들이 불참하여 142개국만 참석하는 아쉬운 반쪽 대회가 열렸다.

LA 올림픽에 참가한 우리나라는 레슬링 김원기 선수가 스웨덴 요한손 선수를 판정승으로 이겨 올림픽 사상 첫 금메달을 차지하여 LA 하늘에 감격의 애국가가 울려 퍼지게 했다.

유도의 안병근 선수도 이탈리아 감바선수에 우세승을 거두고 금메달을 차지한데 이어 유도의 하형주, 복싱의 신준섭, 양궁의 서향순, 레슬링의 유인탁도 금메달을 목에 걸었다.

광주의 고교생인 양궁의 서향순은 올림픽 시상식 전에 '엄마 보고 싶어요'라는 생방송으로 우리 국민들의 가슴을 뭉클하게 했으며 한국여자 농구는 비록 결승전에서 석패하여 아쉽게 은메달에 머물렀으나 구기종목에서 사상 첫 쾌거였다.

우리나라 선수단은 금메달 6개, 은메달 6개, 동메달 7개로 세계에서 10위를 차지하는 스포츠 강국으로 발돋움했다.

LA 올림픽은 "88 서울에서 만납시다"라는 함성을 뒤로 하며 숱한 사연을 뒤로 한 채 폐막됐다.

(4) 뉴델리 아세안 게임의 선전과 86 아세안게임 유치

82년 뉴델리 제9회 아시아 경기대회에서 뛰어난 기량으로 스포츠 한국을 다시 한번 과시하며 금메달 28개, 은메달 28개, 동메달 37개를 차지하여 인도와 북한을 여유 있게 제치고 메달 경쟁에서 중공, 일본에 이어 종합 3위를 기록했다.

10억 인구를 배경으로 한 중공과 스포츠 선진국 일본에는 비록 뒤졌으나 어느 종목도 하면 된다는 가능성을 보여 앞으로 4년 힘을 모으면 겨룰 수 있다는 자신감을 얻게 되었다.

남자 농구가 중공을 꺾고 금메달을 차지했고 최윤희 선수가 수영 3관왕으로 우뚝 솟았으며 김양곤 선수가 마라톤에서 우승하고 장재근 선수도 200m 달리기에서 우승했으며 테니스 4종목도 석권했다.

제10회 아시아경기 개최지는 북한이 경기유치를 포기함으로써 서울로 확정됐다.

북한은 회원국들의 지지를 획득하지 못할 것이 확실해지자 표 대결로 참패를 당하는 것 보다는 신청을 철회하는 것이 체면을 유지

하는 길로 판단한 것으로 보인다.

북한의 김득준 대표는 선수단에 대한 치안상의 보장을 받을 수 없기 때문에 86년 아시아 대회와 88년 서울 올림픽에 북한은 참가하지 않을 방침이라고 밝혔다.

(5) 우리나라는 북한에게 단일팀 구성을 제의

대한체육회 조상호 회장은 1981년 6월 84년 LA올림픽 및 인도에서 열리는 제9회 아시아 경기대회에 남북한 단일팀 구성을 KBS 방송을 통해 제의했다.

"이러한 제의는 남북의 6천만 겨레가 민족적 신뢰를 회복하고 분단의 고통을 해소하기 위해 나온 것"이라는 조상호 회장은 "체육 분야에서나마 남북 간의 다양한 교류를 실시하여 이 고통을 조금이라도 덜어주는데 기여할 것"이라고 덧붙였다.

그러나 북한은 체육회담에 불응함으로써 아세안 게임은 물론 LA올림픽에 단일팀 구성은 실패로 돌아갔다.

대한올림픽 정주영 위원장은 LA올림픽 대회의 남북한 단일팀 구성을 협의하자고 북한 측 강유순위원장에게 또다시 제안했다.

대한체육회는 올림픽과 아세안 경기에 남북한 단일팀을 구성하자는 우리 측의 제의를 상기시키며 조속히 실무회담을 갖자고 북한 측에 촉구했다.

대한체육회가 두 차례에 걸쳐 촉구한 국제경기 단일팀 구성문제에 대해 북한은 민족통일촉진대회에서 다방면적인 합작과 교류의 일환으로 포괄적으로 논의되어야 한다는 궤변을 늘어놓음으로서 거부했다.

두 번에 걸친 노태우 대한체육회장의 회담제의로 남북한 체육회담이 판문점에서 김종규 KOC 부위원장과 김득준 북한 체육회 부위원장의 실무협상이 벌어졌다.

"단일팀 선발전을 갖자"는데 합의했으나 우리 측의 버마 아웅산 국립묘지 폭파 사건과 최은희 · 신상옥 부부 사건에 대해 북한 측의 납득할 만한 조치를 요구하자 북한 측은 "우리들과는 아무런 인연이 없다"고 발뺌하며 퇴장하여 결렬됐다.

4. 일본과의 관계재정립 및 중공의 등장

(1) 미국의 도움으로 한 · 일 경협자금 40억 달러 타결

우리나라는 1981년 7월 일본 정부에 제 5차 경제개발 5개년 계획

가운데 제2포항제철 건설, 경부선의 고속 전철화 등을 위해 향후 5년 간 60억 달러 규모의 차관을 제공해 주도록 일본에 요청했다.

이에 대해 일본은 우리나라에 대한 경제협력의 성격을 지금까지의 복지 향상에서 안전보장 측면으로 옮겨 대폭 증액할 방침을 알려 왔다.

1965년 양국 국교가 정상화된 이래 지속되어 온 경협이 1979년 이후 줄었으나 이러한 증액방침은 미국의 적극적인 대한경제협력을 일본에 기대하고 있기 때문인 것으로 알려지고 있다.

일본 정부는 대한경협문제에 대해 경협자금 차관 15억 달러를 비롯하여 민간은행 융자 등을 포함해서 40억 달러로 내정에서 한일 경협 실무회담때 제의할 것으로 알려졌다.

한일 경협 실무회담에서 우리나라는 현금 35억, 상품 25억 달러로 60억 달러를, 일본은 사업별로 구분하여 40억 달러를 제시했다.

한일 경협 교섭은 이범석 외무장관과 요시오 일본외상 간에 조기 타결 원칙에 합의하고 한국은 당초 60억 달러의 공공차관 요청을 했으나 일본 측은 ODA 15억 달러와 수출입 은행 차관 25억 달러 선에서 융통성 있게 조절할 용의가 있다고 밝혔다.

실무회담이 결렬되어 1983년 1월 전두환 대통령과 일본 수상 간의 한·일 정상회담에서 40억 달러로 타결하여 7년에 걸쳐 제공되어 우리나라 경제 발전계획 수행의 밑거름이 됐다.

(2) 일황 일제 강점 36년에 대한 유감 표명

일본을 방문한 전두환 대통령은 일황에게 재일 한국인의 지위 향상과 사할린 교포들의 모국 방문에 일본의 성의 있는 노력을 촉구한데 대해 일본의 히로히토 일황은 최선을 다할 것을 약속하며 "양국이 일의대수(一衣帶水)의 인국(隣國)으로서 긴 역사에 걸쳐 깊은 이웃관계에 있었음에도 불구하고 금세기의 한 시기에 있어서 양국 간에 불행한 과거가 있었던 것은 진심으로 유감이며 다시 되풀이되어서는 안 된다고 생각한다"고 말함으로써 일제 36년의 과오에 따른 사과의 뜻을 처음으로 공식 표명했다.

(3) 원만한 민항기 처리에도 중공은 UN회의 참석 불허

1961년 9월 15일 AN2기를 몰고 제주도에 비상창륙한 고유종, 소희언 등 두명의 중공군 조종사가 망명을 요청한 일이 있었고 1982년 10월 중공군 병사가 미그 19기를 몰고 우리나라 공군기지에 도착하자마자 제3국으로 망명을 요청했다.

조종사는 망명자의 자유의사에 따라 자유중국에 인도한 한편 기체는 중공이 반환을 요청할 경우 반환할 것으로 알려졌다.

1983년 5월 중공 국영항공사 소속으로 만주 심양에서 상해를 향

한 여객기가 휴전선을 넘어 남하하여 중부전선에 불시착했다.

대련상공에서 납치범들이 조종실을 점령하고 "대만으로 가자"고 조종사에게 지시했다가 "한성(서울)으로 직선남하 비행하라"고 지시한 것으로 알려졌다.

중공의 무장승객 6명이 납치한 이 비행기에는 항공기 불법납치 억제를 위한 협약에 따라 처리키로 방침을 세우고 중공과 직접 교섭을 검토했다.

중공 공식대표단이 첫 내한하여 납치기, 승객 송환협상을 개시했다.

한국정부와 대화하고 협상하기는 정부 수립이후 처음 있는 일이다.

심도 중국민항총국장 일행은 105명(6명의 납치범 제외)의 탑승객 및 기체의 송환절차 및 형식을 협의하여 승객과 승무원은 우선출국 하고 납치범은 국내에서 재판받기로 합의했다.

피납여객기 기체는 정비와 수리가 끝나는 대로 송환될 예정이다.

한·중공 간에 중국민항기 납치사건 사후처리를 둘러싸고 빈번한 접촉이 있었을 가능성이 있다고 일본 신문들이 보도했다.

한·중공 국호를 명기한 각서를 교환했으며 앞으로도 긴급사태시 협조키로 양해했다.

이번 합의는 미수교국 대화에 큰 뜻이 있으며 중공 측은 선린정신으로 처리하여 준데 대하여 한국측 조치에 감사했다.

이번 합의는 한·중공 직접 접촉 계기가 됐으며 점진적 관계 개선을 모색하게 됐다.

중공 대표단에는 정보기관 간부, 외교부 부총장 등 중공 정부 요인이 포함되어 있었으며 이들에게 중공과 빠른 수교를 기대한다고 이범석 외무부장관이 밝혔다.

민항기 불시착에 국제법에 따라 원만하게 처리했음에도 불구하고 중공은 미수교국이라는 이유로 유엔기구의 행사에 두 차례나 우리나라 대표단의 입국불허 자세를 유지하여 북한과의 혈맹관계임을 보여줬다.

1983년 8월에도 중공미그 21기 귀순이 있었다. 우리나라 공군기 유도로 착륙했으며 서울은 공습경보가 발동됐다.

기체반환 문제는 중공 측이 송환 협의를 해오면 반환의사를 밝혔다.

(4) 중공의 등장으로 새로운 국제질서 모색 불가피

1972년 2월 미국 닉슨 대통령의 역사적인 중공방문으로 모택동 주석과의 회담이 이뤄졌고 1972년 9월에는 모택동과 일본 다나카 수상과 회담하여 일, 중공 국교 수립의 초석을 다듬었다.

1978년 12월 미국과 중공 간에 국교가 수립되어 중공이 국제 무대에 등장함에 따라 새로운 국제질서 정립이 불가피하게 됐다.

중국을 방문한 부시 미국 부통령은 "중공은 한반도에서 전쟁이 일어나는 것은 원치 않는다"면서 "중공은 한반도 평화를 위해 매우 유용한 역할을 할 수 있을 것으로 생각한다"고 말했다.

중공은 한반도 긴장완화를 위해 노력할 용의가 있다고 국가주석 호요방이 일본 정당대표에 밝혔다.

중공의 등소평 부수상은 중공은 남북한연방을 지지하며 "북한은 남침할 능력이 없다"고 미국의 와인버거 국무장관에게 밝힌 것으로 알려졌다.

중공이 위성통신세미나에 참석하는 한국관리에게 입국비자를 발급한 데 이어 제8회 아시아 청소년 농구선수권 대회에 참가코자 중공선수단 34명이 오성홍기 마크를 달고 중공정부 수립 후 처음으로 한국 땅을 밟았다.

한국 남자 테니스 선수단이 중공 곤명 땅을 밟은 지 40일 만이다.

1985년 3월에는 해상총격 난동 후 우리 어선에 구조된 중공어뢰정과 승무원 13명 전원과 사망자 시체 6구를 서해 공해상에서 중공 측에 인도하는 사례도 있었다.

중공과 국교가 수립되기 이전인 91년에 서해에서 조업 중 발생하는 어업분쟁을 해결하기 위한 한·중 어업협정 체결을 위한 실무회담차 중공을 방문한 기억에 따르면 우리나라보다 전반적으로 뒤졌지만 웅대한 북경의 자금성을 관람하는데 한국어로 된 관광안내 이어폰이 있을 정도로 어느 정도 발달된 분야도 있었다.

5. 메아리 없는 국내용 대북유화정책은 여전

(1) 남북한 최고책임자 상호방문 제의는 국내용일 뿐

전두환 대통령은 평화통일의 역사적 계기를 마련하기 위한 남북한 최고 책임자의 상호방문을 제의하고 "북한의 김일성 주석이 아무런 부담과 조건 없이 서울을 방문하도록 초청한다"고 선언했다.

전 대통령은 "민족적인 신뢰를 회복하고 동족 간의 전쟁재발을 방지하며 중단된 남북대화를 무조건 재개하여 평화통일의 길을 열기 위한 역사적 계기를 마련하기 위해 상호 방문을 제의한다"고도 밝혔다.

전 대통령은 "본인도 같은 조건으로 그가 북한방문을 초청할 때는 언제라도 방문할 용의가 있다"고 덧붙였다.

전 대통령은 "남북한 당국의 최고 책임자가 직접 만나 기탄없이 의견을 교환하자"고 거듭 제의하면서 장소와 시간의 선택은 북한의 김일성에게 일임한다고 덧붙였다.

이범석 통일원 장관은 남북한 최고책임자의 상호방문을 조속히 실현키 위해 그 구체적 절차를 위한 실무접촉을 북한 측에 제의했다.

손재식 국토통일원 장관도 "남북한 최고책임자회담을 실현하고 평화적 통일을 위해 남북한 당국 및 정당, 사회단체 대표 회의를 개최하자"고 북한 측에 제의했다.

평화통일정책 수립과 추진에 관해 대통령에게 자문하는 평화통일정책 자문회의를 출범시키고 자문위원 8,919명의 자문위원을 위촉했다.

자문위원들은 이상득 위원의 제의로 전두환 대통령의 1·12 대북제의와 남북 최고책임자가 정상회담 제의 수락을 북한 측에 촉구하는 5개 항의 결의문을 채택했다.

북괴의 김일성은 남북정상회담을 거부하면서 "보다 낮은 차원의 남북한의 대화는 계속 할 것"이라고 일본 사회당 대표단과의 면담에서 밝혔다.

여의도 광장에서 반공연맹 회원 등 2백만 명이 참석한 가운데 북괴재침 흉계 분쇄 및 남북정상회담 개최 제의의 수락 촉구 궐기대회가 열렸다.

서종철 반공연맹이사장의 대회사와 강신명 목사, 황산성 국회의원의 궐기사에 이어 김일성, 김정일의 허수아비 화형식도 가졌다.

남북조절위원회 서울 측은 "대화정신에 입각하여 우리의 남북 최고책임자 회담 제의를 받아들일 것을 촉구하며 대남 확성기 비방방송을 즉각 중지할 것을 북한 당국에 엄중히 촉구한다"고 밝혔다.

북괴는 조국통일 민주주의 전선이라는 단체를 내세워 전 대통령의 남북당국 최고책임자 상호방문 및 수뇌회담 제의를 악랄한 어조로 헐뜯으면서 고려민주연방을 빙자하여 남한 정부를 제외한 남북 간의 정당, 사회 대표 그리고 해외 동포 대표들로 민족통일촉진대회를 평양이나 서울에서 소집하자고 제안했다.

민족통일중앙협의회 천관우 의장은 "주한미군 철수와 현 정부 타도를 전제 조건으로 북한 측이 제시한 통일촉진 대회 개최를 제의하는 것은 대화를 하자는 것이 아니라 한반도의 공산화 통일을 획책하려는 책략"이라고 공박했다.

천 의장은 "대한민국 국가원수와 정부를 배제하고 남북한 문제를 해결하자는 것은 지극히 비현실적이고 불합리한 주장"이라고 지적하고 "8·15 해방 이후 36년 동안이나 지속되어 온 1인 독재체제도 부족하여 이제 세습통치 체제까지 다져가는 북한 사회에서 공산당의 조종을 받지 않은 독자적인 정당이나 사회 단체가 존재할 수 없다는 것은 명약관화한 일"이라고 공박했다.

그럼에도 불구하고 "북한 측이 우리 정부를 배제하려고 하는 것은 양두구육(羊頭狗肉)이라 하지 않을 수 없으며 이러한 작태는 민족의 이름으로 규탄되어야 마땅하다"고 덧붙였다.

(2) 소득 없이 평행선만을 달린 남과 북

전두환 대통령은 1982년 연두 기자회견에서 민족 자결 원칙에 의한 민주적 절차와 평화적 방법의 통일방안을 천명하고 남북한의 민의를 대변하는 민족통일협의회의를 구성하여 통일헌법을 기초하고 이를 국민투표에 부의하여 확정한 다음 남북한 전역에 걸쳐 민주방식에 의한 총선거 실시로 통일국회와 통일정부를 구성함으로써 대망의 통일국가를 완성할 것을 제시했다.

한편 전 대통령은 "북한의 경제악화와 세습체제 갈등으로 도발가능성이 높다"고 진단하고 초동단계에서부터 철저하게 분쇄해야한다면서 국민의 경각심을 높여 왔다.

전 대통령은 호혜평등의 원칙에 입각한 상호관계 유지, 상대방체제 인정 및 내정불간섭, 휴전체제 유지, 군비경쟁 지양 및 군사적 대치상태 해소 등 7개 합의사항을 실천 조치로 담아야 할 것이라고 제의했다.

연락대표부를 설치하여 편의와 협조를 제공하자고 구체적인 방안까지 제의했으나 북괴의 반응을 고려하지 않는 현실성이 전혀 없는 그저 제안을 위한 제안일 뿐이었다.

군사정전위 유엔군 수석대표인 제임스 스톰스 해군소장은 북한 측에 긴장완화를 위해 각자의 대규모 군사훈련에 상호 참관하도록 하자고 제의했다.

북괴는 김 일 조국평화통일위원회 위원장이 북괴의 허구적이고 실현 불가능한 위장평화 책략인 고려민주연방안에 대한 합리적인 선전을 늘어놓으면서 전 대통령의 제의가 현실을 외면한 도식에 불과하며 어떤 긍정적인 의의를 부여할 만한 것으로 볼 수 없다고 제의를 거부했다.

북괴는 통일을 위해서는 먼저 주한미군을 철수시켜야 하고 반공정책을 포기해야 하며 국가보안법 등을 철폐해야 하고 정치범 들을 석방해야 하며 정부가 이에 대해 사죄해야 한다고 주장하고 있다.

천관우 의장은 전 대통령의 제의를 거부한 북한 측의 태도야 말로 분단을 고정시켜 민족을 영구히 분열시키려는 처사라고 규탄하고, 남북한 당국 최고 책임자 회담을 하루속히 실현시키기를 북한 측에 촉구했다.

손재식 통일원장관은 서울과 평양 간 도로를 연결하여 개통하고 자유로운 교역의 실시를 위해 인천과 진남포항을 우선적으로 개방하며 설악산 이북과 금강산 이남을 자유관광 공동지역으로 설정하여 개방하는 한편 비무장지대의 군사시설을 완전 철거할 것 등 12개 항의 새로운 남북 간 시범사업 등을 북한 측에 제안했다.

북괴는 손 장관의 20개항 평화 통일시범사업제의 마저 김 일 조국평화통일위원장 명의로 거부의사를 밝혔다.

손재식 통일원 장관은 각료급을 수석 대표로 하는 남북한 고위대표회담을 개최하자고 제의하면서 노태우 정무2장관을 수석대표로 하는 대표단 9명을 발표했다.

천관우 의장은 통일과업을 성취하려면 "민족자결 원칙에 따른 민주적 절차와 평화적 방법을 존중하여야 하며 이를 위해서는 무엇보다 남북한 당사자 간에 대화가 이루어져야 한다"고 강조했다.

손재식 국토통일원 장관은 남북한 당국 최고책임자 회담을 실현하는 문제와 평화적 통일을 위해 남북한 쌍방이 제기하는 문제를 포괄적으로 협의하기 위한 남북한 당국 및 정당, 사회단체 대표회의를 빠른 시일 안에 개최하자고 북한 측에 제의했다.

전 대통령은 남북한이 같은 민족으로서 화합과 공동번영을 이룩하기 위해 남북 간의 교역과 경제협력을 북한 측에 제의했다.

대북기술, 물자 무상제공 용의가 있으며 남북 체육회담이 개최되기를 바란다고 밝혔다.

진의종 국무총리는 "북한 당국이 진정으로 대화할 의사가 있다면 버마 사건에 대해서 납득할 만한 조치가 있어야 할 것"이라고 강조했다.

손재식 국토통일원 장관은 북한의 3자회담 제의를 일축하고 남북한 당국 최고책임자 회담을 개최할 것을 촉구했다.

대한적십자사 유창순 총재는 "남북의 1천만 이산가족 문제의 해결을 더 이상 미루지 말고 조속히 남북적십자회담을 재개하자"고 촉구했다.

남과 북이 서로 체제를 인정하고 서울과 평양에 대표부를 신설하고 남북한 최고책임자 회담을 열자는 거듭된 제의에 북한은 팀스피리트 훈련을 핑계 삼고 주한미군의 철수를 주장하며 불응하여 어느 것 하나 이뤄진 것이 없는 언어의 유희에 불과했다.

대한적십자사 김용식 총재는 1981년 8월 남북이산가족찾기운동 제의 10주년에 즈음하여 남북 적십자 회담을 조속히 정상화시키기 위해 남북 적십자사 총재회담을 개최할 것을 거듭 촉구했으나 메아리 없는 황야의 절규에 불과했다.

(3) 이유를 헤아릴 수 없는 끝없는 북괴의 도발

레이건 미국대통령은 "미국은 한국의 자유를 수호한다는 미국의 공약을 지키기 위해 필요한 일은 무엇이든 다할 것"이라며 "주한 미군을 철수시킬 아무런 계획이 없음을 확실하게 보장할 수 있다"고 밝혔다.

미국 포드 대통령은 한국이 침략을 받은 경우에는 한국에 대한 미국의 방위 조약을 이행할 것임을 재확인했다.

전두환 대통령은 "우리는 여러 면에서 북한보다 우월한 위치에 있는 만큼 전 국민이 단합하면 80년대에 통일이 반드시 이루어질 수 있다는 확신을 갖고 있다"고 국민들을 현혹시켰다.

이러한 상황에서 1981년 11월 북괴군운 아군 초소에 세 차례에 걸쳐 520발의 총탄을 난사한데 이어 12월에도 총격도발을 자행했다.

1982년 4월에는 비무장지대에서 월남을 기도한 탈출병에게 북괴는 8백여 발을 난사하여 4명의 사상자가 발생했다.

북괴는 양국 비무장지대에서 북괴의 GP를 향해 육성으로 대남 확성기 중지를 촉구하자 아군 초소를 향해 기관총 사격을 감행하여 우리도 대응 사격하여 10여 분간 총격전이 전개됐다.

북괴의 비무장 지대에서의 총격도발은 올 들어 다섯 번째이다.

국방부는 서해 백령도 서방 공해상에서 조업 중이던 광남호와 동주호 등 2척이 북한경비정에 의해 강제 납북됐다고 발표했다.

북괴는 동해의 공해 상에서 어로작업 중이던 마산호를 북괴 초계정에 의해 납북했다. 마산호에는 35명의 선원이 타고 우리 어선 170척과 함께 조업중이었다.

북괴는 휴전 이후 454척의 우리 어선과 3,568명의 선원을 납북했으며 32척의 어선과 406명의 선원을 아직까지 억류하고 있다.

미국 공군 정찰기가 한국의 공해상공을 비행 중 북괴군으로부터 미사일 공격을 받았으나 빗나갔다.

국무성 대변인은 미사일 공격은 국제법 및 휴전 협정 위반이라고 강경대응을 밝혔다. 북괴의 미사일 기지는 45곳으로 알려졌다.

1985년 2월에도 서해 백령도 부근에서 조업 중인 어부 21명이 승선한 우리 어선 2척을 납치한 것은 사회불안을 조성하고 12대 국회의원 선거를 교란할 목적인 것으로 알려졌다.

(4) 간첩이 필요한 건지 조작된 건지 득실거리고

국가안전기획부는 전남 진도지역을 중심으로 지난 24년간 장기 매복하여 활약해 온 고정간첩 일당 7명을 검거했다고 발표했다.

해방 직후 남로당원으로 활동했던 박영준은 월북했다가 고향인 진도에 침투하여 농협직원인 장남을 대동하고 두 차례 대동 월북했고, 차남인 고군면 부면장 등도 국가기밀을 탐지하여 보고하고 지하조직 확대를 꾀해 온 혐의다.

1982년 6월 대간첩본부는 야음을 틈타 강원도 고성군 현내면 해안에 침투하던 북괴 2인조 무장간첩을 발견하고 1명을 사살했다.

1983년 6월에는 어둠을 틈타 임진강 하구를 거슬러 올라 수중 침투하던 무장공비 3명이 아군의 경계망에 포착돼 모두 사살됐다.

이기백 대간첩대책본부장은 2명의 시체는 인양했으나 1명의 시체는 조류에 의해 밀려나가 수색 중이라고 밝혔다.

1983년 7월에는 국가안전기획부는 서독 광부로 취업 중 북한공작원에 포섭돼 북한에 가 간첩교육을 받은 후 국내에 잠입한 김진모 등 간첩망 9명을 구속했다.

여기에는 스웨덴 북괴공관에 포섭되었다가 위장 자수한 김동현, 일본으로 우회 침투하여 17년간 암약한 김양수 등도 포함됐다.

국가안전기획부는 모국방문을 위장하여 침투한 북한 검열간첩 양달진, 고정간첩 김영의 등 13명을 검거했다가 9명을 훈계방면하고 4명을 구속 송치했다.

1984년 8월에는 대간첩대책본부는 월성군 해안에 침투하던 북괴 무장공비를 발견하여 사격을 가하는 한편 간첩선 1척을 격침시켰다고 발표했다. 이 작전을 통해 잠수복을 입은 무장공비의 시체 3구 등을 발견했다.

대간첩대책본부는 울릉도 동쪽해상에서 북괴 무장 간첩선 모선을 발견하여 격침시켰다고 발표했다.

간첩선 침몰부근 해상에서 무장 간첩 시체 3구와 기관총 3정 등 62점을 노획했다고 밝혔다.

1984년 10월에는 국군보안사령부는 재일실업가, 유학생으로 위장하여 국내에 침투하려던 북괴재일 대남공작지도원 서성수 일당을 비롯한 4개 간첩망 16명을 검거하여 12명을 구속 송치했다.

대간첩대책본부는 부산 다대포 해안으로 침투하던 무장간첩을 생포했다고 발표했다.

또한 해군함정과 항공기가 합동작전으로 도주하던 무장간첩선 1척을 영도남방 해상에서 격침시켰다고 발표했다.

1985년 9월에는 대구 도심지에 북괴무장간첩 1명이 출현하여 소음권총으로 2명을 숨지게 하고 1명을 중상을 입힌 뒤 주민들이 검거하려 하자 극약을 먹고 자살했다고 대간첩대책본부는 발표했다.

(5) 미국의 핵우산 아래서 북한 도발을 계속 강조

미국의 저명한 칼럼니스트인 잭 앤더슨이 "미국의 강력한 군사지원이 없을 경우 북한은 한국보다 훨씬 우세한 군사력으로 언제라도 남침을 감행할 수 있을 것"이라고 경고했다고 대대적으로 보도하여 국민들로 하여금 안보의 심각성과 경각심을 갖도록 했다.

일본 아사히 신문의 특집에서 한국의 체제 대해서는 맹렬히 규탄하면서 북괴에 대해서는 일체 언급하지 않고 있는 점은 납득하기 어렵다는 '한민통은 무엇인가'라는 특집을 게재했다고 보도했다.

영국의 국제전략 문제연구소는 한국군은 60만 1천 6백명인데 비해 북괴군은 78만 2천 명으로 군사력 불균형이 더욱 커졌다고 우려했다.

전두환 대통령은 "우리는 인내와 성의로 대화재개에 최선을 다하는 한편 국방력 강화를 비롯한 국력의 배양으로 압도적인 힘의 우위를 확보할 수 있도록 모든 힘을 다 동원하지 않을 수 없으며 이것 만이 민족의 통일과 번영을 앞당기는 지름길"이라고 강조했다.

전 대통령은 "북괴가 미 정찰기를 향해 미사일을 발사한 것은 그들이 이미 전쟁준비를 마친 증거"라고 지적하고 "올해와 내년이 북괴가 불장난을 저지를지도 모를 가장 위험한 고비"라고 북괴를 이용한 안보 제일주의를 재강조했다.

(6) 남북회담에는 불응하면서 수재물자는 제공

신병현 경제부총리의 거듭된 제의에 북한 김 환 부총리 명의의 답신으로 1984년 11월 판문점에서 남북경제회담 실무회담이 개최됐다.

김기환 해외협력위 기획단장 등 7명으로 구성된 북한과의 회담에서 경의선 철도연결을 상호 제의하고 전용 전화 가설에도 합의했다.

북한 측에서는 "교역협정을 맺자, 수산합자회자를 만들자"고 제의하여 1985년 1월에 본회담을 개최하기로 합의했으나 북한 측이 팀 스피리트 훈련을 빌미로 회담을 무기 연기하여 아무런 소득이 없었다.

유창순 총재의 이산가족 찾기 운동을 위해 남북적 8차 본회담의 거듭된 제의에 북한이 전화통화로 응답하여 실무접촉을 갖고 서울에서 개최를 합의했으나 북한 측의 회담 무산으로 결렬됐다.

1984년 9월 서울 부근의 집중 폭우로 풍납동, 성내동이 침수되어 2만 채가 침수되고 9만 명이 대피하는 수재가 발생했다.

사망·실종이 126명에 달하고 152억원의 재산피해가 발생한데 이어 영호남에도 폭우가 쏟아져 사망·실종 43명, 5천여 주민이 대피하는 수난을 겪었다.

북한에서 수재물자 제공을 제의하여 우리측에서 수락하여 한적의 이영덕 부총재와 북적의 한응식 부위원장 간 판문점에서 실무접촉을 가졌다.

북한 측에서는 수재물자를 서울로 직송하고 수재민에게 직접 전달하겠다고 고집하여 한 때 결렬됐으나 가까스로 수재 물자를 인천항, 북평항과 판문점에서 인수하는 조건으로 가까스로 합의하여 쌀 5만 섬, 면포 50만 m, 시멘트 10만 톤의 북적 수재물자를 제공받았다.

남북한의 국력을 비교할 때 남한 측에서 북측의 수재물자를 받지 않을 것으로 기대했으나 남측에서 덥석 제의를 수용하자 경제적 파탄에 빠져 있는 북한 측에서는 울며 겨자 먹기 식으로 수재물자를 보낼 수밖에 없었다.

6. 부산 미국 문화원 방화사건의 파장

(1) 방화사건을 계기로 좌경화 불순서클 단속을 긴급지시

전두환 정권의 권위적인 통치로 정치권은 숨을 죽이고 학원가도 조용하여 평온을 유지한 1982년 3월 18일 부산 용두산 공원 밑자락에 위치한 미국 문화원에 일부 학생들이 화재를 일으켜 학생 1명이 사망하고 3명이 부상했으며 건물이 큰 손실을 입은 사건이 발생했다.

정부의 언론 통제로 사건 발생 3일 만에 공범 용의자 1명을 검거했다고 대대적으로 보도하면서 유창순 국무총리는 방화범의 검거를 위해 관계기관은 수사협조 체제를 강화하고 반상회 등을 통해 국민들의 협조를 촉구토록 하라고 관계 장관들에게 지시했다.

서정화 내무부 장관은 "범인을 숨기고 있는 단체나 개인이 있다면 경찰관서에 즉시 신고해야 되며 만약 범인을 숨겨주다 적발되는 단체나 개인이 있다면 정부는 은닉자도 방화범과 똑 같은 불순분자로 간주할 것"이라고 경고했다.

서울시경은 광주 미문화원 방화범으로 수배 중인 정순철 등과 부산 미문화원 방화 용의자를 색출하기 위해 사복 경찰관 9,515명을 동원하여 특별 검문검색을 실시했다.

경찰수사본부는 부산 미문화원 방화범 일당 8명 중 4명을 검거했다.

자금책으로 부산 고신대 졸업생 김화식, 고신대생 이미옥, 최충언, 동의대생 박원식 군 등을 검거하고 주범인 고신대생 문부식, 김은숙과 부산대생 최인순, 부산여대생 김영현 등 4명을 수배했다.

경찰은 김화식이 자금을 제공해 문부식이 주동하여 고신대생들을 점조직으로 포섭하여 범행한 사실을 밝혀냈다.

방화사건의 주범 문부식과 공범 김은숙이 강원도 원주에서 자수했다.

이들은 천주교 원주교구에 찾아가 교육위원장 최기식 신부에게 은신처를 부탁했으나 최 신부의 설득으로 자수를 결심하게 됐다.

이규호 문교부 장관은 전국대학 총학장회의를 소집하여 "이번 방화사건을 계기로 이데올로기 비판교육을 더욱 절감하게 되었다"며 대학 내의 문제서클 지도 강화와 좌경화된 불순 지하서클을 철저히 단속하라고 긴급 지시했다.

문부식은 의식화의 영향을 받아 편협된 의식과 어려운 가정환경으로 인해 모든 일을 부정적으로 보는 인격으로 성장했다고 언론으로부터 매도됐다.

경찰은 문부식 등에게 하룻밤을 묵게 하고 가톨릭 원주교구청에 은신처를 제공하는 등 배후 인물인 김현장과 치악서점 주인 김영애를 검거했다.

경찰에서는 김현장이 <전환시대의 논리> <우상과 이상> <오늘의 농촌경제> <농민운동> 등의 책자를 소개하고 "정권교체를 위해서는 좌경화된 학생이 많아야 한다" "미국이 한국의 자유민주주의를 지켜주기 위해 미군을 주둔시키고 있지 않다는 것을 알았다" "광주사태를 통해서 미국이 우리 국민에게 보여준 실망의 행동으로 카톨릭 농민회원들이 광주문화원에 방화한 것이다" 등의 의식화 교육을 추종자들에게 주지 시켰다고 발표했다.

이번 사태로 광주사태 등을 주동하거나 기타 범죄행위를 저지르고 도피 중인 윤한봉, 심재권, 장기표, 박계동, 박우섭 등 9명을 전국에 긴급 수배했다.

(2) 미문화원 방화사건이 성직자들의 반미성명서로 번져

검찰은 문부식 등을 범인인 줄 알면서도 숨겨 준 혐의로 원주교구청 최기식 신부를 압송하고 현주건물 방화 교사 등의 혐의로 김현

장, 범인 은닉 혐의로 김영애 등 5명을 구속했다.

최병국 담당검사는 "남북 대치라는 우리나라 특수상황 아래서는 국가 존립의 수호가 최우선적인 것이며, 자유민주주의 체제에 대한 도전은 어떠한 차원에서도 용납될 수 없다"는 입장을 밝혔다.

그러나 김수환 추기경은 "이번 사건은 우리나라의 정치현실과 아울러 뼈아픈 광주사태와도 깊이 관련되어 있다"면서 "이번 사건은 이 시대 우리 겨레의 아픔을 말해주는 것"이며 "최 신부의 행위는 소외되고 버림받은 자와 자신을 일체화 시키려 했던 예수의 행위와 같은 관점에서 이해해야 하는 것"이라고 옹호했다.

안응모 치안본부장은 "부산 미문화원 방화사건은 공산당식 점조직과 혁명적 수법을 사용한 테러 행위"라고 규정하고 "종교계가 범인 은닉의 성역으로 될 수 없다"면서 주범인 김현장과 21명의 신부, 목사 등이 관련되어 있어 이들을 모두 연행조사하여 입건하겠다고 말했다.

서울지검 김경회 부장검사는 한국교회 선교협의회의 부산 미국문화원 방화사건에 대한 우리의 견해 성명서 중에 방화사건을 정당화한 표현과 반미투쟁, 폭력행위를 정당화하는 주장이 있어 김승훈 신부를 비롯하여 제정구, 박형규 등 5명을 연행하고 성명서 내용을 반대한 박 홍 신부 등을 소환했다.

서강대 교수인 박홍 신부는 "악인은 사랑해도 악을 미워해야 되는 것처럼 폭력적 행위 자체를 두둔해서는 안된다"면서 "도시산업선교회 측이 작성한 성명서는 내용 면에서 졸속하고 불필요한 오해를 낳을 우려가 있어 반대했다"는 입장을 밝혔다.

노신영 외무부 장관은 "한미관계는 지난 어느 때보다 양호하며 금년 팀 스피리트 훈련에서 본 바와 같이 날이 갈수록 동반자적 관계가 증진되고 있다"고 전제하고 "이러한 때 일부 지각 없는 교직자들이 한미관계에 금이 가는 언동을 하는 것에 대해 매우 유감스럽게 생각한다"고 말했다.

정치근 검찰총장, 서동권 대검차장, 정해창 서울지검검사장 등은 성명서와 관련하여 권호경 목사, 서남동 목사, 인명진 목사 등에 대해 국가보안법 적용에 대해 긴밀하게 협의했다.

주한미대사의 본국 소환을 요구하는 성명서와 관련하여 이재형 민정당 대표는 "한국인들은 사물의 처리 능력이 능숙치 못해 별 것도 아닌 사건에 집착하여 침소봉대, 견강부회해서 결국은 사건을 처리할 능력을 잃어버리고 증오와 복수의 불꽃만 남게 해 낭떠러지로 떨어지고 만다"고 평가했다.

정부는 부시 미국 대통령의 방한을 앞두고 필요 없는 잡음을 없애고자 김승훈 신부와 박형규, 서남동, 인명진 목사 등에 대해 "이들의 행위가 북괴의 주장과 일치하고 있으나 구체적으로 북괴를 이롭게 할 목적이 있었다고 보기는 어렵다"는 명분을 내걸고 전원을 석방했다.

서울지검 김경회 공안부장은 "성명의 내용은 반미감정을 조성하여 한미간의 관계를 이간하고 폭력으로 사회교란을 획책하는 공산집단의 선전활동에 동조하는 결과를 초래하여 우리의 안보현실에 비추어 용납될 수 없었다" "그러나 이들이 이번 성명에 대해 깊이 반성하고 앞으로 이 같은 과오를 되풀이 하지 않겠다는 점을 감안했다"고 발표했다.

이번 사건은 무엇보다 움츠려 든 반체제 활동의 전환점이 되어 독재정권과 반미에 대한 불씨를 살려보려는 활동의 빌미가 되고자 했다.

(3) 김현장, 문부식 피고인 사형에서 무기징역으로 감형

검찰은 방화범행 주모자로 기소된 김현장, 문부식 피고인에게 사형을, 김은숙, 이미옥 등 5명에게는 무기징역을, 최기식 신부에게는 징역 5년을 구형했다.

검찰은 "김현장과 문부식은 빈부격차 등 자본주의 체제의 구조적 모순을 시정키 위해서는 의식화된 민중의 힘을 동원하여 식민주의적 외세를 몰아내고 정부를 전복하여 사회주의 체제로 변혁하는 것만이 유일한 길이라고 망상해 오던 자들"이라며 국가보안법과 현주건물 방화 치사상 혐의 등을 적용했다.

검찰은 "최 신부는 우리 사회의 부조리를 시정키 위해서는 민중의 의식화가 전제 요건으로서 성직자 등 종교인들도 적극적으로 현실에 참여하여 사회개혁에 앞장서야 할 의무가 있다고 생각해 왔다"면서 범인은닉 혐의에다 국가보안법 위반 혐의를 추가했다.

재판부는 부산 미국 문화원 방화사건의 김현장, 문부식 두 피고인에게 사형을 선고하고, 김은숙, 이미옥 두 피고인에게 무기징역을 선고했다.

유승렬, 최인순, 김지희 등 3 피고인에게는 15년 징역형을 선고했고 "신부도 실정법을 어기면 처벌을 받아야 한다"는 명분을 내걸어 최기식 신부에게 3년을 선고하는 등 관련 피고인 16명에 대해 전원 유죄판결을 내렸다.

함세웅 신부는 "젊은 두 사람의 구명활동에 나서는 것이 우리들의 의무로 알고 있다"며 구명운동을 전개했고, 전두환 대통령은 사형이 확정된 김현장, 문부식의 형량을 무기징역으로 특별 감형 조치했다.

이는 관용과 아량으로서 국민적 화합을 이룩하려는 전 대통령의 따뜻한 배려에 따라 이뤄진 것이라고 황선팔 청와대 대변인이 특별 성명을 발표했다.

7. 군부독재 체제에 대한 부단한 저항

(1) 학원 자율화조치와 학생들의 끊임없는 저항

전두환 정권이 3년차에 접어들면서 안정을 찾아간 1983년 10월 권이혁 문교부장관은 "지금까지 학원사태와 관련하여 제적된 학생

중 자신의 잘못을 깊이 뉘우치고 개전의 정이 뚜렷한 사람에 대해서는 84학년도에 전원 복교가 허용될 것"이라며 전국대학 총학장들에게 복교 방침을 시달했다.

그리하여 1980년 5·17 이후 학원사태와 관련하여 제적된 전국 65개 대학 1,363명이 1984년부터 복교가 가능해져 대학으로 다시 돌아갈 수 있게 됐다.

"반갑고 기쁘다" "늦은 감이 있으나 막힌 곳이 뚫린 듯 가슴이 시원하다"며 제적학생 복교 방침이 알려지자 당사자인 제적학생과 학부모, 대학 당국은 물론 시민들까지도 마음을 열어 환영했다.

대학 교수들도 "제적학생들을 캠퍼스에서 다시 만날 수 있다니 아주 기쁘다"며 복교절차를 챙겨보는 등 바쁘게 움직였다.

이진희 문공부 장관은 1983년 12월 학원소요와 관련된 학생 사범 131명을 특별사면, 형집행정지 조치 등 은전을 베풀었다.

제적학생 복교에 이어 부산 미문화원 사건, 남민전 사건, 부림사건, 전민련 사건, 아담회 사건 등 학생소요 관련자 다수가 석방되자 여·야는 정치적 해금 이상의 의미가 있다고 환영했다.

민정당 권정달 의원은 "이번 조치는 전 대통령의 영단"이라고 추켜세우고, 민한당 이태구 부총재는 "새해부터 어둡고 침울했던 학원 사태가 되풀이되지 않기를 간절히 바란다"고 환영했다.

또한 1980년에 해직된 대학교수 87명이 단계적으로 복직돼 대학으로 다시 돌아갈 수 있게 됐다.

이들은 다른 시·도의 대학에 임용한다는 원칙에 따라 전남대 해직교수 12명 중 오병훈 교수 등 6명은 전북대에, 명노근과 송기숙 교수 등 4명은 충남대에 임용신청을 했다.

권이혁 문교부 장관은 1980년 5·17 이후 학원소요와 관련하여 군에 강제 입대한 학생이 465명이라고 밝혔고, 배명인 법무부 장관은 학원 사태에 관련하여 복역 중이던 48명을 형집행정지로 석방하여 84년 새 학기에 복학할 수 있도록 했다고 밝혔다.

배명인 장관은 "이번에 석방되는 학생사범은 향학 의욕이 높고 수감돼 있는 동안 모범적인 행동을 보여 온 사람들"이라면서 "학원사태와 관련하여 구속 중인 학생사범은 이제 한 사람도 없다"고 밝혔으나 그것은 곧 거짓말임이 밝혀졌다.

정부는 3·1절을 맞이하여 학원 사태와 관련하여 집시법 위반 등으로 복역중인 156명을 형집행정지 또는 특별 가석방으로 석방했다.

이들이 복학절차를 밟아 새 학기부터 복교토록 조치했다고 발표하여 구속되어 있는 학생이 얼마인지를 알 수 없었다.

이번 조치로 1983년 12월 131명, 1984년 2월 48명에 이어 세 번째 석방으로 338명이 풀려났다.

정부는 1984년 5월 집시법 위반 혐의로 형이 확정된 8명의 학생을 석방하면서 "학원사태와 관련 구속된 학생들은 모두 석방됐다"고 또다시 발표했다.

(2) 민한당사 농성과 이현재 서울대 총장의 경찰투입 요청

1984년 2월 권이혁 문교부 장관은 새 학기부터 어떠한 학원 내 소요사태가 발생해도 총·학장의 공식적인 지원요청이 없을 경우에는 경찰병력을 투입하지 않기로 하는 등 학원사태에 대한 공권력의 개입은 최대한 억제한 학원자율화 조치를 발표했다.

1984년 10월 서울대생 350명의 민한당사 농성 사건에 대해 민한당은 학원사태는 교권에 의해 다루어져야지 경찰권에 의해 다뤄져서는 안 된다는 점을 강조했다.

민한당 임종기 원내총무는 "학생들이 당사에 와서 요구사항을 말하는 것은 범법행위가 아니다"며 "농성해제 후에 취해진 연행 및 제적조치는 잘못된 것"이라고 주장했다.

이어 민한당은 농성 학생 일부가 학교에서 제적당하고 경찰에 연행된 사건을 중시하고 원상회복을 촉구했다.

이해구 치안본부장은 "서울대에서 재수생들을 불법 감금, 폭행, 고문한 것은 무법적인 린치 행위이며 이 행위는 대학 지성인의 양심과 학원 자율화에 대한 파괴적 도전"이라면서 "교직원을 위협하고 총장실 기물 등을 부수며 시위에 동조하지 않는다고 교수와 학생들에게 집단 폭행을 하는 등의 심각한 폭력행위에 대해 경찰은 학원자율화 시책의 정착을 위해 엄격히 대처할 것"이라고 경고했다.

문교부는 일부 학생들이 좌경화하는 경향에다 폭력을 행사하는 사실을 중시하여 학원에 소요 및 폭력 행위자에 대한 처벌을 강화하

여 주모자급 외에도 적극적인 동조자도 처벌키로 했다.

권이혁 문교부 장관은 서울대생의 민한당사 농성 사태와 복학생들의 외부인에 대한 감금폭행 사건과 관련하여 이현재 서울대 총장에게 계고장을 발부했고, 고려대생의 경찰차량에 대한 방화사건 등과 관련하여 고려대 김준엽 총장에게도 계고장을 발부했다.

권이혁 문교부 장관은 1학기와 달리 2학기부터는 학원사태에 대해 강경하게 대처하고 학원 내의 폭력 사태에 대해서는 학칙에 의한 처벌은 물론 형사사건에 대해서는 의법조치하도록 각 대학에 특별 지시했다.

권이혁 문교부장관은 "일부 대학에서의 폭력적인 시위와 농성, 그리고 수업과 시험거부 사태는 학생으로서의 본분을 벗어난 용납할 수 없는 범법행위"라며 범법자는 당국에 고발할 것이라고 강조했다.

1984년 10월 서울대는 이현재 총장 명의로 박일용 서울 관악경찰서장 앞으로 "시험거부로 학내 질서를 바로잡기 위해 경찰 병력을 요청해 지원해 달라"는 경찰 학내투입을 요청했다.

정부의 학원문제 자율화 조치에 따라 지난 3월 1일 학원 내에서의 경찰 철수를 발표한 후 대학에서의 경찰의 투입을 요청한 것이 이번이 처음이다.

학원자율화 조치로 철수했던 경찰이 234일 만에 6,420 명의 경찰이 서울대에 투입됐다.

경찰은 반 정부 구호를 외쳐 댄 40여 명의 학생들을 연행했으며 학원내가 안정되자 이내 철수했다.

이현재 서울대 총장은 "일부 학생들이 중간시험 응시를 방해하는 것을 억제하고 선량한 학생들을 보호하기 위해 부득이 경찰투입을 요청했다"고 해명했다.

이현재 총장은 "학내 질서를 공권력에 의존하는 사태에까지 이르러 교직원, 학생, 학부모, 사회에 심려를 끼친 데 책임을 통감한다"고 말하고 경찰이 철수해도 무방하다고 통보하여 경찰은 투입한 지 39시간만에 철수했지만 서울대는 학원 소요사태와 관련하여 제적 13명, 무기정학 47명 등 71명을 무더기 처벌했다.

(3) 대학생 264명이 민정당사를 점거하여 19명이 구속

1984년 11월 연세대, 고려대, 성균관대생 264명이 민정당사 소회의실을 점거하고 당 대표와 만나 대화할 것을 요구하며 농성을 벌이다 출입문과 벽을 부수고 최루탄을 쏘며 들어간 기동경찰에 의해 모두 연행됐다.

이들 학생들은 학도호국단 폐지하고 학생자치기구 부활, 전면해금, 노동자 권익보호 등 14개 항의 요구조건을 내걸고 민정당 대표 등과의 자유토론을 주장하며 농성했으나 전원 연행되어 조사를 받았다.

민정당은 대학생들의 당사농성을 전후하여 지구당 사무실 등에 투석사건이 잇달아 일어나자 말도 꺼내지 못하고 냉가슴을 앓고 있는 분위기다.

서울시경은 민정당사 농성사건에 대하여 주동학생 19명에 대해 구속영장을 신청하고, 적극 가담학생 186명을 즉심에 회부했으며 7명을 지명수배하고 60명을 훈방 조치했다고 발표했다.

경찰은 "이번 사건이 전국 민주화투쟁학생연합이 주도면밀한 모의를 거쳐 정치, 사회적 혼란을 조성키 위해 조직적으로 자행한 난동 행위였다"며 "민정당사에 난입함으로써 폭력 가두투쟁을 격화시키고 집권당을 타도하려는 뚜렷한 당면 목표를 갖고 있었다"고 발표했다.

경찰은 구속영장이 신청된 주동학생들에 대해서는 재야 인사들과의 연계부분과 대공상 용이점에 대해 계속 수사할 것이라고 밝혔다.

학생들이 민정당사를 점거했다는 소식을 접한 권익현 민정당 대표는 "경찰이 그렇게 약하게 굴지 말아라, 폭도들과 타협이 어디 있느냐, 이건 학생들이 아니다. 여기는 민한당과 다르다. 남은 것은 항복이고 자수하는 것뿐이다"등 강경입장을 고수했다.

그러나 의원총회를 거친 민정당은 김용태 대변인을 통해 "학원 자율화는 캠퍼스 안에서만 보장된다. 학원 밖에서의 범법행위는 용납될 수 없다. 자진 해산해라. 신념을 갖고 왔다면 주동자는 자수하라"고 다소 온건한 내용을 발표했다.

민정당은 농성한 대학생의 처벌문제를 놓고 심각한 대립양상을 빚고 있으며, 학원사태에 관련하여 처벌이나 징계보다 선도하는 차원에서 처리토록 하라고 정부당국에 촉구했다.

이에 부응하여 정부는 "각 대학의 주동 학생 2~3명씩만을 구속 기소하고 나머지 학생들은 기소유예 처분으로 석방한다"는 방침을 세웠다.

훈방 대상 학생들은 다시는 학생 신분에 벗어나지 않겠다는 각서를, 학부모들은 학생지도를 잘 하겠다는 각서를 쓰고서 훈방됐다.

즉심에 회부된 학생들은 대기실에서 <타는 목마름으로> 등의 노래를 부르기도 했으며 이들은 15~20일의 구류처분을 받았다.

1985년 12대 총선 이후에도 이해구 치안본부장은 "일부 대학 소수 극렬 학생들의 파괴, 폭력행위는 학원자율을 보호하고 시민의 안정을 지키는 치안유지적 차원에서 단호히 의법조치하겠다" 고 밝혔다.

이 기조는 변화가 없었으며 5월에는 대학생 73명이 서울 미문화원 점거·농성, 11월에는 191명의 대학생들이 민정당 연수원을 점거하여 전원 구속되는 등 봇물처럼 대학생들의 시위는 터져 나왔고 정부의 강압적인 진압은 강도를 더해갔다.

[제3부] 신한민주당이 돌풍을 일으킨 제12대 총선

1. 정치활동규제와 입맛에 맞춰 해금

2. 선명야당의 기치를 내건 신한민주당 출범

3. 민정당의 조직책 교체와 총선전략

4. 제1야당 고수를 향한 민한당의 총선 전략

5. 급조된 신한민주당의 후보 공천과 총선 전략

6. 한국국민당 등 군소정당들도 선거채비

7. 이번 총선의 선거쟁점과 금권·불법선거

8. 예상을 뒤엎은 신한민주당의 돌풍

9. 총선 이후 급변하는 정국의 흐름

1. 정치활동 규제와 입맛에 맞춰 해금

(1) 정치활동을 제한하는 정치풍토쇄신법 의결

비위행위를 한 구 정치인의 정치활동을 제한하는 정치풍토쇄신에 관한 특별조치법안이 입법회의에서 의결됐다.

5·16 이후에도 정치활동정화법이라는 법이 제정되어 4,374명이 규제되었으나 네 차례의 해금조치 끝에 마지막까지 규제인원은 269명이었다.

정치쇄신위원회는 정치활동 피규제자를 811명 1차로 공고했고 2차로 24명을 추가하여 835명를 규제했다.

이들은 적격심사를 통해 구제받지 못하는 한 1988년 6월 30일까지 각종 선거 입후보를 포함하여 일체의 정치활동이 금지된다.

정치활동 피규제자는 10대 국회의원 210명, 정당간부 254명이 포함됐다. 피규제자에 포함되지 않은 10대 국회의원은 입법회의 의원에 임명된 16명과 민관식, 신현확, 천명기, 이승윤, 최경록 등 21명뿐이다.

정치활동 피규제자 569명이 적격심판 청구서를 제출하여 정치쇄신 위원회는 정치활동 적격자로 268명을 확정하여 전두환 대통령의 확인과정을 거쳐 발표했다.

10대 의원 가운데 101명(공화당 25명, 신민당 17명, 무소속 2명, 유정회 57명)이 구제됐다.

김종철, 양찬우, 김용호, 이만섭, 최영철, 고재필, 이영근, 유치송, 김은하, 박권흠, 신상우, 한병채, 박찬종, 임 호 등이 기사회생의 기쁨을 맛보았다.

김중서 정치쇄신위원회 위원장은 10·26 사태 이후 정국혼란 수습에 최선을 다한 실적이 있거나 스스로의 과오를 뉘우치고 새시대의 정치풍토 쇄신에 기여할 것이 객관적으로 확인된 경우에만 구제했다고 발표했다.

10대 의원 중 유정회 의원들은 해금율이 비교적 높았으나 서울의 신민당 의원은 전원 규제자에 포함됐고 부산에서도 김승목 의원을 제외한 전 의원들이 묶였다.

10대 국회에서 공화당, 신민당, 유정회 교섭단체의 고위 당직자는 거의 해금되지 않았다.

이는 쇄신의 취지인 정치혼란의 현저한 책임소재를 구질서의 위계에다 설정했으며 구세력의 구심력을 이완시키는 이중적인 효과를 갖게 됐다.

이 범주에는 김종필, 정일권, 구태회, 길전식, 김창근, 김택수, 육인수, 이효상, 장경순, 현오봉, 최영희, 태완선, 백두진, 김영삼, 이철승, 고흥문, 이민우, 이충환, 신도환, 황낙주, 정운갑 등이다.

민관식 국회부의장은 10대 국회를 사실상 마무리 짓는 제10대 정기국회 마지막 개회식에서 "저 빈 의석의 주인공들과 본인 사이에 도덕적인 면에서나 윤리적인 차원에서 과연 얼마만큼의 차이가 있겠는가를 생각해 본다"고 감회에 젖기도 했다.

남덕우 국무총리는 피규제자 해제는 전두환 대통령이 밝힌 대로 개전의 정이 있는 사람을 개별적으로 심사해서 풀어주는 것이 정부의 방침이라고 밝힘으로써 피규제자의 운명은 오로지 전두환 대통령의 정치적 재량행위일 뿐이었다.

(2) 전두환 대통령은 11대 총선을 앞두고 250명 해금

제 5공화국이 출범하여 순조롭게 정착되고 국회도 민정당이 과반의석을 확보하여 안정을 되찾게 되자 전 대통령은 정치활동을 규제받고 있는 대상자 555명 가운데 250명을 1983년 2월 25일 해제했다.

이날 해금된 전직의원 97명 가운데 10대 의원은 26명으로 공화당 12명, 신민당 7명, 유정회 7명이다.

전직의원은 공화당 34명, 신민당 17명, 유정회 8명, 기타 9명이다.

해금된 인사는 이효상 당의장서리를 비롯하여 김유탁, 김우경, 김재식, 김효영, 민기식, 박경원, 박 찬, 박 철, 설인수, 신범식, 신윤창, 안동준, 오용운, 오유방, 오준석, 오학진, 유승원, 이병옥, 이백

일, 임인채, 정무식, 정우식 등 공화당 전 의원들과 김원만, 황낙주, 김동욱, 김영배, 김윤덕, 김창환, 박용만, 양해준, 이상신, 이종남, 이필선, 정재원, 황호 동 전 신민당의원들과 윤제술, 김경인 전 통일당의원들과 이진용, 김윤하, 김탁하 무소속 전 의원들도 포함됐다.

김주인, 이도환, 이석제, 이정석, 지종길 전 유정회 의원들과 김현옥 전 내무, 이낙선 전 상공, 양탁식 전 서울시장, 이동화 전 철도청장 등도 포함됐다.

이밖에 김종락 코리아타코마 사장, 한병기 전 캐나다대사, 김남중 전 전남일보사장, 서동구 전 경향신문 편집국장 등이 포함됐다.

황선필 청와대 대변인은 "전 대통령의 이번 단안은 개전의 정이 현저하다고 인정되는 자에 대해 정치풍토쇄신과 도의정치 구현이 어느 정도 기틀을 다져가고 있다는 판단 아래 취해진 조치" 라면서 "나머지 대상자들에 대해서도 적절한 시기에 관용조치를 검토할 계획으로 있다"고 발표했다.

이번 조치에서 제외된 인사들도 시대와 역사에 대한 책임을 깊이 인식하고 정치풍토 쇄신과 도의정치 구현이 이 땅에 완전 정착될 수 있도록 다 함께 자중하고 노력해 줄 것을 당부했다.

민한당 신상우 부총재는 "이번 조치를 환영하나 해금을 통해 정국 안정에 대한 자신감을 우리 모두가 확인할 수 있는 계기가 되지 못한 점을 유감으로 생각한다"며 나머지 피규제자도 조속히 해금되기를 기원했다.

이재형 민정당 대표는 "이번 조치는 술에 물을 타도 물맛이 변함

이 없다는 자신감, 즉 제 5공화국의 정치적 질서는 건전하게 정착돼 가고 있기 때문에 새로운 질서 형성을 훼손하는 요인으로 작용하지 않을 것"으로 정국을 전망했다.

이번 조치로 해금된 인사 가운데는 과거 정당 및 정치활동에 있어 큰 비중을 차지했던 인사가 포함되지 않음에 따라 해금 숫자에 관계없이 정국은 별다른 정치적 진통을 겪지 않을 것으로 전망됐다.

민한당, 국민당은 해금을 계기로 해금인사를 적극 정치권안에 수용해서 자체 당력에 충실을 기할 것으로 예상된다.

민한당은 부총재 1석, 당무위원 10석, 중앙상무위원 40석의 수용태세를 갖추어 놓았다.

민한당은 16개 사고당부, 국민당은 31개 미창당 사고당부의 여지를 남겨 놓았다.

(3) 전 대통령은 12대 총선을 앞두고 202명 해금

전 대통령은 정치활동피규제자 301명 중(사망자 4명 제외) 202명에 대해 2차 해금조치를 단행하여 해금된 사람은 모두 452명이며 아직도 규제되어 있는 사람은 99명이다.

황선필 청와대 대변인은 "두 차례의 해제에서 제외된 인사들에 대해서도 앞으로 개전의 정도에 따라 적절한 시기에 정치활동규제를

추가 해제하는 문제가 검토될 것"이라고 밝혔다.

이날 해금된 사람은 공화당 출신으로는 백남억 전 당의장, 장경순 전 국회부의장, 신형식 전 사무총장, 길재호 전 사무총장, 육인수 전 중앙위의장, 이병희 전 무임소장관을 비롯하여 전예용, 김재춘, 박종규, 구범모, 문형태, 서상린, 장영순, 강상욱, 김임식, 최재구, 채영철 전 의원들이 포함돼 있으며 유정회 출신으로는 백두진 전 국회의장, 태완선, 최영희 전 유정회 의장, 이동원, 김세배, 이경호, 정재호 전 의원들이 해금됐다.

신민당 출신으로는 고흥문 전 최고위원, 정헌주 전 전당대회의장, 정운갑 전 총재 권한대행, 이중재, 김수한, 한건수, 박 일, 엄영달, 이택돈, 조세형, 정대철 전 의원 등이, 통일당 출신으로는 박병배 전 의원이 해금됐다.

전직관료로는 고재일 전 건설, 구자춘 전 내무, 김치열 전 법무, 김정렴 전 청와대 비서실장, 강창성 전 항만청장, 이세호 전 육군참모총장, 장동운 전 원호처장 등이 포함됐으며 한완상 서울대교수, 서남동 연세대교수, 송기숙 전남대교수와 한승헌, 홍남순, 이기홍 변호사와 이해동 목사, 언론인 출신인 송건호, 박 실, 백기완 백범사상연구소장 등도 해금됐다.

이번 해금된 인사 중 전직의원은 72명(공화당 31명, 신민당 23명, 유정회 9명, 기타 9명)이며 정당간부는 72명이다.

정치활동이 규제돼 있는 인사는 김종필, 김영삼, 김대중, 이철승 등을 포함한 10대 의원 36명과 기타 63명이다.

전두환 대통령은 이번에 해제된 인사들은 그동안 정치풍토쇄신과

도의정치 구현이 구시대와 같은 정치, 사회적 부패와 혼란은 허용할 수 없다는 국민들의 뜻을 깊이 인식하고 그에 부응하려는 자세를 갖게된 점을 배려했다고 밝혔다.

민정당 김용태 대변인은 "이번 조치는 전 국민이 합심하여 이룩한 정치안정을 토대로 화합정치를 더욱 활기차게 국민 속에 확산시키려는 전두환 대통령의 정치적 결단이다"라고 논평했다.

그러나 이번 해금조치에서는 화합의 욕구충족 필요성과 현 정치질서의 기본골격보호라는 두 가지 명제를 면밀히 교량(較量)하여 조화시킨 흔적을 엿볼 수 있다.

해금을 앞두고 거명됐던 몇몇 구 신민당 중진들의 경우 개전(改悛)의 정이라는 문제가 아니라 현 정당질서의 위협요인이 된다는 점 때문에 규제자로 남았다.

(4) 12대 총선에 임박하여 84명 추가 해금

전두환 대통령은 지금까지 정치활동이 금지돼 온 99명 중 84명에 대한 3차 해금조치를 단행했다.

이로써 정치활동 피규제자 567명 중 1983년 2월 25일에 250명, 1984년 2월 25일에 202명과 그동안 사망자 16명을 포함하여 552명이 해금되어 15명만 미해금자로 남게 됐다.

황선필 청와대 대변인은 "이번 해금 조치는 전두환 대통령이 누차 밝혀 온 방침을 실천한 것으로서 구시대의 청산을 바라는 국민적 여망에 기초하여 그동안 당사자들이 보여준 개전의 자세를 평가하고 12대 국회의원 선거에도 참여기회를 부여하려는 간곡한 배려에서 취해진 조치"라고 해금은 은전이라고 강조했다.

해금된 주요인사는 공화당 출신으로는 정일권 국회의장, 박준규 당의장, 김진만 국회부의장, 구태회 정책위의장, 길전식 사무총장, 김용태 원내총무, 최치환, 문태준, 양순직, 박종태, 신동관, 김광수 전 의원 등이며 신민당 출신으로는 이철승 대표최고위원, 신도환, 이충환, 김재광 최고위원, 정해영 국회부의장, 이민우, 조윤형, 이기택 부총재, 박한상 사무총장, 송원영 원내총무, 박영록, 조연하, 김옥선, 김상진, 김동영, 노승환, 박 찬, 손주항, 예춘호, 박종률, 이택희, 문부식, 이우태, 이상민 전 의원 등이고 통일당 출신의원으로는 김녹영 총재 직무대행, 김현수 전 의원 등이다.

이밖에 김대중의 부인 이희호, 아들 김홍일, 이문영 교수, 문익환 목사, 계훈제 등이 포함됐다.

해금자들은 공화당 출신 12명, 신민당 등 야권 출신 44명이다.

미해금된 인사는 김영삼, 김대중, 김종필을 비롯하여 공화당 계열의 이후락, 김창근, 오치성, 성낙현, 이철, 신민당 계열의 김상현, 홍영기, 김명윤, 박성철, 윤혁표, 김윤식, 김덕룡 등으로 이들은 모두 민주화추진협의회(민추협) 운영위원 들이다.

(5) 대폭적인 해금의 배경과 기존 정당들의 입장

해금의 부담을 현실적으로 수용할 수 있을 만큼씩 덜어온 것이 3차에 걸친 해금으로 해금의 전개과정이 정치적 비중이 낮은 인사에서 높은 인사로 발전되어 왔다.

1차 해금에서는 지역기반이 없는 유정회 출신들에게 관대했고 신민당 시절 온건 노선을 걸어왔던 인사들을 중심으로 해금됐다.

2차 해금에서는 노령자들을 많이 포함시켜 정치적 결합력을 줄이는 방향으로 진척됐다.

이번 해금은 현 정치질서의 안정성 보호 측면과 정치참여의 기회 확대라는 정치여건의 정상화 측면을 면밀히 교량한 결과로 보인다.

민정당은 "현재의 정치질서가 크게 흔들리지 않을 것이라는 자신감 아래서 대폭 해금방향이 결정된 것"이라고 낙관론을 펼쳤다.

해금인사 대부분이 신당 추진 등 정치적 재기를 위한 강한 집념을 보이고 있어 이번 해금은 신당출현의 높은 가능성과 정계 개편의 변수가 된 셈이다.

순치된 민한당이 기득권을 쉽사리 놓치는 상황은 오지 않을 것으로 예측되지만 정통성과 선명논쟁에 휘말리면 심대한 타격을 입을 수도 있다는 전망도 제기됐다.

민한당이 지금까지의 수성 자세를 지양하고 적극적 자세로 전환한 것은 야권의 대동단합이라는 대외적 명분 아래 신당추진세력들이 진용을 갖추기 전에 상당수의 인사를 흡수하여 신당세를 약화시키는 것이 실질적인 자구책이 될 수 있다는 전술전략적 측면도 있었다.

민한당은 이민우, 조윤형, 이기택, 정대철, 김동영, 박 찬, 이상민, 김녹영 전 의원들을 대상으로 영입교섭을 활발하게 전개했다.

민한당은 해금인사들을 적극 영입키로 결의하는 한편 입당 희망인사들의 선거구 보장 등 요구조건을 최대한 반영해 주기 위해 공천 심사위를 조속한 시일 내에 구성키로 했다.

구 정치인에 대한 규제는 제 5공화국이 새로운 정치질서를 편성하는데는 절대적으로 도움이 되는 조치였지만 시간이 흐름에 따라 규제조치는 정치적 기회 불균등의 구체적 사실로서 내외의 시선을 받게 되는 등 오히려 제5공화국 정부의 정치적 부담으로 작용하여 왔다.

야권출신의 해금인사들은 김영삼, 김대중 씨가 공동으로 뒷받침하고 있는 민주협 중심의 신당추진파와 이철승, 신도환, 이충환, 김재광씨 등 전 최고위원 중심의 신당추진파가 양분되어 움직이고 있다.

국민당은 신형식, 오준석, 함종윤, 김용채, 정판국, 심현직, 설인수, 박용기, 김용호, 김재식을 영입대상으로 선정했다. 아울러 최치환, 윤재명, 강병규, 박찬종, 김광수, 김봉호, 김 수 등에도 영입교섭을 벌였다.

그러나 대부분의 해금인사들은 "그저 구정(舊情)을 되새기면서 친목을 도모하고 박정희 대통령의 유지(遺旨)를 받들기 위한 것"이라며 해금인사를 중심으로 한 공화당, 유정회 출신 의원들이 민족중흥동지회를 발족시켜 전예용 전 당의장서리를 회장으로 추대했다.

백남억, 태완선, 최영희, 민관식, 구태회, 길전식, 신형식, 김용태, 민병권, 서상린, 최치환, 육인수, 장영순, 오준석, 윤재명, 강병규, 김용채, 채영철, 김광수, 김종익, 한갑수, 김봉호, 한병기 전 의원들과 박경원, 구자춘, 이석제, 양탁식, 윤천주 전 각료들 뿐아니라 국민당의 이만섭, 이성수, 신철균, 김종하, 김영광, 김유복, 조일제, 이성일, 임덕규 의원들도 참여했다.

이병희 전 의원은 "10 · 26 사태 후 우리가 마치 죄인취급을 당하고 잘못되는 일이 있으면 모두가 구 정권의 책임으로 돌라고 있지만 누구의 잘잘못인가는 역사가 평가할 것"이라며 민족중흥동지회 결성을 제의하여 만장일치로 채택됐다.

2. 선명야당의 기치를 내건 신한민주당 출범

(1) 민한당의 출범과 타생정당이라는 굴레

1980년 5 · 17 사태로 중지됐던 정치활동이 1980년 11월부터 재개되면서 정치활동이 허용된 신민당 국회의원 17명이 창당을 서둘렀고, 12월 48명의 발기인들이 발기인 대회를 가졌다.

민한당은 발기인 대회에서 신민당 최고위원을 지낸 유치송 체제를 출범시켰고, 창당대회에서 유치송 총재를 대통령 후보로 지명했다.

유치송 총재는 '참여를 통한 현실개선'을 지도노선으로 선언하면서 "의회정치의 상궤(常軌)를 벗어나 거리로 나서지 않겠다"는 약속을 했고 이 약속은 총재 재임기간동안 지켜졌다.

민한당은 11대 총선에서 지역구 57석, 전국구 24석 등 81석을 확보하는 대승을 거두었으며 무소속으로 당선된 강보성 의원의 입당으로 82석으로 늘어났다.

민한당은 국회가 개원되면서부터 정치풍토쇄신법, 국회법, 언론기본법, 지방자치법, 국회의원 선거법 등 이른바 개혁입법의 개폐를 주장하기 시작하여 11대 국회가 끝날 때까지 대여투쟁을 계속 펼쳐왔다.

민한당의 대여투쟁은 한계를 보일 수밖에 없는 상황에서도 나름대로 야당의 역할을 수행했고 또한 야당의 존재를 인식시키느라 나름대로 원내활동을 펼쳐온 것으로 평가되고 있다.

1984년 2월 2차 해금이 이뤄졌고 이중재, 황낙주, 박해충, 김영배, 엄영달, 정재원, 황병우, 정상구, 김경인, 신진욱 등 구 신민당 의원 80명이 민한당에 입당했다.

민한당은 집권여당이 부과한 '대화정치 및 정책대결의 엄수'라는 새로운 정치규범에 순응하면서 비교적 점진적인 전술을 통해 기반을 다져 왔다.

유치송 총재는 "아직 날이 차다. 자중자애하면서 지혜로운 전진을 하자"고 주장했으나, 신상우 의원 등은 "이불을 뒤집어쓰고 있는 자에게는 새벽의 의미가 없다"며 지도부의 소극성을 비판하고 정세변화에 능동적인 대처를 주장하여 왔다.

유 총재는 "나는 현재의 비판이 두려운 것이 아니라 후세의 역사를 두려워한다"면서 "후세 사가(史家)들은 어떠한 상황에서도 민한당이 민주주의의 기틀을 잡았다고 평가할 것으로 자부하며 오늘을 걸어간다"고 역설했다.

더구나 유 총재는 "일부로부터는 야당이 단도직입적으로 투쟁을 못한다는 차디찬 비판을 받고 있고 여당으로부터는 과거와 같은 근성을 발휘하고 있다고 욕을 먹고 있다"고 푸념했다.

그러나 정치권 안팎에서 민한당을 정통야당으로 보고 있는지, 민한당의 구성이 정통야당을 주장할 수 있는지, 정통야당은 곧 만년 야당이라는 관념을 벗어날 수는 없는 것인지 등에 대한 의구심을 갖고 있는 것도 사실이었다.

인물의 빈곤과 조직의 비동질성이라는 정당으로선 고정된 정치하에서는 그렇다 치더라도 변화할 장래의 정국에서는 어떻게 작용될 것인지 우려되었고 제 5공화국에서 속성으로 만들어진 신생정당이라는 한계와 굴레를 벗어날 수 없는 안타까움이 있는 것을 부정할 수는 없었다.

유 총재는 재야의 반골신당 출현 가능성을 점치면서 "그렇게 될 경우 서울, 부산 등 대도시에서의 민한당 열세는 어쩔 수 없을 것"

이라고 예견했다.

민한당이 지금까지의 수성자세를 지양하고 해금인사 영입작업에 적극적인 자세를 보인 것은 야권의 대동단합이라는 대외적 명분 아래 신당 추진 세력들이 진용을 갖추기 전에 상당수의 인사를 흡수하여 신당세를 약화시키는 것이 현실적인 자구책이 될 수 있다는 전술·전략적 측면이 고려된 것이다.

유치송 총재는 해금인사 전원을 크로스체크하며 전력투구했지만 해금인사 전원의 입당은 사실상 불가능하며 신당창당은 필연적인 만큼 신당이 선명성에서나 정통성이라는 차원에서 큰 주장을 할 수 없을 정도로 소수 정예만을 솎아오려는 것이 민한당의 영입전략으로 수정됐다.

(2) 대폭적인 제3차 해금으로 몸집을 부풀린 민한당

대폭적인 해금에도 불구하고 우리당 조직이 영향을 받거나 정치의 흐름이 바뀔 가능성이 없을 것이라고 전망한 민한당은 야당으로서의 기능 수행을 할 수 있는 구심력을 잃은 듯한 상황을 보여 왔고 그러한 상황 속에서 지난 4년여를 걸어왔다는 비판을 당내외서 받아왔다.

"재야로부터는 야당이 단도직입적으로 대여투쟁을 못한다는 비판을 받고 있고, 여당으로부터는 과거와 같은 야당근성을 발휘하고 있다는 욕을 먹고 있다"면서 "민한당은 재야를 이해하고 재야는 현실에 참여하는 제1야당을 이해해야 한다"는 당 지도부의 토로는 오늘의 민한당이 내일을 향하면서 겪고 있는 당착(撞着)과 고뇌(苦惱)를 투영한 대목이라 할 수 있다.

제3차 해금인사들이 신당에 참여하여 출전한다면 서울을 비롯한 대도시에서는 민한당 의원들은 비상사태에 돌입할 수밖에 없게 됐고, 신상우 의원은 대동단합을 명분으로 내세우고 있으나 민한당 등 기존 정치권의 수용능력의 한계를 감안한다면 야권의 대동단합은 구호에 그칠 전망이며 민한당과 재야신당의 일전은 불가피할 것으로 예단됐다.

민한당은 이민우, 조윤형, 이기택, 정대철, 김동영, 박 찬, 이상민, 김녹영 씨를 상대로 접촉한 결과 조윤형, 정대철 씨가 첫 번째 입당기록을 수립했다.

이후에 황낙주, 이필선, 엄영달, 박해충, 김윤덕, 이용희, 김영배, 조세형, 황병우, 정재원, 박 일, 김동욱 등 10대 의원과 이중재, 신진욱, 정상구, 유제연, 김창환, 최경식, 심봉섭, 김경인 전 의원 등 25명이 민한당에 앞서거니 뒤서거니 입당했다.

이들의 입당은 신당 추진이 불확실한 상황에서 제1야당인 민한당의 공천을 받고 다음 총선에 출전하는 것이 당선이 보장된다는 현실적인 생각이 선명야당을 추구해야 한다는 명분을 앞섰기 때문이다.

(3) 평행선을 달린 민추협과 신민당 최고위원들의 벼랑 끝 합의

신민당 출신 인사들은 해금과 함께 김영삼, 김대중 씨가 공동으로 뒷받침하고 있는 민추협 중심의 신당 추진 움직임과 이철승, 신도환, 이충환, 김재광 등의 전 최고위원들 중심의 신당 추임 움직임을 단일화하는 작업에 들어갔다.

민추협 측이나 최고위원 측은 표면상 "또 다시 분파작용을 재현하면 국민으로부터 외면당해 자멸한다"며 대동단결을 강조하고 있으나, 지금까지 밟아온 정치적 노선 때문에 응집하지 못한 채 맴돌고 있다.

민추협 측은 모든 인사들이 통합 단결하고 선명한 민주투쟁을 전개하는 야당으로 성격을 분명히 하여 타력이 아닌 자생적으로 결성돼 당원의 순수한 의지에 따라 운영되는 민주정당 이어야 한다고 결의했다.

최고위원측도 민추협 측의 신당 참여 명분을 원칙적으로 수용할 태세를 갖추고 있으면서도 당 지도부 선출방식 등에서는 다양한 의견을 제시하고 있어 합의점에 도달하지 못했다.

그러나 "5·17로 단절된 전통야당의 명맥이라도 이어가게 하기 위해 우리가 힘을 모아 신민당을 재건합시다. 자생정당을 만들어서 정통야당의 거점을 재구축합시다"라고 의기투합했다.

신당 창당을 위해 민추협 측의 이민우, 김녹영, 조연하, 최형우, 김

동영, 박종율과 최고위원 측의 신도환, 이기택, 송원영, 김수한, 노승환, 박용만 등 12명이 창당실무작업에 들어갔다.

무소속의 조순형, 김정수, 김길준, 신순범 의원들이 민추협에 가입하여 신당 창당의 발걸음을 가볍게 하였으며 양측은 민추협의 이민우를 당 대표로 추대하기로 가까스로 합의했다.

"유신 정권이 무너진 것도 원내와 재야에서 공동보조를 취해 강력한 민주화 투쟁을 했기 때문"이라는 투쟁의 다양성과 "국민여망에 부응하는 참신한 야당을 만들어 민주투쟁해야한다"는 국민 기대치 영합론과 "민추협은 정치인들의 모임이다. 최선이 아니면 차선책을 강구해야 한다"는 절충론으로 갑론을박하기도 했지만 분파작용은 자멸이라는 인식의 공감대 형성과 숫자의 열세, 시간의 촉박성 등 취약점이 오히려 결속을 다짐하는 촉매제가 됐다.

(4) 창당대회에서 민추협의 이민우를 총재로 선출

신한민주당 창당발기인 대회가 1984년 12월 20일 흥사단 강당에서 발기인 117명이 참석한 가운데 열렸다.

이날 대회에서 이민우 전 국회부의장을 창당준비위원장에 김녹영, 조연하, 이기택, 김수한, 노승환, 박용만 등을 부위원장으로 추대했다.

창당발기 취지문에서 "자유민주주의 사회를 건설하는 것만이 국가적 위기를 극복하고 국민의 창의력과 활력을 소생시키는 길"이라고 전제하고 "국민여망에 부응하여 재야의 모든 민주인사들이 민주정당을 창당하여 이 땅에 참된 문민정치를 확립키 위해 뜻을 모았다"고 밝혔다. 이어 "민주세력의 총집결체인 신한민주당은 폭력정치와 반민주적 헌정파괴행위를 배격하고 국민의 힘에 의한 평화적 정권교체를 실현해 보일 것"이라는 대국민 메시지를 발표했다.

신한민주당은 창당대회를 열고 이민우 창당준비위원장을 총재에, 김녹영, 이기택, 조연하, 김수한, 노승환 등 5명을 부총재에 선출했다.

또한 전당대회의장에 송원영을 선임하고 총선 후 6개월 내에 정기 전당대회를 열어 당의 체제를 재편키로 한 당헌을 채택했다.

전당대회에서 대통령 중심제와 임기 4년에 1회에 한해 중임을 허용하는 통치기구를 골간으로 하는 정강정책을 채택했다.

총재로 선출된 이민우는 인사말에서 "통제가 민주를 위장하고 불의가 정의로 행세하는 기만 속에 국민적 대변권 역할을 해야 할 정당들은 들러리로 전락하고 만 것이 오늘의 정치현실이다"며 "우리 신한민주당은 온 국민이 여망한 민주화를 위해 창당한 것이니 민주화 시대의 새 봄을 맞이하기 위해 다 함께 전진하자"고 말했다.

정치 피규제에서 해금된 구 야권 중심의 신한민주당이 정치활동이 재개된 지 49일 만인 1월 18일 정식 출범했다.

신한민주당 이민우 총재는 "신한민주당은 오는 12대 국회에서 평화적 정권교체를 원천적으로 봉쇄하고 있는 현행 헌법을 대통령 직선제로 개정키 위해 헌법개정추진위원회를 구성할 것이며, 광주사태에 대한 진상을 조사하고 그 책임을 묻기 위해 국정조사권을 발동토록 할 것"이라고 청사진을 제시했다.

신민당에는 공화당 출신의 박찬종, 권오태, 김 수와 유정회 소속의 조홍래, 민권당 사무총장을 지낸 김정두, 무소속 국회의원인 조순형, 김정수, 신순범, 김길준 등도 참여했다.

(5) 민한당의 자중지란과 의원들의 집단적인 탈당

민한당의 김현규, 허경만, 서석재, 박관용, 김찬우, 홍사덕, 최수환, 손정혁 의원 등은 "지난 4년 동안 추진해 오던 민주화를 더욱 전향적으로 그리고 더욱 빨리 쟁취하기 위해 민추협에 가입하고 신한민주당에 참여하기로 했다"는 성명을 발표하고 민한당을 탈당했다.

김형래 의원과 김한수, 유제연 전 의원들도 "국민적 지지기반이 확고한 신당에 참여키로 했다"며 탈당성명을 발표했다.

이정빈 의원도 탈당계를 제출하여 민한당 의석은 82석에서 72석으로 줄어들게 됐고 신당에 참여할 현역의원은 15명이다.

민한당 목요상 대변인은 "어제까지 민주투쟁 대열에 동참했던 동지들이 공천에 불만을 품고 등을 돌리는 정치현실을 유감으로 생각한다"며 정치도의의 배반이라고 규탄했다.

이들은 조직책 선정과정에서의 불만과 당 지도노선에 대한 비판 등이 얽혀 집단 탈당을 하게 됐다.

김현규 의원은 차기 당권장악을 위한 경북의 선두주자를 자임하며 지난 4년간 기회 있을 때 마다 유치송 총재의 지도노선을 비판해 왔다.

신상우 부총재, 고재청 국회부의장, 김승목, 김원기 의원 등은 유한열 사무총장의 일방적인 조직정비강화특위 운영이 김현규 정책위의장의 탈당에 결정적 구실을 주었다며 유 총장의 인책을 요구하고 나섰다.

김윤덕, 이필선, 김동욱, 김영배, 정재원 등 2차 해금 입당자들은 "당의 체질 개선을 위해 나름대로 노력했지만 허사였다"며 탈당의사를 비치기도 했지만 유 총재의 광범위한 전, 현직 의원들과의 대화로 진정됐다.

신상우 부총재는 김영삼 전 총재로부터 신당 참여를, 오홍석, 정진길, 고병현, 김태식 의원 등도 이철승 전 대표로부터 신당 참여를 권유받았으나 "민한당 의원으로서 국민의 심판을 받겠다"며 지조론을 내세우며 고사했다.

유한열 사무총장은 유용근, 신재휴, 유인범, 유재희, 김문원 의원 등과 회동하고 "민한당 이름으로 국민의 심판을 받아 제1야당의 위치를 굳히자"는 당권수호 결의와 함께 신상우 부총재의 출당론을 제기하기도 했다.

황낙주, 박해충, 박 일, 김윤덕, 이필선, 황병우, 정재원, 김영배, 김동욱, 김창환 등 입당파들도 "창당 과정과 11대 국회의원 공천과정에서 책임져야 할 사람" "국민으로부터 신뢰받지 못하게 당을 주도해 온 사람"으로 신 부총재의 당직사퇴를 촉구했다.

조윤형 전 의원은 "내가 요구한 전권위임은 당권을 내놓으라는 것이 아니다. 유 총재의 얼굴로 12대 총선에 임하는 것보다는 나의 얼굴로 선거를 치르는 것이 신당 바람도 잠재울 수 있는 대국민 이미지 면에서 좀 낫다고 보기 때문이다"고 강변했다.

유 총재는 총재를 위원장으로 신상우, 이태구, 조윤형, 황낙주를 부위원장으로 선거대책위를 구성하고 조윤형을 선거대책본부장으로 임명했다.

김동욱과 김영배가 신민당 합류를 위해 민한당을 탈당했다.

3. 민정당의 조직책 교체와 총선전략

(1) 민정당은 취약지구의 조직책을 과감하게 교체

민정당은 12대 총선 공천에서 중소도시나 농촌지역 보다는 대도시

지역의 출마자를 많이 교체할 계획이다.

11대 총선 때 유효투표의 35.6%보다 높은 목표를 두고 출신 의원 상당수가 지역 주민들로부터 만족할 만한 호응을 얻지 못하고 있다는 판단과 2차 해금에 따라 대도시 등에서는 비중 있는 야권 인물의 출마에 대비한 현실적인 대처가 필요하기 때문이다.

민정당은 그동안 낙선 지역인 해남 - 진도(임영득), 제주지구당(변정일)을 개편했고 광주 동 - 북(심상우), 담양 - 곡성(정래혁)의 위원장을 교체한데 이어 김포 - 강화(신능순), 광주 서구(박윤종), 보은 - 옥천 - 영동(박유재) 의 지구당위원장을 사퇴시켰다.

또한 정순덕 정무수석, 유홍수 전 정무수석, 고 건 전 농수산부 장관, 김종호 전 건설부 장관, 김태호 경기지사, 박준병 예비역대장, 이춘구 내무부 차관, 허청일 총재비서실장, 우병규 국회사무총장, 박경석 의원, 전종천 치안본부 과장 등을 교체 투입할 예정이다.

이리하여 조종호 → 허청일, 이흥수 → 유홍수, 맹은재 → 심정구, 이해원 → 이춘구, 이재환 → 강창희, 김재호 → 김종호, 조정제 → 우병규, 고원준 → 김태호, 이효익 → 정순덕으로 교체됐고 윤길중, 최명헌, 왕상은, 구용현, 김숙현, 이병직, 홍종욱, 문병량, 조상래, 이진우, 정휘동, 유상호 의원 등도 교체될 것으로 거론됐다.

한병채, 김종기, 염길정, 안병규, 배명국 의원들의 거취도 오르내리고 있는 것은 "당이 공천작업을 서두르는 것은 총선을 만약 연내에 하더라도 괜찮도록 미리 대비해 두자는 뜻"이라고 밝혔다.

그러나 마지막 단계에서 서울 구로(최병헌 → 김기배), 부산 중 – 동 – 영도(왕상은 → 윤석순), 춘천 – 춘성 – 화천 – 인제(홍종욱

→ 이민섭), 보은 – 옥천 – 영동(박유재 → 박준병), 괴산 – 진천 – 음성(안갑준 → 김종호), 군산 – 옥구(고판남 → 고 건), 진안 – 무주 – 장수(황인성 → 전병우), 정주 – 정읍 – 고창(진의종 → 전종천), 담양 – 곡성 – 화순(정래혁 → 구용상), 포항 – 영일 – 울릉(이진우 → 박경석), 김천 – 금릉 – 상주(정휘동 → 김상구) 현역의원들을 교체하여 출전시켜 교체된 의원들은 대부분 전국구에 배려했다.

민정당의 오제도 전국구 의원과 정휘동 지역구 의원이 탈당했고 변정일 전 의원도 무소속 출마를 위해 탈당했다.

(2) 민정당의 전국구 인선의 배경과 결과

민한당은 제1당의 전국구 의원 3분의 2의 할애를 2분의 1로 축소하는 선거법 개정을 추진했으나 민정당의 완강한 반대로 11대 총선때와 같이 제1당에게 3분 2의 할애로 민정당은 전국구 61석의 의석을 확보하게 됐다.

민정당의 전국구 후보에는 이재형, 박동진, 정원민, 배성동, 이상희, 김종인, 박원탁, 김현자, 정창화, 김영귀, 김유상, 장경우 전국구 의원과 진의종, 왕상은, 조종호, 황인성, 최명헌 지역구 의원 등 20명이 포함될 것으로 알려졌다.

당료로는 이상재 사무차장, 김영작 이념연구실장, 이종률 정세분석실장, 서정화 조직국장, 양경자 여성국장, 김두종 연수원 훈련국장, 김중위 전문위원, 최상진 중앙위 간사 등이 포함되고 이한기 당 후원회장, 이하우 국회의장 비서실장, 안영화 국회 전문위원, 구본석 서울시교육감, 이영숙 평통부의장 등도 거론되고 있다.

또한 관료로는 정태수 문교부 차관, 송한호 남북대화사무국장, 김병수 보건사회부 차관, 이 진 정무장관 보좌관, 김한규 홀트아동복지회장 등이 포함될 것으로 알려졌다.

법조계에선 김영철 변호사, 학계에서는 한승수 서울대교수, 구본호 한양대교수, 김영정 이화여대 교수, 여성계의 강영숙, 고은정, 연예계의 이순재 등도 포함될 것으로 알려졌다.

민정당은 전국구 정후보 61명과 예비후보 20명을 확정지었다.

진의종 국무총리, 이재형 총재상임고문, 노태우 올림픽위원장, 유창순 적십자사 총재, 이한기 전 감사원장, 유학성 반공연맹 이사장, 나웅배 전 재무부 장관, 박봉환 전 동자부 장관, 이광로 전 입법의원, 구본석 서울시교육감, 허삼수 전 청와대 사정수석, 이종원 전 법무부 장관, 정태균 대법원 판사 등은 포함됐다.

당내 인사로는 박동진, 배성동, 이상희, 김종인, 김윤환, 정창화, 김영귀, 박원탁, 유근환, 정원민, 김현자 전국구 의원 등이 재공천을 받았으며 왕상은, 황인성, 최명헌, 조종호, 안갑준, 홍종욱, 정휘동 지역구 의원 등은 전국구에 안착됐다.

민정당은 전국구 1번은 이재형 당 총재 상임고문, 2번은 진의종 국무총리, 3번은 노태우 서울 올림픽 조직위원장을, 61번은 이성호 경기도지부 사무국장으로 결정했다.

이재형, 이용훈, 박동진, 유근환, 배성동, 지갑종, 김 준, 김종인, 이상희, 김현자, 김영귀, 정창화 등 12명의 전국구 의원을 재공천했고, 진의종, 왕상은, 조종호, 홍종욱, 안갑준, 최명헌, 황인성, 정휘동 등 8명의 지역구 의원을 공천했다.

강경식 대통령비서실장, 박종문 농수산부장관, 서청화 평통 사무총장, 김성기 사회정화위원장, 현홍주 안전기획부 차장, 조경목 과기처차관, 지연태 주이태리대사, 문희갑 경제기획원 예산실장, 최영덕 해양경찰 대장 등이 발탁됐다.

군 출신으로는 정현경 해군참모차장을 비롯하여 노태우, 유학성, 유근환, 진치범, 서정화 등이, 당료 출신으로는 이상재, 김영작, 이종률, 김두종, 김양배, 양경자, 서정화, 최상진, 이성호 등이 포함됐다.

61명 정후보의 출신지역은 대구 – 경북이 11명, 부산 – 경남이 10명으로 영남 출신이 21명이 되어 전체의 3분의 1을 훌쩍 넘겼고 서울 9명, 전남 7명 순이며 순수 민간으로는 13명이 발탁되어 그 비율은 21% 수준이다.

최창균이 이용훈으로, 조형 이화여대교수에서 김후란 여성개발원 부원장이 올랐다가 김영정으로 교체됐고 최기덕 철도청장이 사망하여 이성호가 행운을 얻었다.

11대 총선 때 낙선자인 임영득과 지역구 공천 탈락자인 홍희표, 김문기, 정동윤도 전국구에 안착했다.

정원민은 정현경에게 양보했고 이양우 유정회 출신의원은 3선은 곤란하다는 측면에서 탈락했다. 이성일 의원과 조선내화 이훈동

사장도 김토됐으나 탈락했고 김 집은 흔들렸으나 살아났다.

민정당 전국구 의원 61명 중 12명은 전국구 재공천을, 12명은 지역구 공천을 받았고 37명은 지역구나 전국구 공천에서 탈락했다.

이번 인선은 제 5공화국의 집권정치 세력을 본격적으로 구축하겠다는 취지를 바탕으로 한 배타적 인선이라고 할 수 있다.

이번 인선의 핵심은 제5공화국 창설의 군관민 주도세력중 군부를 제외하고 순수정치권 외에 산재해 있던 인사들을 재규합했다고 볼 수 있다.

이는 주도세력이 제5공화국의 설계과정에서 이제는 시공자역으로 나나설 때 됐다는 정치적 판단이 작용한 듯하다.

실질적 주도세력이라고 할 수 있는 노태우 전 국군보안사령관, 유학성 전 국가안전기획부장, 서정화 전 내무부장관, 김성기 사회정화위원장, 이상재 민정당 사무차장, 현홍주 전 국가안전기획부 차장, 안영화 전 국보위원 등 영남세력의 전면 부상이다.

11대 전국구 인선이 실질적 주도세력의 기용보다는 각계에서 동원된 인사의 배합에 치중한 절충형이었다고 본다면 우선 이번 전국구인선은 그 정치적 목적이 두드러지게 나타날 만큼 색깔이 뚜렷하다고 볼 수 있다.

정후보 61명 가운데 제5공화국 출범이후 정부나 민정당에 참여했거나 참여하고 있는 인사가 48명이며 순수민간에서는 13명이 발탁된 데 그친 것이 이번 전국구 인선의 특징이다.

또한 민정당이 주도하는 정당정치의 운영을 강화하고 88년의 평화적 정권교체를 위해 정부여당 내에서 차지하는 민정당의 비중을 강화하는데 초점이 맞춰진 정치성이 짙은 포석으로 해석되기도 했다.

(3) 집권여당으로 제1당인 민정당의 총선전략

권익현 민정당 대표는 "간선제가 비민주적이라는 논리는 어불성설"이라며 "지금은 평화적 정권교체의 전통을 세우기 위해 헌법을 지키는 일이 더 중요한 과제"라고 강변했다.

민정당 이상재 상황실장은 야당 후보들이 '석사 위에 박사, 박사위에 육사'라는 유행어를 이용하여 군의 정치개입을 신랄하게 비판한 데 대해, 허정일 후보는 "나는 가난해서 육사에 갔을 뿐"이라는 해명과 봉두완 후보의 "군에 정권을 빼앗긴 당사자들이 지금 와서 무슨 왈가왈부냐"는 반박이 감투상감이라고 각 지구당에 귀감으로 삼으라고 지시했다.

권익현 대표는 "만약 지금 안정이 깨어진다면 정치발전, 민주발전은 물론 정치, 경제, 사회적 불안이 조성되어 역사의 수레바퀴를 뒤로 돌리게 할 위험성이 있다"고 원내 안정세력 확보를 호소했다.

전두환 대통령의 소신 있는 국정운영을 위해서는 민정당이 국정의 안정세력을 확보해야 한다고 주장했다.

민정당은 대도시 유세장에서 강세를 보인 야당붐이 민정당의 조직세에 침투하는 것을 막는다는 기본전략 아래 지역에 따라서는 통반단위 당원단합대회까지 열어 저인망식 득표활동을 벌이는 한편 3.3 조직을 통해 서민, 영세민층을 집중공략하여 당 조직을 차질없이 득표와 연결시키는데 총력을 기울인다는 전략이다.

민정당은 광주직할시 승격을 공약으로 내걸고 호남지역 표몰이에 나서면서 군사독재 정권이라고 하나 우리의 내각에는 한 사람의 군인도 없으며 독재정권이라고 대중 앞에서 얘기할 수 있다는 자체가 독재정권이 아니라는 반증이라고 야당의 주장을 반격했다.

4. 제1야당 고수를 향한 민한당의 총선 전략

(1) 민한당의 사고 지구당 선정 및 조직책 임명

민한당은 11대 총선 때 3등 낙선했으나 표차가 크게 난 지역이나 4등 이하 낙선 지역은 교체 대상자로 분류할 것으로 알려졌다.

마산, 달성 – 고령 – 성주, 성남 – 광주, 남양주 – 양평, 강릉 – 양양 – 명주, 울산 – 울주 등은 3등 낙선했으나 표차가 크게 났고,

부산진, 청주 – 청원, 천안 – 아산 – 천원, 공주 – 논산, 의령 – 함안 – 합천, 산청 – 함양 – 거창, 군산 – 옥구는 4등으로 낙선 지역이다.

민한당은 서울 성북, 강남, 대구 중 – 서, 진천 – 괴산 – 음성, 청양 – 홍성 – 예산, 서산 – 당진, 군산 – 옥구, 여수 – 광양 – 여천, 포항 – 영일 – 울릉, 경주 – 월성 – 청도, 김천 – 금릉 – 상주, 안동 – 의성, 영천 – 경산, 문경 – 예천, 진주 – 삼천포, 창원 – 진해 – 의창, 충무 – 통영 – 고성, 남해 – 하동, 제주 등 19개 사고지구당의 조직책 신청을 받기로 했다.

조직책은 66명이 신청하여 3.5대 1의 경쟁률을 보였다.

성남 – 광주(유기준, 강원채), 강릉 – 명주 – 양양(함영주, 정인수, 김필기), 공주 – 논산(박 찬, 장동수, 김한수, 조주형), 마산(김종준, 유종국, 김호일, 윤재봉), 함안 – 의령 – 합천(김재현, 이중구, 공정무, 정화영), 거창 – 산청 – 함양(백영락, 유홍중, 이용곤)지역이 가장 경합이 심했다.

민한당은 전국 92개 지구당의 공천 신청을 접수한 결과 173명이 신청서를 제출해 평균 1.9대 1의 경쟁률을 보였으나 54개 지역구는 무경합 지역으로 나타났다.

경쟁률이 낮지만 경합이 예상되는 지역구는 서울 성동(김도현, 김경인, 정규헌, 김노식, 김윤덕), 동대문(심헌섭, 유택형, 김덕규), 도봉(김태수, 박해충), 강서(고병현, 이중희, 김영배), 관악(한광옥, 연제원), 강남(신재휴, 이중재, 김형래), 부산 부산진(김정수, 정상구, 김진기)등 들 수 있다.

경기 성남 – 광주(유기준, 강원채), 강원 동해 – 태백 – 삼척(이관형, 김일동), 충북 청주 – 청원(신경식, 정기호), 옥천 – 보은 – 영동(정선영, 이용희), 진천 – 괴산 – 음성(김연태, 오성섭), 충남 천안 – 아산 – 천원(박동인, 정재원, 이원창), 공주 – 논산(박 찬, 김한수, 조주형), 서산 – 당진(장기욱, 유제연), 전남 광주 동구(임재정, 김옥천, 이필선), 경북 포항 – 영일 – 울릉(서종렬, 최수환), 경주 – 월성 – 청도(김일윤, 심봉섭), 안동 – 의성(오경희, 신진욱), 달성 – 고령 – 성주(최운지, 이윤기, 김창환), 청송 – 영덕(김찬우, 황병우), 경남 진주 – 삼천포 – 진양 – 사천(양재권, 이위태, 박영식, 강갑중, 이상민), 밀양 – 창녕(신화식, 박 일, 손태곤, 손정혁)도 접전이 예상되는 지역구이다.

민한당은 현역의원 중 심헌섭(동대문), 임재정(광주 동 – 북) 의원만 탈락했고 전국구 의원 가운데 김덕규(동대문), 강원채(성남 – 광주), 이홍배(여수 – 여천 – 광양), 서종열(포항 – 영일 – 울릉), 김문석(문경 – 예천), 이용곤(산청 – 함양 – 거창)등 6명이 지역구를 차지했다.

해금입당 전직의원 가운데는 박해충(도봉), 김윤덕(성동)만이 지역구 공천에서 탈락했고 13명은 모두 지역구에 안착했다.

(2) 민한당 현역의원들과 해금인사들의 경쟁은 불가피

서울은 김재광, 박한상, 송원영, 조윤형, 노승환, 김수한 등이 정치복귀를 선언하고 이충환도 상경을 준비 중에 있고 이기택, 정해영, 예춘호, 김상진이 풀린 부산도 예춘호를 제외하고 재기의 결심을 굳힌 상황에서 민한당 현역의원들과 해금인사들의 경쟁은 어쩔 수 없는 상황이다.

이철승 전 대표와 그의 비서실장이었던 김태식, 신도환 전 최고위원과 경합하게 될 이원범, 김옥선 전 의원의 해금에 긴장하고 있는 조중연 의원 등이 대표적이다. 또한 김재광 – 손세일, 김수한 – 한광옥, 노승환 – 김재영, 김동영 – 임채홍, 조윤형 – 조세형과 조순형, 이기택 – 박관용의 경쟁도 불가피하다.

동료 간에 한판승부가 예상되는 곳은 구미 – 선산 – 군위 – 칠곡(장덕환 대 김현규), 순천 – 구례 – 승주(박용구 대 허경만), 포항 – 영일 – 울릉(서종렬 대 최수환), 청송 – 영덕 – 울진(황병우 대 김찬우), 진주 – 진양 – 삼천포 – 사천(이상민 대 양재권), 부산 서구(유강열 대 서석재), 동래(이건일 대 박관용), 밀양 – 창녕(박일 대 손정혁), 강남(이중재 대 김형래), 공주 – 논산(박찬 대 김한수), 강서(고병현 대 김영배), 인천 동 – 북(정정훈 대 유제연), 영월 – 평창 – 정선(고영구 대 엄영달) 등을 들 수 있다.

서울의 마포 – 용산(김재영 대 노승환), 동대문(심헌섭 대 송원영), 도봉(김태수 대 조순형), 서대문(손세일 대 김재광), 강서(고병현 대 김영배), 구로(김병오 대 조연하), 영등포(이원범 대 박한상), 관악(한광옥 대 김수한)에서는 민한당과 신한민주당 대결 즉 구 신민당 동료 간에 용호상박이 점쳐지고 있다.

(3) 나눠 먹기, 돈 공천의 전형이 된 민한당 전국구

민한당은 전국구 18번까지를 당선 확실 순위로 보고 이 순위까지는 2~3억원의 당비를 헌납 받아 지역구에 2천만 ~ 3천만원씩 지원할 계획이다.

이태구 부총재, 김판술 의원, 윤택중 고문, 정철 자문위부의장, 신재휴, 손태곤, 윤기대, 김노식, 이윤기, 이의영 전국구의원, 박해충, 김윤덕 해금 입당자들이 거론되고 있다.

송현섭 후원회장, 이상홍, 김병태 후원회 부회장, 신동준, 정선영 전 지구당위원장, 조홍규, 박재홍, 기정서, 여운홍, 이동균, 송봉명 등 당료 출신들도 거론되고 있다.

전국구 후보인선은 인물보다는 철저히 헌금 위주로 결정되어 금전 위주의 전국구 인선은 건전한 정치풍토 조성에 암운을 드리우고 있다.

민한당은 최운지, 신동준(유치송), 이동근(이태구), 문준식(신상우), 황대봉(황낙주), 정규완(조윤형), 김옥천(고재청), 정상구(신상우, 이태구) 후보가 나눠 먹기로 추천됐다.

김노식, 윤기대, 연제원, 이중희 의원들이 탈락했지만 신재휴, 손태곤 의원들은 5억원을 헌금하고 재공천됐다.

김판술, 윤택중은 고령과 헌금 불능으로 탈락하고 김윤덕도 헌금 액수를 놓고 저울질하다 탈락했고 경남버스사장 신달수는 신상우 부총재와 숙질간, 이철승 전 대표와는 40년지기이다.

민한당은 공천심사위원들이 철저하게 1명씩 천거하여 나눠 먹기식으로 결정했다.

이태구(정상구, 이동근), 신상우(문준식), 고재청(김옥천), 조윤형(정규완), 황낙주(황대봉), 유치송(최운지와 신동준), 오홍석(연제원) 위원들은 자기사람 심기에 골몰했다.

신재휴, 손태곤, 황대봉, 송현섭, 이상홍, 김병태, 문준식, 정규완, 이동근, 김옥천 후보 등은 5억원을 헌금한 것으로 알려졌고 정상구, 최운지 후보 등은 2~3억원, 이태구, 박해충 의원들은 1억원 이상 헌금한 것으로 알려졌다.

송봉명, 이동균, 조홍규 등 당료들도 18번 이내는 어느 정도 성의 표시를 한 것으로 알려졌다. 18번 이내에는 해금인사 중 박해충 전 의원이 상징적으로, 이태구 신재휴, 손태곤 의원들은 재공천을 받았다.

(4) 민한당의 신한민주당에 대한 반격

신상우 부총재는 "민추협이 반민정당 투쟁을 위해 신당에 참여한다고 진로를 천명해 놓고 오히려 제1야당인 민한당을 공격하는데 혈안이더라"며 개탄했다.

신 부총재는 조조의 아들인 조비와 조식의 다툼에서 나온 칠보시

(七步時)를 인용했다.

칠보시는 煮豆燃豆箕 豆在釜中泣 本是同根生 相煎何太急. (콩을 삶는데 콩줄기와 잎을 태우니 가마솥에 있는 콩이 뜨거움을 참지 못해 울며 말하기를 콩과 콩대는 원래 같은 뿌리에서 자란 사이인데 왜 이리 급히 삶아 대는지 서글프도다)로 형제이지만 조비에게 핍박을 받고 있는 조식을 빗대어 신한민주당의 공세에 반격했다.

민한당의 경우 제1야당이면서도 바람에 의존하기도, 조직만 가지고 달리기도 어려운 실정이다.

유치송 총재는 "한국과 같은 원색적인 정치풍토에 있어서는 하나의 여당에 대항하기 위해 오직 하나의 야당이 필요할 뿐 그 이상도 그 이하도 필요치 않다"고 민한당이 유일야당임을 강조했다.

그는 "집권당이 바뀌는 명실상부한 평화적인 정권교체가 되기 위해서는 민한당이 제1당이 돼야 한다"고 호소했다.

그는 "민정당이 장기집권의 꿈과 착각과 환상을 갖지 못하도록 이번 12대 총선에서는 민정당에 표를 주지 말아야 한다"고 강조했다.

유치송 총재는 "4년 전 우리는 강풍이 몰아치는 허허벌판에서 물리적으로 꺼져 버린 정통야당의 혈맥을 잇고 꺼져가는 불씨를 지키기 위해 집결했다"면서 대통령직선제로의 개헌, 소선거구제 채택 및 비례대표제의 폐지, 선거권자의 연령을 20세에서 18세로 인하, 군복무기간을 30개월에서 24개월로 단축 등 51개 항목의 정책대안을 총선 공약으로 내걸었다.

유치송 총재는 "12대 총선이 끝나면 야당통합을 추진하겠으며 직선제 개헌을 이룩하기 위해 제1야당을 밀어달라"고 거듭 호소했다.

조윤형 선대본부장은 "선거를 통해 민정당을 참패시켜야만 민심의 소재를 정확히 깨닫게 될 것이며 또다시 민정당이 다수 의석을 차지하면 비민주적 통치방식을 고치지도 않을 것"이라고 주장했다.

조홍규 부대변인은 "신민당의 이민우 총재가 뜬 인기는 좋으나 조직이 없고 민한당의 정대철 후보는 인기도 있는 한편 조직이 막강하기 때문에 무난하게 이 총재를 이길 수 있을 것"으로 종로 – 중구의 선거를 전망했지만 예상을 빗나가 이민우 총재가 대승을 거두고 신한민주당 돌풍의 주역으로 떠올랐다.

5. 급조된 신한민주당의 후보공천과 총선전략

(1) 3.8대 1의 높은 경쟁률을 보인 신한민주당 조직책 선정

신한민주당의 조직책 경쟁률은 평균 3.8대 1로 가장 경합이 치열한 지역구는 서울 구로구와 강동구로 12대 1이다.

조연하 조직책 심사위원장은 신당에 조직책 심사가 몰려들자 "그만큼 국민의 기대가 쏠리고 있다는 반증이기도 하지만 잉여정치인의 수용소 같다는 인상도 있다는 점을 인정치 않을 수 없다"면서 "다른 당에서 공천 탈락하고 입당한 정치 철새들은 가급적 조직책 심사에서 제외하겠다"고 밝혀 귀추가 주목됐다.

신민당의 조직책 경합이 가장 치열한 곳은 서울 성북(한호상, 심의석, 이석현), 도봉(조순형, 이민우, 신오철), 강서(김영배, 탁영춘, 송기태), 구로(나이균, 정순주, 유기수, 조연하), 동작(박 실, 이길범), 강남(김형래, 최전권, 유훈근, 신경설), 강동(김병수, 김동규, 장석화, 황한수, 조정식)등을 꼽을 수 있다.

부산도 중 – 동 – 영도(송정섭, 김상진, 김정길, 한석봉, 박찬종), 서구(김종순, 서석재), 남 – 해운대(허재홍, 이기택), 부산진(김정수, 정해영)에서 예측불허의 접전이 예상되고 인천 동 – 북(이병현, 유제연, 명화섭)도 눈여겨 볼 지역구이다.

경기의 안양 – 광명 – 시흥(이택돈, 신하철), 부천 – 김포 – 강화(안동선, 최기선), 송탄 – 평택 – 안성(정진환, 조성진), 파주 – 고양(황인형, 이교성), 강원의 춘천 – 춘성 – 철원 – 화천 – 양구(김철배, 백태열, 양건주), 동해 – 태백 – 삼척(지일웅, 이원종), 영월 – 평창 – 정선(엄영달, 신민선, 원성희)과 충남의 대전 중구(송석찬, 김태룡), 천안 – 아산(이진구, 황명수), 공주 – 논산(김한수, 윤완중, 김형중)도 접전지역이며 전북 전주 – 완주(이철승, 홍범식, 임광순), 이리 – 익산(오승엽, 박경철, 이 협), 정주 – 정읍 – 고창(정균환, 유갑종, 이원배), 전남의 여수 – 광양 – 여천(김용일, 김충조, 신순범), 나주 – 광산 – 금성(박병용, 이정빈, 김면중), 장흥 – 강진 – 영암(오석보, 이영권), 경북 경주 – 월성 – 청도(김순규, 심봉섭), 김천 – 금릉 – 상주(이재옥, 박희동), 안동 – 의성(양재범, 신진욱, 오상직), 영천 – 경산(권오태, 이재연, 윤영탁), 문경 – 예천(신영국, 황병호, 반형식), 경남 마산(강삼재, 백찬기), 진주 – 삼천포(이위태, 김재천, 양재권), 창녕 – 밀양(구자호, 손정혁)도 접전지역으로 꼽을 수 있다.

신한민주당은 나주 – 광산과 마산에 "복수공천하지 않는다"는 원칙을 깨고 복수공천하여 "결국 선거에서 떨어지고 오라"는 것이라는 비판을 받았고 김현규의 지역구인 구미 – 선산 – 칠곡 – 군위는 "당의 정책지구로 공천을 비워 둔다"는 명분으로 무공천 지역으로 남겨 뒀다.

표결불처리 원칙이 무너지고 김영삼의 특명인 최기선(부천 – 김포 – 강화) 후보를 지키지 못한 최형우, 김동영 위원들이 퇴장 사태까지 번져 안동선(부천 – 김포 – 강화), 유제연(인천 동 – 북), 이윤수(성남 – 광주) 등이 조직책으로 결정되는 행운을 잡았다.

대전 동 – 북의 유동열은 민한당 유한열 사무총장의 형이라는 이유로 이리 – 익산의 이 협은 미복권으로, 고흥 – 보성의 김 수는 복수공천을 자청했다가, 나주 – 금성의 이정빈은 현역의원을 명기하지 않았다는 사유로 탈락했다.

공천에서 탈락한 광주 동구 임재정 의원은 "모난 돌이 정 맞는다는 격으로 야당성 짙은 정치인만이 손해봐야 되겠는가. 나에게 죄가 있다면 정부의 간담을 서늘케 한 폭탄 발언을 한 죄밖에 없다"며 탈당하고 무소속으로 출전했다.

신한민주당은 당초의 조직책 선정기준을 팽개치고 각계파 간의 철저한 나눠먹기식의 결정이 이뤄졌다.

신한민주당의 조직책은 민추협에 참여한 해금인사, 신민당 최고위원들을 중심으로 비민추협 해금인사, 민한당 탈당파들이 균분하여 조직책을 나눠 가졌다.

11대 의원이지만 신한민주당의 조직책으로 선정된 의원들은 조순형, 김형래, 서석재, 김정수, 박관용, 황명수, 신순범, 최수환, 허경만, 홍사덕, 김찬우, 백찬기, 손정혁 등 13명이며 전직 의원들은 이민우, 노승환, 박용만, 송원영, 김재광, 김영배, 조연하, 박한상, 김수한, 박찬종, 이기택, 유제연, 김형광, 이택돈, 엄영달, 김현수, 이택희, 김한수, 김옥선, 한건수, 이철승, 김녹영, 신도환, 신진욱, 권오태, 최형우, 조홍래, 문부식, 김동영 등 29명이다.

이에 비해 해금인사로 민한당으로 출전한 전직의원들은 정대철, 조세형, 조윤형, 이중재, 김준섭, 이용희, 정재원, 박 찬, 이필선, 이진연, 김창환, 황병우, 이상민, 황낙주, 박 일 등 15명이다.

이민우 총재는 청주 – 청원에서 김현수 전 의원에 밀려 도봉에 공천신청했으나 조순형 의원에 밀려 정치 1번지인 종로 – 중구에 출전하여 신한민주당 돌풍의 주역이 됐다.

(2) 돈 공천, 계파공천으로 얼룩진 신한민주당 전국구

신한민주당은 15석 정도의 전국구 의석을 확보한다는 방침 아래 민주화 투쟁 경력이 있는 인사와 당 창당에 기여도가 큰 인사를

선정할 것으로 알려지고 있다.

이민우 창당준비위원장, 박종률, 김정두, 문정수 등이 거론되고 있으나 상도동계, 동교동계, 최고위원계 등이 계파별로 균점할 것으로 보인다.

각 계파 간에 "통대의원이나 공화당 출신의 인사는 당의 이미지를 위해 배제하고 추천인원수는 각계파 간 세력안배를 기준으로 한다"는 원칙에 합의했으나 지켜지지 아니했다.

신한민주당은 6번까지는 5억원, 7~8번은 4억원, 9번은 2억원, 10번 1억 5천만원, 11~12번 1억원, 13번 5천만원, 14번 3천만원, 15번 2천만원, 16번 1천만원으로 책정했다.

정해영 전 국회부의장은 "5억을 낼 테니 순위만은 5번 안으로 달라"며 아들 정재문을 추천하여 관철시켰다.

1억 원의 현금을 마련치 못해 탈락한 김윤덕 전 의원은 탈당계를 제출했다. 사무처 직원들은 "공천심사위원들의 철저한 나누어 먹기식 공천에 당료들만 희생됐다"며 당직 총사퇴도 거론했다.

6번까지는 당과는 관계가 없었던 헌금 케이스로 신달수, 임춘원, 고한준, 김형경, 정재문, 한석봉이 차지했다.

6번의 박종률은 5억원 현금 마련이 어려워 9번의 한석봉과 순위를 맞바꾸어 통대의원 등 구 여권을 배제해 당의 이미지와 선명성을 살린다는 명분도 민주화 대열에 고생한 고참 당료들을 포함시키겠다는 약속도 위선으로 끝났다.

"각 계파가 서로 나누어 팔아먹었다" "이래가지고 무엇으로 선명

야당의 체면을 유지하겠느냐"고 이용구 총무부위원장은 21번을 자진사퇴했다.

7번은 대우상무인 윤영탁, 8번은 창당발기인인 신도환, 10번에는 중학교 교사로 통대의원인 조영수, 11번은 이철승대표 비서실장인 김병수, 12번은 10대 의원인 김동욱, 13번은 민권당 조직국장인 이길범, 14번은 조계사 주지인 김용오, 15번은 신민당 조직국장인 장충준 후보를 배치하다 보니 공교롭게도 영남 출신이 9명으로 60%를 차지했다.

당선 가능성이 희박한 16번은 당 청년국장인 최 훈, 17번에는 신민당 사회노동국장을 지낸 신경설 후보를 추천했다.

(3) 선거를 앞두고 이민우 신한민주당 총재의 사자후

신한민주당은 '불어오는 민주바람 일어나라 민중이여' '먹고사는 자유찾고 할말하는 민주찾자'를 구호로 내걸고 선명성을 기치로 내걸었다.

이민우 신한민주당 총재는 "현행 헌법을 국민이 자유롭게 자신의 정부를 선택할 수 있는 대통령직선제로 개정해야 한다"고 촉구했다.

"현 정권이 7년 단임과 평화적 정권 교체를 말하고 있지만 국민의 선택권을 원천적으로 봉쇄하고 있는 현행 헌법으로서는 평화적 정권교체가 불가능하다"고 주장했다.

이민우 총재는 "신한민주당은 오는 12대 국회에서 평화적 정권교체를 원천적으로 봉쇄하고 있는 현행헌법을 대통령직선제로 개정키 위해 헌법개정추진위원회를 구성할 것이며, 광주사태에 대한 진상을 조사하고 그 책임을 묻기 위해 국정조사권을 발동토록 할 것"이라고 했다.

이민우 총재는 "정부·여당은 일부 관제언론, TV방송을 동원하여 야당을 왜곡, 비하시키는 한편 민정당을 위한 편파적 여론을 조성하여 그들의 홍보수단으로 악용하고 있다"고 비난했다.

이민우 총재는 "12대 국회가 민주화투쟁의 광장이 되어 민주화에 대한 국민의 염원이 실현되기 위해서는 내일의 총선에서 신한민주당이 압도적으로 승리해야만 그 길이 열릴 수 있다"고 주장했다.

신한민주당 이민우 총재는 "현 정권은 TV 등 관제방송을 동원해 마치 야당 입후보자들이 선거법을 위반하고 부정선거운동을 하는 듯 연일 적반하장의 왜곡선전을 해대고 있다", 민한당 조세형 홍보위원장도 "정부는 각 TV 방송의 코미디 프로까지 선거에 동원하는 등 상식 이하의 작태를 연출하고 있다"고 맞장구 쳤다.

6. 한국국민당 등 군소정당들도 선거채비

(1) 제3당을 목표로 90여 명의 후보를 공천한 국민당

지난 11대 총선에서 지역구 18석, 전국구 7석을 확보한 국민당은 이만섭 총재권한 대행체제를 확립하여 총선체제로 전환했다.

11대 현역의원은 무조건 재공천 한다는 원칙 하에 3차 해금된 전직의원들을 대거 유입하여 지역구에 배치시켰다.

김용채(포천 - 연천 - 가평), 신형식(고흥 - 보성), 윤재명(영암 - 강진 - 장흥 - 완도), 오준석(울진 - 영덕 - 청송), 최치환(남해 - 하동) 전 의원들을 지역구에 배치하여 당선을 기대했다.

노차태, 김한선 등 전국구 의원들도 지역구에 안착되도록 하여 현역의원 18명, 전직의원 4명 등 71명을 배치하여 25명의 당선을 기대했다.

국민당은 김종철 총재, 김영광 전 사무총장, 김유복 선대본부 부본부장, 조현상 당무위원, 백정기 중앙위부의장 등이 전국구 후보로 거론되고 있고 조용직 사무차장, 송업교 정책연구실장 등 구여권 출신들도 하마평에 오르내리고 있다.

전국구 공천에 대해 전권을 가지고 있는 김종철 총재는 전국구 당선권을 10명으로 보고 5번 이내에는 현금 5억원씩을 받도록 하고 6번 이후에는 사무처요원들을 우대했다.

김종철 총재는 자신을 1번으로 하고 통대의원 출신으로 동서울로타리클럽 회장인 정시봉, 대양상선 대표인 문병하, 국제운수 대표인 김규원, 3선 의원으로 불교신도회 회장인 최재구, 부대변인 조

용직, 정치연수원 부원장인 김종학 등을 당선 안정권에 배치하여 25명의 후보를 공천했다.

"어떻게 돈으로 전국구를 싸바르냐, 목표액이 20억 원이라면 우리가 만들 수도 있지 않느냐"고 김영광, 김유복, 강기필 의원들이 이의를 제기했으나 이들은 모두 탈락됐다.

양찬우 전 의원은 "당도 나에게, 나도 당에게 별 도움이 안 되는 것 같아 탈당을 결심했다"며 탈당했고, 박종채 등은 국민당 공천을 받고도 탈당을 결행했다.

(2) 각개전투한 국민당은 11대 수준을 유지

"이것 저것 볼 것 없다. 믿을 곳은 국민당" "내일보고 키워주자. 의리 있는 국민당" "구관이 명관이다. 국민당을 밀어 주자"를 구호로 내건 국민당 이만섭 총재권한대행은 국민의 혼과 의식을 마비시킨 우민정치를 근절시키고 서민의 몰락을 더 이상 방치 말아야 한다고 주장했다.

자율성에 대한 침해는 즉시 시정하고 파산된 농어촌 경제를 재건해야 한다고 주장했다.

이만섭 부총재는 "대통령 직선을 통한 참다운 평화적 정권교체와 문민정치를 이룩하기 위해서는 야당이 국회에 많이 진출해야 한다,"고 주장했다.

남해 – 하동의 최치환 후보는 "요즘은 정견, 경험 및 책임은 없고 파티와 스포츠만 판을 치는 3무 2유(三無二有)시대"라고 주장했다.

이번 총선에서 국민당은 강경식(부산진), 이만섭(대구 중 – 서), 이대엽(성남 – 광주), 조병봉(남양주 – 양평), 김용채(연천 – 포천 – 가평), 신철균(춘천 – 춘성 – 철원 – 화천), 함종한(원주 – 홍천 – 횡성 – 원성), 이봉모(강릉 – 양양 – 명주), 신민선(영월 – 평창 – 정선), 김완태(괴산 – 진천 – 음성), 김득수(이리 – 익산), 김광수(진안 – 무주 – 장수), 최용안(남원 – 임실 – 순창), 김영생(안동 – 의성), 최치환(하동 – 남해) 후보들이 당선됐고 전국구에서도 김종철, 정시봉, 문병하, 김규원, 최재구 후보들의 당선으로 원내 교섭단체를 구성할 수 있었다.

(3) 군소정당, 무소속 후보들이 95명이나 출전

지난 11대 총선에서는 민정당, 민한당, 국민당을 비롯하여 신정당, 민권당, 민사당, 민농당, 안민당, 사회당, 원일민립당, 한국기민당, 통일민족당 등 12개 정당이 난립하여 신정당, 민권당, 민사당, 민농당, 안민당에서는 의원배출에 성공했다.

그러나 이번 총선에는 민권당만 당명을 유지하고 있을 뿐 신정당 등 8개 정당은 당명을 바꾸거나 이번 총선에서는 흔적을 찾을 수가 없었다.

김의택 총재의 사퇴에 따라 의기소침한 민권당은 최인영 대표가 신한민주당과 합당 교섭을 벌였으나 실패하자 최 대표가 사퇴하여 조기항의 직무대행체제를 유지하고 있다.

임채홍, 최인영, 곽태진을 당 고문에 추대한 민권당은 임채홍 의원을 비롯하여 한상필, 강병진, 최인영, 이진탁, 신두완 등 12명이 출전했다.

민주농민당을 근로농민당으로 개명한 이규정 총재는 신정일, 김충조, 안병달 등을 영입하여 15명의 후보를 공천했다.

이규정 현역의원을 비롯하여 8대 의원인 심봉섭, 조일현, 이창열, 김충조 후보들은 당선권을 넘나들었으나 당선자를 배출하지는 못했다.

민주사회당으로 참여했다 이번 총선에서는 신정사회당으로 개명한 혁신계열 정당인 이 정당은 고정훈 총재가 버팀목이 되어 안균섭을 공천심사위원장에, 이원형, 송남헌, 권대복, 김수일 등이 공천심사를 맡았으며 지역구에 18명, 전국구에 2명만 공천했다.

고정훈, 이원형 현역의원을 비롯하여 전대열, 권대복, 김수일, 송효익, 김홍만, 김장곤, 김봉호, 이재연, 김정수 후보들이 열심히 뛰었으나 김봉호 후보만 당선을 일궈냈다.

유갑종 8대의원이 중심이 되어 신민주당을 창당하여 구판홍, 백태열, 신금남, 신영국, 강석정 후보들이 공천을 받았으나 크게 주목을 받지 못했다.

부산 동래의 문용한 등이 통일민족당을 계승하여 자유민족당을 창당하여 4명의 후보를 공천했을 뿐 군소정당의 위력은 없었다.

다만 무소속 출전이 허용된 이번 총선에서는 오제도, 조주형, 임재정, 박정수, 김현규, 이용택 현역의원을 비롯하여 김효영, 양정규, 변정일 전 의원, 당선권을 넘나들었던 김도현, 신오철, 백승홍, 유기준, 심의석, 김석규, 김호일 후보들이 대거 무소속으로 29명이나 출전했다.

강원도 삼척 – 동해에서 김효영, 경북 구미 – 선산 – 칠곡 – 군위에서 김현규, 달성 – 고령 – 성주에서 이용택, 제주에서 양정규 후보 등 4명이 무소속으로 국회에 진출했다.

7. 이번 총선의 선거쟁점과 금권ㆍ불법 선거

(1) 지난 총선보다 입후보자가 195명이나 줄어든 12대 총선

이번 총선에 출전하는 지역구 후보 440명의 소속 정당은 민정당 92명, 민한당 92명, 국민당 71명, 신한민주당 93명, 신정사회당 18명, 근로농민당 16명, 신민주당 13명, 민권당 12명, 자유민족당 4

명으로 411명이다. 무소속은 29명에 불과하다.

전국구는 민정당 81명, 민한당 31명, 국민당 25명, 신한민주당 30명, 신정사회당 2명, 민권당 1명, 근로농민당 1명 등 171명이 등록했다.

이번 총선의 지역구 경쟁률은 2.4대 1로 낮은 것은 체제의 수성기에는 낮은 경향을 보여 온 역사적 선례에 따른 것이다.

경쟁률이 이처럼 떨어진 이유는 해금자를 중심으로 한 신당 출현과 기존 무소속 및 군소정당 의원들의 민한당 및 신민당의 편입으로 야권이 11대 총선 때보다 팽팽한 진용을 갖춘 데다 민정당이 원내 다수의석 확보를 위해 줄곧 선거준비를 해와 신인들의 당선의 문이 그만큼 좁아 보였기 때문이다.

경쟁률 저조와 더불어 또 하나의 특징은 직업정치인들의 대거 재등장이다.

지난 11대 총선에는 많은 정치인의 정치활동 금지와 제5공화국이 새롭게 표방한 직업정치인의 배제 정신에 따라 지역구 후보자 635명의 27.5%만이 정치인 출신이지만 이번 총선에는 11대 의원 181명, 전직의원 58명 등 정치인이 313명으로 전체 후보자의 71.1%를 차지했다.

직업정치인 배제 정신의 퇴조와 함께 의원들의 프로화로 인한 성숙한 정치를 기대해 보게 됐다.

지난 11대 총선 때 635명의 출마자 중 5백 명이상이 12개 정당의 공천자였으며 4.7대 1의 경쟁률을 보였다.

해금으로 정치인구가 늘어나고 무소속 출마가 허용된 것이 변수가 되어 11대 총선 때와 엇비슷한 수의 난립이 예상되었다.

후보자가 줄어든 것은 해금과 신당 출현으로 왕년의 프로 정객들이 나서고 야권 진용이 11대에 비해 탄탄한 진용을 갖춘 데다 민정당도 지난 4년간 줄곧 선거준비를 해 와 신인 등용문이 좁아졌기 때문이다.

9개 정당과 무소속 후보자 440명이 20일 간 합동연설회 등을 통해 표 얻기 열전을 벌였다.

이번 선거의 유권자 수는 전 국민의 59.4%인 23,987,830명이다.

중앙선관위의 집계에 따르면 전국적으로 7백 98회의 연설회에 489만 1천여 명이 몰렸다. 이 청중수는 지난 11대 총선 때 359만여명 보다 130만여명이 늘어난 것이다.

정치지형의 가장 큰 특징은 구정치인의 정치에의 재진입여부에 모아지고 있다.

(2) 이번 총선의 선거이슈와 선거쟁점

이번 총선에선 대통령직선제, 외채, 농정, 경제부정, 언론자유문제 등 5대 쟁점이 부각됐다.

대통령 직선제 개헌은 민한당, 국민당, 신한민주당이 제기하고 민정당이 뿌리치는 최대의 정치이슈로 대두됐다.

야 3당은 체육관에서 선거인단에 의해 간접 선출되는 현행 대통령 선거제도가 비민주적일 뿐 아니라 참된 평화적 정권 교체도 불가능하게 하는 요인이라고 주장했다.

즉 "유신시대 통대에서 대통령을 뽑던 방식과 현 제도가 다를 바 없으며 민정당이 주장하는 평화적 정권교체는 사람만 바꾸어 1인 장기 집권에서 1당 장기집권을 하겠다는 것이므로 개헌해야 한다"는 것이다.

민정당은 이에 대해 이승만, 박정희 대통령이 모두 직선제 하에서 장기집권을 하지 않았느냐는 경험론을 내세우고 대통령 선출방식과 평화적 정권교체는 함수관계가 없다고 주장했다.

공화당 말기까지 2백억 달러도 안 되던 외채가 4년 사이 2백 40억 달러가 늘어 4백 30억 달러에 이르렀다고 야당 후보들이 집중 성토했다.

야당은 88년에는 외채 금메달은 따고 외채공화국이 될 것이며 갓난아기도 외채 1백만 원씩이 주어져 크게 운다는 공박에 이르기까지 공격의 화살이 다양했다.

민정당은 1979년의 오일쇼크로 원유가가 30달러로 치솟고 국제금리도 20%까지 오른 국제경제의 흐름과 흉작으로 인한 쌀 도입 등으로 외채 절대액수가 늘었다고 해명하면서 "외채 갚으라는 통지서 받았느냐" "외채 가져다 떡 사먹고 엿 해먹지 않았다" "부족자원 없다고 손가락만 뺄 수 있느냐"고 응수했다.

추곡, 하곡 수매가 동결 및 소폭 인상, 원칙 없는 농산물 수입정책, 병든 소, 썩은 쌀 수입 등이 야당 후보들의 대정부 성토 단골 메뉴로 등장했다.

야당 후보들은 "허수아비는 새라도 쫓는데 현역 국회의원들은 병든 소와 수입 바나나도 쫓지 못했느냐" "중농 정책이 아니라 축농정책" "복합영농이 아니라 복통(腹痛) 영농" "농민만 못살게 구는 민정당" 이라고 성토했다.

이에 민정당은 농민소득이 근로자 소득보다 높다는 점을 들어 농정이 실패한 것이 아니라고 반박하며 오늘의 농촌 문제는 지난 40년 동안의 도시개발 주력과 농민희생을 바탕으로 한 산업시설 확충의 여파라고 설득하기도 했다.

야당 후보들은 권력형 부정사건, 초대형 금융사고인 "장영자, 명성, 영동 사건을 장명동" "정내혁, 이정식 사건을 정의사건"으로 희화적 비유와 배후 논쟁을 벌였으며 이들 사건의 연속에도 불구하고 국정조사권 한번 발동 안 했던 11대 국회의원들에 대한 성토까지도 곁들여졌다.

민정당은 경제사건들에 대해 구시대의 누적된 모순을 새 시대가 뒤집어 쓴 것이라며 인과적 무책임론을 내세우고 "그나마도 감추지 않고 까발리고 형사처벌까지 받게 한 정부가 민주주의 정부"라고 찬양했다.

TV 편향보도에 대해 민감한 공세를 펼쳤던 야당 후보들은 언론기본법 폐지와 공영방송 편향보도를 12대 국회에서 문제 삼겠다고 벼르는가 하면 KBS, MBC TV를 고소하는 강경책도 구사했다.

민정당 후보들은 "할 말 다하면서 무슨 언론의 자유가 없다는 말인가"라고 맞받아쳤다.

변절과 선명논쟁이 재현되고 11대 국회의 제도권 정치현실을 비꼰 '1·2·3 중대론' 등에서부터 '견(犬) 논쟁' '사생아' 등 인신공격이 난무했다.

인신공격과 비방은 고토회복을 겨냥한 구정치인과 그동안의 점령주들의 공방까지 겹쳐 쌍방이 피를 부르는 혈투양상까지 치달았다.

통반장의 역할과 효율성 여부는 결과적으로 여야를 막론하고 이번 선거에서 승부의 관건이었다는데 이론을 제기할 사람은 없을 것이다.

실, 국장은 물론 군수, 시장에 이르기까지 관권개입의 증거는 얼마든지 포착됐다고 야당 후보들은 줄기차게 주장했다.

(3) "돈이 없어서 못 쓰는 사람이 병신이다"

이번 총선에서 후보자별 선거 비용은 7천 50만원으로 책정되었으며 그것을 지키는 후보는 많지 아니했다.

금품에 의한 타락은 유권자 스스로도 공명을 해치는 핵심요소로 보고 있다.

공공연한 선심공세는 유권자들의 의식과도 결부되어 이번 선거를 통해 반성해야 할 대목이다.

요즈음의 유권자 의식과 타락풍토의 상관관계를 70년대 중반 이후 자신들의 투표력이 정치적 결정 과정에서 별 의미를 가지지 못한다는 자각적 소외에서 비롯됐다.

'무차별 포격' '융단폭격'으로 표현되는 막바지 물량공세가 여야를 막론하고 상승적으로 치닫는 타락양상도 두드러졌다.

금융공세시비가 전국적인 현상이다. 입당원서 1장을 내면 1만원을 준다거나 5천원에서 10만원까지 차등 지급하는 사례도 있었다.

그리하여 2중 입당자가 대부분을 이루고 있으며 "이처럼 2중 입당자가 많이 생기는 것은 재력이 우세한 후보가 입당원서를 내는 사람에게 돈을 주기 때문"이며 "투표권을 가진 가족 전원이 각기 다른 정당에 입당원서를 내는 분산 입당"의 경우도 많다.

선거꾼들이 이당 저당으로 이름만 몰고 다니는 불나비 당원이 번성할 수 있는 토양은 정당이 당원명부를 공개하지 않고 있기 때문에서 원인을 찾을 수 있다.

그리하여 "돈이 없어서 못 쓰는 사람이 병신이지"라는 유행어가 회자됐으며 평균해서 보면 후보자가 4억~5억원을 써야 당선권에 들 수 있다는 것이 정설로 굳어졌다.

이번 총선에서 대도시에서의 바람으로 당선된 지명도 높은 몇몇 후보들은 제외하면 대부분 4억~5억원의 금품을 살포하고 주워들은 금배지일 가능성이 높고 낙선자들은 빚더미에 올라 앉은 것은 상례이다.

선거운동의 타락상과 공명이라는 구호가 극명하게 이분된 이번 선거는 그래서 어느 때보다 후유증이 우려되고 있다.

승자와 패자가 판가름나는 시험에서 승부과정의 가열한 아픔과 후유증을 씻는 일이 민주발전을 위해 중요하며 12대 국회를 향한 20일 간의 파노라마가 남긴 공(功)이 될 수 있을 것이다.

(4) 불법선거가 성행한 것은 민도가 낮기 때문이 아니다.

치안본부는 국회의원 선거법 위반 혐의로 적발된 사람은 5백여 명이며 입건된 사람은 210명에 이르고 있으나 후보자가 입건된 경우는 1명도 없다고 발표했다.

불법선거가 성행되고 있지만 지능적으로 하기 때문에 적발할 수 없기 때문이다.

요즘의 타락은 민도의 저락에 근거한 것이 아니라 냉소적인 유권자를 투표장으로 이끌기 위해 수단방법을 가리지 않은 정치인 쪽에 문제가 있다.

다당제를 표방하고 있으나 국민 일반의 다양한 정치적 욕구를 수행하는 이익대변 기능은 수행하지 못한 것이 오늘의 현실이며 "공약을 쏟아 내도 속을 유권자는 없다"는 것이 일반적인 여론이다.

당원용이라는 명목으로 특정 후보 선전물은 물론 각종 방법의 향응, 금전살포가 노골적으로 일반화되고 있어 선거법 무용론이 나오고 타락풍조를 부채질하고 있다. 당원용이라고 명시하고 소속당원에게만 배포하는 것은 무방하다는 규정 때문이다.

겨울철에 때 아닌 기공식이 러시를 이루고 선거구민들에게 난데없이 의료보험혜택을 받을 수 있는 당원복지증이 배부되고 있다.

유명음식점은 동창회, 야유회, 친목계 등의 명목으로 문전성시를 이루는가 하면 당원증 금품이 공공연하게 일반 유권자들에게도 살포되고 있다.

이, 통장 등의 선거개입은 거의 전국적인 현상이다. 이, 통장 등이 양자택일토록한 내무부의 지시를 받고 대부분 사표를 냈지만 후임 이, 통장이 임명되지 아니하여 사실상 이, 통장을 하고 있다.

증거를 잡을 수는 없지만 지방행정 공무원과 경찰의 선거개입은 부지기수이다.

야당은 "사상 유례를 찾기 힘든 원천적이고도 구조적인 부정타락 선거"라고 비난하고, 여당은 "오히려 야당이 위법, 흑색선전, 모략중상을 일삼고 있다"고 반격했다.

혈연, 동창관계, 금전 쪽은 여야 가질 것 없이 표의 옥토이다.

"받아먹을 것은 다 받고 찍을 때는 정신을 차리라"는 얘기는 이제 고전(古典)처럼 돼 있다.

유권자들을 특별히 열광 시킬만한 유인이 없는 정치상황에서 가시적인 호소 수단이 힘을 발휘하는 것은 어떻게 보면 당연한 귀결일

지도 모른다.

"강자(强者)가 이기는 것이 아니라 이기는 자가 강자다"라는 표어가 난무하고 "민정당 후보가 금메달을 못 따는 군은 군수목이 날아갈 것" 이라는 유언비어가 나돌고 있는 선거전에서 공명 선거를 기대하는 것은 황하의 강물이 맑아지는 것을 기대한 만큼이나 어려운 희망사항이다.

8. 예상을 뒤엎은 신한민주당의 돌풍

(1) 권역별 판세점검과 선거결과 전망

서울은 6개 지역에서 신민당 출신인 전 의원들의 고성(古城) 탈환을 위해 신한민주당에 참여하여 민한당 현역의원들과 한판승부를 펼쳤다.

마포 – 용산(김재영 · 노승환), 동대문(심헌섭 · 송원영), 서대문 – 은평(손세일 · 김재광), 강서(고병현 · 김영배), 영등포(이원범 · 박한상), 관악(한광옥 · 김수한)에서 백병전이 예상됐다.

수세에 몰려 있는 민한당은 현역의원에다 조윤형, 이중재, 정대철,

조세형 후보들을 보강하여 불어 닥친 신한민주당의 선명성 바람에 맞서고 있다.

서울에 인접하면서도 정치문화면에서 보수성이 강한 인천과 경기는 일과성 바람보다는 조직의 힘이 강하다.

그리하여 신한민주당의 바람보다는 민한당, 국민당 등 야권 후보들이 은메달을 놓고 경쟁하고 있다.

다만 인천 동 – 북구에 신한민주당 유제연, 수원 – 화성에 무소속 이병희, 의정부 – 동두천 – 양주에 신한민주당 김형광, 안양 – 광명 – 시흥에 신한민주당 이택돈 후보가 도전하여 3파전을 전개하고 있을 뿐이다.

당락이 아니라 전국에서 최고득표율을 목표대로 설정에 놓은 강원도는 민정당의 강세 속에 민한당보다 국민당의 상대적인 우세가 예상되고 있다.

4개 선거구 중 3개 선거구의 민정당 주자가 바뀐 충북은 정종택, 이춘구, 박준병, 김종호 후보들이 난공불락의 철옹성을 구축하고 있는 가운데 민한당, 국민당의 현역의원들에게 신한민주당의 김현수, 이택희, 이용희, 이충환 후보들이 옛날에 다져 놓은 기반을 가지고 두더지식의 조직을 구축하여 도전하는 양상이다.

충남은 대전 동구, 천안 – 천원 – 아산, 공주 – 논산 지역구에서 민한당의 공천후유증으로 곤욕을 치르고 있는 가운데 신한민주당의 김태룡(대전 중구), 김한수(공주 – 논산), 김옥선(부여 – 서천 – 보령), 한건수(청양 – 홍성 – 예산) 후보들이 돌풍을 일으키며 은메달을 놓고 백병전을 펼치고 있는 양상이다.

전북은 신한민주당 이철승 후보와 그의 비서실장인 민한당 김태식 의원이 세간에 회자되고 있을 뿐 비교적 조용하게 기존의 민정당과 민한당 현역 의원들에게 신한민주당과 국민당 후보들이 틈새를 비집고 들어가고 있는 형국이다.

다만 정주 - 정읍 - 고창에서는 은메달을 놓고 민한당의 김원기 현역의원과 신민주당 유갑종 후보가 혈투를 전개하고 있다.

대부분의 야권 후보들이 김대중과의 인연을 강조하고 있는 전남은 해금인사들이 주축이 된 신한민주당 후보들의 신장세가 광주, 목포, 순천, 여수 등 도시지역에서 두드러지고 있는 가운데 민한당 현역의원들의 수성의 안간힘이 거칠어지고 있을 뿐이다.

김영삼의 바람이 거센 부산의 6개 선거구 중 민한당의 서석재, 박관용 의원과 무소속 김정수 의원이 신한민주당으로 탈바꿈하여 출전한데다 이기택, 박찬종 후보들이 가세하여 신한민주당 후보들이 대세를 휘어잡고 있다.

대구 - 경북은 민정당의 텃밭으로 민한당보다 국민당이 상대적으로 강세를 띠고 있는 지역으로 이번 총선에서도 국민당 현역의원들이 수성이 예상되는 가운데 신한민주당 후보로는 대구의 유성환, 신도환 후보들이 지난날의 명성을 바탕으로 조직을 추스르고 있고, 현역 의원인 홍사덕(영주 - 영양 - 영풍 - 봉화) 후보를 비롯하여 반형식(문경 - 예천), 권오태(영천 - 경산) 후보들이 강세를 보이고 있을 뿐이다.

민한당은 김현규, 홍사덕, 김찬우, 최수환 의원들이 이탈하여 위축된 상황이며 포항 - 영일 - 울릉 지역구는 박경석, 이성수, 서종열,

최수환 현역의원들이 난마처럼 얽혀 혈투를 전개하고 있다.

신한민주당은 김영삼의 고향인 거제, 마산의 후보들의 인기가 치솟고 있으며 김동주(김해 - 양산), 김동영(거창 - 산청 - 함양) 후보들은 개인기를 앞세워 선전이 예상되고 있다.

민한당은 11대 총선에서 1석에 그친 약세였는데 해금인사인 황낙주, 박 일 전 의원과 이수종 의원의 입당으로 당세가 오히려 신장할 전망이다.

전두환 영남정권 하에서 민정당은 전 지역구 석권을 예상하고 있으나 후보 교체가 이뤄진 지역구에서 혹여 낙마가 나올까 걱정하고 있을 뿐이다.

(2) 신한민주당 돌풍 속에서도 민정당은 안정의석을 확보

제 12대 총선에서 민정당은 87명, 신한민주당은 50명, 민한당은 26명, 국민당 15명, 신사당 1명, 신민주당 1명, 무소속 4명이 당선됐다.

이에 따라 민정당은 지역구 최다의석 정당이 배분 받게 될 전국구 61석을 합쳐 148석으로 의원정수 276명의 절반인 138석을 넘어 일단 안정세력을 구축했다.

3차 해금자 중심으로 선거일 20여 일을 앞두고 창당한 신한민주

당이 예상을 뒤엎고 서울, 부산, 대구, 인천, 광주 등 대도시에서 압도적 승리를 통해 민한당을 제치고 제1야당이 되어 정계의 태풍의 눈으로 주목을 받게 됐다.

신한민주당은 전국구 17석을 배분받음으로써 67석을 확보하게 되었으며 서울의 14개 지역구에서 종로 – 중구, 성동을 제외한 12개 지역구에서 민정당을 누르고 금메달을 차지했다.

한편 민한당은 지역구에서 26석 밖에 얻지 못해 전국구 9석을 합쳐 35석이 되어 제3당으로 전락했음은 물론 신상우 부총재를 비롯한 지도부가 대거 낙선함에 따라 야권 내의 지위가 위기에 처하게 됐다.

국민당은 지역구에서 15석을 얻어 전국구 5석을 배분 받아 간신히 원내 교섭단체를 구성할 수 있게 됐다.

군소정당 후보로는 신민주당 유갑종, 신사당의 김봉호와 무소속 김현규, 김효영, 이용택 등 5명에 불과했다.

민정당에서는 서울 강남의 이태섭, 부산 중 – 영도의 윤석순, 부산진의 구용현, 동래의 김진재 후보와 대구 중 – 북의 한병채 후보 등 5명이 낙선했다.

그러나 채문식 국회의장, 권익현 대표위원, 이한동 사무총장, 정석모 정책위의장, 이종찬 원내총무, 허청일 총재비서실장, 윤길중 국회부의장, 봉두완 외무, 권정달 내무, 정재철 재무, 유경현 경제과학, 김영선 국방, 김 식 농수산, 배명국 상공, 이찬혁 보사, 정동성 교통체신, 김종호 예결위원장 등은 모두 당선됐다.

신민당은 이민우 총재, 이기택, 김녹영, 조연하, 노승환 부총재와 이철승, 김재광, 신도환 등 신민당 최고위원 출신들과 김동영 후보도 당선됐다.

민한당은 유치송 총재, 고재청 국회부의장, 유한열 사무총장, 임종기 원내총무, 황낙주 후보 등은 당선됐으나 신상우 부총재, 조윤형 선대본부장, 김은하 전 국회부의장, 김원기 훈련원장 등은 낙선했다.

국민당의 이만섭 부총재, 신철균 사무총장은 당선됐으나 조일제 선대본부장, 이성수 정책위의장, 김종하 원내총무 등은 낙선했다.

신사당의 고정훈 총재와 전 건설부 장관을 지낸 신형식 후보도 낙선했다.

민정당은 정당별 예상 의석수를 민정당 90석, 민한당 39석, 국민당 23석, 신한민주당 26석, 기타 6석 정도를 차지할 것으로 예상했다.

여론분석 기관에서도 민정당 88명, 민한당 45명, 국민당 23명, 신한민주당 25명, 기타 3명을 당선권으로 분석했다.

결과적으로 민정당의 예상 의석수는 적중했지만 민한당과 국민당의 예상 의석수는 높게, 신민당의 예상 의석수는 낮게 분석했다.

민정당 서정화 조직국장은 예상투표율을 73.1%로 전망하고 정당별 득표율을 민정당 26.0%, 민한당 23.6%, 신한민주당 20.1%, 국민당 11.1%로 예상했으나 신한민주당의 돌풍을 예상하지 못했다.

(3) 추풍낙엽처럼 굴러 떨어진 현역의원들

해금인사들은 높은 당선률을 기록했다. 전직의원 출신 해금자 중에서 이번 총선에서 고배를 든 경우는 정대철 후보 등 11명이다.

지역별 당선자의 정당 간 분포를 보면 서울의 경우 신민당이 12개 지역에서 압승을 한 반면 10대 때 11명의 당선자를 냈던 민한당이 전멸하고 민정당이 근소한 표차로 2위권에 들었다.

부산지역의 경우 12대 총선 때 5개 지역에서 금메달을 야당에 내어 주는 것은 물론 3명의 전사자까지 낸 사실은 민심의 이반 현상을 볼 수 있었다.

부산지역이 야권태풍에 휘말린 것은 김영삼의 직접 영향권에 들어 있음을 반영한 것으로 민정당의 입장에서는 괴로운 정치경보가 아닐 수 없다.

전남의 경우 광주에서 예상했던 대로 신한민주당이 압승을 거둔 것을 제외하면 민정당이 11대 때의 고전양상을 벗어나 전원 금메달을 차지한 것이 특색이었다.

인천에 뛰어든 외인부대인 신한민주당 후보가 6선 관록의 민한당 후보 등을 누르고 은메달을 차지한 것이나 소수 득표의 전력을 가진 해금자 출신 신한민주당 후보가 민한당 현역의원들을 물리친 것은 야세가 긴 동면에서 깨어난 결과라 할 수 있다.

11대 의원 지역구 낙선자는 85명이다. 민정당은 이태섭, 구용현, 김진재, 윤석순, 한병채 등 5명에 불과하지만 민한당은 김재영, 김태수, 손세일, 고병현, 김병오, 이원범, 서청원, 한광옥, 정진길, 김승목, 신상우, 신진수, 김은하, 정정훈, 유용근, 김문원, 이석용, 오홍석, 홍성표, 김병열, 이관형, 고영구, 김영준, 박완규, 유인범, 조중연, 김태식, 박병일, 오상현, 김원기, 김진배, 지정도, 유재희, 민병초, 신원식, 이수종, 강보성, 김문석, 김진기, 강원채, 이홍배, 김덕규 등 무려 42명이다.

국민당은 조일제, 이동진, 임덕규, 이종성, 이성일, 이성수, 박재욱, 김기수, 조병규, 김종하, 조형부, 노태극, 김한선 등 13명이며 신한민주당도 황명수, 김길준, 김순규, 김찬우, 백찬기, 최수환, 손정혁 등 7명이다.

근농의 이규정, 신사의 고정훈, 이원형, 민권의 임채홍, 무소속의 임재정, 박정수, 오제도, 조주형 등도 낙선했다.

(4) 이번 총선에서 유신체제 이후 사라진 여촌야도의 부활

정당별 득표율은 민정당 34.9%, 신한민주당은 28.7%, 민한당은 19.3%를 기록했다. 이는 예상치를 완전하게 빗나간 수치이다.

지역별로는 뚜렷한 여촌야도 현상을 나타내 신한민주당은 서울에서 42.7%로 민정당의 27%를 크게 앞섰으며 부산, 대구, 인천 등지에서 민정당을 크게 앞지른데 반해 민정당은 충북의 55.8%, 강원의 45.5%로 신한민주당을 크게 앞질렀다.

제12대 총선투표율은 84.6%라는 높은 투표율을 보여 5 · 16 이후 최고기록을 수립했다. 11대 총선의 78.4%보다 6.2% 포인트가 높아진 수치이다.

충북이 90.4%로 최고의 투표율을 나타냈으며 서울도 11대 때의 71.1%보다 10% 상승한 81.1%로 나타냈다.

이번 총선은 11대 총선이 제 5공화국 출범을 위한 과도기적 성격이었던 것과는 달리 지난 4년여 동안 정치활동이 규제됐던 이름 있던 구 정치인들이 대거 출전하여 민정당과의 일전을 벌이게 됐다는 점이 투표율을 높인 요인으로 풀이된다.

최다득표는 서울 동대문 신한민주당 송원영 후보로 23만 6천 678표를 득표한 반면, 최저득표 당선자는 무주 – 장수 – 진안의 국민당 김광수 후보로 1만 7천 363표를 득표하고 같은 금뱃지를 패용하게 됐다.

최고 득표율은 괴산 – 진천 – 음성의 김종호 후보가 66% 득표율로 차지했고, 최저 득표율은 안동 – 의성의 국민당 김영생 후보로 15% 득표율로 당선됐다.

최고령 당선자는 종로 – 중구의 신한민주당 이민우 후보로 69세이고 최연소 당선자는 마산의 신한민주당 강삼재 후보로 32세이다.

서울 강남에서는 신한민주당의 김형래 후보와 민한당의 이중재 후보가 민정당의 이태섭 후보를, 부산 중 – 동 – 영도에서는 민한당 김정길, 신한민주당 박찬종 후보가 예상을 뒤엎고 민정당의 윤석순 사무차장을 넘어뜨렸다.

부산진과 동래에서도 민정당의 구용현, 김진재 후보가 신한민주당 김정수, 국민당의 강경식 후보와 신한민주당 박관용, 민한당 이건일 후보들에게도 무너져 파란을 몰고 왔다.

대구 서-북에서도 3선 의원인 민정당 한병채 후보가 돌풍을 일으킨 신한민주당 유성환 후보와 국민당 부총재인 이만섭 후보에게 무릎을 꿇었다.

신한민주당이 창당 3주일 남짓 만에 치러진 총선거에서 정치적 요충이라 할 수 있는 서울, 인천, 부산, 대구, 광주 등 대도시는 물론 여러 지역에서 돌풍을 일으킨 것은 분명 최초의 이적으로 기록될 만한 것이다.

신한민주당이 대도시에서 바람을 일으킬 수 있었던 추동력은 유세 현장의 열기에서 비롯됐다.

다른 당 후보에 비해 현저하게 직공법을 구사하여 현 정권을 비판한 신한민주당 후보들의 연설에서 이미 위험수위론은 의미를 상실했고, 유세장에 몰려든 도시 청중들은 갈채와 함성으로 그들의 주장에 공감하는 현상을 드러냈다.

지난 4년 간 장외정치권으로 분류됐던 재야정치세력과 학생 세력이 유세장이라는 매개현장에서 하나의 힘으로 결집됐고, 여기에 일반 유권자까지 가세해 신한민주당 지지세력의 저류(底流)를 이룬 것으로 볼 수 있다.

대도시지역에서의 신한민주당의 승리는 제 5공화국이 시도했던 이른바 제도권 정당정치의 공과에 대한 도시민의 심판으로 풀이될 수 있다.

지난 4년간 81석이라는 방대한 원내세력으로 제1야당을 자임했던 민한당이 이번 총선에서 철저히 배척을 받은 것은 결과론일지 모르지만 단일야당에 대한 국민적 선호를 나타낸 것으로도 받아들일 수 있다.

지난 날 헌정사에서 무수한 정당들이 명멸하여 간단없이 야당이 분산됐지만 결국은 열세의 야당이 도태됐던 사실(史實)이었다는 것을 상기하면 이번 총선결과는 필연적으로 제기될 야권통합논의를 음미해야 할 대목이다.

도시형 선거구와는 달리 농촌형 선거구에서 민정당이 압도적 승리를 거둔 것은 원내안정세력을 구축하는데 농촌이 결정적 기여를 했음이 드러났다. 70년대 초반 유신과 함께 꼬리를 감췄던 야도여촌 현상이 이번 총선에서 부활된 결과가 됐다.

국민당은 이번 총선에서 의석수의 측면에서는 다소 줄어들었다.

11대 총선 때 영남에서 8석을 차지했던 국민당이 이번에는 4석 밖에 건지지 못했다는 것은 박정희 대통령의 추모세력이 이제는 별 다른 위력을 발휘하지 못함을 나타냈다.

(5) 신한민주당 돌풍의 배경과 주요원인

12대 총선을 통한 신한민주당의 돌풍적 강세는 상대적으로 집권

민정당의 대도시에서의 부진과 지금까지 제1야당이었던 민한당의 참담한 퇴조를 가져왔다.

결국 신한민주당의 급격한 부상은 12대 정국의 전망과 관련하여 그 진로에 상당한 정치적 기복을 예견케 한다.

국민들의 정치적 변화 욕구 심리이다.

1구 2인 선출의 현행 국회의원 선거법상 여야동반 당선 같은 인상을 주는 총선과 이른바 제도권 정당이라는 순치된 여야관계는 바람직 않다는 국민적 판단을 나타낸 것으로 보여 진다.

민한당의 참패가 정치적 무력과 무능에 대한 질책으로 창당과정에서부터 피동성 잡음을 뿌려 왔던 민한당에 대한 불신의 심판이 한꺼번에 내려진 셈이다. 국민은 자생의 야당을 선택했다.

유권자들은 양당제 선호가 아직도 강하다는 점을 알 수 있다.

신한민주당에 대한 뚜렷한 지지는 제 5공화국 이후 시도돼 온 다당제가 아직 국민들에게는 설득력이 미약함을 보여준 것이다.

정치적으로 도태됐어야 할 구 정치인들의 재기라는 점에서 정부·여당에 대한 경고적 의미를 내포하고 있다.

국민들은 그동안 누적돼 온 정치적 불만을 총선에서 가장 공격적이었던 신한민주당을 선택함으로써 보상받으려 했던 것으로 풀이될 수 있다.

민정당 입장에서는 신한민주당의 주축 세력은 기본적으로 과거 정치에 대한 문책 대상 세력으로 규제라는 정치활동 유예기간을 부과했던 세력이었다.

나아가서 민정당은 이 같은 유예기간을 통해 정치적 맥락을 단절시켜 가능하면 정치권 재진입을 막고 싶은 세력이었고, 이번 총선을 통해 내심 이러한 목표가 달성되리라 믿었다.

그러나 신한민주당 주축세력은 5·17이라는 비상(非常)한 정치변혁에 탈권된 세력으로 자기들은 정통적 시민세력이었고 전통적 야당세력으로 자임하고 민한당을 제5공화국의 동반세력으로 몰아붙였다.

주권에 대한 정변으로도 설명되고 있는 신한민주당의 돌풍은 국민들에게 피조(被造) 대신 자생의 야당을 선택케 했고, 기존 야당에 대해서는 체제안주보다는 비판과 견제를, 순치(馴致)보다는 야당으로서의 자세회복을 해야 한다는 점을 분명히 인식케 해 주었다.

12대 총선에서 당선된 신한민주당 후보들의 계파는 유동적이지만 이민우, 박한상, 박용만, 김동영, 박찬종, 권오태, 조홍래, 서석재, 홍사덕, 김정수, 김봉조, 문정수, 유성환, 명화섭, 김태롱, 김동규, 김동주, 김동욱, 김형경, 윤영탁, 조영수 등 21명은 상도동계로 분류되고 김녹영, 조연하, 송원영, 유제연, 허경만, 김현수, 조순형, 신순범, 이택돈, 김한수, 이 철, 박왕식, 송천영, 신기하, 이영권, 강삼재, 박종률, 임춘원, 한석봉, 김용오, 최 훈 등 21명은 동교동계이다.

이철승, 김수한, 김형래, 박 실, 최낙도, 신달수, 김병수 등 7명은 이철승 사단이고 김재광, 노승환, 김영배, 김형광, 고한준, 이신범, 신경설 등 7명은 김재광 사단이다.

이기택, 김현규, 박관용, 안동선, 이재옥, 반형식, 장충준, 정재문, 신도환, 신병열 등은 무계보이며 김수한, 김옥선, 이택희, 조순형 당선자들은 탈계보를 선언했다.

9. 총선 이후 급변하는 정국의 흐름

(1) 총선 이후 최대 화두는 야권통합

12대 국회의 정치일정에 1988년의 평화적 정권교체와 1987년부터의 지방자치제 실시라는 정치적 대변곡점이 예상돼 있으므로 정치 흐름은 질량 면에서 상당한 증폭을 거듭할 것으로 예상된다.

정권교체에 대한 야권의 도전은 어떤 형태든 강공의 성격을 띠게 되리라는 점에서 주목된다.

야권통합에 의한 대여도전이다. 이미 총선과정에서 거론돼 온 야권통합은 좀 더 가속화될 조짐이며 야권의 정치적 대부로서의 영향력을 실질적으로 행사해 온 재야인사의 존재는 이러한 분위기를 촉진시킬 가능성이 높다.

야권의 대여도전은 대통령 직선제를 골간으로 하는 개헌공방으로 구체화될 것이다.

민한당과 국민당도 총선 결과에 대한 책임공방으로 당권경쟁은 치열해질 전망이다.

민정당은 일단 당을 통한 대화창구를 활성화하여 여야 관계의 정립에 노력을 기울일 것으로 보인다.

신한민주당을 통해 지금까지 장외의 비판 도전 세력으로 남아 있던 재야 인사들이 일단 제도권에 흡수됐다는 점에서 앞으로 여야 협상은 실체를 갖게 된 셈이다.

집권세력으로서 더욱 강한 체질을 기를 수 있는 기회이며 야권과의 정면승부를 통해 정통성도 보다 강화시킬 수 있는 전기가 될 수 있을 것이다.

이민우 총재는 "민정당은 국민이 얼마나 냉혹하게 비판하고 있는지를 알아야 하며 국민을 이제는 무서워할 줄 알아야 한다"고 경고하면서 "이번 총선을 통해 우리는 놀라운 민중의 힘을 보았다"고 선언했다.

이번에 상표(소속정당)을 보고 많은 유권자들이 투표를 했기 때문에 브랜드 투표라는 말이 나온다.

신한민주당의 부상은 유신 이래 퇴색기미를 보여 온 여촌야도의 전통적 투표성향을 부활시켰다.

민한당의 이용희, 정재원, 황병우, 황낙주, 박 일, 이상민, 국민당의 김용채, 김광수, 최치환, 신사당의 김봉호 등 해금 인사들이 대거 당선됐다.

"전쟁에서는 이기고 봐야 한다"는 것이 선거가 끝나면 실감된 상황이다. 신한민주당 김재광 당선자는 "우리가 잘나서 압승한 것이 아니고 제도권 야당에 대해 국민이 진저리를 냈기 때문"이라고 나름대로 신한민주당의 돌풍을 분석했다.

조윤형 본부장이 "민한당이 지난 4년간 안이하게 야당생활을 한 것은 지방을 돌아보니 알았다"고 말한 이후부터 표가 우수수 떨어지는 지경이 됐다고 신상우 부총재는 패배의 원인을 돌리기도 했다.

주권에 의한 정변으로 설명되고 있는 신당돌풍은 국민들에게는 피조 대신 자생의 야당을 선택케 했고 기존 야당에 대해서는 체제안주보다는 비판과 견제를, 순치보다는 야당으로서의 자세를 회복해야 한다는 점을 분명히 인식케 해주었다.

유치송 민한당 총재가 12대 총선 참패에 대한 책임을 지고 총재직을 사퇴했다.

유치송 총재는 "사상 유례없는 부정타락선거와 신당이 태동함에 따라 미지수나마 기대를 걸겠다는 돌풍이 원인이 되어 우리 당이 많은 의석을 잃었다"고 패인을 분석했다.

민한당 이중재 의원은 "의석비율에 따른 당직 안배 등은 몰라도 흡수통합 운운하는 것은 결국 통합하지 말자는 얘기일 뿐"이라고 못마땅한 표정이었다.

(2) 상상할 수 없는 의외의 낙선과 낙선의 넋두리

의외의 낙선자로는 민정당의 이태섭, 민한당의 신상우, 오홍석, 김은하, 국민당의 이종성, 조일제 등으로 신민당 돌풍의 희생물이 됐다.

김형래, 김동규, 박 실, 이 철, 문정수, 유성환, 박왕식, 이영권, 김봉조 등의 당선은 '바람을 탄 행운'이라 할 수 있다.

신한민주당의 송천영, 최낙도, 안동선, 반형식, 김동주, 국민당의 신민선의 당선도 예상치 않았던 일이다.

민한당의 김정길, 심완구, 김봉욱, 국민당의 강경식, 함종한, 김득수 등은 토박이로서 지역활동을 꾸준히 해 온데다 동정표도 얻었던 게 큰 힘이 됐다.

유치송 민한당 총재는 이번 선거의 참패를 "마치 뒤통수 얻어 맞은 것처럼 멍한 기분"이라며 "신당은 유세장에서 정치발언을 통해 유권자의 바람을 모을 수 있었으나 우리는 언론 통제 등으로 그동안의 활동상이 보도되지 않아 샌드위치가 됐던 것"이라고 패인을 분석했다.

민정당 당직자는 "정당의 득표율은 민정당은 35.2%로 35.6%인 11대 수준을 대체로 유지한 반면 민한당과 국민당 등 기존 야당의 표가 신민당으로 흘러 가 신민당이 29.4%를 득표하게 됐다"며 "이것은 안정 희구세력은 그 세력대로 있고 변화를 바라는 세력들이 야당 안에서만 지지 방향을 바꿨다는 뜻이 된다"고 분석했다.

민정당은 신한민주당의 대거 진출에 내심 크게 놀라는 한편 그래도 자신은 원내 안정세력을 구축했다는 안도감이 교차하는 묘한 복합 심리상태에 있었다.

분명한 것은 이번 선거결과는 민정당이 원치 않았던 상대 내지는 강력한 상대가 되지 않았으면 하는 상대를 상대하게 만들었다.

신한민주당이 대표하는 세력은 기본적으로 과거 정치에 대한 문책대상 세력이었다. 그래서 규제라는 일정한 정치활동 유예기간을 부과했던 세력이었다.

신한민주당에서 보면 자기들은 5·17이라는 비상한 정치변혁기를 통해 탈권된 세력이라고 생각했다. 또 자기들은 정통적 시민 정치세력이자 전통적 야당 세력이라고 스스로 생각하여 왔다.

더욱 그들은 민한당과 같이 제5공화국의 동반정치세력으로서 민정당에 협력한 세력이 아닌 명백한 반대 세력임을 자임하고 있다.

민정당은 그동안 너무나 권위주의적 비상상황에 안주하는 정치를 했다. 의석상 안정 세력을 구축한 이유는 유권자의 안기에 있었다기보다는 지구당마다 1만명 이상 있는 당원의 조직표에 힘입었다.

정치신인이 당 지도부를 선점하고 있어 정치역량이 미숙한 반면 강력한 야당의 부재 현상에서 민정당 스스로의 노력도 체질개선도 부족했다.

민정당의 5대 이념으로 민주주의의 토착화를 제시해 놓고 당내정치는 지시일변도 내지 정치적 아이디어는 번거롭다는 이유로 묵살했다.

민정당식만이 최선이라는 아집은 시류의 변화에 적응할 수 있도록 어느 정도 신축성 있는 자세가 필요할 것이다.

"민정당에 대한 경고가 이번에 투표로 나타난 것은 불행 중 다행"이라며 "만약 이번에 가만 있다가 88년에 나타난다면 어쩔 뻔했느냐"고 위안을 갖기도 했다.

11대 총선 때에는 당선자 151명 중 군 출신이 27명이었는데 이번에도 당선자 148명 가운데 군 출신이 28명으로 육사 출신은 황인성, 김영선, 이범준, 최명헌, 이상익, 양창식, 권익현, 김 식, 노태우, 박준병, 오한구, 이춘구, 배명국, 권정달, 김상구, 이종찬, 정순덕, 정선호, 서정화, 허정일, 강창희 이고 비육사출신은 천영성, 진치범, 정현경, 유학성, 박익주, 유근환, 안영화 등이다.

전국구 당선자들은 "정치헌금이 의원직에 대한 반대급부가 아니라 야당 지원의 간절한 의사표시이자 희생"이라고 헌금을 정당화했다.

(3) 민한당의 호기어린 출범과 씁쓸한 퇴장의 과정

민한당은 "당이 비록 왜소해지기는 했지만 35석의 의석을 갖고 있는 뿌리가 있는 정당"이라며 흡수통합에 결코 응할 수 없다는 입장이다.

지난 1981년 1월 민주세력의 정통성 계승을 표방하며 출범한 민한당이 4년 3개월의 역정은 영욕으로 점철됐다.

11대 총선에 참여한 민한당은 지역구 57석과 전국구 24석을 확보하여 제1 야당으로 발돋움했다.

12대 총선을 앞두고 소속의원 10명의 무더기 집단 탈당으로 창당 이후 최대의 홍역을 치르게 된 민한당은 집단탈당을 배신행위라고 규탄하고 당 체제정비를 서둘렀으나 당내 기류는 탈당동조파, 눈치작전파, 수습파 등으로 나뉘어져 있었다.

소속의원 집단탈당과 관련하여 당권파에서는 신상우 부총재를 '창당과정과 11대 국회의원 공천과정에서 책임져야 할 사람' '국민으로부터 신뢰받지 못하게 당을 주도해 온 사람'이라고 공격하면서 당직 사퇴, 출당론까지 번져 나갔다.

민한당 유치송 총재는 "88년의 평화적 정권교체와 효율적인 민주화 투쟁을 전개하기 위해서는 무엇보다 야권통합이 선결과제"라며 "범야권 통합에 앞장서 나갈 것을 다짐한다"며 통합론을 제안했다.

민한당 전국구 낙선자인 이상홍, 김병태, 정규완, 문준식, 이동근, 김옥천 후보들은 당에 낸 헌금을 돌려 달라며 유 총재에게 폭언한 데 대해 "그들이 금배지 투기꾼이냐" "정치윤리도 모르는 장사꾼들의 저질적 주장"이라고 분개했다.

국민의 민의를 파악한 민한당은 영락할 수밖에 없으며 어떻게 명예롭게 종언을 고하느냐는 과제만 남겨졌다.

유치송 총재는 "민한당은 10·26 이후 어떠한 어려운 여건 속에서도 야당은 존재하지 않으면 안된다는 사명감에서 창당했으며 야당의 활동이 여의치 못했던 질식 상태 속에서도 지난 4년간 민주회복과 정치활성화를 위해 싸워 왔고 성과가 있었던 것으로 자부한다"면서 "그러나 국민들에게 이러한 우리의 노력이 이해되지 못한 점을 안타깝게 생각한다"고 아쉬워하며 총재직을 사퇴했다.

민한당 내부에서는 전당대회 체제를 정비한 후 통합을 추진한다는 의견이 지배적이기 때문에 야권통합문제는 답보상태에 머물러 있는 실정이다.

민한당 당 총재 경선에는 조윤형, 유한열, 박 일, 한영수 후보 등이 4파전을 벌여 조윤형 230표, 유한열 183표, 한영수 127표를 얻었으나 유한열, 한영수 후보 등이 경선을 포기하여 조윤형이 총재로 선출됐다.

조윤형 총재는 "당대당의 통합만 지켜진다면 12대 국회 개원 전에 통합에 응할 용의가 있으니 민한당 당선자를 개별적으로 뽑아 가는 일만을 삼가해 달라"고 통합조건을 제시했으나 거부당했다.

민한당 12대 총선 당선자 21명이 신민당에 입당하여 민한당은 사실상 해체상태에 빠졌다.

조윤형 총재는 "나는 국민의 바람과 김대중, 김영삼 선생의 재촉, 그리고 우리당 소속 국회의원 당선자 과반수 이상의 이탈 압력에 승복한다"며 조건 없는 입당을 선언했다.

조윤형 총재는 김대중, 김영삼의 돌풍에 휘말려 출범 5일 만에 백기를 든 채 신민당에 무조건 흡수통합을 선언하기에 이르렀다.

12대 국회의원 당선자 35명 중 29명이 민한당을 탈당하고 신한민주당에 입당하여 당은 진공상태에 빠져버렸다.

원외지구당 위원장들은 조윤형 총재가 '당체제 정비 후 통합추진'의 전당대회 결의사항을 위배하고 무조건 통합을 선언한 것은 위법이라며 조윤형 총재의 총재직 사퇴를 주장했다.

이로써 민한당은 유치송, 이태구, 김일윤, 황대봉, 신동준, 손태곤 등 6명의 의원만 잔류하게 됐다.

민한당은 임시전당대회에서 "조 총재가 '선 체제정비 후 통합'결의를 무시하고 무조건 통합을 선언하여 민한당을 와해시켰다"며 조 총재를 만장일치로 제명 결의했다.

(4) 전면적인 해금과 전두환 대통령의 내각 개편

민한당은 정국안정책으로 전면해금의 조기실현, 정계개편에 있어 민간색채의 강화, 학원의 자율화 시책 강화, 여야 중진회담을 통한 여야대화강화 등을 건의했다.

민정당은 정치피규제자 전면 해금에 대해 대통령에게 건의하도록 의견을 모았다.

드디어 1985년 3월 6일 김대중, 김영삼, 김종필, 이후락, 오치성, 김창근, 김상현, 홍영기, 김명윤, 김윤식, 김덕룡, 윤혁표, 이철희, 성낙현 등 14명이 모두 풀려 정치쇄신법이 사문화됐다.

전두환 대통령은 진의종 국무총리를 비롯한 전 각료의 사표 제출을 빌미로 국무총리에는 노신영 안전기획부장, 안전기획부장에는 장세동 대통령 경호실장을 임명했다.

내무에는 정석모, 법무에는 김석휘, 문교에는 손제석, 농수산에는 황인성, 보사에는 이해원, 노동에는 조철권, 체신에는 이자헌, 문공에는 이원홍, 총무처에는 박세직, 과기처에는 김성진, 통일원에는 이세기, 정무에는 정재철을 임용했다.

24명 장관급에서 13명이 경질됐으며 신병현 부총리, 김만제 재무, 금진호 상공 등은 유임됐다.

민정당 인사가 6명이나 입각했다. 전두환 민정당 총재는 12대 총선 이후 정국에 대처하기 위해 권익현 대표위원을 경질하고 노태우 서울올림픽위원장을 임명했다.

중앙위의장 이상익, 정책위의장 장성만을 임명하고 이한동 사무총장, 이종찬 원내총무는 유임시켰다.

[제4부] 지역별 불꽃 튀는 격전의 현장들

1. 돌풍 속에서 민정당 후보 대부분 당선된 수도권

2. 대구 – 경북과 부산 – 경남 정서적으로 분열된 영남권

3. 여전히 권력의 주변부를 맴도는 비영남권

4. 충성파와 돈 냄새가 물씬 풍긴 전국구

1. 돌풍 속에서 민정당 후보 대부분 당선된 수도권

(1) 11대 총선에서 당선된 민한당 21명 중 3명만 귀환

서울 14개 선거구, 인천 2개 선거구, 경기 10개 선거구 등 26개 선거구를 가진 수도권은 이번 총선에서는 민정당이 25명, 민한당이 4명, 신한민주당이 21명, 국민당이 2명 당선되어 민정당이 제1당으로 군림했다.

민정당은 서울대 총학생회장 출신으로 재선의원인 이태섭 후보가 유일하게 낙선했고, 신당 돌풍을 일으킨 신한민주당은 서울과 인천을 휩쓸었지만 농촌지역이 대부분인 성남 – 광주의 이윤수, 남양주 – 양평의 조정무, 여주 – 이천 – 용인의 구재춘, 송탄 – 평택 – 안성의 정진환, 고양 – 파주의 황인형, 포천 – 연천 – 가평의 정재인 후보들이 3위로 밀려 낙선했다.

민한당은 서울 강남의 이중재, 여주 – 이천 – 용인의 조종익, 송탄 – 평택 – 안성의 유치송, 파주 – 고양의 이영준 후보들이 당선을 일궈냈고 국민당은 성남 – 광주의 이대엽, 포천 – 연천 – 가평의 김용채 후보들이 당선되었을 뿐이다.

군소정당이나 무소속 후보들은 당선자 명부에 올려놓지 못했다.

지난 총선에서는 민정당 26석, 민한당 21석, 국민당 2석, 민사당 1

석, 신정당 1석, 무소속 1석으로 나뉘었다.

민정당은 26석에서 25석으로 1석 줄었지만 민한당은 21석에서 4석으로 17석이나 줄어들었고 국민당은 2석으로 현상을 유지했다.

3차 해금자들이 중심이 되어 총선 20여일을 앞두고 출범한 신한민주당이 선명성을 강조하며 신당 돌풍을 일으켜 민정당의 1석, 민한당의 17석, 군소정당과 무소속의 3석을 빼앗아 21석을 차지하게 됐다.

그러나 신한민주당의 돌풍은 서울과 인천의 대도시와 부천, 안양, 의정부 등 중소도시까지는 영향을 미쳤지만 농촌지역이 대부분을 차지한 선거구에서는 민한당 현역의원들을 따라잡지 못했다.

서울의 지역구 의원 28명 가운데 본적지를 보면 영남 출신은 경북 영주 박용만, 경북 안동 권영우, 경북 경산 허청일, 대구 김수한, 부산 이 철 등 5명이고, 호남 출신은 전남 순천 조연하, 전남 보성의 이중재, 전북 정읍 박 실과 김형래 등 4명이고 충청 출신은 충북 청주의 이민우, 김재광, 남재희, 김동규, 충남 천안의 조순형, 논산의 김영배 등 6명으로 가장 많다.

강원도 원주의 윤길중, 경기 안성의 홍성우까지 서울 지역구 의원 절반 이상은 서울 출신들이 아니다.

(2) 수도권 지역구 의원 재당선율은 51.9%에 불과

지난 총선 때 수도권에서 당선된 52명의 현역의원 중 절반인 민정당의 26명 가운데 서울 구로의 최명헌은 김기배로, 동작의 조종호는 허청일로, 인천 중 – 남의 맹은재는 심정구로, 부천 – 김포 – 강화의 신능순은 박규식으로 교체됐고 서울 강남의 이태섭 의원은 재공천을 받았으나 낙선하여 21명의 의원들은 국회에 재입성했다.

민한당 21명의 의원 중 조종익, 유치송, 이영준 의원만 생활했을 뿐 김판술 의원은 정대철 후보로, 심헌섭 의원은 김덕규 후보로 교체됐고, 김태수(도봉), 손세일(서대문 – 은평), 김재영(마포 – 용산), 이원범(영등포), 한광옥(관악), 고병현(강서), 김병오(구로), 서청원(동작), 정진길(강동), 김은하(인천 중 – 남), 정정훈(인천 동 – 북), 유용근(수원 – 화성), 김문원(의정부 – 동두천 – 양주), 이석용(안양 – 광명 – 시흥 – 옹진), 오홍석(부천 – 김포 – 강화), 홍성표(포천 – 연천 – 가평) 의원들은 민한당 재공천을 받고 출전했으나 모두 낙선했다.

국민당 조덕현(성동) 의원은 불출마를 선언했고 조병봉(남양주 – 양평)의원은 다시 당선되어 재선의원이 됐다.

민사당 고정훈(강남)의원은 신정사회당으로 당명을 바꿔 출전했지만 낙선했다. 그러나 무소속 조순형(성북)의원은 지역구를 도봉으로 옮겨 신한민주당 공천으로 당선됐고, 신정당 이대엽(성남 – 광주)의원은 국민당으로 옮겨 출전하여 당선됐다.

그리하여 11대 지역구 의원 52명 가운데 민정당으로 21명, 민한당

으로 3명, 국민당으로 2명, 신한민주당으로 1명 등 27명이 당선되어 51.9%의 재당선율을 기록했다.

지난 11대 총선에 출전하여 낙선하고 이번 총선에 출전하여 당선된 후보는 없었다.

2. 수도권 26개 지역구 불꽃튀는 격전의 현장으로

> 서울특별시

<종로 - 중구> 재야 세력을 집결시켜 이 지역의 터줏대감인 민한당 정대철 후보를 꺾고 당선을 일군 이민우 신한민주당 총재

지난 11대 총선에서 오제도 현역의원이며 조직책을 밀쳐내고 개혁주도세력이 당당히 나서 국민의 심판을 받겠다고 출전하여 당선된 민정당 이종찬 의원과 이 지역구의 터줏대감 정일형 전 신민당 대표 권한대행의 아들로 9대 보궐 선거와 10대 총선에서 당선됐으나 정치규제 묶였다가 해금되자 김판술 의원으로부터 지역구를 물려 받은 정대철 후보가 동반당선을 꿈꾸고 있는 상황에서 장고와 진통 끝에 1석의 산술적 의미를 넘어 신당의 돌풍을 일으키겠다는

야심을 갖고 정치적 의미를 담아 신한민주당 이민우 총재가 도전하여 신당 돌풍의 진원지이자 기폭제가 되기를 바랬다.

대공 공안검사로 명성을 날렸고 9대 보궐 선거에서 정대철 후보와 동반당선됐다가 지난 총선에는 민정당 전국구 의원으로 활동했던 오제도 후보가 무소속으로, 개간사업으로 부를 축적한 권종우 후보가 자유민족당으로, 영등포여고 교사였던 한상필 후보가 민권당으로, 민주화 추진협의회 활동을 했던 이상윤 후보가 신민주당으로 출전하여 7파전이 전개됐다.

지난 11대 총선에선 "정치 1번지라는 지역에 개혁 주도세력이 당당히 나서 국민의 심판을 받는 것이 바람직하다"는 의견이 많아 민정당은 오제도 의원에서 이종찬 후보로 교체했고, 정대철 의원이 정치규제에 묶인 상황에서 후보선정에 고심하던 민한당은 72세의 노령으로 3, 5대 의원과 보사부 장관을 지낸 김판술 후보를 내세워 동반당선됐다.

서울대 가정대학장인 현기순 후보는 국민당으로, 아폴로 박사인 조경철 경희대 부총장이 신정당으로, 한국 신학대학장인 조선출 후보가 민권당으로 출전했으나 역부족이었다.

"이번 총선은 민정당 치적에 대한 국민들의 지지도를 검증하는 것"이라며 "술수 정치를 배격하고 도의정치를 구현하고 근로자에게 일자리를 주는 안정을 위해 민정당을 지지해 달라"고 호소한 이종찬 후보는 "동교동계, 상도동계라니 이게 무슨 친목계냐, 낙찰계냐"고 야당의 파벌싸움을 비난하고 "전국구 후보를 인선할 때 야당이 보여준 경매와 같은 작태가 오늘의 야당을 보여준다"고 돈 냄새를 풍긴 전국구 후보 선정을 비난했다.

"신한민주당과 김대중 씨와는 아무런 관련이 없다. 공연히 김대중 씨를 들먹이지 마라"고 동교동계의 지원을 기대한 정대철 후보는 "야당의 당수가 일제 때 고등계 형사였다면 중요한 문제라 그 진위가 밝혀져야 한다"고 이민우 후보의 과거행적을 들먹였다.

정대철 후보는 "재야 인사들을 꽁꽁 묶어놓고 하는 정치, 대화하겠다고 당사를 찾아간 학생들을 모조리 폭도로 몰아붙인 정권이 과연 자신있고 유능한 정권이냐"며 "언론을 묶어 놓은 채 사회가치의 척도가 인격과 덕망이 아니고 육사 몇기 출신인가로 결정되는 게 오늘의 현실"이라고 민정당을 맹공했다.

"나와 우리 당이 내건 투쟁 목표의 정당성을 심판받고자 정치1번지인 종로 – 중구에서 출마하기로 결심했다"며 "나는 오직 민주시민 여러분의 민주화에 대한 열망과 신념 그리고 거룩한 결단만을 기대하고 있을 뿐"이라고 호소한 이민우 후보는 "안보라는 것은 국민 스스로가 그 정권을 믿고 그 정권을 위해 모든 것을 바칠 때 비로소 달성되는 것"이라며 민정당 정부의 안보론을 비난했다.

예측 불허의 난전이 예상된 이 지역구는 민정당의 방대한 조직과 "지역 발전을 위해 힘 있는 일꾼을 뽑자"는 지역 발전, 독립 운동가 이회영 선생의 종손이라는 여론을 업고 이종찬 후보가 금메달을 차지했다. "군인이 총칼 들었다고 국민 탄압하는 나라를 세계 어떤 나라가 민주주의한다고 말하겠는가"라고 포효하며 "항간에 나를 두고 김영삼 씨의 맹목적 복종자니 민추협의 꼭두각시니 하는 악선전이 있음을 안다"면서 지금껏 소신을 굽힌 적이 없다는 이민우 후보가 재야 세력을 집결시키는 등 거당적인 총력전을 펼쳐 이종찬 후보를 턱 밑까지 추격했다.

8선의 정일형 박사의 외아들로 "정치 피규제자로서 규제의 정당성에 대한 유권자의 심판을 받겠다"는 정대철 후보는 오제도 후보와의 지지층 중첩과 민한당에 대한 지지도 하락으로 아쉽게 패배했다.

"해방 후 우리나라에는 두 개의 괴물, 즉 혁명주체와 개혁주체의 괴물이 있었다"고 정부 공격에 앞장선 오제도 후보는 이북 출신과 기독교계를 집중공략하며 9대 보궐선거 때의 조직 복원에 나섰으나 역부족이었다.

박상훈, 이상윤, 최복석, 정선식, 권종우, 윤기선 후보들이 조직책을 신청했으나 이들을 모두 탈락시키고 이민우 당 총재를 전략공천한 신한민주당의 선거전략은 적중했다.

□ 득표상황

후보자	정당	연령	주요 경력	득표(%)
이종찬	민정당	48	11대의원(지역구)	84,258 (32.2)
이민우	신민당	69	국회의원(5선)	82,687 (31.6)
정대철	민한당	41	국회의원(2선)	70,859 (27.1)
오제도	무소속	67	11대의원(2선)	19,078 (7.3)
한상필(여)	민권당	58	영등포여고교사	1,763 (0.7)
이상윤	신민주당	35	민추협 산업부차장	1,440 (0.6)
권종우	민족당	44	개간사업	1,326 (0.5)

※민주정의당은 민정당, 민주한국당은 민한당, 한국국민당은 국민당으로 신

한민주당은 신민당, 자유민족당은 민족당, 근로농민당은 농민당, 신정사회당은 사회당으로 표기

<마포 - 용산> "호랑이 없는 골에서 주인노릇했지만 주인이 돌아왔으면 당연히 자리를 돌려줘야 할 것 아니냐"고 일갈하여 김재영 의원을 꺾고 대승을 거둔 신한민주당 노승환

지난 11대 총선에서 동반당선됐던 민정당 봉두완, 민한당 김재영 후보가 이번 총선에서도 동반당선을 꿈꾸고 있는 상황에서 옛 주인인 신한민주당 노승환 후보가 "토끼가 호랑이 없는 골에서 4년 동안 주인 노릇하다가 주인이 돌아왔으면 당연히 그 자리를 돌려줘야 할 것 아니냐"면서 고토회복에 나서 3파전 혈전이 벌어졌다.

신학대 교수로 평통자문위원인 국민당 고명관 후보와 중앙당 간사장으로 활동한 민권당 박대성 후보가 출전하여 3 후보의 혈투를 관망하고 있다.

지난 11대 총선에선 공화당 박경원, 신민당 복수공천 받은 노승환, 김원만 후보들이 모두 묶인 11대 총선에선 "호랑이를 잡으려면 호랑이 굴에 들어가는 법"이라며 민정당 입당을 합리화한 동양방송 논평주간인 봉두완, 부산지방 철도청장 출신으로 홍익회장인 민한당 김재영 후보들이 혜성처럼 나타나 미남배우로 청춘스타인 국민당 강신영(신성일) 후보를 밀쳐내고 동반 당선됐다.

마포고 교장 출신으로 국민대 교수인 민권당 박인출, 용산구청장 출신인 신정당 원동진 후보들이 선전한 가운데 고교교장 출신인 장세환, 통대의원 출신인 전표두 후보들도 민사당, 사회당으로 출전하여 혁신계 주도권 다툼을 벌였다.

민정당 봉두완 후보는 "사실상 학생데모는 야당에서 부추기고 선동한 것"이라고 말했다가 야유를 받자 "사실 학생들이 민정당이 싫어서 데모하는 것이지 야당이 예뻐서 데모하느냐"고 아리송한 말로 어려운 난관을 빠져나갔다.

"야당 쪽은 몇 표가 나오는지 당선만 되면 상관없지만 나는 은메달하면 골로간다"고 호소한 봉두완 후보는 "혼란, 폭행 등 구태의연한 정치악습을 타파하고 경제적으로 성숙한 만큼 정치적으로도 성숙해 보자"고 응수하면서 지역 내 무허가 건물 양성화가 자신의 작품임을 중점홍보했고 한강범람으로 인한 수해 때 망원동에 30억 원을 지원했다고 생색을 냈다.

철도가족, 조기축구회, 기독교계통을 주축으로 4년간 다져온 조직을 가동하고 있는 김재영 후보는 "간접 선거에 의해 대통령을 뽑는 현행헌법은 1당 독재를 위한 유신 잔재적 착상에서 만들어진 것"이라면서 "민정당식 정권교체는 형님 먼저 아우 먼저식의 국민을 우롱하는 속임수"라고 선명성 부각에 중점을 뒀다.

김재영 후보는 한국이 경제성장은 했지만 정치현실은 50년 전의 일본과 같다는 일본 문예춘추를 인용하며 "민정당은 통치하려하지 정치할 생각이 없는 사람들"이라고 공격했고, 노승환 후보는 "헐벗고 굶주리더라도 국민은 마음놓고 살 수 있는 자유민주주의를 원한다는걸 이번 선거에서 보여주자"고 호소했다.

민한당에서 "노승환 후보가 종친회 공금을 횡령했다. 고혈압으로 쓰러져 인사불성이 됐다"는 악성루머를 퍼뜨려 시달렸지만 57년 토박이라는 강점과 3선의 뿌리를 찾아낸 신한민주당 노승환 후보는 50%가 넘는 득표율로 압승을 거두었다.

지난 총선에선 전국 최고득표를 자랑했던 민정당 봉두완 후보는 민정당 대변인으로서의 지명도와 집권여당의 조직을 활용하여 턱걸이 당선을 일궈냈다.

부산지방철도청장을 지낸 김재영 후보는 민한당의 당세위축과 함께 추락했고, "민정당은 일당독재를 위해 국회법, 선거법과 정당법을 개악했다"는 고명관 후보의 득표력은 보잘 것 없었다.

□ 득표상황

후보자	정당	연령	주요 경력	득표(%)
노승환	신민당	57	국회의원(3선)	207,778 (52.4)
봉두완	민정당	49	11대의원(지역구)	109,226 (27.6)
김재영	민한당	50	11대의원(지역구)	66,587 (16.8)
고명관	국민당	44	신학대교수	8,126 (2.1)
박대성	민권당	46	당 간사장	4,708 (1.1)

<성동> 조덕현 의원의 불출마로 지난 4년간의 공을 독차지한 이세기, 경북 영주에서 이적했지만 신당 바람과 영남표를 결집시킨

박용만 후보가 조세형 후보를 꺾고 동반당선

국민당 조덕현 의원의 불출마 선언으로 민정당 이세기 의원이 현역으로서 지난 4년간의 공을 독차지하며 고려대 제자 1백명으로 전위부대를 가동하여 승세를 굳혀가고 나머지 1자리를 두고 호남출신 4명과 공천경쟁에서 승리한 민한당 조세형, 고향인 경북 영주에서 재선을 했지만 미련을 떨쳐내고 이 지역구에 터전을 마련코자 한 신한민주당 박용만, 지난 총선에서 민한당 공천으로 출전하여 전국 최고 낙선자 득표자가 된 무소속 김도현, 무명의 근로농민당 전대수 후보들이 노려보고 있다.

지난 총선에선 신민당 김제만, 통일당 양일동, 공화당 민병기 의원들이 사라진 이 지역구엔 4·19의 봉화를 올리고 정치학 박사로 고려대 교수로 활약하다 민정당에 참여한 이세기 후보가 선거 운동 기간 중 민한당 지구당 사무국장을 회유하다 구속된 한서교통 대표인 국민당 조덕현 후보와 동반당선됐다.

한일 굴욕외교를 반대한 서울대 6·3 데모의 주역으로 민한당의 정책 두뇌를 자처한 김도현, 금호동에서 16년 동안 용애의원을 운영해오면서 환자가족이 3만 명에 달한다는 민권당 대변인인 조철구 후보들이 아쉽게 패배했다.

"박용만 후보는 영주에서 오느라 수고가 많았고 조세형 후보는 성북에서 이사왔다"고 연고권을 강조한 민정당 이세기 후보는 "며칠을 두고 장작패듯이 두들겨 맞았더니 정신이 얼떨떨하다" "야당 후보들이 말끝마다 독재정권을 타도하자고 하나 이 나라가 얼마나 좋은 나라냐"고 반격했다.

"수백명씩 정치활동을 금지시키지 않으면 유지가 안되는 무능한 정권이 어떻게 88년에 선거를 치르겠다는 것이냐" 는 조세형 후보는 "현 정권이 부패한 독재정권이고 책임질 줄도 모른 무능정권으로 국제적 신의까지 잃어 나라꼴이 우습게 됐다"고 민정당을 공격했다.

신한민주당 박용만 후보는 "채문식 군은 나와 학교 동창인데다 신민당도 같이 했으나 지금은 국회의장이고, 유치송, 김종철 군도 모두 허가받고 당을 만들었다"며 변절자라고 매도하고서 "국회의원은 이제 신물이 난다. 그러나 이 체제를 허물기 위해 다시 나섰다"고 거물 정객임을 홍보했다.

억울당 공천을 받았다는 김도현 후보는 "민정당은 이번 선거에서 야당이 된 뒤 그 고초를 겪고나서 여당이 되라"고 충고하고서 "어느 여당 후보가 야당이 많이 되면 민정당의 특기인 판쓸이를 하겠다고 했는데 한 번이나 되지 또 할 수 있을 것 같으냐"고 이세기 후보를 공격했다.

전대수 후보도 "동네이름도 모르고 하숙도 안해본 보따리 후보에게는 표를 주지 말자"고 연고권을 내세웠다.

경기도 개풍 출신이지만 지난 총선에서 당선된 이후 꾸준히 지역을 관리해온 이세기 후보가 지명도와 집권당의 조직을 활용하여 승리했고 영주에서 올라온 박용만 후보가 신당바람에 힘입어 동반 당선됐다.

지성야당인이라는 이미지를 부각시키며 민한당 조직을 재가동하며 신당에 맞선 역풍을 시도하며 정면도전한 조세형 후보는 박용만, 김도현 후보로부터 비난을 받자 "정치도의상 그럴 수 없는 일"이라고 반격했으나 역부족이었다.

성북을 옛 주인 조윤형 후보에게 돌려주고 김도현, 김경인, 정규헌, 김윤덕 후보들을 공천경쟁에서 따돌리고 이곳으로 이적한 불리함에다 전대수 후보의 호남표 잠식이 조세형 후보의 낙선으로 이어졌다.

조세형 후보는 해금 후 민한당이 아닌 신한민주당으로 출전했더라면 하는 아쉬움을 남기고 다음을 기약해야만 했고, 영남일보 논설위원인 김도현 후보는 지난 총선에서 도저히 질 수 없는 선거전에서 패배한 것이 정치적 운명을 판가름했다.

□ 득표상황

후보자	정당	연령	주요 경력	득표(%)
이세기	민정당	48	11대의원(지역구)	103,205 (28.6)
박용만	신민당	60	국회의원(2선)	94,488 (26.2)
조세형	민한당	53	10대의원	88,204 (24.4)
김도현	무소속	41	영남일보논설위원	67,142 (18.6)
전대수	농민당	33	당 당무위원	7,771 (2.2)

<동대문> 의원과 비서관 대결로 세간의 주목을 받았으나 신당바람과 옛날 조직을 복원한 송원영 후보가 비서관을 꺾고 대승을

지난 11대 총선 때 동반당선됐던 민정당 권영우 의원과 11대 총선 때 전국구 의원으로 당선됐으나 이 지역에 터전을 닦은 민한당 김덕규 후보가 동반당선을 기대하고 있는 상황에 이 지역구 터줏대감으로 4선의원인 송원영 후보가 해금되어 고토를 회복하고자 도전을 선언했다.

한 때 송원영 후보의 비서였던 김덕규 후보는 선거가 시작되자 설전을 벌였다.

김덕규 후보는 "내가 이 지역을 택하게 된 것은 그 분(송원영)이 정치를 하지 않기로 결심하고 나에게 지역구를 양보했기 때문"이라고 해명하자, 송원영 후보는 "그가 정치에 뜻을 두고 있는 것은 알았지만 고향을 떠나 이곳으로 올 줄은 몰랐다"며 가시돋친 말로 응수했다.

서울 지검 검사출신인 김태환 후보는 국민당으로, 수산대 교수로 대한산업안전 협회장인 강병진 후보는 민권당으로, 평화통일정책 자문위원인 고기효 후보도 무소속으로 뛰어들었다.

지난 11대 총선에선 9대 총선 때 혈투를 전개한 신민당 송원영, 공화당 이인근, 무소속 강상욱 후보들이 퇴출당하고 통대의원 출신인 민정당 권영우 후보와 "힘센 민정당에게는 벌벌 떨면서 야당만을 공격하는 야당은 민주주의 훼방꾼"이라는 교통문제연구소장인 정치신인 민한당 심헌섭 후보가 동반당선됐다.

통대의원 출신인 신정당 김병운, 새마을 지도자인 국민당 김성배, 당총재 보좌역인 민권당 강병진, 제헌의원이며 초대 참의원으로 활약했던 안민당 박기운, 공화당 동대문 지구당 부위원장으로 활약했던 원일민립당 김중회, 송원영 비서관이었던 통일민족당 배정수, 동대문 도서관장인 민농당 김진수 후보들도 출전했다.

이번 총선에서 민한당 김덕규 후보는 "대통령 간선제는 유신시대 선거방식과 똑같되 장충체육관에서 잠실 체육관으로 장소를 옮긴 것만 다를뿐"이라고 대통령 직선제를 주장했고, 신한민주당 송원영 후보는 "민한당, 국민당은 민정당과 형제처럼 오순도순 잘 해먹었다"며 "돈도 권력도 시간도 없는 신민당을 도와달라"고 호소했다.

지난 총선에 이어 이번에도 민권당으로 출전한 강병진 후보는 "도둑이 많은 우리나라에 개를 들여놨더니 그 개는 짖지도 않더라"며 견제 역할을 못한 민한당을 공격했다.

자신의 별명을 꼬끼요라고 소개한 무소속 고기효 후보는 "민주를 깨우는 여성이 되겠다"고 지지를 호소했다.

의원과 비서관이 운명의 일전을 벌인 이 지역구는 여러가지가 거북하다면서 신당 바람과 구연을 찾아 조직을 복원한 송원영 후보가 대승을 거두었고 집권여당의 조직을 살린 권영우 후보가 동반 당선의 티켓을 거머쥐었다.

"송 씨가 정치를 안한다고 해서 지난 1년간 준비를 했을 뿐이다. 이렇게 된 이상 함께 잘 되었으면 한다"고 동반 당선을 꿈꿨던 김덕규 후보는 민한당의 인기하락과 송원영 후보와의 관계가 알려지면서 배은망덕으로 비춰져 참패를 맛보았다.

11대 현역의원인 심헌섭, 유택형 변호사, 김태웅 후보들을 제치고 민한당 공천을 받은 전국구 의원인 김덕규 후보는 힘 한번 써보지 못하고 맥없이 주저앉았다.

지역내에서의 호남세를 규합하고 검사생활을 기반으로 기세를 올린 김태환 후보의 득표력도 내놓을 것 없었다.

□ 득표상황

후보자	정당	연령	주요 경력	득표(%)
송원영	신민당	56	국회의원(4선)	226,678 (48.9)
권영우	민정당	42	11대의원(지역구)	137,970 (29.7)
김덕규	민한당	43	11대의원(전국구)	54,224 (11.7)
김태환	국민당	38	서울지검검사	25,329 (5.5)
강병진	민권당	46	수산대 교수	13,242 (2.8)
고기효(여)	무소속	45	평통자문위원	6,519 (1.4)

<성북> 박정희 정권 때 민청학련 사건으로 사형선고를 받은 신한민주당 이철 후보가 고려대생, 호남향우회의 지원으로 대승을

동생인 조순형 의원을 인접구인 도봉으로 밀쳐내고 지역구를 되찾은 민한당 조윤형 후보는 "나는 유신시대 때 정치를 하지 않았기 때문에 선명성에 있어서는 누구도 따라올 수 없다"고 호언했다.

지난 총선 때 야당투사에서 여당으로 변신하여 호남표에 의해 당선된 민정당 김정례 후보는 보사부 장관이라는 감투까지 쓰고 수성에 나섰다.

'정치사형수 성북에 돌아오다'는 구호를 내건 신한민주당 이철 후보는 민청학련사건의 주모자로 사형 선고를 받았다가 복권됐을 뿐이 지역과는 전혀 연고가 없다. 그러나 이철 후보는 동교동의 추천으로 출전하게 됐음을 홍보하면서 '3대를 이은 투쟁의 가시밭길'이라는 유인물로 김대중과의 활동 내용을 담아 대대적으로 배포했다.

구일물산 대표인 김병남 후보는 신민주당으로, 서울 근로청소년학교장인 김유 후보는 국민당으로, 양학출판사 대표인 임태백 후보는 근로농민당으로 세 번째 출전했다.

지난 11대 총선에선 재야세력의 중진으로 활약하다 "역사의 전환점에서 새 시대 역사창조에 뛰어들었다"는 민정당 김정례 후보와 "정치적 자유를 박탈당한 조윤형 전 신민당 부총재에 대한 국민의 심판을 받고자 아우가 대신 이 자리에 섰다"는 무소속 조순형 후보가 동반 당선됐다.

경남도의원 출신이지만 한남관광 대표로서 친여세력으로 활동하다가 야당으로 돌변한 민한당 허만기 후보, 공화당 간부로 활약했던 신흥각과 풍년각 대표인 국민당 윤관병, 고려대 교수로 당 정책위의장으로 활약한 민사당 권두영, 통대의원 출신으로 신진 엔지니어링 대표인 신정당 정상봉 후보들의 선전이 돋보였다.

이번 총선에서 "나도 5·16 때는 반혁명 사건으로 3년간이나 옥살이를 한 적이 있다"고 동정론과 투사론을 펼친 민정당 김정례 후보는 "다시는 당파싸움으로 군인들이 총칼들고 정권잡는 일이 없도록 하자"면서 "지금도 야당들은 김대중 씨 한 사람을 놓고 서로 팔아먹으려고 싸움"이라고 야당 후보의 파벌 논쟁을 부추겼다.

"성북구민이 나를 밀어준 것은 내가 잘 나서가 아니라 선친의 업적을 이룩하라는 기대"라면서 "김대중 옆에도 못 가본 사람들이 측근인양 선전하고 있다"는 조윤형 후보는 "이번에 야당에 많은 의석을 주어 직선제 개헌을 해내지 못하면 박정권 18년, 현 정권 7년, 또 다시 7년을 합쳐 모두 32년을 군사독재에 시달릴 것"임을 경고했다.

"조윤형 후보가 진정 민주투쟁을 하려면 신한민주당에 들어오라"고 서두를 꺼낸 이철 후보는 "지금의 야당은 제1중대, 제2중대 모두 사꾸라"라면서 "민정당 정권은 민주화 일정을 확실히 밝히라"고 촉구했다.

근로농민당 임태백 후보는 "광주와 성북구에서 민정당 후보가 당선되면 두 지역 사람들은 간도 쓸개도 없는 사람으로 간주될 것"이라고 광주 사태를 상기시켰고, 약국을 경영하며 호남 향우회의 지원을 기대한 김유 후보는 "TV 방송국이 흥분한 데모 학생만 비추고 데모 원인은 보도하지 않는 등 편파적"이라며 "육사 출신들이 행정부는 물론 곳곳의 자리를 차지하여 취직하기가 어려운 실정"이라고 서울대 위에 육사가 있다고 비난했다.

"조윤형 씨를 괴롭히기 위해 신당이 발굴한 특공대원"이라는 이철 후보는 설훈을 중심으로 한 대학생 자원봉사대와 호남향우회의 적극적인 지원으로 대승을 거두었다.

오성용, 송영기, 김병남, 한호상, 심의석, 이석현 후보들의 조직책 신청을 뿌리치고 군부 독재정권 피압박 상징인물인 이 철 후보를 내세워 신한민주당은 민심을 낚을 수 있었다.

"제5공화국 체제 자체를 부정해 온 이철 후보는 왜 입후보해 현실 참여를 하려는가"라고 반문한 민정당 김정례 후보와 "내가 입당하기 전의 민한당은 무사안일의 지도체제로 야당성을 기대하는 국민의 기대에 부응하지 못했다"며 4선의원으로 이 지역의 터줏대감이며 군사독재 정권의 희생양으로 비춰진 민한당 조윤형 후보는 개표 도중 시소게임을 벌이며 손에 땀을 쥐게 했다.

4년간 조직을 관리하며 호남향우회를 파고든 김정례 후보가 1,023표 차로 조윤형 후보를 누르고 재선가도를 달렸다.

조윤형 후보가 민한당에 합류하지 않고 신당으로 기울였다면 이철 후보는 결코 등장하지 아니했고 잘못된 정당선택이 5선의원으로 성장할 수 있는 기회를 놓쳐버렸다.

☐ 득표상황

후보자	정당	연령	주요 경력	득표(%)
이 철	신민당	36	민주청년연맹의장	121,004 (40.6)
김정례(여)	민정당	57	11대의원(지역구)	81,014 (27.1)
조윤형	민한당	52	국회의원(4선)	79,991 (26.8)
김 유	국민당	44	근로청소년학교장	7,995 (2.7)
임태백	농민당	39	양학출판사대표	4,695 (1.6)
김병남	신민주당	56	환일물산사장	3,659 (1.2)

<도봉> 성북을 형인 조윤형 후보에게 되돌려주고 이곳으로 옮겨와 신당바람으로 압승을 거두고 재선의원 반열에 오른 조순형

영화배우 출신인 민정당 홍성우 의원과 태창영화사 대표인 민한당 김태수 의원이 지난 총선에 이어 동반당선을 꿈꾸며 기반을 굳게 다지고 있는 상황에서 당선된 기반이 있는 성북구를 형인 조윤형 후보에게 넘겨준 조순형 의원이 신한민주당 간판으로 출격하여 세 현역의원이 격돌하게 됐다.

신한민주당은 구판홍, 이재욱, 이준호, 최순권, 이수춘, 한석도, 신오철, 조원종 후보의 조직책 신청을 도외시하고 이민우 총재까지도 종로 – 중구에 전략공천하고 형에게 지역구를 양보한 조순형 후보를 특별배려했다. 여기에 10대에는 공화당, 11대에는 무소속으로 출전하여 두 차례나 동메달에 머문 신오철 후보가 무소속으로 재출격하여 당락의 윤곽을 흐리게 했다.

한국경제 논설위원인 신정사회당 전대열, 양지물산대표인 국민당 경인호, 재경 전남향우회장으로 한국 킥복싱 회장인 신민주당 구판홍, 신민당 지구당 임원으로 활동했던 무소속 이수춘 후보도 출전했다.

10대 총선에선 신민당 고흥문, 무소속 홍성우 후보가 공화당 신오철 후보를 떨어뜨리고 동반당선됐으나 11대 총선에서는 고흥문 의원은 퇴출당하고 홍성우 후보는 민정당으로 사법, 행정, 재정 고시에 합격한 3관왕인 신오철 후보는 무소속으로 재결투를 벌였다.

여기에 태창문화사 대표로 영화제작자인 김태수 후보가 민한당 후보로 출전하여 신오철 후보를 밀어내고 홍성우 후보와 동반당선됐다.

통대의원 출신으로 도봉 새마을금고 연합회장인 국민당 경인호, 반공연맹지부장인 민권당 이재욱 후보 등 13명의 후보들이 출전하여 나름대로 표밭을 달구었다.

이번 총선에서도 민정당 조직을 활용하여 노인층 공략에 나선 홍성우 후보는 "역사와 민중의 한을 풀어 신명나는 선진 조국 건설을 위해 나왔다"며 "지역사업에 생사를 걸겠다"는 식의 연기력을 가미하며 지지를 호소했다.

2만 명의 당원을 확보한 민한당 김태수 후보는 "사람이 없으면 차라리 공천이나 하지 말것이지 통대출신, 공화당 출신, 유정회 출신, 심지어 민정당 탈당자까지 마구잡이로 공천해서 제1야당인 민한당 후보들과 대결시켜 골탕먹이려는 것이 이번 신한민주당의 공천"이라고 공격하며 야당성 부각에 전력투구했다.

전북 익산 출신인 신오철 후보는 두 번 낙선한데 따른 동정여론 조성에 승패를 걸고 있고, 구판홍 후보는 "현 정부는 정의사회 구현을 캐치프레이즈로 걸고 나왔으나 실제로는 독재사회 구현을 하고 있다"고 비난했다.

이수춘 후보는 "일본에서 얻은 돈이 정신대와 징병, 징용으로 우리 할아버지 할머니가 혹사당해 얻은 대가인데 그 돈으로 과연 무엇을 했는가"라고 경협자금 40억 달러 행방을 물었고, 전대열 후보는 "내 나이 45세인데 경찰에 끌려다니는 횟수가 나이보다 많았다"고 야당투사임을 부각시켰다.

신당바람을 몰고 현역의원 이점을 살린 조순형 후보가 대승을 거두었고 민정당의 조직보다 노인학교 등 사조직을 열심히 가동한 홍성우 후보가 동반당선됐다.

운전사들의 사고처리를 도맡고 무료법률 상담으로 지지기반을 확대했던 신오철 후보가 이번에도 조직·재력·인물을 겸비한 민한당 김태수 현역의원을 누르고 동메달을 차지했다.

□ 득표상황

후보자	정당	연령	주요 경력	득표(%)
조순형	신민당	49	11대의원(지역구)	174,124 (42.4)
홍성우	민정당	43	11대의원(2선)	99,245 (24.1)
신오철	무소속	46	서울시법률고문	58,527 (14.2)
김태수	민한당	45	11대의원(지역구)	53,344 (13.0)
경인호	국민당	49	양지물산대표	17,126 (4.2)
구판홍	신민주당	45	재경전남향우회장	7,038 (1.7)
이수춘	무소속	59	신민당성북선전부장	1,675 (0.4)
전대열	사회당	44	한국경제논설위원	등록무효

<서대문 – 은평> 서울시 의원을 거쳐 5선을 일군 텃밭을 지명도와 신당바람으로 현역의원들을 물리치고 되찾은 신한민주당 김재광

혁신계 중진으로 활동하다 민정당으로 전향하여 국회부의장, 서울시 당위원장으로 활약한 윤길중 의원과 사상계 편집장, 동아일보 논설위원으로 활동하다 11대 총선에 뛰어들어 동반당선된 민한당 손세일 의원이 동반당선을 위해 조직을 추수리고 있는 상황에서 서대문의 터줏대감 5선의원이었지만 정치규제에 묶여있던 김재광 후보가 신한민주당 공천으로 고토회복에 나섰다.

천도교 종의원인 김명주 후보가 근로농민당으로, 동신종합철강 대표인 이용만 후보가 신정사회당으로, 반도하물 대표인 이춘우 후보가 국민당으로 출전하여 후발주자 3파전을 전개했다.

은평구가 분구됐으나 통합된 11대 총선에선 신민당 김재광, 공화당 오유방 의원들이 정치규제에 묶이자 혁신계 중진으로 2, 5, 8대 의원을 지낸 윤길중 후보가 "파당의식을 청산하고 새 사회 건설을 위해 역사의 흐름에 뛰어들었다"고 변절을 변명하며 민정당 후보로 출전하여 김영삼 총재 특보출신으로 동아일보 논설위원을 지낸 민한당 손세일 후보와 동반 당선의 행운을 누렸다.

5대 의원을 지낸 민권당 주도윤, 통대의원 출신으로 마을금고 서대문 지부장인 국민당 고영우, 대성 병원장인 무소속 홍영의, 순복음 교회 장노인 한국기민당 박인근 후보들이 2만여 표 이상을 득표하며 선전했다.

이번 총선에서 국회 부의장으로서의 지명도를 활용하여 공조직을 활성화하고 재개발 사업 추진, 검문소 이전 등 지역 사업 실적 홍보에 열을 올리고 있는 윤길중 후보는 "야간 통행금지 해제, 정치규제 해금, 경제적 부의 축적이 민주주의 기틀 확립을 반증한 것"이며 "우리가 갚을 능력이 없다고 판단되면 외국에서 그만한 돈을 빌려주겠느냐"고 정부 정책의 홍보에 앞장섰다.

"금메달을 지키자"는 구호를 내걸고 다량의 의정보고서를 배포하여 기세를 올린 손세일 후보는 "그들은 총칼을 가졌지만 우리에겐 총칼이 없다. 오로지 여러분들은 표뿐이다"면서 "강권과 독재를 일삼는 그들에게 한 표도 찍어서는 안된다"고 호소했다.

신민당 최고위원 출신임을 내세우고 있는 김재광 후보는 "군정을 중식시키고 평화적 정권 교체를 토착화시키자"고 호소하며 선명성을 부각시키고 있다.

국민당 이춘우 후보는 통대의원으로 30년 토박이를 내세우며 기독교계를 파고들고 있고, 신정사회당 이용만 후보는 호남세를 파고들고 있다.

여성 후보임을 강점으로 내세우고 있는 김명주 후보는 "박정희 대통령의 유지를 펴기위해 출마했다"면서 공화당 조직 복원에 나섰다.

서울시 의원을 거쳐 이 지역에서 5선을 일군 김재광 후보가 신당 바람을 타면서 압승을 거두며 고토를 회복했고, "나도 야당생활 40년 동안 무책임한 발언과 욕설로 세 번 투옥, 10년의 옥고생활을 치렀으나 여당을 하다보니 언동 하나하나에 조심이 간다"는 윤길중 후보가 지명도와 민정당 조직으로 5선의원에 등극했다.

5공 정권의 2인자인 노태우 후보의 출마설이 나돌았으나 소문에 머물렀고 사상계와 신동아의 편집장을 지내 언론계의 중추로 민한당의 중진으로 발돋움한 손세일 후보는 지역을 옛 주인에게 되돌려주었을 뿐이다.

□ 득표상황

후보자	정당	연령	주요 경력	득표(%)
김재광	신민당	63	국회의원(5선)	205,370 (48.6)
윤길중	민정당	68	11대의원(4선)	119,480 (28.2)
손세일	민한당	49	11대의원(지역구)	80,400 (19.0)
이춘우	국민당	54	반도하물수송대표	8,173 (1.9)
이용만	사회당	45	동신종합철강사장	5,226 (1.2)
김명주(여)	농민당	54	당 부녀국장	4,626 (1.1)

<강서> 충청 향우회의 전폭적인 지지를 받은 신한민주당 김영배, 정책위의장 출신을 내세운 민정당 남재희 후보가 동반당선

지난 10총선 때 신민당 복수공천을 받고 출전하여 승패가 엇갈렸던 신한민주당 김영배 후보와 민한당 고병현 의원이 재격돌을 벌여 세간의 이목을 집중시켰고, 두 후보의 혈투를 즐기고 있는 민정당 남재희 후보는 대통령 직선제는 이승만 정권이 독재하기 위해 했던 것이라며 평화적 정권교체만을 강조하고 있다.

국회의원 비서관 출신으로 6 · 3 동지회 회원인 근로농민당 이경표, 영남일보 기자출신인 국민당 최후집, 교통부에 근무한 바 있던 무소속 우철남 후보가 후발주자로 뛰고 있다.

신설된 10대 총선에선 서울신문 주필을 지낸 민정당 남재희 후보가 신민당 정책연구실장인 김영배, 조직국장인 고병현 후보들의 복수공천의 틈새를 파고들어 금메달을, 충청향우회의 전폭적인 지원을 받은 김영배 후보가 동반당선됐으나 김영배 의원이 정치규제에 묶였던 11대 총선에선 고병헌 후보가 은메달을 차지했다.

남재희 의원은 민정당 정책위의장으로 발탁되어 손쉽게 공천을 받고 출전했고 석패한 고병현 후보는 민한당 공천을 받고 맨발로 뛰는 아베베 작전을 구사하여 동반당선됐다.

"박정희 대통령의 위업을 받들기 위해 나섰다"는 통대의원 출신인 국민당 이순희 후보는 4천여 표 차로 분루를 삼켰다.

이번 총선에서 민정당 남재희 후보는 "때로는 압력을 넣고 때로는 투쟁을 벌여 지하철 연결, 신설학교 확충, 공항부근 재개발 등을 위해 힘쓰겠다"고 공약하고, 민한당 고병현 후보는 "야당이 많이 당선되면 국회를 해산하겠다는 무리들을 이번 선거를 통해 박살내자"고 민정당을 공격하면서 "김대중 선생을 자기 정당의 대표처럼 거론하는 것은 언어도단"이라며 "가짜가 진짜로 행세를 하는 정치는 이제 끝이 나야한다"고 신한민주당 공격에 나섰다.

민한당 공천이 어렵자 신한민주당으로 옮겨 오경섭, 송기성, 김병발, 최정길, 탁형춘, 송기태 후보들을 제치고 공천을 받은 김영배 후보는 "지난 4년간 본인이 정치활동 피규제자로 묶인 것은 사실상 강서구민의 입과 손발을 묶은 처사였다"며 "다시 한 번 구민의 입이 되어 민주회복을 위해 싸울 기회를 달라"고 호소했다.

근로농민당 이경표 후보는 "민한당은 낮에는 야당, 밤에는 여당하는 입법회의 잔재만 남은 정당, 신민당은 4년 전에 강남갔다 죽지도 않고 돌아온 각설이 정당"이라고 매도했다.

10대 총선에 이어 숙명의 대결을 펼친 고병현 후보는 "야당 30년 가시밭길을 맨발로 걸어온 한국판 아베베"라며 "이당 저당 옮겨 다니는 것이 손해가 되지 않겠느냐"며 김영배 후보를 비난했다.

유일한 해금자임을 부각시키며 동분서주한 김영배 후보는 "민한당이 노이로제 증세를 보이는 것 같다"면서 "남·고 의원이 다정하게 돌아다니고 있어 우리 쪽에 호응이 커진다"고 반격했다.

충청향우회의 전폭적인 지지와 젊은 층을 사로잡은 김영배 후보가 50%가 넘는 득표율로 고토를 회복하고 서울신문 주필로서 민정당 정책위의장으로 활약한 중량감으로 남재희 후보가 동반당선됐다.

지난 4년 동안 축적한 조직을 기반으로 두더지 작전을 전개했으나 민한당 인기의 하락과 함께 고병현 후보는 하릴없이 추락했고, 불우한 성장 과정을 내세우며 표밭을 누빈 최후집 후보의 득표력도 돋보이지 못했다.

☐ 득표상황

후보자	정당	연령	주요 경력	득표(%)
김영배	신민당	52	10대의원(지역구)	166,973 (50.4)
남재희	민정당	51	11대의원(2선)	75,132 (22.7)
고병현	민한당	56	11대의원(지역구)	55,834 (16.9)
최후집	국민당	43	영남일보기자	16,871 (5.1)
이경표	농민당	40	국회의원비서관	9,996 (3.0)

| 우철남 | 무소속 | 40 | 공항관리공단직원 | 6,220 (1.9) |

<구로> 2선의원이지만 2년의 국회의원 생활을 하지못해 한 많은 정치인으로 알려진 신한민주당 조연하 후보가 김대중의 최측근임을 내세워 김병오 현역의원을 꺾고 대승을

한국산업공단 이사장을 물려받으면서 상공부 상역국장출신으로 지역구 위원장까지 물려받은 민정당 김기배, 경일고등공민학교 설립자로서 지난 총선 때 민정당 최명헌 후보와 동반당선됐던 김병오, '신당의 산파역' '한(恨)의 정치인'이라는 이미지를 확산시키며 동분서주한 신한민주당 조연하, 중앙당 정책심의의장으로 활약한 신정사회당 권대복 후보가 4파전을 전개하고 있다.

11대 총선에선 5·16 혁명주체로서 11년간 한국수출산업공단 이사장을 지낸 최명헌 후보가 민정당 공천을 받고서 "가난한 사람을 위해 무엇인가를 남기고 죽겠다는 것이 오랜 꿈"이라며 "배고픈 사람에게 필요한 것은 자장가가 아니라 밥"이라고 주장하고서 경일고등공민학교를 설립한 지역기반으로 민한당 공천장을 받고서 "젊고 패기있는 야당인사를 밀어줘야 한다"고 호소한 김병오 후보와 동반당선됐다.

통대의원 출신으로 유니온전자 대표인 국민당 김덕만, 출판노조 위원장인 민사당 조선원, 대한전업사 대표인 무소속 박기양 후보들이 추격전을 전개했으나 무위에 그쳤다.

이번 총선에선 낮은 지명도와 지역위원장 교체과정에서의 잡음 등을 잠재우고 '일할 수 있는 능력'을 강조한 민정당 김기배 후보는 "민정당은 지난 4년간 단 한번도 긴급조치나 비상사태를 선포한 적이 없다"며 "민정당 후보가 모두 당선되도 55%밖에 되지 않는다"고 강변했다.

활발한 편이었던 원내활동과 현장형 정치인으로서 노동문제 전문 이미지를 최대한 살린 민한당 김병오 후보는 20년간 계속해온 근로야학 졸업생 4천 명을 가간조직으로 활용하고 있다.

'김대중의 오른팔'이라는 자신의 정치적 색채를 바람으로 연결시키고 있는 신한민주당 조연하 후보는 "민한당은 유권자들이 만들어 놓은 야당이 아니라 집권자가 만들어 놓은 야당"이라며 선명성을 부각시켰다.

전남 순천출신으로 민주당 공천으로 5대 총선에서, 신민당 공천으로 8대 총선 때 당선됐으나 2년도 국회의원 생활을 못한 불운한 정치인으로 알려진 조연하 후보는 신당바람을 타고 전북 남원 출신인 김병오 후보로부터 금뱃지를 인계받았다.

민정당 김기배 후보는 구로공단의 직원들과 민정당원들의 활약으로 은메달을 확보했다.

"먹는데 죄가 있느냐, 맘대로 먹고 표만 옳게 찍어라"라고 호소한 신정사회당 권대복 후보는 혁신계열의 표를 결집시켜 10%대의 득표율을 올렸다.

신한민주당은 나이균, 박기수, 성진환, 정순주, 김영재, 허금환, 유기수, 권혁충, 박부진, 서근석, 김종환 후보들이 조직책을 신청했으나 조직책심사위원장인 조연하 후보가 지역구를 선점하고 금메달을 차지했다.

□ 득표상황

후보자	정당	연령	주요 경력	득표(%)
조연하	신민당	60	국회의원(2선)	127,225 (38.8)
김기배	민정당	48	상공부상역국장	96,690 (29.5)
김병오	민한당	49	11대의원(지역구)	73,702 (22.5)
권대복	사회당	52	정치인	29,977 (9.2)

<영등포> 지난 11대 총선에는 아들을 출전시켜 1만 표 밖에 득표하지 못했지만 이번 총선에는 직접 출전하여 8만여 표를 득표하여 고토를 회복한 신한민주당 박한상

한국노총위원장 출신인 민정당 이찬혁, 원내부총무로 활약한 민한당 이원범 후보가 이번 총선에도 사이좋게 동반 당선을 기대하고 있지만, 이 지역에서 5선의원을 하고 신민당 사무총장을 지냈지만 정치규제에 묶여 지난 총선에 출전하지 못했던 박한상 후보가 신한민주당 공천으로 출전하여 파란을 일으키고 있다.

황해도 출신으로 대한상이군경 회장인 국민당 윤선일, 지난 10대 총선에는 통일당으로 출전하여 낙선한 신정사회당 김수일, 대학원에 재학중인 무소속 백철 후보가 등록하여 6파전을 전개했다.

수성에 안간힘을 쏟은 민한당 이원범 후보는 "지역 발전을 위한 헌신도가 이번 선거결과로 나타날 것" "신당바람은 이미 넘어오기도 전에 블로킹으로 막았다"면서 본회의 발언을 카세트로 2만개 제작하여 뿌려댔다.

구로가 신설되었으나 신민당 박한상, 공화당 강병규 의원들이 퇴출당한 무주공산에 민정당은 전국 철도노조위원장인 이찬혁 후보를, 민한당은 지구당위원장인 이원범 후보를 공천하여 동반당선되도록 했다.

"10 · 26 이후의 혼란을 수습한 사람은 전두환 대통령"이라는 용비어천가를 읊은 이찬혁, "서민이 많은 영등포에서 야당 후보 하나 뽑아달라"고 읍소한 이원범 후보의 동반당선은 당연시됐다.

서울 약사회회장 출신인 국민당 김명섭, "민정당과 민한당은 같은 새마을 공장에서 나온 제품이며 다만 유권자의 선호를 생각해서 포장지만 달리했다"는 민권당 노병구, 박한상 전 의원의 아들인 무소속 박윤근 후보들도 출전했다.

이번 총선에선 해금된 강병규 전 의원은 불출마를 선언하여 가벼워진 박한상 후보는 18년의 뿌리와 신당 바람으로 영광을 재현시키겠다는 전략을 세워 추진하고 있으며 정치규제 상황에서도 지역민과의 인권상담 활동이 큰 밑천이 되고 있다.

전국철도노조 위원장 출신으로 철도청 직원들과 노총 관계자들의 전폭적인 지지를 업은 이찬혁 후보는 수성에 성공했으나 "통반장들이 밀고 구청장이 밀어 국회의원 돼봐야 권력의 앞잡이 노릇 밖에 못한다"며 이찬혁 후보를 맹공한 이원범 후보는 8천여 표차로 수성에 실패했다.

지난 11대 총선에서 아들을 출전시켜 1만 표밖에 얻지 못한 박한상 후보는 8만여 표를 득표하여 금메달을 차지했고, 10대 총선 때 동메달에 그쳐 동정표를 기대했던 신정사회당 김수일 후보는 기대만큼의 성과를 내지 못했다.

□ 득표상황

후보자	정당	연령	주요 경력	득표(%)
박한상	신민당	62	국회의원(5선)	82,335 (36.8)
이찬혁	민정당	61	11대의원(지역구)	53,485 (23.9)
이원범	민한당	45	11대의원(지역구)	45,161 (20.2)
김수일	사회당	43	당 당무위원	17,965 (8.0)
윤선일	국민당	51	대한상이군경회장	13,031 (5.8)
백 철	무소속	28	대학원생	11,782 (5.3)

<동작> 중앙대 총학생회장 출신을 딛고 초, 중, 고, 대학 동문세와 토박이표를 휩쓸고도 동메달로 밀려버린 민한당의 서청원

조선일보 기자출신으로 이 지역구에서 초, 중, 고, 대학까지 동문세를 등에 업고 달성 서씨 종중 등 고정 기반을 딛고 난공불락의

철옹성을 구축한 민한당 서청원 의원에게 한국일보 정치부 차장 출신으로 한국 기자협회장인 박실 후보가 신한민주당으로 도전하고, 윤보선 전 대통령의 비서실장으로 지난 총선 때 은메달을 차지한 조종호 의원을 전국구로 밀쳐내고 민정당 총재 비서실장이라는 직함으로 전국구 의원이지만 지역구를 차지한 허청일 의원이 당선을 목표로 동분서주하고 있다.

한국연료공업조합장 출신으로 동진산업대표인 국민당 정영섭, 반공연맹 동작지부장 출신으로 지난 11대 총선에도 출전했던 무소속 정정대 후보가 뛰어들었다.

지난 총선에서 금메달을 확보한 서청원 후보는 "가난해서 육사에 갔다는 사람이 몇 달 사이에 갑자기 어디서 돈이 생겨 그렇게 뿌리고 다니느냐"고 민정당 허청일 후보를 힐난했다.

민한당 서청원 후보는 "통반장을 통해서 쌀표와 의료보험 카드를 돌리고 선심관광이나 보내주는 것이 정의사회냐"고 정부를 힐난하고 "이 나라의 거목으로 성장하여 조병옥, 신익희 선생 같은 훌륭한 정치지도자가 될 것"이라고 선언했다.

'민주 자생야당의 새 얼굴'이라는 선전물을 대량 배포한 신한민주당 박실 후보는 "야당 후보들의 대여공격 연설을 지켜보고만 있었다. 허튼 수작에 속임수뿐이었다"고 민한당 서 후보를 공격했다.

국민당 정영섭 후보는 "염산세례를 받고도 허청일 후보가 어떻게 멀쩡할 수 있겠느냐"며 "아까의 폭력사태는 명백한 쇼"라고 통박했다.

관악에서 분구된 11대 총선에선 중앙대 총학생회장 출신으로 조선일보 기자생활을 한 민한당 서청원 후보와 윤보선 전 대통령의 비서 출신으로 충북 단양에서 4대와 5대 의원을 지낸 민정당 조종호 후보가 윤보선 전 대통령의 간접적인 지원에 힘입어 통일사회당 위원장 출신으로 입법의원으로 발탁된 사회당 김철, 9대와 10대의원으로 보사부 장관을 지낸 국민당 정희섭, 반공연맹지부장 출신인 민권당 정정대 후보들을 가볍게 꺾고 동반 당선의 행운아가 됐다.

"김철은 빨갱이다"라는 유언비어에 속수무책인 김철 후보와 당사와 당원마저 빼앗겼다는 정희섭 후보의 득표력은 너무나 초라했다.

이번 총선에선 집이 가난하여 육사를 갈 수밖에 없었다는 민정당 허청일 후보는 "대통령 시해사건 이후 군인들은 풍전등화와 같은 나라를 구하기 위해 분연히 일어나 정치를 하기로 결심한 것"이라고 신군부의 권력찬탈을 옹호했다.

무소속 정정대 후보는 "민정당의 후보가 판잣집을 재개발해 땅값을 올려준다고 선전하고 다닌 것은 황야의 무법자와 같은 짓이고, 야당도 국정감사권 한번 발의 않고 여당에 박자나 맞추고 있어 여야를 감시하고 정의와 민주주의를 세우기 위해 출마했다"고 여야를 가리지 않고 공격했다.

"서청원 후보와 함께 우리 모두 당선시켜 달라"는 박실 후보가 묻지마 투표를 몰고 온 신당 바람으로 금메달을, 지역발전을 위한 해결사를 자처한 허청일 후보가 은메달 차지했다.

"여당의 물량공세는 전국적인 현상이지만 구두, 잠바, 시계에다 요즈음은 쌀표가 달동네에 돌고 있다"고 민정당의 물량 공세를 폭로

한 서청원 후보가 동메달로 밀려났다.

공창덕, 이길범, 이양우, 노병구 후보들을 꺾고 신당의 공천을 받아 당선된 박실 후보는 "나 개인의 승리라기 보다는 국민의 민주화에 대한 간절한 염원이 결실을 맺은 것으로 본다"고 당선소감을 밝혔다.

□ 득표상황

후보자	정당	연령	주요 경력	득표(%)
박 실	신민당	45	한국기자협회장	89,665 (42.4)
허청일	민정당	43	11대의원(전국구)	71,882 (34.0)
서청원	민한당	41	11대의원(지역구)	41,623 (19.7)
정정대(여)	무소속	41	반공연맹동작지부장	4,918 (2.3)
정영섭	국민당	57	동진산업대표	3,242 (1.6)

<관악> "내가 국무총리 시킨다고 못할 것 같은가"라는 임철순 후보가 4선의원으로 고토회복에 나선 김수한 후보에게 밀려 은메달을

중앙대 총장이며 설립자인 민정당 임철순, 민권수호학생연맹 준비위원장이었던 민한당 한광옥 의원이 동반당선을 기대하고 있는 가운데 이 지역에서 4선을 일궈낸 김수한 후보가 해금되어 고토회복

에 나섰다. 성심복지재단 이사장인 이영희 후보도 국민당 공천을 받고 출전했다.

10대 총선에서 압승한 김수한 의원은 규제되고 정희섭 의원은 동작에 출전하여 무주공산인 11대 총선에서 중앙대 총장이며 설립자인 임철순 후보가 민정당 공천을 받고서 4 • 19 혁명의 주체로서 투사이미지와 호남 출신임을 내세운 민한당 한광옥 후보와 동반당선됐다.

1기와 2기 통대의원이었던 신정당 이정환, 일신화학 대표인 무소속 오유근, 신민당 중앙상무위원이었던 민권당 이길범, 강감찬 사당 건립 추진위원장인 원일민립당 노기만, 신민당수 비서였던 한국기민당 공창덕 후보들도 얼굴을 내밀었다.

이번 총선에선 군화를 양 어깨에 매달고 등단한 국민당 이영희 후보는 "군화 신은 사람이 판치는 세상에 나도 군화를 신고 싶었다"며 군인정치를 비판하고서 "상도동, 동교동하며 나눠먹기나 하면서 무슨 민주회복이며, 민정과 민한 친목회를 만든 사람들이 어떻게 의원을 할 수 있겠느냐"며 "잘못된 국사에 바가지를 긁을 수 있도록 꼭 국회에 보내달라"고 호소했다.

사조직 중심의 구연 재생에 주력하고 있는 신한민주당 김수한 후보는 "민정당은 영세민층을 물량공세의 대상으로 보지만 나는 의식수준이 높은 대상으로 본다"고 신당 바람을 타고 금메달을 차지했다.

"나는 때묻지 않은 사람으로 대학으로 돌아갈 것"이라는 임철순 후보는 "내가 국무총리 시킨다고 못할 것 같은가. 민주투쟁 빌미삼은 선동 정치에 유능한 일군 잃지말라"고 호소하여 은메달을 차지했다.

"고지대 식수난 해결, 수해상습지역 일소, 뒷골목 포장 등 말없이 지역을 위해 노력한 것을 유권자들이 평가해 줄 것"이라고 기대한 임철순 후보는 "야당 후보들께서 자꾸 군사독재, 군사독재 하는데 군인출신 대통령이 세계에서 50명도 넘는다"며 "미국과 영국의 의원들도 절반이 장교출신"이라고 반격을 가했다.

"지난 4년간의 의정활동으로 선명성 시비는 이제 발붙일 곳이 없다"'면서 '민주와 양심세력의 젊은 기수'라는 구호를 내걸은 한광옥 후보는 "민정당 정권이 과연 민주주의를 수호할 능력이 있는가"고 반문한 뒤 "핍박 받는자와 정권교체를 위해 앞장서겠다"고 다짐했다.

"신한민주당은 야당분열을 획책하고 있다"면서 "과거 같은 당에 몸 담았던 선배정치인이 선배구실을 못하고 있다"고 김수한 후보를 공격한 한광옥 후보는 지난 4년간 꾸준하게 관리한 조직이 무너지며 썰물처럼 빠져나간 민심이반으로 동메달을 차지할 수밖에 없었다.

국민당 이영희 후보는 "갑옷 입고 투구쓰고 책가방이나 뒤지는게 새 시대 정의사회며 태평성대냐"고 꼬집었다. 군화를 매달고 명연설을 한 이영희 후보는 젊은층의 지지를 기대했으나 5%대의 지지율도 올리지 못했다.

□ 득표상황

후보자	정당	연령	주요 경력	득표(%)
김수한	신민당	56	국회의원(4선)	119,158 (43.0)
임철순	민정당	47	11대의원(지역구)	81,371 (29.3)
한광옥	민한당	43	11대의원(지역구)	64,475 (23.3)
이영희(여)	국민당	33	성심복지재단이사장	12,249 (4.4)

<강남> 지난 총선에서는 민정당, 민사당 공천을 받고 동반당선됐으며 4년간 갈고 닦았으나 야당 후보들에게 금배지를 넘겨주고 동반낙선한 민정당 이태섭과 신정사회당 고정훈

정치신1번지로 등장한 이 지역구는 지난 11대 총선에서는 혁신정당 육성이라는 이유 때문에 민한당과 국민당이 후보를 내지 못한 정책지구였다.

민정당 이태섭 후보는 MIT 공학박사답게 컴퓨터로 조직자료를 관리하고 역경을 딛고 입신한 자신의 이미지를 부각시켜 나갔다.

늙은 배달 소년을 자처한 신정사회당 고정훈 후보는 자신의 활동상을 담은 당보를 들고 호별 방문하며 "강남 주민들의 민주사회주의에 대한 이해가 날로 높아지고 있다"고 낙관했다.

지난 10대 총선에선 4선의원으로 농림부 장관을 지낸 신민당 정운갑 의원과 서울대 총학생회장 출신으로 공화당 공천을 받은 이태섭 후보가 동반 당선됐으나 총재권한 대행을 했던 정운갑 의원은 퇴출됐으나 정풍운동의 주역으로 활동한 이태섭 의원은 민정당에 입당하여 공천을 받고 출전했다.

이태섭 의원은 보혁 구도를 기대했던 신군부의 주도에 따라 민한당과 국민당이 공천을 포기하며 음성적으로 지원한 민주사회당 고정훈 후보와 머쓱하게 동반당선됐다.

"정당끼리 주거니 받거니 나눠 먹기식으로 후보를 내지 않는 것은 국민을 우롱하는 처사"라는 민권당 이인수, 무소속 백창현, 한국기민당 이창기 후보들의 절규는 돌아오지 아니한 메아리였다.

이번 총선에는 지난 총선에서 동반당선됐던 이태섭, 고정훈 후보들이 또 다시 동반당선을 기대하고 있는 가운데 전남 보성출신으로 4선의원인 이중재 후보가 정치해금되자 민한당을 선택하여 신재휴, 김형래 전국구 의원들과 윤기대, 장수완 후보들을 제치고 민한당 공천을 받아 출전했고 민한당을 탈당한 김형래 의원이 왕제광, 최전권, 김진권, 이인수, 유훈근, 오중환, 신경설 후보들을 꺾고 신한민주당 공천을 받고 출전하여 4각 구도를 형성했다.

조직의 귀재로 알려진 민한당 이중재 후보는 4선의원, 호남향우회, 고대교우회를 중추기반으로 삼고 "범야세력의 단결을 위해서 제1야당인 민한당을 택했다"면서 높은 지명도와 관록을 내세우며 전남 보성에서의 재검표에 의한 이적을 적극 홍보했다.

이중재 후보는 11대 국회를 조무라기들의 모임이라고 폄훼하고 "민정당의 복지정책은 복부인 지상주의 정책일 뿐"이라고 통박하면서 "평생동지 아닌 사람은 그러면 평생원수란 말이냐"고 민정당을 비난했다.

"민정의 이태섭 후보와 사촌 처남 매부지간이다" "공산당하다가 고등계 형사를 한 기회주의자"라는 전단이 나돌아 곤욕스러운 이중재 후보는 "대통령 선거에 누구는 나오고 누구는 나오지 말라는 것이 민정당식의 정의냐"고 통박한 뒤 "야당의 전력을 약화시키고 이전투구 양상으로 만들려는 민정당의 책략과 구 야당 정치인들의 출마욕심이 합쳐져서 생겨난 것이 신한민주당"이라고 신한민주당에게 맹공을 퍼부었다.

신한민주당 김형래 후보는 "요즘 학생들 사이에는 태평로는 삼성땅, 신문로는 현대땅, 남대문은 대우땅, 독도만 우리땅이라는 노래가 있다"면서 재벌들의 투기를 비난했다.

신군부 세력의 혁신정당 육성시책에 따라 민한당 강남조직책으로 선정됐으나 중앙당의 지시로 등록하지 못했지만 전국구 후순위 추천으로 행운의 열차에 승선한 김형래 후보는 선명성을 부각시킨 신당바람으로 대승을 거두었다.

"이 정부 들어서고 몰라보게 달라진 것은 선량한 국민들이 떼죽음을 당한 것, 돈을 닥치는 대로 해먹은 것"이라는 이중재 후보는 4선의원으로 신민당의 정책심의회의장이라는 지명도를 업고 호남향우회와 고려대 교우회를 집요하게 파고들어 서울에서 유일하게 당선된 민한당 후보가 됐다.

"만약 평화적 정권 교체가 이뤄지지 않는다면 내가 먼저 정치를 그만둘 것"이라며 민정당 내에서의 대통령 교체를 평화적 정권 교체라고 강변한 이태섭 후보는 서울대 총학생회장 출신으로 공학박사로서 김종필 공화당 총재 비서실장을 지낸 재선의원으로 정무장관을 지낸 신진 정예인물이지만 수도권에서 민정당 공천을 받은 유일한 낙선자가 됐다.

민사당 당수, 신정사회당 총재로서 혁신계를 이끌어 온 고정훈 후보는 정책적 배려가 없을 때는 현재의 우리나라 정치 실정에서는 자생할 수 없다는 것을 확실하게 보여주었다.

금메달을 확보하고 믿기지 못한 김형래 후보는 "나의 승리는 현 정부에 대한 견제 세력을 키우겠다는 민심의 표현"이라며 기염을 토해냈다.

□ 득표상황

후보자	정당	연령	주요 경력	득표(%)
김형래	신민당	45	11대의원(전국구)	131,559 (35.8)
이중재	민한당	61	국회의원(4선)	109,218 (29.7)
이태섭	민정당	45	11대의원(2선)	90,287 (24.6)
고정훈	사회당	64	11대의원(지역구)	36,404 (9.9)

<강동> "1년 동안 김영삼 선생과 함께 활동했다"는 홍보로 지연, 학연, 조직이 없음에도 전국 최고 득표율을 올린 김동규

지난 11대 총선에서는 경향신문 논설위원 출신으로 신군부 세력에 영입된 민정당 정남, 이철승 대표위원 비서실장을 지낸 민한당 정진길 후보가 동반당선되어 이번 총선에서도 동반당선을 기대하고 있는 가운데 상공부 중공업차관보와 대우사장을 지낸 김동규 후보가 신한민주당 공천을 받고 혜성처럼 등장했다.

'경기도 강동구'로 지칭될 만큼 낙후된 지역발전을 위해 분투했고 권투협회장의 지명도를 활용한 민정당 정남 후보는 "야당은 어떻게 하든 1명은 되는 것 아니냐, 지역 발전을 위해 나에게 표를 달라"고 호소했다.

'뿌리 있는 야당인'임을 강조하면서 자신이 해공 신익희 선생의 선거운동원이었다면서 "해공시대의 영광을 되찾자"는 구호를 내걸고 있는 민한당 정진길 후보는 세무서장, 상공부차관보를 지낸 관료는 야당인이 아니다라고 공격했다.

'강동의 영원한 머슴'이라고 자신을 소개한 정진길 후보는 "학생들이 찾아와도 대화하려 않고 돌팔매질이나 당하는 민정당은 이미 천심인 민심으로부터 멀어진 상태"라고 민정당을 공격했다.

"10·26 사태 후 타의에 의해 공직에서 쫓겨난 후 1년여 동안 김영삼 선생과 함께 활동했다"며 선명성을 강조하고 있는 김동규 후보는 김재규와 인척으로 억울함이 있다고 저변에 은근히 선전하고 있다.

지난 11대 총선 때 강남에서 분구되어 신설된 이 지역구는 15명의 입후보자가 난립하여 마치 개척지의 양상을 연상케 하는 전국최고경쟁율을 보였으며 경향신문 정치부장을 지낸 민정당 정남 후보와 이철승 신민당 대표 비서실장을 지낸 민한당 정진길 후보가 큰 표차로 13명의 후보들을 따돌리고 동반당선됐다.

고교교사와 통대의원 출신인 국민당 오창균, 강동구 약사회장 출신인 무소속 손치석, 인정장학회 회장출신인 무소속 남정희, 국회의원 비서관을 지낸 민권당 정동환 후보들이 따라잡기에는 모든 여건상 역부족이었다.

이번 총선에서 김대중 귀국 소식을 알린 신한민주당 김동규 후보는 "민정당 정권은 민주주의 토착화를 부르짖으면서 실은 독재 정치의 토착화를 가져왔다"며 "신민당 창당은 참된 민주주의를 이룩하려는 것"이라고 홍보했다.

김동규 후보는 서울의 변두리인 강동에까지 신당바람이 거세게 불어 충북 청주 출신으로 지역연고가 전혀 없는 약점을 극복하고 동대문 송원영 후보를 제치고 전국 최고 득표를 자랑했다.

전남 함평 출신인 신정사회당 정정휴 후보는 전북 김제 출신인 민한당 정진길 후보의 뒷덜미만 잡았을 뿐이다.

□ 득표상황

후보자	정당	연령	주요 경력	득표(%)
김동규	신민당	52	상공부중공업차관보	227,598 (55.6)
정 남	민정당	43	11대의원(지역구)	99,869 (24.4)
정진길	민한당	53	11대의원(지역구)	70,832 (17.3)
정정휴	사회당	49	농촌문제연구소장	11,319 (2.7)

| 인천직할시 |

<남 – 중> 신당 바람을 타고 충남 서산에서 인천에 상륙하여 6선의원이며 국회부의장을 무너뜨린 이변을 연출한 신한민주당 명화섭

국회부의장을 지낸 6선의원으로 인천의 간판이라는 지명도와 결혼 주례 1만 건이 밑바탕이 된 민한당 김은하 의원의 철옹성에 민정당은 맹은재 의원의 타계로 통대의원 출신으로 인천시 새마을금고 연합회장으로 지역주민에게 지명도가 높은 심정구 후보로 교체했다.

여기에 충남 서산 출신으로 민주화 추진협의회 부간사장으로 활약한 명화섭 후보가 신당 바람을 타고 인천에 상륙하여 3파전을 전개하고 있다.

인천이 중 – 남구와 동 – 북구로 분구된 지난 11대 총선에서 중 – 남구에선 5선의원으로 신민당 원내총무로 활약했지만 정치규제에서 풀려난 민한당 김은하 후보가 1기와 2기 통대의원으로 활약한 민정당 맹은재 후보와 동반당선됐다.

폭넓은 여권조직, JC, 청년단체를 활용한 맹 후보는 "제5공화국은 새 시대인 만큼 참신한 새 인물을 넣어달라"고 호소하여 5선의원을 제압하고 금메달을 차지했다.

공화당 부위원장 출신으로 원광산업 대표인 국민당 유복수, 1기와

2기 통대의원 출신으로 중앙기업 대표인 민권당 하근수 후보들이 추격전을 전개했으나 당선권까지 접근하지는 못했다.

이번 총선에서 민정당 심정구 후보는 "모두 잘한건 아니나 평화적 정권 교체 기틀을 잡은 것만 해도 우리당의 공적이 크다"고 자랑을 늘어놓고, 민한당 김은하 후보는 "여당 후보가 모두 자신의 업적처럼 말하지만 정부는 예산확정권은 없고 집행권만 있는 것"이라고 반박했다.

하근수, 이신웅, 심양보, 황순국 등 토착 정치인들을 제치고 신한민주당 공천을 받은 명화섭 후보는 "여섯 번씩이나 하면서 지역을 위해 해 놓은 것이 무엇이냐"고 민한당 김은하 후보를 힐난하고 "이번 선거는 개인 간의 싸움이 아니라 당 간의 싸움"이라고 신한민주당의 선명성을 부각시켰다.

명화섭 후보는 "추운 때를 선거철로 잡은 민정당의 의사와는 달리 하늘도 무심치 앉아 날씨가 푸근하다"며 신당 바람을 타고 인천에 가장 많은 충청 향우회의 충청표를 결집시켜 의외의 대승을 거두었고, 집권여당의 조직표, 서민층과의 유대관계로 민심을 얻은 심정구 후보가 동반당선을 가져왔다.

6대 총선이래 깊이 뿌리를 내려왔던 민한당 김은하 후보는 자생정당이 아니라 타생정당의 지도자로 낙인 찍혀 20% 득표율로 낙선하는 설움을 겪었다.

□ 득표상황

후보자	정당	연령	주요 경력	득표(%)
심정구	민정당	53	통대의원	137,314 (40.4)
명화섭	신민당	62	전당대회부의장	128,382 (37.7)
김은하	민한당	61	11대의원(6선)	74,459 (21.9)

<북 – 동> 8대와 9대 의원을 지냈지만 정치적으로 불운했던 유제연 후보가 신당 바람을 타고 충청표를 결집시켜 기사회생

지난 11대 총선에서 동반당선된 민정당 김숙현 의원과 민한당 정정훈 의원의 동반당선을 이번 총선에서도 자타가 예상하고 있는 가운데 충남 당진 출신으로 8, 9대 의원을 지낸 유제연 후보가 10대 총선에서는 한영수 후보와 복수공천으로, 11대 총선에서는 공천까지 받지 못한 정치적 불운과 한을 떨쳐버리고 인천에 상륙하여 신당 바람을 기대하고 있고 한국애토마이자 대표인 국민당 이정대 후보가 토박이 출신임을 내세워 바닥표를 훑고 있다.

지난 10대 총선 때 "나이 60이니 이번이 마지막 버스"라고 읍소했으나 낙선한 김숙현 8대의원이 기사회생하여 민정당 공천을 받고 출전하여 부일교통대표로서 혜성처럼 나타나 민한당 공천을 받은 정치신인 정정훈 후보와 동반당선의 행운을 만끽했다.

10대 총선 때 낙선했지만 인천상공회의소장을 역임하고 신명여고

재단이사장인 국민당 최정환 후보가 재기를 기대했으나 수포로 돌아갔고, 국회의원 비서관을 지낸 무소속 김영일, 1기와 2기 통대의원을 지낸 무소속 차병락, 보안사와 중앙정보부 직원이었던 신정당 박영복 후보들이 추격전을 전개했으나 의미 있는 득표력을 보여주지 못했다.

이번 총선에선 김대중 대선 후보 특별 보좌역으로 활약한 신한민주당 유제연 후보는 최형호, 이병현, 박영복 후보들을 꺾고 신한민주당 공천을 받은 여세를 몰아 충청도 출신들의 전폭적인 지원과 호남향우회의 대대적인 지지로 예상을 뒤엎고 금메달을 차지했다. 이는 오직 정권 교체를 염원하는 인천 시민들의 응집된 민심의 결과였다.

평안도 출신이지만 25년간 살아온 토박이를 강점으로 내세운 민정당 김숙현 후보는 대한변호사회 인권옹호위원장으로서 주민들의 법률 무료상담이 표로 연결되고 광산 김씨 문중, 기독교계와 노동조합들을 집중공략하여 10만 표가 넘는 득표력을 과시했다.

부평에 있는 대우자동차 고문으로 활약하고 있는 민한당 정정훈 후보는 부평 공단 10만 근로자의 대변자로서 역할로 지난 4년간 조직을 다져왔지만 신한민주당 창당행사장에 정정훈 후보의 홍보 팜플렛이 홍수를 이룬 것이 도리어 역효과를 내어 낙선한 것이 아니냐는 참새들의 입방아도 있었지만 신당바람과 충청, 호남 향우회의 전폭적인 지원의 결과였다.

□ 득표상황

후보자	정당	연령	주요 경력	득표(%)
유제연	신민당	49	국회의원(2선)	113,420 (37.1)
김숙현	민정당	67	11대의원(2선)	102,396 (33.5)
정정훈	민한당	50	11대의원(지역구)	67,854 (22.2)
이정대	국민당	41	애토마이저대표	22,107 (7.2)

경기도

<수원 – 화성> 지난 11대 총선에선 민한당 공천에서는 밀렸지만 이번 총선에선 신당 바람을 업고 설욕전을 펼친 신한민주당 박왕식

지난 11대 총선에서 도립병원장으로 기반을 다진 민정당 이병직, 10대의원으로 지명도를 높인 민한당 유용근 후보가 동반당선되어 이번 총선에서도 이변이 없는 한 동반당선을 명약관화한 사실로 받아들였다.

한국 정치문화 연구소 사무국장 출신인 박왕식 후보가 신한민주당으로, 연천, 안성, 화성, 고양 군수 출신으로 경기도 문화공보실장을 지낸 이재원 후보가 국민당으로 출전하여 팽팽한 4파전이 전개됐다.

지난 11대 총선에선 경기도의 인물로 알려진 이병희 의원이 퇴출당하고 유용근 의원이 살아남은 이 지역구는 경기도립병원장, 수원간호대학장 등의 경력을 가진 이병직 후보가 "뒷전에서 불평 말고 참여해서 시정하자"는 구호를 내걸고 금메달을 확정했고, 통대의원 출신으로 영신여중고, 환박정미소, 합동양조장 대표 등 재력을 동원한 국민당 박지원 후보가 악수 공세로 몸으로 때우는 민한당 유용근 후보와의 접전에서 3천여 표 차로 패배했다.

선명논쟁을 불러일으킨 민권당 홍경선, 서울체신청장 출신인 신정당 이석영, 중앙교회 장로인 민사당 송기호, 수원 YMCA 이사인 무소속 이희상 후보들도 뛰어들었다.

이번 총선에서 민정당 이병직 후보는 2만 4천 명의 당원을 기간으로 이통조직을 완비하여 평생 동지모임으로 조직을 공고히 하고 의료복지카드 15만장을 발급하고 오산시 승격을 공약으로 내걸었다.

서민층과 농민, 4H및 젊은층을 주 공략 대상으로 설정한 민한당 유용근 후보는 '어느모로 보든지 유용근'이란 구호를 내걸었다.

신한민주당 박왕식 후보는 10대 총선 때 민한당 공천 탈락의 한을 되씹으며 출신지인 화성군을 집중 공략하며 밀양 박씨 7천 가구를 지지기반으로 뛰고 있다.

권력형 부정축재자였던 이병희 후보가 높은 지명도를 갖고 "야권 표만 손대겠다"며 출전을 선언했다가 중도포기하여 이병직 후보의 금메달의 숨은 공로자가 됐다.

집권여당의 조직을 활용하고 높은 지명도를 자랑한 이병직 후보가 금메달, 오로지 신당 바람만을 업은 박왕식 후보가 은메달을 차지하여 동반당선됐다.

신한민주당 박왕식 후보는 민한당 유용근 후보에게 화성에서는 2,388표(2.0%) 뒤졌으나 수원시민들의 반체제에 대한 호응으로 무려 15,803표 (7.7%)나 앞서 국회 등원에 성공했다.

□ 득표상황

후보자	정당	연령	주요 경력	득표(%)
이병직	민정당	64	11대의원(지역구)	99,715 (31.5)
박왕식	신민당	46	정치연구소사무국장	96,952 (30.6)
유용근	민한당	44	11대의원(2선)	83,537 (26.3)
이재원	국민당	59	경기도문화공보실장	36,835 (11.6)

<성남 – 광주> 영화배우협회 부회장으로 서민층의 절대적 지지를 받은 국민당 이대엽 후보가 변절 시비에 휘말린 4선의원인 민정당 오세응 후보를 꺾고 금메달을

지난 11대 총선 때 야당 투사로 활약하다 신군부 세력에 투항한 민정당 오세응 후보와 액션 영화배우 출신인 신정당 이대엽 후보가 동반당선되고서 이번 총선에서도 민정당과 국민당 공천을 받고 동반 당선의 가도를 질주하고 있다.

신민당 지구당위원장을 지낸 신정사회당 김기평, 8대, 9대, 10대 총선에 출전하여 낙선하고 이번 총선에선 공천에서 탈락한 유기준 후보가 무소속으로 출전했다.

전북 고창출신으로 민한당 전국구 의원을 지낸 강원채 후보가 민한당 공천을 받고, 민추협 운영위원인 이윤수 후보가 신한민주당 공천을 받고 동반당선 저지에 나섰다.

여주, 이천이 분립된 지난 11대 총선에선 이철승 대표와 대립각을 세우다 공천에서 탈락하자 무소속으로 당선된 3선의원인 오세응 의원이 입법의원으로 살아 남아 민정당 공천을 받아 조직 간 마찰이 있었으나 선두권을 달렸다.

통대의원 출신으로 액션영화 배우인 신정당 이대엽 후보가 불우맹인 102명을 치료토록 알선하는 등 꾸준한 봉사활동으로 서민층의 폭발적인 인기로 동반당선을 이뤘다.

삼화섬유 대표로 "30년 전통야당 내가 키운다"는 민한당 이웅배, 약사로서 통대의원 출신인 강희규, 경기도 식산국장 출신인 민권당 황두영 후보들이 당선을 향해 질주했으나 역부족이었다.

이번 총선에서도 야권 4후보의 경쟁에 어부지리를 기대하며 의정보고서 3만부를 배부한 민정당 오세응 후보는 "박정희 정권 아래서 야당 투사로서 고초를 겪고 10・26 사건이 조금만 늦게 났으면 국회에서 쫓겨나고 감옥갈 뻔했다. 야당 좋아하네"라고 비아냥대고서 "해공이래 14년 국회 관록을 쌓은 나를 뽑아 이 고장에서도 장관이나 국무총리를 만들자"고 지지를 당부했다.

'성남의 횃불' 등 의정보고서를 출판사를 경영한 이점으로 도서외

판원 조직을 활용하여 배부하며 호남세의 지지를 기대한 강원채 후보는 "병든 소 사건의 농수산부 장관은 민정당 전국구에 발탁되고 자율화를 외치다 실패한 문교부 장관은 비서실장으로 올라갔다"며 "복지사회가 아니라 재벌사회만 건설했다"고 정부를 공격했다.

2만 5천 명의 당원을 활용하여 서민층을 집중 공략중인 이대엽 후보는 "우리나라는 손금이 없는 사람이 두 종류가 있다. 하나는 여러분같이 뼛골 빠지게 일만하다 손금지문이 닳은 사람, 하나는 제 출세하려고 아부하다 손을 비벼 손금이 없는 사람"이라고 오세응 후보의 변절을 비난했다.

박정무, 정세준, 우진원 후보들을 꺾고 신한민주당 공천을 받은 이윤수 후보는 "전직 야당 총재가 연금 상태에 있어도 성명서 하나 못내는 야당"이라고 민한당을 공격하고 "야당하려면 기관에서 귀싸대기 한 번은 맞고서 해야 한다"고 기염을 토했다.

'60만 성남시민과 광주군민을 우롱한 민한당 공천' 이라는 유인물을 대량배포하며 동정표를 기대한 무소속 유기준 후보는 "해공선생 이래 다른 동네에서 국회의원을 꾸어다 시킨 이곳에서 이번만은 이 고장 출신에 유진오 선생의 조카인 나를 뽑아 빛도 못보고 야당 생활로 찌든 나를 회생시켜 달라"고 읍소했다.

"박정희 정권에 대항해서 싸우다 야당에서도 쫓겨난 오세응 씨를 무소속으로 당선시켜줄 때 그는 죽어도 여당은 않겠다고 하더니 오늘날 민정당 국회의원이 웬말이냐"고 오세응 후보의 변절을 질타한 신정사회당 김기평 후보는 "열길 물속은 알아도 한길 사람속은 모른다더니 죽어도 야당 한다던 사람이 지금은 여당으로 변심했다"고 오세응 후보를 거듭 공격했다.

영화배우협회 부회장으로 서민들의 절대적인 지지를 받은 국민당 이대엽 후보가 변절 시비에 휘말린 4선의원인 오세응 후보를 꺾고 금메달을 차지했다.

무소속 유기준 후보는 광주에서는 26,081표 (39.1%)를 득표하여 1위를 했지만 성남에서 국민당 이대엽, 민정당 오세응, 민한당 강원채 후보에 뒤진 4위에 머물러 당선권에서 멀어졌다.

민한당 전국구 의원인 강원채 후보는 토착 정치인인 유기준, 이웅배 후보들을 꺾고 민한당 공천을 받고 당선권을 향해 질주했으나 역부족이었다. 지역에 뿌리를 깊게 내리지 못한 데 원인이 있겠지만 유기준이윤수 후보와의 야권성향표 잠식이 근본 이유였다.

□ 득표상황

후보자	정당	연령	주요 경력	득표(%)
이대엽	국민당	49	11대의원(지역구)	83,663 (30.7)
오세응	민정당	51	11대의원(4선)	70,046 (25.7)
유기준	무소속	60	총선입후보3회	49,048 (18.0)
강원채	민한당	42	11대의원(전국구)	42,830 (15.7)
이윤수	신민당	46	민추협운영위원	18,645 (6.8)
김기평	사회당	42	신민당지구당위원장	8,628 (3.1)

<의정부 – 동두천 – 양주> 정치 피규제자로서의 동정여론과 신당 바람을 업고 경민학원 이사장인 민정당 홍우준 후보를 꺾어버린 김형광

지난 11대 총선 때 동반 당선된 민정당 홍우준, 민한당 김문원 의원들이 동반당선을 꿈꾸며 조직을 가다듬고 있는 상황에서 정치규제에서 풀려난 김형광 후보가 신한민주당으로 출전하여 3파전을 전개하고 있다.

남양주군이 신설되고 파주가 분리된 지난 11대 총선에서 이 지역구는 유일한 김형광 의원이 규제되어 정치 신인들의 각축장이 되어 경민학원 이사장인 민정당 홍우준, 신아일보 정치부장을 지낸 민한당 김문원, 통대운영위원 출신으로 공화당 지구당 사무국장 출신인 무소속 유일 후보들이 각축전을 전개했다.

유일 후보가 의정부에서는 민주전선 편집국장 출신인 김문원 후보에게 앞섰으나 양주에서 뒤져 2,611표 차로 승패가 엇갈렸다.

6, 7, 8대 총선에 출전하고 네 번째 출전한 사회당 박찬정 후보는 "낙선한다면 쥐약입니다"라며 빨간 약봉지를 들어보이며 동정표를 끌어모았으나 최하위 득표에 머물렀다.

이번 총선에선 '강압정치 철폐하라'는 의정보고서 10만부를 배부하고 부인이 호남출신이므로 호남출신들의 지지를 기대하며 "동정표 구걸로 정치할 시대는 지났다. 인물로 평가해 달라"는 민한당 김문원 후보는 재미중 김대중을 수행한 이신범을 들먹이면서 "고국을 오고 싶어도 못오는 사람이 있는 정치체제"라고 민정당에 화살을 돌렸다.

'생명을 다해 민주투쟁' '목숨바쳐 반독재 투쟁'을 역설하며 "이 지역은 내 지역이다"고 선언한 신한민주당 김형광 후보는 "12대 국회에서는 대통령 직선제를 기어이 관철시켜 여러분이 진실로 존경하는 분들 중에서 대통령을 뽑게 하겠다"고 다짐했다.

1만 1천여 명의 당원들을 가동하고 경민학원 교직원들을 독려하며 기독교 장로로 기독교계 160개 교회 신도들을 공략하면서 30%인 이북 5도의 실향민들의 지지를 기대한 민정당 홍우준 후보는 "야당 후보들은 무슨 독재다, 창살없는 감옥살이 했다는 등 똑 같은 소리만 다섯 번째 계속하고 있다"고 민한당, 신민당 후보들을 공격했다.

정치 피규제자로서의 동정여론과 신당 바람을 등에 업은 신한민주당 김형광 후보가 대승을 거두었고, 경민학원 이사장으로서 재력과 집권여당의 조직을 활용한 민정당 홍우준 후보가 동반당선됐다.

11대 국회에서의 활동상을 홍보하고 동정표 분쇄에 심혈을 기울인 신아일보 정치부장을 지낸 김문원 후보의 득표는 너무나 초라했다.

☐ 득표상황

후보자	정당	연령	주요 경력	득표(%)
김형광	신민당	49	10대의원(지역구)	86,329 (58.4)
홍우준	민정당	61	11대의원(지역구)	42,718 (28.9)
김문원	민한당	43	11대의원(지역구)	18,873 (12.7)

<안양 – 광명 – 시흥 – 옹진> 4년간 가꾸어 온 조직을 가동하며 수성에 안간힘을 쏟았으나 옛 주인 이택돈 후보에게 금뱃지를 되돌려준 민한당 이석용

지난 11대 총선 때 동반당선된 민정당 윤국노, 민한당 이석용 의원들이 수성에 안간힘을 쏟고 있는 상황에서 광명라이온스크럽 회장을 지낸 국민당 김종면, 통일사회당 간사를 지낸 신정사회당 김정길, 반석교회 집사인 민권당 곽인수 후보들이 도전했다.

대법원 재판연구관 출신으로 신민당 대변인을 지낸 이택돈 후보가 3차 해금으로 풀려나 신한민주당 공천을 받고 고토회복에 나서 태풍의 눈으로 부상했다.

부천이 분리된 지난 11대 총선에선 한국 프라스틱공업 협동조합장 출신인 윤국노 의원이 정치규제에서 풀려 선두를 달리고 있는 상황에서 대우전자 사장을 지낸 민한당 이석용, 통대의원 출신으로 반공연맹 안양지부장인 국민당 정수창이 은메달 경쟁을 벌여 "간신배가 아닌 애국적 감시자인 야당이 필요하다"는 이석용 후보의 승리로 돌아갔다.

민정당 이재형 대표는 "10년간 떠났다가 이제와서 다시 이름을 걸 수는 없지 않느냐"고 끝내 지역구 출마를 고사했고, 민한당 조직책 선정에서 제외되자 오랜 야당생활을 내세워 동정표에 기댄 통일민족당 신하철, 출마경험과 좋은 언변으로 붐 조성에 노력한 민사당 박제상 후보들의 선전이 돋보였다.

이번 총선에서 민정당 윤국노 후보는 '11대 국회 활동을 마치며'라는 인사장을 배부하고 의료복지카드 1만 6천장을 발급하고서 광명시 상수도 건설, 과천의 서울전화 개설 등의 업적을 자랑했다.

지역책 1백명으로 구성된 '일지회' 중심으로 지역구를 착실히 관리하고 있는 민한당 이석용 후보는 기독교신자, 전주 이씨 종친, 공단 근로자들을 집중공략했다.

신한민주당 이택돈 후보는 신민당 조직의 재건에 사활을 걸고 8, 9, 10대의 의정활동상을 집중 홍보하고 신정사회당 김정길 후보는 '민주혁신의 길 20년'을 구호로 내세우고 표밭갈이에 나섰다.

민한당 이석용 후보는 "신민당의 이택돈 후보는 김대중 씨 군사재판 과정에서 김대중 씨를 용공분자"라고 증언하며 배신했고, 신민당 시절엔 정부 고위층의 연락병 노릇을 한 정치 경력 때문에 신민당에서 막바지 공천에 턱걸이했다"고 공격했다.

이에 이택돈 후보는 "군사재판 시 변호인단이 나의 법정진술 내용을 입증할 것이다. 계엄하에서 당국의 일방적 발표도 정치탄압"이라면서 "민정당 공천을 받으려다 여의치 않아 민한당으로 밀린 사람이 무슨 야당이냐"고 반격했다.

신정사회당 김정길 후보는 "엄동설한에 선거를 치르도록 한 이번 선거는 국민의 심판이 두려워 많은 사람들이 듣지도 보지도 못하도록 하기 위한 현 정권의 음모"라고 주장했다.

정치 피규자였다는 사실을 강조하며 신당 바람을 업은 이택돈 후보가 대승을 거두었고, 4년간 가꾸어온 조직을 관리하여 수성에 안간힘을 쏟은 이석용 후보는 현역의원의 위용을 잃은 채 20% 득표율도 올리지 못했다.

집권당 조직과 JC 중앙회장으로서 지명도를 활용한 민정당 윤국노 후보는 섬으로만 구성된 옹진에서는 13,630표 (67.5%)를 쓸어 담고 1위를 했지만 안양, 광명은 물론 시흥에서도 대패하여 은메달에 머물렀다.

□ 득표상황

후보자	정당	연령	주요 경력	득표(%)
이택돈	신민당	50	국회의원(3선)	194,690 (47.1)
윤국노	민정당	48	11대의원(2선)	121,949 (29.5)
이석용	민한당	46	11대의원(지역구)	70,973 (17.2)
곽인수	민권당	46	당 정무위원	10,940 (2.6)
김종면	국민당	46	라이온스클럽회장	8,805 (2.1)
김정길	사회당	40	통일사회당간사	6,196 (1.5)

<부천 – 김포 – 강화> 민정당이 취약지구로 선정하여 신능순 의원을 박규식 후보로 교체하여 선두권을 선점하자 오홍석, 김두섭, 안동선 후보들이 야권성향표를 겨냥하면서 혼선 전개

지난 11대 총선에서는 경기도 교육감 출신인 민정당 신능순, 강화를 기반으로 교회조직을 활성화시킨 민한당 오홍석 후보가 동반당선됐으나 민정당 신능순 의원을 재력을 구비한 평화통일정책 자문

위원인 박규식 후보로 교체하여 출전시켰다.

6전 7기의 국민당 김두섭 후보와 4전 5기의 신한민주당 안동선 후보가 등록하여 팽팽한 4파전을 전개했다.

지난 11대 총선에서는 고양 대신 부천과 통합된 이 지역구는 지난 10대 총선 때 1위를 한 오홍석, 4위를 한 김두섭 후보들이 기사회생하여 재격돌을 펼친 상황에서 부천의 토박이로서 경기도 교육감을 지낸 민정당 신능순 후보가 지명도와 여권 조직을 활용하여 전 지역구를 휩쓸었다.

민한당 오홍석, 안민당 김두섭 후보들의 은메달 경쟁은 강화에서는 오후보가 3,269표 앞섰으나 김포에서는 김 후보가 11,438표 앞섰다.

그러나 야당성향이 강한 부천에서 오 후보가 15,823표 앞서 7,654표 차로 3선 의원 반열에 올랐다.

이번 총선에서 박규식 후보는 강화 ~ 서울 간 도로의 4차선화, 강화 사적지의 개발, 김포 군민회관 건립 등을 공약으로 내세우며 조직을 재정비하고 있고, 오홍석 후보는 감리교장로서 5백여 개의 교회를 대상으로 순회 예배를 실시하고 의정보고서 30만부를 배포하여 의정활동상을 부각시키고 있다.

국민당 김두섭 후보는 무소속, 민정당, 신민당, 신한당, 국민당, 안민당 등으로 6번 출전하여 최다 당적 변동기록을 보유하고 있으며 네 번이나 차점 낙선했던 한(恨)을 풀어달라며 동정여론을 불러일으키고 있다.

통일당 사무국장 출신으로 유권자가 가장 많은 부천을 휩쓸고 신당을 업고 선명성을 부각시킨 안동선 후보가 금메달을, 풍부한 재력을 동원하고 민정당의 조직을 살린 박규식 후보가 동반당선의 열매를 맺었다.

국민당 김두섭 후보는 김포에서는 27,487표 (48.6%)를 득표하여 당당하게 1위를 했지만 부천에서는 24,356표 (12.0%)로 4위, 강화에서도 11,097표 (23.3%)로 3위에 머물러 패전의 기록만을 쌓아갔다.

지난 총선에서 전 지역을 휩쓸었던 오홍석 후보는 세월의 무상함을 느끼며 민한당의 인기 하락과 함께 현역의원의 이점을 살리지 못하고 추락했다.

김영삼 특명을 받고 조직책 선정위원회에 참석한 최형우, 김동영 위원들이 최기선 후보가 탈락하자 퇴장하는 촌극까지 벌이며 조직책에 선정된 안동선 후보가 부천지역의 몰표로 금메달을 확보했다.

□ 득표상황

후보자	정당	연령	주요 경력	득표(%)
안동선	신민당	49	통일당조직국장	98,218 (32.5)
박규식	민정당	47	평통자문위원	84,744 (28.0)
김두섭	국민당	54	총선입후보6회	62,940 (20.8)
오홍석	민한당	57	11대의원(지역구)	56,399 (18.7)

<남양주 – 양평> 국회 국방위원장 경력을 살린 김영선 현역의원, 씨족기반을 살린 국민당 조병봉 후보가 11대 총선에 이어 동반당선

지난 11대 총선 때 군법회의 재판장, 중앙정보부 차장 출신인 민정당 김영선, 두 번에 걸친 통일주체국민회의 예비후보로 있었으나 등원에 실패한 무임소장관 보좌관 출신인 국민당 조병봉 후보가 동반 당선되고서 이번 총선에서는 수성을 벼루고 있다.

고려대 강사로 지난 11대 총선에도 출전했던 민한당 신동균 후보와 한국일보 기자출신으로 민추협 활동을 벌였던 신한민주당 조정무 후보가 동반당선 저지에 나섰다.

지난 11대 총선 때 신설된 이 지역구는 양평 출신으로 군법회의 재판장으로 활약하다가 중앙정보부 차장을 지낸 김영선 후보가 민정당 공천을 받아 전 지역구를 휩쓸었다.

이러한 찬바람이 으스스한 지역구에 민권당은 남양주 출신으로 경기도 의원 출신인 신흥균, 양평 출신으로 반공연맹 전임강사인 이병대를 복수공천했고, 신흥균 후보의 사촌형으로 고려대 강사인 신동균 후보가 민한당 공천으로 출전했다.

그러나 경기도 향군회장 출신으로 경기도의원을 지낸 경력을 바탕으로 한양 조씨 종친회를 파고든 국민당 조병봉 후보가 1만 9천여 표로 은메달을 차지했다.

이번 총선에서 재임기간 동안 군사보호 지역 해제와 그린벨트 완화를 주민들의 기대치에 미흡하다는 혹평을 받은 민정당 김영선 후보는 '우리 고장 발전 누구에게 맡길 것인가'라는 슬로건아래 구리읍의 시 승격을 공약으로 내걸고 조직을 재정비했다.

당 기간 조직 1천 명을 확보한 조병봉 후보는 기독교 신자의 결속을 기대하며 180년 동안 살아온 한양 조씨 씨족 기반, 의회 투쟁 노력을 적극 홍보했다.

사촌동생 신흥균 후보의 출마포기로 설욕을 다짐하고 있는 신동균 후보는 뿌리가 깊은 야당조직의 재건에 심혈을 기울였다.

유신헌법 반대 투쟁을 하다가 긴급조치 위반 혐의로 입건된 경력을 내세워 바람을 일으키고 있는 조정무 후보는 통일당, 민정당, 신민당으로 정당을 여러 번 바꾼 사실이 약점으로 떠오르고 있다.

정권 실세로 국회 국방위원장을 지낸 중량감을 되살린 김영선 후보가 금메달을 예약했고 현역의원으로서의 이점과 착실하게 관리한 지역기반을 되살린 조병봉 후보와 11대와 같이 동반당선 수성에 성공했다.

야권표를 두고 이전투구를 전개한 신동균 후보는 "조정무 후보는 민정당에 몸 담았던 사람이며 나만이 30년 경력의 야당투사"라고 주장했지만 최하위 득표를 기록했다.

이당 저당을 섭렵했으나 김시록, 정인영, 안종목 후보들을 꺾고 신한민주당 공천을 받은 조정무 후보는 2전3기를 기대했으나 물거품이 되었다.

□ 득표상황

후보자	정당	연령	주요 경력	득표(%)
김영선	민정당	52	11대의원(지역구)	76,646 (48.7)
조병봉	국민당	54	11대의원(지역구)	31,991 (20.3)
조정무	신민당	44	한국일보기자	25,376 (16.1)
신동균	민한당	58	고려대강사	23,320 (14.8)

<여주 – 이천 – 용인> 경기도 동남부 농촌지역에서 신당 바람을 일으키기엔 여건이 맞지 않아 정동성, 조종익 후보들의 동반당선을 바라만 본 신한민주당 구재춘

공화당 정풍운동의 주역인 민정당 정동성, 중앙당 조직국장출신인 민한당 조종익 후보가 지난 총선에 이어 동반당선을 기대하고 있는 가운데 공화당 중앙위원출신인 국민당 박창희, 민추협 운영위원 출신 신한민주당 구재춘 후보가 동반당선 저지운동을 펼쳤다.

지난 11대 총선에선 성남 – 광주 – 여주 – 이천에서 여주 – 이천과 평택 – 안성 – 용인에서 용인을 병합한 이 지역구는 공화당 소장파 의원으로 정풍운동에 매진하여 김종필 총재를 흔들어 댄 공훈으로 민정당 공천을 받은 정동성 후보가 젊은 패기를 앞세워 여주를 기점으로 전 지역구를 휩쓸어 버렸다.

세 번째 출마한 민한당 조종익 후보가 "20년의 한을 풀자"며 용인을 진지로 야당성향표를 규합하여 동반당선의 행운을 잡았다.

민한당 조직책으로 선정됐다가 놓쳐버린 서울지법 판사출신인 금병훈, 이천농협장 출신인 이재영, 한국주택 대표 출신인 윤성만 후보들이 무소속으로, 국토통일원 교수 출신인 이찬구 후보가 민사당으로 출전하여 선전했다.

이번 총선에서도 '3선으로 키워 장관을 만들자' '용인은 처가로 맏사위가 맡아서 개발하겠다'는 정동성 후보는 "야당 후보들이 투쟁경력을 내세우지만 나도 4·19 세대로서 동지 2백 명이 수유리에 묻혀 있고 건국포장까지 받은 사람"이라고 선전했다.

당원배가운동을 벌이며 "분통터져 못 살겠다. 일당독재 몰아내자"는 구호를 내건 조종익 후보는 "복합영농이라는 말이 병든 소 사건으로 복통 영농이 돼 버렸다"고 정부 정책을 비난했다.

이천으로 주소지를 옮기고 신당 바람을 일으키고 있는 구재춘 후보는 "우리도 빚장이 금메달국이 안된다는 보장이 있느냐"고 외채 위기론을 편 뒤 "빚처리가 잘못돼서 뻥 터지는 날에는 4천만 국민이 갚아야한다"고 외채 위기를 제기했다.

공화당 지구당 부위원장으로 18년간 활동한 국민당 박창희 후보는 "민정당과 민한당은 별 하나 나 하나 별 둘 나 둘 하고 친하더니 요즘은 도리도리, 쥐암쥐암까지 하며 논다"고 동반당선을 비아냥됐다.

경기도의 동남부 농촌지역에서 신당 바람을 일으키기엔 역부족이었고 동반당선 저지에 나선 두 후보의 지명도가 낮아 지난 총선에 이어 이번 총선에서도 쥐암쥐암하면서 정동성, 조종익 후보의 동반당선을 바라만 볼 수밖에 없었다.

□ 득표상황

후보자	정당	연령	주요 경력	득표(%)
정동성	민정당	45	11대의원(2선)	84,862 (46.4)
조종익	민한당	49	11대의원(지역구)	45,885 (25.1)
구재춘	신민당	46	민추협문화부장	28,578 (15.6)
박창희	국민당	59	공화당 중앙위원	23,530 (12.9)

<송탄 – 평택 – 안성> 지난 11대 총선 때의 금메달, 은메달, 동메달 후보들이 재격돌하여 이번 총선에서도 메달 색깔도 똑같이 재현

지난 11대 총선에서 금메달 민정당 이자헌, 은메달 민한당 유치송, 동메달 신정당 정진환 후보가 이번 총선에도 재격돌을 펼치고 있다.

지난 11대 총선에서는 신민당 최고위원으로 활약했지만 정치규제에서 풀려나 민한당 총재에 오른 유치송 후보가 3선을 이룬 터전인 이 지역구는 제3당인 국민당, 제4당인 민권당, 제5당인 민사당 후보들은 보이지 않고 민정당, 신정당 후보들만이 얼굴을 내밀었다.

유정회 의원으로 활약한 민정당 이자헌 후보는 '이 지역이 낳은 위대한 정치인'이란 슬로건으로 서울신문 편집국장을 지낸 참신한 엘리트 정치인임을 내세워 "평택이 낳은 정치 거목 압승토록 밀어주자"는 민한당 유치송 후보를 누르고 금메달을 차지했다.

단국대 교수출신으로 안성고 제자들을 주축으로 천주교교인 조직을 파고들며 안성표 지키기에 나선 신정당 정진환 후보는 유권자 숫자에 밀려 유치송 후보에 큰 표차로 뒤졌다.

이번 총선에선 신정당에서 신한민주당으로 당적을 바꾸고 "안성의 자존심을 거는 선거"라며 '안성하나 평택하나'를 구호로 내걸고 지역 감정 촉발에 심혈을 기울린 정진환 후보는 "반달곰은 관심있어도 전 야당 총재의 단식은 관심이 없었다"고 언론 탄압을 공격했다.

"하도 많이 떨어져서 이제 유명한 사람이 됐다. 두 현역 후보가 자연뽕 된다는 소리가 많았으나 제가 나왔으니 이제 자연뽕은 다 틀렸다"고 기염을 토했다.

민정당 이자헌 후보는 서울신문 편집국장 출신으로 재선의원이고, 유치송 후보는 민한당 총재로서 4선의원이다.

여기에 단국대, 신구 전문대 교수출신으로 더구나 유권자가 가장 적은 안성 출신인 신한민주당 정진환 후보는 정치적 중량감에서 역부족일 수밖에 없었다.

제1야당의 총재로서 은메달 당선으로 자존심을 구긴데 대해 "이 지역이 낳은 지도자 1등 당선시켜 평화적 정권교체 달성하자"는 구호를 내걸은 유치송 후보는 "제5공화국은 정권수립과정서부터 비민주적 태도를 보였다"면서 "11대 국회는 역대 국회 중 가장 비민주적 국회였다"고 실토했다.

"여야가 거꾸로 된 지역"이라는 엄살 모드에 젖어 "나라안정 다진 일군, 다시 밀어 번영하자"는 구호를 내걸고 "은메달도 법적으로는 당선이지만 정치적으로는 낙선"이라고 빈정대며 1만 3천 5백명의 당원들을 독려하고 있는 이자헌 후보는 "간선제는 자유당 정권이 끝나고 민주당 정권이 들어서면서 생긴 것인데 요즘 야당 정치인마다 입만 열면 직선제를 외치는지 모르겠다"고 비난하고 "민주주의 떠드는 야당은 전국구를 돈국구로 만들었다"고 질책했다.

송탄에서는 민정당 이자헌 후보가 17,878표 (42.9%)로 1위, 평택에서는 민한당 유치송 후보가 40,151표 (44.0%)로 1위, 안성에서는 신한민주당 정진환 후보가 30,266표 (47.4%)로 1위를 했지만 다른 시·군에서 이자헌 후보는 53,480표, 유치송 후보는 28,517표, 정진환 후보는 23,216표를 득표하여 순위가 결정됐다.

☐ 득표상황

후보자	정당	연령	주요 경력	득표(%)
이자헌	민정당	49	11대의원(2선)	71,358 (36.9)
유치송	민한당	60	11대의원(4선)	68,668 (35.5)
정진환	신민당	47	단국대교수	53,482 (27.6)

<파주 – 고양> 파주와 고양의 군별 대항전에서 유권자 수는 비슷하지만 응집력 부족으로 파주 출신 두 후보의 당선을 바라볼 수 밖에 없는 고양 지역 유권자

지난 11대 총선에서 협진양행 대표로 금메달을 차지한 민정당 이용호, 문산여중·고 재단 이사장으로 은메달을 확보한 민한당 이영준, 시도수산 대표로 동메달로 밀려난 국민당 이택석 후보가 재결투를 전개하고 있는 가운데 성균관대 대학원 동문회에서 활동한 신한민주당 황인형 후보가 출전하여 유권자 101,729명인 파주와 유권자 101,651명인 고양이 팽팽한 군별 대항전을 전개하고 있다.

지난 11대 총선에선 의정부 – 양주 – 파주에서 파주를, 김포 – 강화 – 고양에서 고양을 떼어내어 신설한 이 지역구는 협진양행 대표로 정치신인인 이용호 후보가 민정당 공천을 받아 선두권을 달리고 문산여중·고 재단 이사장인 이영준 후보가 민한당 공천을 받고서 "인간 이영준을 보지말고 제1야당인 민한당에 표를 달라"고 호소하여 동반당선의 꿈을 이뤄냈다.

파주 출신들의 독주에 시도수산 대표인 국민당 이택석 후보가 13대째 살아온 고양 토박이임을 강조하며 '고양출신 인물 찾기 운동'에 나서 고양에서는 이영준 후보에게 2,682표 앞섰으나 파주에서 뒤져 금뱃지를 넘겨줬다.

이번 총선에서도 '한강과 임진강의 기적을 일으키자'는 구호를 내건 이용호 후보는 접적지역 개발, 고양 군민회관 건립을 공약으로 내걸고 '조용한 가운데 압승을 거둔다'는 전략을 세우고 동분서주

했다.

민한당 이영준 후보는 자신이 설립한 문산 여중·고 졸업생 및 학부형과 당원 1만 8천 명을 근간으로 조직 정비에 나서며 수성에 심혈을 기울였다.

고양 일산에서 13대째 살아왔다는 이택석 후보는 전주 이씨 종친과 일산 국민학교 동문들을 찾아나섰고, 벽제에서 약국을 경영하고 있는 황인형 후보는 야당 뿌리의 기반을 가지고 표밭갈이에 나섰다.

경기도 서북부 농촌지역으로 신당 바람이 일지 않아 황인형 후보는 당선권에서 멀어졌고, 고양에서는 국민당 이택석 후보가 28,078표 (34.4%)를 득표하여 1위를 했지만 파주에서 10,505표 (11.8%)득표에 머물러 파주에서 27,459표 (30.5%), 고양에서 14,658표 (18.0%)를 득표한 민한당 이영준 후보에게 또다시 금뱃지를 헌납했다.

☐ 득표상황

후보자	정당	연령	주요 경력	득표(%)
이용호	민정당	51	11대의원 (지역구)	61,529 (36.4)
이영준	민한당	51	11대의원 (지역구)	42,117 (24.9)
이택석	국민당	49	동양고속대표	38,683 (22.9)
황인형	신민당	43	정당인	26,558 (15.7)

<포천 – 연천 – 가평> 홍익표 의원 비서관 출신으로 선명성을 부각시킨 정재인 후보의 등장으로 국민당 김용채 후보에게 금뱃지를 넘겨준 민한당 홍성표

11대 총선 때 동반 당선된 서울지검 부장검사 출신인 민정당 이한동, 한전 동래지점장 출신인 민한당 홍성표 의원들이 현역의원의 잇점을 안고 수성을 기대하고 있는 가운데 포천 합기도회장인 민권당 김유근, 홍익표 의원 보좌관 출신으로 민추협 운영위원인 신한민주당 정재인, 공화당 재선의원으로 정치규제에서 해금되자 국민당에 입당한 김용채 후보가 도전하여 5파전을 전개하고 있다.

지난 11대 총선에서는 지난 10대 총선 때 당선된 오치성, 천명기 의원이 없는 무주공산인 이 지역구에 민정당은 포천 출신으로 서울 지검 부장검사, 서울지법 판사를 지낸 이한동 후보를 내세웠고, 민한당은 가평 출신으로 홍익표 전 의원의 6촌 동생으로 한전 동래영업소장 직무대리였던 홍성표 후보를 공천했다.

통대의원 출신인 무소속 이진철, 연천을 대표하여 반공연맹 전임강사인 무소속 이중익, 서울시립대 교수인 민권당 박광철 후보들이 추격전을 벌였으나 포천 표가 이한동, 이진철, 박광철 후보들로 분산되어 유일한 가평 출신인 홍성표 후보의 국회입성을 바라볼 수밖에 없었다.

민정당 총재 비서실장과 사무총장으로 성장하여 중앙정치 무대의 거물이지만 소탈한 성격으로 지난 총선에서도 더블스코어로 당선된 이한동 후보는 "민정당은 1만 당원이 2백원에서 5백원씩 내는 돈으로 정치하는 깨끗한 당이다. 깨끗하니까 대형사건 관련 자들을 모두 처벌했지 않은가"면서 "우리 당은 출범 시 과거 자유당, 진보당, 공화당 등에 몸 담았던 모든 사람들 중에서 서까래감, 대들보감, 기둥감을 골라 썼는데 정래혁씨 같은 썩은 재목이 기둥으로 박혀 있어 이제는 갈아버린 것"이라고 정래혁 대표의 축출을 정당화했다.

홍익표 전 의원의 비서관 출신으로 골수야당인 정재인 후보는 3차 해금으로 풀려난 자신의 야당성을 강조하며 "과연 나 같은 투사가 갈가마귀판같은 이번 선거에 나설 것인가를 놓고 고심했다"고 출마변을 밝혔다.

과거 방대했던 공화당 조직 재건작업에 나선 국민당 김용채 후보는 민정당에 대한 불만세력인 여권지지표 규합에 나섰으며 정재인, 홍성표 후보의 야권성향표 분산에 의한 어부지리를 노렸다.

수성이 무난하리라는 홍성표 후보는 남양 홍씨 집안 내의 홍익표 전 의원의 비서관 출신으로 야당성을 내세운 정재인 후보의 등장으로 행운으로 거머쥔 금뱃지를 놓쳐버렸다.

민한당 홍성표 후보는 가평에서 8,146표(25.8%)를 득표하여 2위를 했지만 포천에서 13,172표(21.0%), 연천에서 6,125표(18.6%)로 2위를 한 국민당 김용채 후보의 적수가 되지 못했다.

유권자는 포천이 6만 8천여 명인데 비해 가평은 3만 7천여 명에 불과하여 포천 출신의 독무대를 가평, 연천 군민들은 바라볼 수밖에 없었다.

□ 득표상황

후보자	정당	연령	주요 경력	득표(%)
이한동	민정당	50	11대의원(지역구)	68,793 (55.0)
김용채	국민당	52	국회의원(2선)	23,694 (18.9)
홍성표	민한당	48	11대의원(지역구)	18,334 (14.7)
정재인	신민당	46	국회의원 보좌관	11,815 (9.4)
김유근	민권당	42	포천합기도회장	2,546 (2.0)

2. 대구 – 경북과 부산 – 경남 정서적으로 분열된 영남권

(1) 신한민주당이 17석을 확보하여 민정당 25석을 육박

대구시가 직할시로 승격되어 부산 6개구, 대구 3개구, 경북 10개구, 경남 10개구로 지난 11대 총선 때 29개 선거구의 변동은 없었다.

이번 총선에서 영남권은 민정당이 25명, 신한민주당이 17명, 민한

당 10명, 국민당 4명, 무소속 2명이 당선되어 지난 11대 총선에서의 민정당 29명, 민한당 11명, 국민당 8명, 민권당 2명, 민사당 1명, 민농당 1명, 무소속 6명과는 큰 차이가 있었다.

지난 총선에선 29명 모두 당선됐던 민정당은 윤석순(중 - 동 - 영도), 구용현(부산진), 김진재(동래), 한병채(대구 서 - 중) 후보들의 낙선으로 4석이 줄어들었고, 민한당은 해금인사들을 대폭 보강하였으나 오히려 1석이 줄어들었으며, 박정희 대통령의 향수를 자극했던 국민당은 4석이나 줄어들어 영남권에서 기반을 상실했다.

민권당 등 군소정당 4명은 흔적도 없이 사라졌고 무소속 6명도 2명으로 줄어들어 겨우 명맥을 유지했다.

총선 20여 일 앞두고 창당한 신한민주당은 부산의 6개 지역구와 대구의 2개 지역구, 김천 - 금릉 - 상주(이재옥), 영주 - 영양 - 영풍 - 봉화(홍사덕), 영천시 - 경산 - 영천군(권오태), 문경 - 예천(반형식), 마산(강삼재) 충무 - 통영 - 거제 - 고성(김봉조), 의령 - 함안 - 합천(조홍래), 김해 - 양산(김동주), 산청 - 함양 - 거창(김동영)에서 당선되어 민정당에 육박하는 17석을 확보했다.

지난 총선에서 8석을 차지하여 기염을 토했던 국민당은 이만섭(대구 서 - 중), 김영생(안동시 - 안동군 - 의성) 의원만 재당선되었을 뿐 6명의 의원들이 낙선했으나 강경식(부산진), 최치환(남해 - 하동)후보들이 당선되어 겨우 4석을 차지했을 뿐이다.

군소정당과 무소속 의원 10명 가운데 김정수(신한민주당), 이용택(무소속) 의원들은 당선됐고, 민한당 출신인 김현규 의원이 무소속으로 당선되어 무소속 의원이 2명이다.

(2) 영남권 지역구 의원 재당선율은 51.7%

지난 총선 때 영남권에서 당선된 58명의 의원 중 절반인 민정당의 29명 가운데 부산 중 – 동 – 영도의 왕상은 윤석순으로, 김천 – 금릉 - 상주의 정휘동은 김상구로, 마산의 조정제는 우병규로, 울산 – 울주의 고원준은 김태호로, 충무 – 통영 – 고성 – 거제의 이효익은 정순덕으로 교체됐고 구용현(부산진), 김진재(동래), 한병채(대구 서 – 중)의원은 낙선하여 21명의 의원들만 생환했다.

민한당 의원 11명 가운데 안건일(중 – 동 – 영도) 의원은 출전을 포기했고 김승목(남 – 해운대), 신상우(부산 북구), 신진수(남 – 수성), 신원식(양산 – 김해) 의원은 낙선했다.

다만 신한민주당으로 옮긴 서석재(부산 서구) 의원은 당선됐으나 김찬우(청송 – 영덕 – 울진) 의원은 낙선했다.

민한당으로 목요상(대구 동 – 북) 의원이 유일하게 당선됐고 김현규(구미 – 군위 – 칠곡 – 선산) 의원은 무소속으로 당선되어 민한당 의원 5명이 생환했다.

국민당 의원 8명 중 이만섭(대구 서 -중), 김영생(안동 – 의성) 의원들만 당선됐을 뿐 이성수(포항 – 영일 – 울릉), 박재욱(영천 – 경산), 김기수(문경 – 예천), 조병규(진주 – 진양 – 삼천포 – 사천), 김종하(진해 – 창원 – 의창), 조일제(합천 – 의령 – 함안) 의원들은 낙선했다.

군소정당 및 무소속 의원 10명 중 민권당에서 신한민주당으로 옮긴 김정수(부산진), 무소속에 잔류한 이용택 의원만 당선됐을 뿐 무소속에서 신한민주당으로 옮긴 김순규(경주 - 월성 - 청도), 무소속 박정수(김천 - 금릉 - 상주), 민사당에서 신한민주당으로 옮긴 백찬기(마산), 민농당 이규정(울산 - 울주), 무소속 조형부(충무 - 통영 - 고성 - 거제), 무소속 노태극(밀양 - 창녕), 무소속에서 민한당으로 옮긴 이수종(남해 - 하동), 민권당 임채홍(산청 - 함양 - 거창) 의원들 모두 낙선했다.

그리하여 민정당 21명, 민한당 5명, 국민당 2명, 민권당 1명, 무소속 1명 등 30명이 재당선되어 재당선율은 51,7%를 기록했다.

지난 11대 총선에서는 낙선했지만 김정길(중 - 동 - 영도), 강경식(부산진), 이재옥(김천 - 금릉 - 상주), 강삼재(마산), 심완구(울산 - 울주), 김봉조(충무 - 통영 - 거제 - 고성), 조홍래(함안 - 의령 - 합천), 김동주(김해시 - 김해군 - 양산) 후보들이 오뚝이처럼 재기했다.

(3) 영남권 29개 지역구 불꽃 튀는 격전의 현장으로

부산직할시

<중 - 동 - 영도> 신당바람을 등에 업고 선거전을 주도했으나 공

화당 출신으로 정풍운동의 주역이라는 전력으로 은메달에 만족할 수밖에 없었던 박찬종

지난 총선 때 당선됐던 협성해운 대표인 민정당 왕상은 의원은 민정당 사무차장 출신으로 전국구의원인 윤석순 후보로 교체됐고, 경희어망 대표인 민한당 안건일 후보는 불출마를 선언하여 지난 총선 때 무소속으로 출전했던 김정길 후보가 민한당 공천을 꿰어차고 당선을 기대했다.

서울지검 검사 출신으로 공화당 시절 8대 총선 때 박정희 대통령에 발탁되어 서 - 동구에서 출전하여 신민당 김영삼 후보에게 패배했으나 유신체제의 출범으로 9대와 10대 총선 때에는 감영삼 후보와 동반당선의 행운을 누렸던 박찬종 후보가 박정희 대통령 시해 후에는 정풍운동을 주도하여 김종필 총재 체제를 뒤흔들었다가 대부분의 정풍파 의원들이 신군부 세력에 투항하여 민정당에 입당했으나 민정당에 입당하지 않았으나 정치규제에서 풀려나는 행운을 입었다.

지난 총선에도 등록했으나 중도에 포기를 선언한 박찬종 후보는 민추협 운영위원활동을 내세워 서 - 사하는 서석재 의원이 선점하여 이 지역구로 옮겨 신한민주당 공천으로 출전하여 태풍의 눈으로 부각됐고, 통대의원 출신으로 11대 국회에서는 국민당 전국구 의원으로 활약했던 노차태 의원이 출전하여 4파전이 전개됐다.

지난 11대 총선 때에는 통대의원 출신들의 각축장으로 왕상은(중구), 안건일(영도), 한석봉(동구) 후보들이 선두그룹을 형성하고 할

거한 상황에서 풍부한 자금을 활용하여 조직확장에 총력전을 펼치고 있어 재력전의 형상을 띠고 있었다.

협성해운이란 국내굴지의 재력가로서 2만 명에 달하는 당원과 부두노조 가족들의 지원으로 민정당 왕상은 후보가 선두권을 선점했고, 경희어망 등 종사자 1천여 명을 주축으로 전통적인 야당세인 영도표 공략에 주력한 민한당 안건일 후보가 수산시장 가족들의 지지까지 이끌어내어 동반당선의 기쁨을 맛보았다.

통대 선거 때 기반으로 노인학교, 골목 유치원, 세화여상 등 공들인 교육기관을 통해 저인망작전을 펼친 한석봉 후보가 4천여 표차로 3위로 밀렸고 부산대 총학생회장 출신으로 지난 10대 총선에도 출전했던 무소속 김정길 후보가 젊은 패기로 당선권을 넘나들었다.

통대의원 출신인 신정당 이상권, 신민당 지구당부위원장 출신인 민권당 방오영 후보들의 득표력은 미약했다.

이번 총선에서 공천자 교체가 늦어 출발은 늦었지만 '경제수도 부산, 부산의 선택 85'를 구호로 내걸고 민간개혁의 주도세력을 자처하며 부산시당 차원의 총력 지원을 받고 있는 민정당 윤석순 후보는 "김정길 후보는 공화당 의원 비서관을 지낸 사람"이라고 반격하고 "김영삼 씨는 연금된 것이 아니라 지금 거제도에 있다"고 역공을 펼쳤다.

윤석순 후보는 "박찬종 후보는 신당바람을 일으키기 위해 이른바 운동권 학생들을 동원하여 선거에 이용하고 있다"고도 비난했다.

서구 출마를 겨냥하다 지역구를 옮겼으나 한석봉 의원과 표밭정리가 되지 아니하여 마음고생을 한 신한민주당 박찬종 후보는 '해도 너무한다. 늦기 전에 바로잡자'는 구호를 내걸고 민추협 인권옹호 특별위원장으로 구속학생 무료변론 실적을 자랑으로 삼고 있다.

송정섭, 김상진, 한석봉, 김정길 후보들의 공천 기대를 저버리고 선택을 받은 신한민주당 박찬종 후보는 "내가 당선되기 위해 출마한 것이 아니라 제5공화국 정권의 주도세력인 민정당 후보를 낙선시키기 위해 선거투쟁을 하는 것"이라며 "구여당인 내가 싫으면 차라리 민한당에 표를 찍어주라"고 호소했다.

'마지막 출마, 마지막 선택'이라는 구호 아래 야당성과 지역연고를 내세우며 동아고, 부산대 동문들의 결집을 호소한 민한당 김정길 후보는 "예춘호, 김상진, 안건일 전 의원들은 무슨 이유에서인지 안 보이고 중앙정보부 출신, 공화당 출신, 통대 출신들이 출마했다"고 시비하며 "우리 역사를 망친 것은 역대 정권에 붙은 기회주의자와 권력에 일단 붙었다가 특정한 시기에는 야당의 탈을 쓰는 자들"이라고 박찬종 후보를 난타했다.

박찬종 후보는 "나는 공화당 의원으로서 신민당 김영삼 총재에 대한 제명에 반대했기 때문에 안기부의 지하실에 끌려가 갖은 고초를 겪었다"고 설명하고 "이 정권은 각종 금융 부정사건을 통해 2조 원을 털어먹었으니 유권자들은 1인당 2천만원씩 받고서 민정당에 표를 찍어 주라"고 비아냥댔다.

자금전을 선언했다고 상대방에서 말할 만큼 소문난 재력을 지닌 노차태 후보는 골목유치원을 중심으로 통대의원 선거 때의 표밭 점검에 분주했다.

부산대 총학생회장으로서 부산대 동문들의 전폭적인 지원과 지난 총선 때의 석패에 의한 동정여론, 거제 향우회의 결집된 힘을 바탕으로 민한당 김정길 후보가 금메달을 차지했고 신당바람을 타고 선거전을 이끌었으나 공화당 출신으로 정풍운동의 주역이라는 전력으로 박찬종 후보가 은메달에 만족해야만 했다.

안전기획부 총무국장 출신으로 민정당의 방대한 조직을 믿고 출전한 윤석순 후보는 고향이 영남이 아니라 충남 청양이라는 사실만으로 선거 초반부터 당선권에서 멀어졌다.

민한당 김정길 후보는 전통적으로 야당세가 강한 동구에서는 신한민주당 박찬종 후보에게 5,780표(5.5%) 뒤졌지만 영도에서 45,339표(44.2%)를 쓸어 담아 금메달을 차지했다.

□ 득표상황

후보자	정당	연령	주요 경력	득표(%)
김정길	민한당	39	부산대총학생회장	97,688 (37.4)
박찬종	신민당	45	국회의원(2선)	83,463 (32.0)
윤석순	민정당	47	11대의원(전국구)	67,060 (25.7)
노차태	국민당	56	11대의원(전국구)	12,787 (4.9)

<서 – 사하> 11대 총선 때 김영삼 전 신민당 총재의 후광으로 금메달을 차지한 서석재 후보가 총선에선 신한민주당으로 옮겨 금메

달을

11대 총선 때 동반 당선된 민정당 곽정출 의원과 김영삼의원 비서 출신인 민한당 서석재 의원이 재출격하여 동반당선을 기대하는데 자타가 인정하고 있다.

'용기와 신념, 지성과 실천의 대변자'라는 캐치프레이즈를 내걸고 3백 건의 무료 법률상담 실적을 기반으로 경남중, 서울법대 동문들의 지원을 기대하며 박찬종 전 의원이 신한민주당 공천으로 출전을 기대했는데 서석재 의원이 민한당을 탈당하고 신한민주당에 입당하자 신한민주당은 박찬종 전 의원을 중 – 동 – 영도에 배치했고, 민한당은 대한 물산 대표로 재부호남 향우회 간사장인 유강열 후보를 부랴부랴 영입하여 공천했다.

지난 11대 총선에선 김영삼 전 신민당 총재의 지역구인 이 지역구는 11대 총선에선 김 총재 비서관 출신인 민한당 서석재 후보가 김영삼의 후광, 조직부장으로 출발한 전문성을 십분 발휘하여 방대한 조직을 구축하고 동아대 동문들의 지지로 선두권을 점령했고 삼성물산을 거쳐 미디어전자 사장인 민정당 곽정출 후보가 경남고, 서울법대 동문들과 공화당 조직을 재정비하여 동반당선을 이뤄냈다.

김영삼 총재 비서였던 민권당 변이윤, KBS 부산방송국 보도실장을 지낸 신정당 이기우, 감천에 있는 태극도 도전 및 이사장인 무소속 조영래 후보들이 후발주자 3파전을 전개했다.

지난 총선 때 당선되어 정풍파 주역으로 활동했던 박찬종 후보가 뒤늦게 출마선언을 했다가 지명도는 높으나 과거의 조직복원에 어려움이 있었는지 사퇴를 선언했다.

이번 총선에서도 미디어 대표 출신으로 뿌리의 안착상태를 즐기고 있는 곽정출 후보는 "하루 아침에 당적을 바꾼 사람을 어떻게 믿고 정치를 맡길 수 있느냐"며 돈으로 국회의원을 팔고사는 야당은 양의 얼굴을 한 여우와 늑대의 속셈이라고 서석재 후보를 비난했고, 서석재 후보는 동토선거는 기권자가 많이 나오도록 부정선거를 획책하는 처사라며 이번만은 민주역량을 과시해야하는 중대한 시점이라고 기권방지를 호소했다.

호남 출신으로 1만여명의 호남 출신들의 결집을 기대하며 박찬종 후보가 출전하면 어부지리를 노렸던 유강열 후보는 "이곳이 정치 무풍 지대인데도 두 후보가 짜고 물리적인 힘으로 박찬종 씨를 중구로 밀어 냈다" 면서 "풋내기 정치인을 밀어 진정한 민주주의를 꽃피우자"고 호소했다.

당락이 결정되어 흥미를 잃어버린 선거전에서 김영삼 전 총재의 후광을 업은 서석재 후보가 50%가 넘는 득표율로 금메달을, 민정당의 조직을 활용한 곽정출 후보가 은메달을 차지했다.

□ 득표상황

후보자	정당	연령	주요 경력	득표(%)
서석재	신민당	49	11대의원(지역구)	122,309 (51.7)
곽정출	민정당	47	11대의원(지역구)	79,293 (33.6)
유강열	민한당	41	대한물산대표	34,784 (14.7)

<부산진> 부산상고 동문들의 결집과 신당의 역풍으로 금메달과 동메달을 맞바꿔버린 민정당 구용현과 국민당 강경식

지난 11대 총선에서 금메달 민정당 구용현, 은메달 민권당 김정수, 동메달 민사당 강경식 후보들이 당명을 바꿔 민정당, 신한민주당, 국민당으로 바꿔 재격돌한 선거전에 계성학교법인 재단이사로 민한당 11대 전국구 의원을 지낸 김진기, 부산 미곡상조합 부이사장인 민권당 황금석, 지난 총선 때 민한당으로 출전했으나 공천에서 밀리자 무소속으로 출전한 김정우 후보들이 출전했다.

지난 11대 총선에선 10대 총선 때 어깨동무하며 동반 당선된 김임식, 정해영 의원들은 정치규제에 묶였으나 3위와 4위로 낙선한 김정수, 강경식 후보들은 정계에 귀환하는 행운아가 됐다.

부산시 약사회장 출신으로 부산대 동문들을 규합한 민권당 김정수 후보는 부산상고에서 교편생활을 하다가 부산시 교육감을 지낸 민정당 구용현 후보와 동반당선의 행운을 잡았다.

통대의원 출신으로 한우주택 대표인 민한당 김정우 후보는 김정수 후보와의 선명성 논쟁과 지명도에서 뒤져 최하위로 밀려 났다.

개성중 동창회장으로 중소상인 등 소시민을 파고들며 조직확산에 심혈을 기울인 민사당 강경식 후보가 고려대 동문들을 규합하여 값진 동메달을 차지했다.

이번 총선에서 민정당 구용현 후보는 당감동 화장터를 양산으로 옮기도록 정부가 확정하고 우암선 철거 등 부산의 교통망 개선에

크게 기여했다고 자신의 업적을 자랑했다.

신한민주당 김정수 후보는 "당선되면 무엇보다 언론자유를 위해 투쟁하겠다"고 선언했다.

민한당 김진기 후보는 "학원문제의 책임은 현 정권에 있다"면서 "민정당에는 한 표도 찍어서는 안된다"고 호소했다.

성지국민학교 육성회장, 개성중학 동창회장이라는 직함 외에는 그럴 듯한 직함을 가지지 못한 국민당 강경식 후보는 '서면의 보통사람'이라는 구호를 내걸고 토박이를 강조하여 지난 총선 때 동메달로 인한 동정여론, 부산상고 동문들의 전폭적인 지원으로 금메달을 차지했다.

부산시 약사회장으로 약사회의 조직을 활용하고 민추협운영위원으로 참여하여 신한민주당 공천을 받아 신당 바람을 등에 업은 김정수 후보가 지난 총선에 이어 은메달을 확보했다.

부산시 교육감 출신으로 1만 7천여 명의 방대한 조직을 거느리고 당선을 의심치 아니했으나 부산상고 동문들의 방심과 신당의 역풍에 휘말려 금메달에서 동메달로 급전직하했다.

전국구 의원으로 민한당 공천을 받고 지역에 뿌리를 내리고자 동분서주한 김진기, 민한당 공천탈락에 분기탱천한 김정우, 김정수 후보의 뒤를 이어 민권당을 승계한 황금석 후보들의 성적은 내 놓을 것이 없었다.

정상구 전 의원과 김정우 지구당 위원장을 꺾고 민한당 공천을 받고 일전을 겨룬 김진기 후보는 김정우 후보의 등장으로 10% 득표율에 머물렀다.

☐ 득표상황

후보자	정당	연령	주요 경력	득표(%)
강경식	국민당	44	개성중 동창회장	95,636 (36.6)
김정수	신민당	47	11대의원(지역구)	70,887 (27.2)
구용현	민정당	60	11대의원(지역구)	59,057 (22.6)
김진기	민한당	52	11대의원(전국구)	26,004 (10.0)
김정우	무소속	43	민한당지구당위원장	7,503 (2.9)
황금석	민권당	60	부산 미곡상 조합장	1,826 (0.7)

<동래> 이·통까지 완비한 민정당 조직, 막강한 재력을 구비하고도 무명의 해금자에게 금뱃지를 넘겨준 김진재

지난 11대 총선에서 이 지역구의 민정당은 유정회 의원이었던 정희채 조직책을 경남도지사, 내무부장관을 역임하고 4선 의원으로 10대 총선 때에도 8만 표를 득표한 국민당 양찬우 후보를 의식하여 통대의원 출신인 김진재 후보로 교체했다.

동일고무 대표인 김진재 후보는 청년회의소, 보이스카우트, 동일장학회 등을 배경으로 조직을 구축하면서 통대의원 선거경험을 거울삼아 정치생명을 건 마지막 일전을 각오하며 뛰어 들어 금메달을 선점했다.

신민당 이기택 부총재의 참모장이었던 민한당 박관용 후보는 3천여 명에 달하는 동래고 동문들과 민주당 때 부산진구 위원장을 지낸 부친 박희춘의 후광까지 겹쳐 4선 의원으로 유권자의 싫증을 활용하여 양찬우 후보를 밀쳐 내고 동반당선의 행운아가 됐다.

양찬우 후보는 통대의원 출신으로 일신산업 대표인 무소속 하기성 후보에게 밀린 4위로 추락했고, 통대의원 출신으로 동성주택 대표인 무소속 강호성 후보도 민농당, 민사당, 민권당, 안민당 후보들을 밀쳐 내고 5위를 차지했다.

이번 총선을 맞이하여 지난 총선에서 금메달을 차지한 김진재 의원은 민정당으로 출전했지만, 은메달의 민한당 박관용 의원은 민한당을 탈당하고 신한민주당으로 당적을 옮겨 출전했다.

이에 민한당은 국회의원 보좌관을 지낸 이건일 후보를 내세웠고 이 지역구의 터줏대감으로 4선 의원이었지만 지난 총선에서 4위로 밀린 양찬우 후보가 '구관이 명관'이라며 재도전 의사를 밝혔으나 돌연 탈당하여 국민당은 무공천지역으로 남겨뒀다.

금정전자공고 교장, 경남공천 교수, 양정학교 법인이사장인 문용한 후보가 자유민족당으로 출전했다.

착실한 지역구 관리가 강점인 민정당 김진재 후보는 '동래토박이 행동으로 실천하는 지역일군'이라는 구호를 내걸고 민정당 조직과 동일고무벨트 기업조직을 활용하고 동래중, 부산고 동문들의 지원과 동일장학회 수혜자들의 지지를 기대했다.

신당의 부상세를 타고 있는 신한민주당 박관용 후보는 부산중, 동래고 동문들의 지원을 받으며 '투쟁 속의 합리적 정치인'으로서의 이미지 부각에 심혈을 기울였다.

타고난 웅변술을 자랑한 민한당 이건일 후보는 10대 총선 때 통일당으로 출전하여 낙선했지만 정치규제에 묶인 해금자로서 신한민주당 박관용 후보가 정치적으로 자기보다 더욱 더 혜택을 받았다고 주장하여 정권으로부터 가장 핍박받은 후보로 급부상하여 민심을 휘어잡았다.

동일고무 벨트라는 회사조직, 동래 땅의 절반이 김진재의 땅이라는 소문까지 나돌 정도의 풍부한 재력, 이·통까지 완비된 민정당 조직을 가지고 10대 총선 때 출마한 낙선자로서 정치피규제자, 서울대 출신이라는 것 이외에는 내세울 것이 전혀 없는 민한당 이건일 후보에게 패배한 것은 달리 설명할 길이 없다.

□ 득표상황

후보자	정당	연령	주요 경력	득표(%)
이건일	민한당	40	국회의원비서관	147,464 (37.2)
박관용	신민당	46	11대의원(지역구)	145,233 (36.6)
김진재	민정당	41	11대의원(지역구)	96,182 (24.2)
문용한	민족당	47	금정전자공고교장	8,089 (2.0)

<남 - 해운대> 신민당 사무총장, 4선의원의 위용을 자랑한 신한민주당 이기택, 부산시경국장과 치안본부장 출신으로 조직을 가동한 민정당 유흥수 후보가 동반당선

지난 11대 총선 때 이 지역구는 10대 총선 때 공화당과 신민당 공천으로 동반 당선됐던 김재홍, 김승목 의원들이 정치쇄신법으로부터 생존되어 김재홍 후보는 국민당으로, 김승목 후보는 민한당으로 11대 총선에서 재격돌 했다.

민정당은 국민학교에서 대학까지 10개 학교를 거느린 남성재단 이사장인 이홍수 후보를 공천했고, 이 후보는 36년 간 교육계에 몸담아온 경력을 발판으로 남성재단 산하의 2천 5백여 명 교직원을 활용하여 금메달을 목에 걸었고, 부산에서 유일하게 생존한 야당의원인 김승목 후보는 8대와 10대 의원이었지만 임기를 채우지 못했으며 비운의 원인은 공화당의 장기집권 욕심 때문이라며 "단명의원의 한을 풀어 달라"며 동정표에 매달리며 정예의 점조직을 본격 가동하여 은메달을 확보했다.

15년간 부산시당 연락실장으로 당료생활을 하다가 10대 총선에 당선된 김재홍 후보는 '깨끗한 정치인' '의리의 사나이'등의 이미지를 굳히며 양찬우 후보의 공화당 조직을 원형대로 인수했으나 국민당에 대한 부정적인 이미지로 3위로 석패했다.

부산여대 강사, 세무사로서 상인층의 표밭을 일군 신정당 이영근, 경남 도의원 출신으로 6, 7대 총선 때 출마하여 차점 낙선한 민권당 최시명, 통대의원 출신인 무소속 최상환 후보들도 나름대로 선전했다.

이번 총선을 앞두고 민정당은 이흥수 의원을 충남도지사와 청와대 정무수석을 지낸 유흥수 후보로 교체하여 출전시켰고, 텃밭인 동래를 그의 보좌관이었던 박관용 의원에게 지역구를 넘겨주고 이 지역으로 옮긴 4선의원 출신인 이기택 후보가 신한민주당 공천을 받고 출전했다.

지난 총선에 신정당 공천으로 출전하여 낙선했던 이영근 후보가 국민당으로 출전하여 민한당 김승목 후보와 4파전을 전개했다.

민정당 유흥수 후보는 역서인 '레이건 참모들'을 대량 배포하며 '구 거물보다는 신 거물' '새부산 새바람 새인물'이라는 캐치프레이즈를 내걸고 관광지 개발, 신시가지 건설을 공약하며 선거전을 이끌어 갔다.

신민당 사무총장 출신으로 정계거물임을 부각시킨 이기택 후보는 "현 정권은 4년 전 양심적 정치인들을 정치규제법으로 꽁꽁 묶어 놓고 양심적 학자들은 학원에서 쫓아 내고 부탁대로 글을 써 주지 않는 언론인들을 몰아내고 젊은 청년, 학생들을 형무소로 보내고 공포분위기를 조성한 뒤 세워진 정권"이라고 힐난했다.

이기택 후보의 등장으로 동반당선의 기대에 적신호가 찾아왔다고 직감한 김승목 후보는 민한당원 1만 2천여 명을 독려하고, 국회 발언록 5만부를 배포하며 수성작전에 돌입하고서 "현 정권은 강압, 강권, 암흑 정치를 서슴지 않고 있다"며 "현 정권은 4천만 민족의 정권이 아니라 소수의 권력자를 위한 정권"이라고 주장했다.

이어 김 후보는 "신한민주당은 선명을 자처하고 있으나 전국구 후보순위 10번 이내에 과거 정권에 관련된 후보가 절반이 넘은 것만 보아도 자생적 선명야당이라고 할 수 없다" 고 신한민주당에 직격탄을 날렸다.

'이곳 토박이는 나뿐'이라는 구호를 내걸고 인사장 10만 부를 배포하며 기독교계 표밭을 누빈 국민당 이영근 후보는 "민정당의 마크는 언론자유 묶고, 민주투쟁 정치인을 묶고, 중소기업을 꽁꽁 묶는 포승줄을 상징하는 4각고리" 라면서 "25억원을 썼다는 소문이 파다한 데 진짜 얼마를 썼느냐"고 유흥수 후보에게 직접 묻기도 했다.

4·19 당시 고려대 학생회장 출신으로 4선의원인 이기택 후보는 신당바람을 타고 중진정치인을 내세워 대승을 거두었고, 부산시경국장, 치안본부장을 역임한 유흥수 후보는 민정당과 경찰조직을 활용하여 손 쉽게 동반당선을 이룰 수 있었다.

3선 현역의원인 김승목 후보는 수성에 안간힘을 쏟았으나 이기택 후보의 등장으로 초라한 모습을 보였고, 지난 총선에 이어 분투한 이영근 후보는 표의 확장성에 한계를 실감했다.

□ 득표상황

후보자	정당	연령	주요 경력	득표(%)
이기택	신민당	47	국회의원(4선)	159,127 (43.0)
유흥수	민정당	47	충남지사, 정무수석	120,319 (32.5)
김승목	민한당	55	국회의원(3선)	54,001 (14.6)
이영근	국민당	45	세무사	36,561 (9.9)

<북구> 신민당 총무국장 출신으로 뒤늦게 공천을 받았지만 김영삼 비서라는 직함 하나로 민한당 산파역이자 4선의원인 신상우 후보를 꺾어버린 신한민주당 문정수

지난 11대 총선 때 무투표 당선된 민정당 장성만 의원과 민한당 신상우 의원이 이번 총선에서도 무투표 당선을 기대하고 있는데 김영삼 의원의 비서와 신민당 총무국장 출신인 문정수 후보가 신한민주당 공천을 받고, 통대의원 출신으로 조성건설 대표인 김용호 후보가 국민당 공천을 받고 출전하여 무투표 당선 저지에 나섰다.

11대 총선에서 신설된 이 지역구는 경남공업전문대학장인 민정당 장성만 후보와 3선의원으로 민한당 사무총장인 신상우 후보가 무투표 당선됐다.

양산 출신인 신상우 후보는 김해 – 양산에서 9대와 10대 총선 때 동반 당선됐으나 양산 지역의 일부가 부산시에 편입됐다는 이유를 들어 지역구를 옮겼고, 포항제철 주택관리소장인 민권당 김명중 후보가 등록했으나 석연치 아니한 이유로 사퇴하여 무투표 지역구가 됐다.

이번 총선에서도 '깨끗한 정치인, 부지런한 일꾼, 국민의 봉사자'라는 간판을 내걸고 지역사업의 공로자임을 자처한 장성만 후보는 "아무런 대안 없이 40년 동안 민주주의만 팔아먹은 야당 경매 정치인들에게 우리의 생명과 재산을 맡길 수 없다"고 야당을 성토했다.

민한당 산파역이란 정치적 비중과 지명도에서 유리하고 특히 신당 바람에서 비껴난 신상우 후보는 "박 정권은 두 재야인사를 활동할 수 있게 했지만 현 정권은 이 두 선생의 활동마저 못하게 탄압하는 이유가 무어냐"며 "우리 손으로 대통령을 뽑자"고 열변을 토해냈다.

유일한 이 지역 출신으로 통대의원을 지내면서 조직과 안면을 넓혔으며 재력도 상당한 김용호 후보는 "8년 전 통대의원에 불과했는데도 민정당, 민한당이 서로 짜고 자신을 묶어 놓은 뒤 두 후보만 출마해 무투표 당선된 것이 민주주의냐"고 성토했다.

김영삼 전 신민당 총재의 비서라는 직함 하나로 민한당의 산파역으로 4선의원인 신상우 후보를 무너뜨린 선거 사상 최대의 이변이 연출됐다.

민한당 신상우 후보는 "민심은 천심인데 백성을 두려워할 줄 모르는 이 정권의 권력이 한 사람으로부터 나오기 때문에 도둑은 안 잡고 주인을 잡는 격이다"며 정부, 여당을 매섭게 공격했지만 공허한 메아리가 되어 신한민주당 돌풍의 희생양이 됐다.

경남공업전문대 이사장이자 기독교 장로회의 원로인 민정당 장성만 후보는 방대한 집권여당의 조직과 학교 졸업생 및 학부모, 교회 목회자들의 전폭적인 지지로 금메달을 차지하고 재선의원의 반열에 올랐다.

강신길, 최시명, 이길부, 이영대 후보들을 꺾고 신한민주당 공천을 받은 문정수 후보는 지역기반 없이 오직 선명성만을 부르짖어 금뱃지를 차지했다.

□ 득표상황

후보자	정당	연령	주요 경력	득표(%)
장성만	민정당	52	11대의원(지역구)	61,596 (30.1)
문정수	신민당	45	신민당 총무국장	58,705 (28.6)
신상우	민한당	37	11대의원(4선)	48,893 (23.9)
김용호	국민당	57	통대의원	35,682 (17.4)

대구직할시

<서 – 중> 민추협 경북도책이라는 직함 하나로 지역연고도 전혀 없지만 12만 여표를 휩쓸고 4선 의원을 낙마시킨 신한민주당 유성환

수성구가 신설되면서 서 – 중, 동 – 북, 서 – 수성으로 나뉜 11대 총선에서 연세대 정외과 출신인 국민당 이만섭 후보와 고려대 법정대 출신인 민정당 한병채 후보가 8대와 10대 총선에 이어 3번째 대결에 나섰다.

"공화당도 신민당도 모두 없어진 백지 상태에선 내가 살 집을 내 손으로 지었다"며 야당의 맹장으로 칼을 휘두르다 경찰들의 곤봉에 만신창이가 되고서 새 시대의 기수로 변신한 전신(轉身)의 변명을 늘어놓은 한병채 후보가 대구를 위한 일꾼이라는 이미지와 의리의 사나이란 이미지를 살린 이만섭 후보의 벽을 넘지 못하고 은메달에 만족해야만 했다.

신민당 중앙상무위원인 민한당 서명교 후보는 "전통야당의 예비교사인 공천에도 떨어진 자가 민한당을 비난하니 말이나 되는 소린가"라고 독설을 퍼부었지만 통일당 정책위부의장 출신인 무소속 이종섭 후보에 밀려 4위로 내려 앉았다.

이번 총선에는 5선고지를 향해 선두각축전을 전개하고 있는 국민당 이만섭, 민정당 한병채 후보에게 경북도의원 출신인 신한민주당 유성환, 반체제변호사로 널리 알려진 민한당 김은집, 2·28동지회장및 4·19 동지회장인 무소속 백승홍 후보들이 도전했다.

국민당 이만섭 총재권한대행은 "12대엔 직선제 개헌과 문민 정치의 전통확립에 앞장서겠다"고 선언했다.

변절시비에 휘말리고 있으나 3만명의 당원을 규합한 공조직을 활용하고 있는 민정당 한병채 후보는 "민주주의가 더 멀어져서는 안된다"며 총선 후 안정기반 구축을 호소했다.

반체제변호사로 널리 알려진 민한당 김은집 후보는 무료변론 등 법률구제활동이 밑바탕을 이루고 있으며 4년 동안 1만여 장의 연하장을 보냈고 소아과 병원장인 부인의 도움으로 경북여고 동문까지 지지세를 넓히고 있다.

신민당 경북도당 대변인으로 활약한 야당인사로서 행동하는 민주투사를 자처한 신한민주당 유성환 후보는 이종섭, 정병철, 한영애, 송효익, 현한조, 백춘금 등을 조직책 선정에서 따돌린 여세를 몰아 민추협 경북대표로서 신당을 업고 선명성 경쟁에 나섰다.

예식장을 경영하고 있는 백승홍 후보도 카톨릭 교계의 지지를 기대하고 있다.

이번 총선에서도 지난 총선과 같이 이만섭, 한병채 후보가 앞서거니 뒷서거니 동반당선을 아무도 의심하지 아니했고 김은집, 백승홍, 유성환 후보들의 추격은 추격으로 끝날 것으로 전망했다.

그러나 성주 출신으로 경북도 의원을 지냈으나 10대 총선에 구미 - 군위 - 성주 - 칠곡 - 선산에 무소속으로 출전하여 5위를 했을 뿐 정계에서는 무명인 유성환 후보가 해금 인사로 민추협 활동을 했다는 이유 하나만으로 선명성을 내세워 12만 여표를 휩쓸었다.

5선을 향한 각축전은 총재권한 대행이라는 인물론을 강조한 이만섭 후보가 변절시비에서 벗어나지 못한 한병채 후보를 1천 9백여 표차로 제치고 5선의원 반열에 올랐다.

□ 득표상황

후보자	정당	연령	주요 경력	득표(%)
유성환	신민당	53	경북도의원	121,629 (36.5)
이만섭	국민당	52	11대의원(4선)	78,305 (23.4)
한병채	민정당	51	11대의원(4선)	76,341 (22.8)
김은집	민한당	42	대구지법 판사	34,225 (10.2)
백승홍	무소속	41	4·19 동지회장	23,824 (7.1)

<북 – 동> 통대의원 출신이란 한계와 선명야당의 새기수로 자처한 진원규 후보의 야당성향표 잠식으로 국회 등원에 실패한 박승국

지난 11대 총선 때 이 지역구는 조선일보 편집국장 출신인 민정당 김용태, 서울고법 판사 출신인 민한당 목요상, 대구지법 부장판사 출신으로 8대 의원인 민권당 김정두 후보가 팽팽한 3파전을 전개했으며 대구직할시 승격 문제에 발 벗고 나서는 등 경북도지부장 직분을 십분 활용한 김용태 후보가 금메달을 차지했고, 경기도 출신이지만 정치적 야망을 가지고 사회봉사활동을 해 왔으며 김지하의 오적시 판결 후 법복을 벗고 30여 개 봉사단체에 참여한 목요상 후보가 은메달을 차지했다. 이에는 경북여고를 나온 인동 장씨인 부인이 안방을 파고들며 측면지원도 큰 몫을 했다.

8대 총선 때 공화당 이원만 의원을 꺾어 파란을 일으켰던 김정두 후보는 김재규의 변호인을 맡으며 명성을 날린 정치변호사로 알려졌으며 민권당 사무총장으로 비중 있는 정치인으로 발돋움했으나 늦게 출발하여 조직을 정비하지 못한 약점을 끝내 극복하지 못했다.

이번 총선에는 지난 11대 총선에서 동반당선된 민정당 김용태, 민한당 목요상 의원들이 재선을 위해 진격 중이며 경북대 총학생회장 출신인 신민주당 진원규, 오복예식장 대표로 재향군인회 북구 회장인 신한민주당 박승국 후보들이 동반당선 저지의 역군으로 등장했다.

집권여당의 대변인으로 발돋움한 김용태 후보는 계성중고 동문세를 통한 지역적 지지기반을 구축하고 김해 김씨 문중표 관리에 열중하면서 "초선이었지만 중앙정치무대에서의 활동을 통해 정치기반을 굳혔다"고 지지를 호소했다.

민한당 지구당 부위원장 출신인 백승국 후보의 출전으로 곤혹스러운 목요상 후보는 여덟 차례 단합대회를 개최하여 의정활동 보고 3만 부를 배부하면서 영세도시서민층을 집중공략했다.

통반장, 개발위원, 평통자문위원, 통대의원 출신으로 지역민들과 밀착된 박승국 후보는 80여개 지역단체에 관여하면서 "세 번에 걸친 대통령 선거 때 부표를 던진 것은 나의 것이다"며 야당성을 강조했다.

진원규, 서훈, 서윤수, 김영술, 안숙제 후보 등을 따돌리고 신한민주당 조직책에 선정된 박승국 후보는 선명성을 부각시킨 신한민주당 후보로서 당선을 넘볼 수 있었으나 통대의원 출신이라는 한계성과 "진짜 야당은 나다"며 선명야당의 새 기수를 자처한 신민주당 진원규 후보가 야당성향표 2만 3천여 표를 잠식한 것이 국회등원을 다음 기회로 미뤄야만 했다.

민한당 목요상 후보와 신한민주당 백승국 후보의 혈투는 북구에서는 백승국 후보가 목요상 후보에게 686표 앞섰지만 동구에서 3,684표 뒤져 고지 탈환에 실패했다.

□ 득표상황

후보자	정당	연령	주요 경력	득표(%)
김용태	민정당	48	11대 의원(지역구)	109,312 (35.0)
목요상	민한당	49	11대 의원(지역구)	88,426 (28.9)
박승국	신민당	44	오복예식장 대표	85,428 (27.9)
진원규	신민주당	42	경북대총학생회장	23,145 (7.5)

<남 – 수성> 이치호, 신진수의 동반당선으로 의원직 사수를 위한 수성, 4선 관록의 신도환, 지역에 깊게 뿌리내린 김해석의 공성전에서 민정당 이치호, 신한민주당 신도환의 승리로

지난 11대 총선에서 이 지역구는 10대 총선에서 금메달과 은메달을 차지했던 이효상, 신도환 의원들이 사라지고 3위였던 이치호, 4위였던 신진수 후보들이 민정당과 민한당 공천을 받고 출전하여 재격돌한 이색 선거구였다.

대륜고, 경북대 총학생회장 출신으로 행정·사법 양과를 합격한 이치호 후보는 신군부 세력의 정권탈취를 비호하는 지역정서를 타고 일찍부터 금메달을 예약했고, 8대 총선 때 이효상 국회의장을 무너뜨린 신진욱 전 의원의 동생인 신진수 후보가 교육학 박사로 학자 출신이라는 이미지를 부각하여 대통령선거인단 선거에서 민한당 11명 전원을 당선시킨 조직을 활용하여 은메달을 차지했다.

재건국민운동 경북간사장 출신으로 지역사업 관련을 맺고 뿌리를 내려 통대의원 선거에서 연승한 저력을 지닌 국민당 김해석 후보와 오랫동안 이 곳에서 변호사 생활을 해 오면 닦은 지역기반과 처가의 지원도 도움이 된 무소속 이상희 후보들의 선전이 돋보였다.

이번 총선에선 지난 총선에서 동반 당선된 민정당 이치호, 민한당 신진수 의원들이 재선의 꿈을 키우고 있는 상황에서 정치규제에서 풀려난 신한민주당 신도환 후보가 고토회복을 선언하고 지난 총선에서 동메달로 석패한 국민당 김해석 후보가 설욕전을 다짐했다.

서울신문과 사상계에서 근무했던 신정사회당 송효익, 국제경제연구소 연구관인 민권당 권만성 후보도 얼굴을 내밀었다.

무료변론으로 지역민들과 긴밀해지고 주례 2천 쌍으로 기반을 닦으며 서울 ~ 대구 달리기를 지구 일곱 바퀴만큼 지역구를 찾았다는 이치호 후보는 "88올림픽을 치르기 위해서라도 각하가 더 하셔야 합니다고 하는 아붓군들에 대항해 민권의 폭탄을 안고 순국하겠다"고 선언했다.

교화와 교육계의 지지를 겨냥하여 전산화된 사무실을 운영하고 밀도 있는 당원교육을 강화하고 있는 신진수 후보는 "40년 교단경력의 교장 봉급이 7년된 육군대위 봉급과 같다"며 "지금 공무원 중에 육사 출신이 행정고시 출신의 다섯 배"라고 군부 위주의 현정권을 공격했다.

그러나 계성 동문모임이 활성화되고 옛 지명도 재건에 주력하고 있는 신도환 후보는 과거 자유당, 반공단체를 공격하는 대자보가 나돌아 곤욕을 치르고 있으며 "신진수 학교가 곧 넘어간다더라"는 괴소문까지 퍼져 나가고 있다.

마을금고사업의 창설, 보급의 창시자로서 재건학교운영 등 상록운동을 전개한 김해석 후보도 "민정당 정권은 국민에게 실망과 겁과 고통만 주었다"고 대여포문을 열었다.

신정사회당 송효익 후보는 4·19 당시 신도환 후보와 관련된 재판기록을 읽으면서 인신공격 하고서 진짜 야당임을 주장했고, 민권당 권만성 후보는 민추협에 가담한 진짜 선명야당 정치인임을 역설했다.

이치호, 신진수의 수성과 신도환, 김해석의 공성은 옛 관록으로 기존 판도를 위협한 형국이 되어 집권여당의 조직과 무료변론 등으로 얻은 지명도를 활용한 이치호 후보가 금메달을 차지했고, 4선관록의 신도환 후보와 지역에 뿌리를 깊게 내린 김해석 후보가 은메달을 놓고 혈투를 전개했다.

신한민주당 신도환 후보와 국민당 김해석 후보의 접전은 남구에서는 김해석 후보가 2,492표(1.6%) 신도환 후보에게 앞섰지만, 수성구에서 5,102표(3.6%)나 뒤져 금배지 탈환에 실패했다.

☐ 득표상황

후보자	정당	연령	주요 경력	득표(%)
이치호	민정당	45	11대의원(지역구)	77,515 (26.8)
신도환	신민당	62	국회의원(4선)	69,723 (24.1)

김해석	국민당	45	통대의원	67,113 (23.2)
신진수	민한당	46	11대의원(지역구)	50,120 (17.3)
송효익	사회당	44	사상계 근무	14,105 (4.9)
권만섭	민권당	46	경제연구소 연구관	10,399 (3.6)

<포항 – 영일 – 울릉> 박경석, 이성수, 서종렬, 최수환 등 4명의 현역의원이 맞붙은 선거전에서 조직의 민정당 박경석, 재력의 민한당 서종렬 후보들이 승리

영천과 병합되었던 10대 총선에선 영천 출신인 신민당 조규창, 무소속 권오태 후보를 당선시켰고 영천이 경산과 병합하여 독립선거구가 된 지난 11대 총선에서 포항의 야당표를 겨냥하여 조규창 후보가 민한당으로 출전한 이색지구이다.

서울고법 검사를 거쳐 입법의원에 발탁된 민정당 이진우 후보는 포항실업전문대학 4년제 승격을 공약하고 포항제철 부사장으로 있는 동생이 공단 내 조직확산에 기여하여 금메달을 확보했다.

한국규석공업 대표로 7대 의원을 지낸 국민당 이성수 후보는 "3선 개헌 파동으로 눈 밖에 나 공화당 공천에서 밀린 체제 내 야당이었으며 이제 야당이 됐으니 야당으로 한 몫 할 것"이라고 절규했으나 "언제 야당이었느냐"는 비난에 "정권 놓치면 야당 아니냐"고 반격하면서 이진우 후보와 동반당선을 이뤄냈다.

미술전시회관 대표로 영남대 학맥을 찾아 나선 신정당 권동수 후보가 예상을 뒤엎고 값진 동메달을 목에 걸었고, 한성화학 대표로 젊은 동지 규합을 호소한 민사당 윤해수 후보가 고향을 버리고 포항공단의 야당성향표를 기대한 조규창 후보와 난형난제를 겨루다 5위로 밀려났다.

 이성수 후보의 비서관이었던 안민당 이대우, 한성실업 대표인 민권당 김문도 후보들은 출전 자체에 의미를 부여해야만 했다.

이번 총선에는 이진우 의원을 밀쳐내고 동아일보 정치부장 출신인 전국구 의원으로 민정당 공천을 받은 박경석, 재선의원인 국민당 이성수 의원에게 민한당 전국구 의원으로 민한당 공천을 받은 서종열, 민한당 공천에서 낙천되자 신한민주당 공천을 받은 최수환 의원 등은 농어민을 위한 각종 복지사업을 공약으로 제시했다.

2만 명의 당원을 확보한 이성수 후보는 교육자 출신으로 포항공고, 간호전문학교를 유치한 공적을 홍보하며 동은장학회를 설립하여 5백여 명에게 장학금을 지급하여 좋은 반응을 얻고 있다.

예선에서의 패배에 고군분투하며 집사로서 기독교계와 골수 야당성향의 표를 공략하고 있는 최수환 후보는 "11대 국회 때 건설부 장관 셋을 내 손으로 내쫓았다"며 "세 장관이 울면서 나를 컴퓨터 의원님이라고 불렀다"고 자랑했다.

신민주당 최영만 후보는 "4년 간 정부의 예산 한 푼 못 깎고, 국정조사권 한 번 발동 못하고 돌아온 장본인들"이라고 4명의 현역 의원들을 몰아세우고 "요즘 국회는 반상회보다 못하다는 것이 국민여론"이라고 맹공했다.

신한민주당 낙천에 반발하여 국제인권옹호연맹 한국위원인 최영만 후보가 신민주당 공천으로, 신한민주당 조직부장 출신으로 민추협 운영위원인 이진탁 후보가 낙천에 반발하여 민권당으로 출전했다.

상당한 재력을 구비한 4명의 현역의원이 관광주선, 선물공세에 돈봉투까지 나도는 등 혼탁 시비가 잦은 선거전에서 박경석 후보는 당 대변인을 지낸 관록을 내세우며 '새해처럼 떠오르는 영일만의 새얼굴'을 구호로 내걸었다.

실천과 경륜의 정치인임을 홍보하는데 주력하고 있는 박경석 후보는 4년제 종합대학 유치를 공약으로 내걸고 포항고 동문, 박씨 문중 1만가구의 표밭을 누비고 있다.

민한당 총무국장의 직함을 활용하고 있는 서종열 후보는 우성그룹 6개 업체 종업원 8백여 명과 통대의원 시절의 지지기반을 거점으로 지구당 대회에 8천 명의 인파를 동원하는 저력을 과시했다.

민정당의 조직과 대변인으로서의 지명도를 활용한 박경석 후보가 포항을 비롯한 영일, 울릉을 석권하여 부동의 1위로 재선의원이 됐고, 풍부한 재력과 공천경쟁에서 승리한 여세를 몰아 서종열 후보가 상당한 격차를 두고 은메달을 차지했다.

박경석 후보가 제자라며 사제지간 동반당선을 꿈꿨던 이성수 후보나 선명야당을 외치며 포항공단 직원표를 공략했던 최수환 후보는 3, 4위로 밀려났다.

민한당의 공천경쟁에서 서종렬 의원에게 밀리자 유재호, 이진탁, 권동수, 최영만 후보들을 밀쳐내고 신한민주당 공천을 꿰어찬 최수환 후보가 4명의 현역의원의 혈투장에서 꼴찌를 기록했다.

☐ 득표상황

후보자	정당	연령	주요 경력	득표(%)
박경석	민정당	48	11대의원(전국구)	86,526 (38.6)
서종열	민한당	49	11대의원(전국구)	58,296 (26.0)
이성수	국민당	56	11대의원(2선)	39,738 (17.7)
최수환	신민당	46	11대의원(전국구)	30,551 (13.6)
이진탁	민권당	41	신민당 조직부장	6,396 (2.9)
최영만	신민주당	47	인권옹호연맹위원	2,489 (1.1)

<경주 - 월성 - 청도> 집권여당의 조직과 범박씨 종중의 지원을 받은 민정당 박권흠, 설립학교 학부형과 경주 김씨 종중의 지원을 받은 민한당 김일윤 후보가 동반당선

지난 11대 총선에선 신민당 공천으로 청도의 공화당 박숙현 의원과 10대 총선 때 동반 당선됐던 박권흠 후보는 신민당의 대변인으로 맹활약했으나 YH여공들의 신민당사 농성 때 경찰들로부터 무차별 폭력에 시달렸지만 신군부세력에 투항하여 민정당 공천을 받고 출전하여 경북도청의 경주이전을 공약하며 거칠 것 없이 질주하여 금메달을 차지했다.

경남대 경영대학원장인 무소속 김순규 후보는 월성 김씨 씨족을 배경으로 국민당 조직책으로 활동하다 사퇴한 김일윤 후보의 조직기반을 이어받아 예상을 뒤엎고 경주와 월성을 석권하여 "나의 공격대상인 공화당도, 장기집권도 없어졌으니 변절이란 말은 말도 안된다"는 박권흠 후보와 동반당선의 기쁨을 누렸다.

서울시도시계획국장 출신으로 영동과 여의도 개발을 담당했던 경험을 살려 경주를 국제관광도시로 개발하겠다는 민한당 윤진우 후보는 40년간 이 지역에서 의료사업을 해 온 집안의 힘과 윤씨 문중표를 공략했으나 역부족이었다.

자신이 경영한 공장의 종업원 가족들의 지원을 기대한 9대 의원을 지낸 이영표, 의원비서관 출신으로 청도 지역의 지역감정을 호소한 민농당 박판현 후보들도 당선권을 넘나들었다.

이번 총선에선 지난 총선에서 동반 당선된 민정당 박권흠 의원과 무소속으로 당선됐지만 신한민주당에 둥지를 마련한 김순규 의원이 동반당선을 꿈꾸고 있는 가운데, 지난 총선에서는 중도포기한 대한웅변회장인 민한당 김일윤, 민한당 공천에서 탈락하자 근로농민당 간판으로 출전한 심봉섭 후보가 4파전을 전개했다.

박씨 문중표를 독식한 박권흠 후보는 '심은 나무 계속 키워 거목 만들자"는 구호를 내걸고 국회건설위원장으로 있으면서 지역 숙원사업을 많이 해결했다고 홍보하면서 경주중.고 동문들의 전폭적인 지원과 일벌이라는 별명을 얻을 정도의 열성으로 야당 대변인에서의 변절을 잠재웠다.

경주 김씨 종친회 부회장으로 있으면서 다져 온 문중기반과 수천부씩 배포한 달력으로 지명도가 높은 김일윤 후보는 경주실전, 신라고 설립자로서 교육계 지지까지 얻으며 4년제 대학설립을 공약으로 내걸었다.

김일윤 후보는 "유신 박사가 어떻게 선명야당이냐"고 신한민주당 김순규 의원 공격에 승부를 걸었다.

경희대 교수로 현역의원의 이점을 살리고 있는 김순규 후보는 "재수생 돈 모아 외제 승용차 타고 다닌다"면서 김일윤 후보에게 반격하고 경주 김씨 종친회에서는 유리한 사람에게 표를 몰아주기로 했다고 홍보했다.

야당 불모지나 다름없는 이곳에서는 사조직세의 대결이 펼쳐졌고, 천년고도인 이곳에서는 야당에서 여당으로 변신한 박권흠, 친여에서 야당으로 변신한 김일윤, 무소속에서 선명야당으로 변신한 김순규 등 변신의 귀재들이 선거전을 주도했다.

집권여당의 조직과 범박씨 종중의 지원을 받은 박권흠, 경주실전 등 학부형들의 지원과 경주 김씨 종친들의 지지를 받은 김일윤 후보들이 동반당선됐다.

민한당 김일윤 후보는 이정호, 박재곤, 손병윤, 도승희, 심봉섭 후보들을 꺾고 공천을 받았고 신한민주당 김순규 후보도 심봉섭, 김덕수, 이정호 후보들을 꺾고 공천을 받았으나 경주 김씨 문중표 지지 획득에 실패하여 금뱃지를 넘겨줬다.

민한당과 신한민주당 공천에서 고배를 마신 심봉섭 후보가 근로농민당 공천으로 선거전에 뛰어들었으나 역부족이었다.

□ 득표상황

후보자	정당	연령	주요 경력	득표(%)

박권흠	민정당	52	11대의원(2선)	76,164 (40.4)
김일윤	민한당	46	경주실전대학장	56,275 (29.9)
김순규	신민당	47	11대의원(지역구)	39,964 (21.2)
심봉섭	농민당	55	8대의원(경주)	16,028 (8.5)

<김천 – 금릉 – 상주> 세 번째 무소속 당선을 기대한 박정수 후보를 꺾고 2전 3기의 설욕전을 승리로 장식한 신한민주당 이재옥

지난 10대 총선 때 백남억, 김윤하 현역의원을 밀쳐 내고 당선을 일궈 냈던 정휘동, 박정수 의원들이 11대 총선에도 정치인 규제를 뚫고 생환하여 재격돌한 이색선거구였다.

민정당 공천을 받은 정휘동 후보는 자신이 경영하는 상주 새마을 연수원 출신 3천 명으로 조직된 '청록회' 회원들을 중심으로 조직을 재구축하고 지난해 우량볍씨를 보급하여 냉해 피해 속에서 상주를 건진 공로로 '농민의 진정한 지도자'라는 이미지를 부각시켜 상주에 철옹성을 구축했다.

미국 아메리칸대학 행정학박사로 한국정치행정 연구원장인 무소속 박정수 후보는 10대 의원이라는 이점과 김천고 동문회, 교회 조직표와 이범준 유정회 의원의 측면 지원을 받아 김천과 금릉 지역을 휩쓸어 상주에서 김 인 후보에게 상주표의 잠식에 시달인 정휘동 후보를 제치고 금메달을 목에 걸었다.

지난 총선에서도 석패한 고려대 교수로 토플 저자인 무소속 이재옥, "5·16 이후 야당의원을 배출하지 못한 야당 불모지 김천의 불명예를 씻자"며 만년 여당 지역탈피를 슬로건으로 내건 민한당 한봉수, 경북도지사 출신으로 8대 의원을 지낸 무소속 김 인 후보들의 석패는 못내 아쉬움을 남겼다.

이번 총선을 맞아 민정당은 정휘동 의원을 전국구에 안착시키고 주호주대사 출신으로 전두환 대통령의 동서인 김상구 후보를 내세웠고, 무소속 박정수 의원은 무소속으로 세 번째 도전에 나섰다.

내무부차관 비서관을 지낸 이기한 후보는 민한당으로, 공화당 경북연락실장으로 활동하다가 국민당 전국구 11대 의원으로 당선된 김한선 후보는 국민당으로, 이재옥 토플 저자로 지난 총선에도 도전했던 이재옥 후보는 신한민주당으로 출전하여 5파전이 전개됐다.

대통령의 측근바람이 거세게 불어 화려한 지역개발사업의 청사진이 제시되고 겨울철에 기공식이 활발히 전개되어 김상구 후보의 인기는 하늘 높이 솟아오른 이색지구가 됐다.

정휘동 의원을 제치고 공천을 받은 김상구 후보는 "나의 포부는 첫째도 둘째도 지역발전"이라며 상주읍의 시 승격, 공설 운동장 건설, 4년제 대학 분교유치 등을 공약했다.

민한당 이기한 후보는 "후보들 중 정치해금자는 나 뿐"이라며 선명성을 강조하고 있고, 국민당 김한선 후보는 '김한선 그는 누구인가' '단상의 노호(怒號)' 등 선전 팜프렛을 대량으로 배포하며 '통금해제의 장본인'을 강조했다.

지난 총선에서의 패배의 설욕을 다짐한 신한민주당 이재옥 후보는 경주 이씨 문중 4천 5백 가구의 전폭적인 지원을 기대하며 카톨릭계 6천 5백 가구의 집중적인 지지에 기대를 걸고 있다.

성신여대 사회과학대학장인 이범준 전 의원의 도움을 받고 있는 박정수 후보는 3대째 무소속 당선기록에 도전하고 있다.

김상구, 이재옥 후보의 상주 박정수, 김한선, 이기한 후보의 김천의 지역대결은 은메달을 놓고 무소속으로 세 번째 당선을 목표로 한 박정수, 두 번의 낙선을 딛고 2전 3기를 기원한 이재옥의 대결로 압축됐다.

민정당 김상구 후보가 상주에서 64,564표(66.2%)를 득표하여 쓸어 담고 김천과 금릉에서도 1위를 차지하여 금메달을 확정했다.

은메달 경쟁에서 신한민주당 이재옥 후보는 상주에서 23,155표(23.7%)로 2위를 하고 김천, 금릉에서 9,899표(10.0%)를 득표하여 김천, 금릉에서 27,096표(27.3%)로 2위를 했지만 상주에서 3,622표(3.7%) 득표에 머문 무소속 박정수 후보를 상주군민들의 응집력으로 꺾을 수 있었다.

신한민주당은 임팔만, 이재옥, 윤영오, 이광백, 권두오, 김한강, 박희동 후보들의 조직책 신청을 받고 이재옥 후보를 낙점했고, 이재옥 후보는 이에 부응했다.

□ 득표상황

후보자	정당	연령	주요 경력	득표(%)
김상구	민정당	48	호주대사	95,657 (49.3)
이재옥	신민당	45	소명도서출판대표	33,054 (17.1)
박정수	무소속	53	11대의원(2선)	30,718 (15.9)
김한선	국민당	46	11대의원(전국구)	23,349 (12.0)
이기한	민한당	47	내무부차관 비서관	11,115 (5.7)

<안동시 – 안동군 – 의성> 은메달 경쟁을 벌인 김영생, 신진욱, 오경의 후보들의 승패는 의성군에서 승리한 김영생 후보가 차지

9대와 10대 총선에서 동반 당선됐던 김상년, 박해충 의원들이 사라진 이 지역구에 11대 총선에서는 민정당 권정달 후보가 혜성처럼 나타나 새정치의 주역이며 중앙정계의 거목이라는 이미지, 지역 개발에 대한 선거구민의 기대, 안동 권씨이자 안동고 출신이라는 강점을 살려 안동은 물론 영천까지 휩쓸어 바렸다.

"집안 일가 2백가구만 되면 모두 나왔다"는 우스개 소리가 난무한 이 선거구에서 태영광업 대표로서 탄광업으로 부를 축적한 국민당 김영생 후보가 안계고 동문과 의성 김씨 문중표를 동원하여 의성 지역의 표몰이에 나서 "달리는 엔진도 제동장치가 없으면 문명의 이기가 아니라 흉기"라고 정통야당의 승계라는 기치를 내걸고 분투한 경제기획원 총무과장 출신인 민한당 정상조 후보를 꺾고 은메달을 차지했다.

의협신보 편집국장 출신인 무소속 이의대 후보가 이퇴계의 후손이라며 진성 이씨 문중표를 규합하여 군소정당 후보들을 제치고 4위를 차지했다.

이번 총선에선 지난 총선에서 당선된 민정당 권정달, 국민당 김영생 의원들이 수성의 고지를 선점한 가운데 협성교육재단 이사장으로 8대 총선 때 대구 남구에서 공화당 이효상 국회의장을 무너뜨린 신한민주당 신진욱, 대한씨름협회 부회장으로 전국 한시택시연합회장인 민한당 오경의 후보가 도전했다.

6천여 명의 안동중·고 동문, 안동 권씨 문중표를 안고 야권 3파전을 강 건너 불구경하듯 즐기고 있는 권정달 후보는 "교도소를 이곳으로 옮긴 것은 면회오는 이들에게 국밥이라도 팔아 지역소득 올리라고 한 것이다"라고 자랑했다.

물량총력전을 펼치고 있는 김영생 후보는 4년간 이 지역 중고생 250명에게 연간 7만원씩 장학금을 지급하고 밀가루 2천 포, 내의 5백벌씩 매년 영세민 돕기를 해 온 것을 널리 홍보했다.

민한당 공천을 오경의 후보에게 넘겨주고 양재범, 오상직, 김동수 후보들을 제치고 어렵게 신한민주당 공천을 받았지만 압사사고로 물의를 빚은 신진욱 후보는 야당생활 30년을 내세워 "이 지역에서는 왜 국회의원 두 사람을 모두 여권일색으로만 뽑느냐"면서 대구 협성재단 13개 학교를 소유한 재력을 자랑하면서 '취직알선' '장학금 지급' 등을 약속했다. 기독교계와 교육계의 지원을 기대하며 경안고 동문임을 내세운 오경의 후보는 안동 오 부자의 후손임을 홍보하면서 박해충 당무위원의 지원을 기대했다.

선거분위기 과열과 군중압사 참변사고까지 난 선거전은 민정당 권정달 후보가 금메달은 확정됐고 은메달 경쟁이 치열했으며, 은메달 경쟁은 의성군에서 승리를 누가 하느냐에 승패가 결정됐다.

안동 시·군은 물론 의성에서도 34,029 표(48.0%)를 쓸어담은 민정당 권정달 후보가 철옹성을 구축한 가운데 의성에서 17,132표(24.2%)를 득표한 국민당 김영생 후보가 안동시·군에서 18,295표(14.3%)를 득표한 민한당 오경의 후보를 의성군민들의 응집력으로 제압했다.

의성에서 김영생 후보와 혈투를 전개한 신진욱 후보는 얕은 지역연고로 의성에서 17,132표 대 15,103표로 2,029표, 안동 시-군에서 13,028표 대 11,959표로 1,069표 뒤져 국회 재입성에 실패했다.

□ 득표상황

후보자	정당	연령	주요 경력	득표(%)
권정달	민정당	48	11대의원(지역구)	116,556 (59.5)
김영생	국민당	52	11대 의원(지역구)	30,160 (15.4)
신진욱	신민당	60	8대국회의원	27,062 (13.8)
오경의	민한당	44	씨름협회 부회장	22,009 (11.3)

<구미 - 군위 - 칠곡 - 선산> 민한당 탈당을 주도하고 신한민주당까지 탈당했지만 민주화투사 이미지로 인동장씨 문중 지원을 받

은 민한당 장덕환 후보를 가볍게 제친 무소속 김현규

지난 11대 총선에서는 박정희 전 대통령의 장조카로 이천금속 대표인 민정당 박재홍 후보는 "바다를 끼지 않은 곳에 이렇게 최대의 공업단지를 그 분이 아니면 누가 만들 수 있었겠느냐" "박 대통령의 못다 이룩한 위업을 계승하겠다"며 경북도청의 구미 유치를 공약으로 내걸고 구미, 칠곡, 선산을 휩쓸어 부동의 1위를 차지했다.

서울대 정치학과 출신으로 6대 총선에 뛰어들어 8대와 9대 총선에 낙선했으나 10대 총선에서 동정표와 군위군의 몰표로 당선된 김현규 후보도 정치규제의 장막을 뚫고 생환하여 군위에서 13,680표(51.7%)를 휩쓸어 은메달 당선을 이뤄 냈다.

경북 도경국장, 서울 시경국장, 치안국장을 역임하고 유정회 의원으로 활약했던 국민당 장동식 후보가 선산의 인동 장씨 씨족을 배경으로 퇴역경관들의 개인적인 성원들을 기대했으나 역부족이었다.

이번 총선에서는 지난 11대 총선에서 동반당선된 민정당 박재홍 의원과 무소속 김현규 의원이 철옹성을 구축한 가운데 인천대 교수인 장덕환 후보가 민한당으로, 한국교열기자회 사무국장인 이선희 후보가 근로농민당 후보로 도전했다.

1만 2천여 명의 민정당원을 풀가동한 박재홍 후보는 4년간 이룬 지역개발사업을 집중적으로 홍보했다. 박재홍 후보는 '박정희 대통령의 장조카'라는 후광을 업고 고령 박씨 5천 가구를 파고들었다.

민한당 탈당을 주도하고 신한민주당에 입당했으나 신한민주당을 탈당하여 이러저러한 화제에 오른 김현규 후보는 '민주화의 거목 김현규와 함께'라는 팜플렛 1만 5천장을 배부하는 홍보전을 펼쳤다.

김현규 후보는 "나의 민한당 복귀를 관철시키지 못하자 끝내는 신한민주당을 탈당토록 강요하는데 못이겨 이렇게 무소속으로 출마하게 됐다"고 해명했다.

인동 장씨 5만 4천 가구의 결속을 기대한 장덕환 후보는 장로로서 교회 중심 표밭갈이에 나섰으며, 인천대 교수 출신으로 '정치는 정치학 박사에게'라는 이색적 구호를 내걸고 '도청유치의 기초작업을 하겠다'고 공약했다.

박정희 대통령의 고향이며 구미공업도시 건설로 혜택을 입은 지역에서 민정당 후보의 압승은 기정사실로 굳어졌고, 민주화 투사로서 지명도를 살린 김현규 후보가 인동 장씨 문중의 집중적인 지원을 받은 장덕환 후보를 가볍게 제압했다.

구미에서 35,383표(54.9%), 칠곡에서 17,034표(39.9%), 선산에서 16,132표(42.3%)로 1위를 한 민정당 박재홍 후보와 군위에서 12,524표(47.0%)로 1위를 한 무소속 김현규 후보가 동반당선됐다.

장덕환 후보는 인동 장씨의 본향인 칠곡과 선산에서도 27,657표 대 17,648표로 김현규 후보에게 밀려 당선권을 바라볼 수 없었다.

김현규 후보의 승리에는 신한민주당을 탈당했지만 신함민주당이 김후보의 당선을 위해 무공천한 배려도 큰 몫을 했다.

☐ 득표상황

후보자	정당	연령	주요 경력	득표(%)
박재홍	민정당	43	11대의원(지역구)	79,679 (47.0)
김현규	무소속	48	11대의원(지역구)	59,813 (35.3)
장덕환	민한당	46	통일촉진회사무총장	27,648 (16.3)
이선희	농민당	51	교열기자회사무국장	2,391 (1.4)

<영주 – 영풍 – 영양 – 봉화> 지난 총선에서 승리한 민정당 오한구, 민한당으로 당선됐지만 신한민주당으로 이적한 홍사덕 의원이 사이좋게 동반당선

10대 총선에서 동반당선됐던 김창근, 박용만 의원들이 사라진 11대 총선에선 육사 13기 출신으로 포철이사를 지낸 민정당 오한구 후보가 봉화 출신이라는 약점에도 불구하고 신군부의 주도세력이라는 강점을 내세워 전 지역구를 휩쓸고 금메달을 차지했다.

중앙일보기자 출신으로 한국기자협회 부회장을 지낸 민한당 홍사덕 후보가 '세탁소집 아들'로 자신을 소개하며 서민층에 친근함을 보이며 야권성향표를 결집시켜 영주와 무주공산인 영양에서 앞서 봉화와 영풍에서 앞선 무소속 이철희 후보를 234표 차로 누리고 아찔한 승리를 챙기는 행운아가 됐다.

무소속 이철희 후보는 대우실업 이사로서의 재력과 서울상대 출신으로 연세대 강사라는 학력으로 지식층의 지원을 기대했으나 234 표 차로 물거품이 되었다.

대통령 경제수석 비서관으로 활약한 무소속 신동식, 공화당 중앙위원 출신으로 5·16 민족상 사무총장 출신인 국민당 황윤경, 조림사업으로 철탑산업 훈장을 받은 신정당 문학술 후보들도 함께 뛰었다.

이번 총선에선 지난 총선에서 금메달을 확보한 민정당 오한구, 은메달을 차지한 신한민주당 홍사덕, 아쉽게 동메달로 설욕전을 전개한 민한당 이철희 후보들의 재대결장에 통대의원 출신으로 영주 성누가병원장인 박시균 후보가 국민당 공천으로 얼굴을 내밀었다.

'서민의 대변자'를 자처한 오한구 후보는 "10대 공약 사업을 100% 달성했다"면서 평생 동지 회원들을 독려하며 전 지역을 휩쓸었다.

'키워주자 밀어주자 대야망의 젊은 기수'를 구호로 내세운 홍사덕 후보는 젊은 기수라는 홍보책자를 제작하여 현 정권의 정치탄압을 낱낱이 공개했다.

민한당을 탈당하고 신한민주당에 안착한 홍사덕 후보는 "정치 탄압에 고생한 사람을 국민이 저버리면 누가 민주투쟁을 하겠는가"라고 호소했다.

홍사덕 후보가 버리고 간 민한당 간판을 갖고 나온 이철희 후보는 4년간 꾸준히 표밭을 가꾸며 설욕을 준비해 왔으며 진성 이씨 문중을 파고들며 퇴계 이황의 후손임을 강조했다.

영주중 동창회장, 밀양 박씨 종친회장, 영주의사회회장 등 다양한 지역 활동을 내세운 박시균 후보가 지난 총선에서 동메달을 확보한 이철희 후보를 밀쳐내고 동메달을 차지했다.

경북의 북부 신간오지에서 민정당 후보에게 승리한다는 것은 언감생심이고 은메달 경쟁에서 현역의원의 잇점을 살리며 패기의 민주투사임을 홍보한 홍사덕 후보가 승리했다.

□ 득표상황

후보자	정당	연령	주요 경력	득표(%)
오한구	민정당	50	11대의원(지역구)	66,136 (44.5)
홍사덕	신민당	41	11대의원(지역구)	35,828 (24.1)
박시균	국민당	46	통대의원, 병원장	26,380 (17.8)
이철희	민한당	45	재무부 관세과장	20,260 (13.6)

<달성 – 고령 – 성주> 은메달을 놓고 달성과 성주의 군대항전에서 유권자 수의 열세로 실지 회복에 실패한 민한당 김창환

지난 11대 총선에서는 10대 총선 때 신민당 공천 경쟁을 벌여 공천을 받고 당선된 김종기 후보는 민정당 공천을 받아, 낙선한 최운지 후보는 민한당 공천을 받아 출전한 이색 선거구였다.

"10대 국회에서 가장 양심적인 국회의원이어서 발탁된 것이지 내가 변절한 것이 아니다"고 변명한 김종기 후보는 대구직할시 승격에 따른 위성 산업단지 조성 등 풍성한 지역개발을 공약하며 계성고, 경북대 동문과 김해 김씨 종중을 파고들었다.

중앙정보부 국장 출신으로 대한지적공사 사장을 거쳐 보아기계 회장인 이용택 후보는 국민당 창당 준비위원으로 활동하다가 탈당하고 무소속으로 출전하여 달성 재향군인회장, 녹우회 회장으로 맺은 인연과 성주 이씨 문중, 대구 농림고 동문들을 파고들어 달성에서 31,049표(39.0%)를 득표하여 고령과 성주에서 1위를 한 김종기 후보를 제치고 금메달을 차지했다.

재무부 관세국장, 관세청 차장, 명지대 교수, 국제전기 사장 등 다채로운 경력을 자랑한 민한당 최운지 후보는 경주 최씨, 영천 최씨 4천가구의 지원, 운지장학회 등을 설립하여 운영하는 등의 적공으로 당선은 따놓은 당상으로 여겼으나 김종기의 조직, 이용택의 재력에 밀려 3위로 추락했다.

성주 배씨 문중 3천가구에 기댄 추풍회 조직부장 출신인 민사당 배의석, 서울대 강사인 안민당 배재연, 대구일보 정치부장 출신인 신정당 이길용 후보들도 후발주자 3파전을 전개했다.

이번 총선에서 이 지역구도 영주 - 영풍 - 영양 - 봉화와 같이 11대 총선에서 금메달을 차지한 무소속 이용택, 은메달로 밀려난 민정당 김종기, 재선의원의 잇점을 살리지 못하고 동메달로 밀려난 민한당 김창환 후보가 재대결을 펼치고 있는 가운데 민추협운영위원으로 활동한 협성사진인쇄 대표인 임차문 후보가 선명 야당의 기치를 내걸고 신한민주당 공천으로 도전했다.

민정당 공천경쟁에서 어렵게 승리한 김종기 후보는 "전형적인 구악"이란 용어로 이용택 의원의 과거행적을 비난했다. 김종기 후보는 "민정당은 산위에서 세상을 내려다보는데 야당은 바늘구멍으로 세상을 내다보고 있다"고 야당 후보들에게 반격했다.

이에 무소속 이용택 후보는 "해방 후 전학련 시절부터 애국일념으로 살아왔다" "일개 의원의 수행비서나 농협 임시서기의 경력자가 봉황의 뜻을 어찌 알랴"고 맞공격을 했고 '고위층의 측근'이란 인식으로 표 몰이에 나섰다.

김창환 후보는 김종기, 이용택 후보를 '변절자'와 '유신잔재'로 공격하면서 "야당없는 내고장 민의 대변 누가하나"라고 호소했다.

배영수, 이종식, 김영주 후보들을 제치고 신한민주당 공천장을 받고 '30년 민주세력의 파수병'을 자부한 임차문 후보는 선명성을 부각시키며 동분서주했으나 야권성향표의 분산으로 김창환 후보의 실지회복을 막아서는 역할만을 수행했다.

유권자 5만 3천여명인 달성의 이용택, 유권자 4만 5천여명인 성주의 김창환 후보의 대결은 유권자가 8천여명 많은 달성의 이용택 후보의 승리로 마감됐다.

지난 총선에서는 변절시비로 은메달 수모를 겪었으나 민자당원들의 활발한 활동으로 3개군을 석권한 민정당 김종기 후보가 금메달을 확정한 가운데 민한당 김창환 후보와 무소속 이용택 후보가 은메달을 놓고 경쟁을 벌였다.

달성에서 16,428표(34.0%)로 2위를 한 이용택 후보가 고령에서 5,919표(23.5%), 성주에서 11,973표(31.8%)로 2위를 한 민한당 김창환 후보를 달성에서의 7,301표 차가 밑바탕이 되어 따돌릴 수 있었다.

□ 득표상황

후보자	정당	연령	주요 경력	득표(%)
김종기	민정당	44	11대의원(2선)	44,571 (40.8)
이용택	무소속	53	11대의원(지역구)	29,919 (27.4)
김창환	민한당	49	국회의원(2선)	27,019 (24.7)
임차문	신민당	51	민추협 운영위원	7,802 (7.1)

<영덕 - 청송 - 울진> 청송에서 16,809표(56.8%)를 쓸어담아 영덕에서 17,269표(36.5%)를 득표한 김찬우 후보로부터 금뱃지를 되찾아온 민한당 황병우

3개군의 군대항전이 펼쳐진 지난 11대 총선에서 대구지법 영덕지원장 출신으로 오랫동안 지역기반을 다져왔으며 정치신인으로 이미지 부각에 성공한 울진출신 민정당 김중권 후보가 금메달을 예약한 가운데 경북의대 출신으로 영덕에서 10여년 동안 제일병원장으로 지역민들의 신망을 쌓고 김령 김씨 문중을 파고든 민한당 김찬우 후보가 동반당선의 기쁨을 누렸다.

유일한 청송출신으로 남성산업 대표인 국민당 남상걸 후보는 남성장학회 수혜 학부모를 중심으로 조직을 구축하여 청송에서 13,962표(47.6%)로 1위를 했지만 울진에서 1위를 한 김중권, 영덕에서 1위를 한 김찬우 후보들의 적수가 되지 못했다.

이번 총선에선 지난 총선에서 당선된 민정당 김중권, 신한민주당 김찬우 의원들이 재선의 고지를 선점한 가운데 4선의원으로 국회 보사위원장을 지낸 오준석 후보가 해금되어 국민당으로, 청송 군민들의 전폭적인 지지로 10대 의원에 당선됐으나 정치피규제자가 되었다가 풀려난 황병우 후보가 민한당으로, 농촌문제 연구소장인 박종욱 후보가 신민주당으로 출전하여 5파전이 전개됐다.

민정당의 조직을 활용하고 있는 김중권 후보는 '약한 자의 아픔을 달래는 위민(爲民) 정치인'이란 구호를 내걸고 김해 김씨 문중표, 후포고 동문, 기독교 장로로 순방예배를 하면서 철옹성을 구축했다.

민한당 공천으로 당선됐으나 신한민주당으로 옮긴 김찬우 후보는 "민주화의 밑걸음이 되고자 선명야당의 뿌리를 찾아왔다"고 이적 배경을 설명하고 있지만 "공화당을 비롯하여 민정・민한・신민당을 두루 섭렵했다"는 공격을 받았다. 그러나 영덕의 단일 후보로서 영덕 군민들의 전폭적인 지지를 기대했다.

5・17 당시 국회에서의 투쟁장면 등을 화보로 제작하여 배포한 황병우 후보는 "야당성 회복과 정치 부재의 현실을 타개하겠다"고 선언하고 "청송도 국회의원을 내자"는 지역주민의 염원을 담아 고생끝에 따낸 금배지를 잃은 동정표를 기대했다.

울진 출신인 오준석 후보는 '깨끗한 골수 야당 정치인'의 기치아래

4선 관록을 자랑하며 게릴라식 점조직을 통한 저변을 확대하고 그 동안 흙속에 묻혀 지역 주민과 함께 호흡한 체험의 결실을 호소했다.

박종욱 후보는 "농민의 고충을 대변하겠다"며 보이지 않는 조직을 확산시켜 나갔다.

유권자 5만 4천여명인 울진에서는 민정당 김중권, 국민당 오준석 후보가, 유권자 5만여 명인 영덕에서는 신한민주당 김찬우 후보가 유일하게, 유권자 3만 4천여명인 청송에서는 민한당 황병우, 신민주당 박종욱 후보가 출전했다.

흘러간 물은 물레방아를 돌릴 수 없다는 속담과 같이 오준석 후보는 4선 관록의 위풍을 찾아볼 수 없었고 고향인 울진에서도 9천여 표 득표에 머물렀다.

청송표의 잠식이 우려됐던 박종욱 후보도 청송에서 1천여표 득표에도 실패하여 황병우 후보의 당선에 걸림돌이 되지 아니했다.

울진에서 24,451표(54.4%)로, 영덕에서 18,634표(38.9%)로 1위를 한 민정당 김중권 후보가 청송에서 16,809표(56.8%)를 쓸어담은 민한당 황병우 후보와 동반당선 됐다.

신무룡, 박종철, 심수원 후보들의 기대를 저버리고 신한민주당 공천을 꿰어찬 김찬우 후보는 영덕에서 17,269표(36.5%)를 득표했지만 청송에서 1,393표를 득표한 반면 영덕에서 황병우 후보에게 6,578표를 투표하여 황 후보를 따라잡을 수가 없었다.

□ 득표상황

후보자	정당	연령	주요 경력	득표(%)
김중권	민정당	46	11대의원(지역구)	51,624 (42.9)
황병우	민한당	53	10대의원(지역구)	27,696 (23.0)
김찬우	신민당	52	11대의원(지역구)	23,882 (19.8)
오준석	국민당	57	국회의원(4선)	14,042 (11.7)
박종욱	신민주당	39	농촌문제역구소장	3,109 (2.6)

<영천시 – 영천군- 경산> 영천의 염길정, 권오태 후보들은 경산에서 28,071표(40.8%)를 득표하여 당선했지만 경산의 이재연, 박재욱 후보들은 영천에서 11,566표(14.6%)를 득표하여 낙선

포항 – 영일 – 울릉 – 영천에서 영천과 달성 – 고령 – 경산에서 경산을 떼어내 신설 선거구가 된 11대 총선에서 입법회의 전문위원 출신인 민정당 염길정 후보가 개혁 주도세력의 이미지를 심어주며 지역발전에 공헌할 참신한 일꾼임을 내세워 경산과 영천을 휩쓸고 부동의 금메달을 확보했다.

경신교육재단을 설립한 국민당 박재욱 후보가 밀양 박씨, 순천 박씨 등 범박 1천 5백호의 지원으로 경산에서 2위를 하여 항일운동의 경력을 내세우며 계성고 동문들의 지지에 힘입어 영천에서 2위로 부상한 민한당 최윤동 후보를 꺾고 은메달을 차지했다.

5선 의원으로 국방부 장관을 지냈으며 입법의원으로 활동한 민권당 권중돈 후보가 영천에서 3위를, 대구 지검에 근무한 경력을 발판으로 삼륭건설 대표에 오른 민사당 이재연 후보가 경산에서 3위를 하며 아쉬움을 달랬다.

이번 총선에는 지난 총선에서 당선된 한국일보 기자출신인 민정당 염길정, 경신교육재단 이사장인 국민당 박재욱 의원을 비롯하여 중앙상무위원인 민한당 조병환, 대구지방검찰청 직원인 신정사회당 이재연, 대구대학 강사인 근로농민당 안병달, 제2훈련소 부소장 출신으로 재선의원인 신한민주당 권오태 후보들이 출전했다.

"경북에서 민정당 아니찍고 어느 당 찍겠노"라는 분위기를 타고 민정당 염길정 후보는 영천 출신이지만 경산으로 주소지를 옮겨 수성에 안간힘을 쏟았다.

풍부한 재력을 동원하고 있는 국민당 박재욱 후보는 "민정당이 선심 공세와 함께 선거운동에 리통반장들을 노골적으로 활용하고 있어 죽을 지경"이라고 토로하면서 유일한 경산출신이라고 경산의 몰표를 기대했다.

민한당 조병환 후보는 "나를 빼고는 세 후보가 당의 이름만 다룰 뿐 모두 여권 사람들"이라고 주장하며 영천 조씨의 결속을 기대했다.

"나를 정치 규제자로 묶었던 여당과는 인연이 없을뿐더러 당을 하려면 당 성향이 분명한 신당이 좋을 것 같아 신한민주당을 택했다"면서 "경산은 생소한 곳이지만 고향을 버릴 수도 없고 고향 발전을 위해 열심히 뛸 각오"라는 신한민주당 권오태 후보는 11대 국회를 강아지 국회, 병아리 국회, 송사리 국회라고 규정하고 "12대 국회에 제발 조무라기 국회의원을 뽑아 보내지 말자"고 주장했다.

권오태 후보는 이재연, 안병달, 윤영탁, 김경윤 후보들과의 신한민주당 조직책 선정 경쟁에서의 승리한 여세를 몰아 영천 시 – 군의 표몰이에 나섰다.

영천 이씨 문중, 경북대 동문들의 지지를 기대한 신정사회당 이재연 후보는 고향인 경산을 집중공략했다.

유권자 9만여명인 영천과 유권자 8만 2천여 명인 경산의 지역 대결은 염길정, 조병환, 안병달, 권오태 후보들이 영천표를 나눠가진 반면 경산은 박재욱, 이재연 후보의 양자 대결로 압축됐다.

영천에서는 염길정, 권오태 후보가 양분했고 경산은 이재연, 염길정, 박재욱 후보들이 3분하여 영천 출신들의 독무대가 됐다.

영천시에서 12,149표(40.7%)를, 경산에서 18,747표(27.3%)를 득표하여 1위를 한 민정당 염길정 후보와 영천군에서 17,105표(34.6%)를 득표하여 1위를 한 신한민주당 권오태 후보가 동반당선됐다.

신정사회당 이재연 후보는 경산에서 19,591표(28.5%)로 1위를, 국민당 박재욱 후보는 17,472표(25.4%)로 2위를 하며 선전했지만 영천 시 – 군에서 부진하여 3,4위로 밀려났다.

☐ 득표상황

후보자	정당	연령	주요 경력	득표(%)

염길정	민정당	46	11대의원(지역구)	45,978 (31.5)
권오태	신민당	58	국회의원(2선)	35,724 (24.5)
박재욱	국민당	47	11대의원(지역구)	25,065 (17.2)
이재연	사회당	51	대구지검직원	23,564 (16.2)
안병달	농민당	51	대구대강사	8,824 (6.0)
조병환	민한당	39	당중앙상무위원	6,765 (4.6)

<예천 – 문경> 2위 당선을 놓고 예천군 유권자들은 반형식, 김기수, 김문석 순으로 투표하여 반형식 후보에게 금뱃지를

지난 11대 총선에선 신민당 공천으로 8, 9, 10 대의원을 지냈으나 입법회의 부의장에 발탁된 채문식 후보는 민정당에 의탁한 박권흠, 한병채, 김종기 후보들과 함께 경북 변절 4대 의원 대열에 포함되어 당선을 예약했다.

문경출신인 채문식 후보의 당선이 확실한 가운데 민권당 황병호, 국민당 김기수, 민한당 정인호, 신정당 윤재룡 후보들의 예천의 대표주자 선발전 혈투가 전개됐다.

예천 농협장과 재향군인회 예천군회장을 역임한 도정업자인 김기수 후보가 풍부한 재력, 그동안 맺어왔던 인맥, 김해 김씨 문중들의 지원으로 국회 전문위원 출신인 민한당 정인호, 지난 총선에도 출전했던 민권당 황병호, 20년간 정당생활에서 얻은 사조직을 활용한 윤재룡 후보들을 가볍게 제압하고 '정치안정이 곧 민생의 안정'

'1인 장기집권은 민주의 적'이라는 슬로건을 내건 채문식 후보에 이어 은메달을 차지했다.

이번 총선에선 지난 총선에서 동반당선된 민정당 채문식, 국민당 김기수 의원들의 동반 당선을 저지하기 위해 민한당 인권옹호위원장으로 발탁되어 전국구 의원을 꿰어 찬 김문석 의원이 민한당 공천으로, 한국무역서비스센터 대표로 무역사협회장인 신영국 후보가 신민주당으로, 신민당 예천지구당위원장 출신인 반형식 후보가 신한민주당으로 출전했다.

이·동 단위의 평생동지회 모임에 열심히 참석하고 있는 채문식 후보는 '우리 고장이 낳은 큰 인물'이라는 선전 팜플렛을 대량으로 배포하며 지명도에 기대를 걸고 있다.

채문식 후보는 "4년간 이룬 지난 사업이 과거 30년에 걸쳐 이뤄진 개발 사업보다 많다"면서 "이곳에서 태어나서 후진들에게 욕되지 않게 살다가 은퇴후에도 이곳을 지켜볼 것이다"는 인사로 당선을 확신했다.

오랜 객지 생활로 낯이 선 주민들에게 인물 소개에 주력하고 있는 민한당 김문석 후보는 사랑방 좌담회를 개최하여 지명도를 높이면서 "병든 소를 미국에서 사들여 온 농수산부 장관을 일 잘했다고 전국구 7번을 준 당이 민정당이다"라고 공격했다.

지난 총선에서의 당선으로 "2위 당선은 따놓은 당상"이라고 믿고 있는 국민당 김기수 후보는 김해 김씨 문중표를 단속하며 예천표 지키기에 나섰다.

예천농고 동창회장과 7백년 선조 대대로의 토박이를 강조한 신한민주당 반형식 후보는 "드디어 이번엔 3전 4기의 기적이 이뤄진다"고 호언장담했다.

문경은 채문식, 신영국, 예천은 반형식, 김문석, 김기수 후보들의 대결은 채문식 후보의 당선은 기정 사실화하고 예천군의 득표력이 득표 순위를 결정하게 될 전망이다.

신한민주당 반형식 후보는 정대수, 황병호, 신영국, 황경섭 후보들을 꺾고 조직책에 선정됐다.

문경에서 50,008표(66.8%)로 1위를 한 민정당 채문식 후보와 예천에서 15,118표(28.1%)로 1위를 한 신한민주당 반형식 후보가 동반 당선됐다.

예천군민들은 국민당 김기수 후보에게 12,837표, 민정당 채문식 후보에게 12,427표, 민한당 김문석 후보에게 10,924표를 나눠줬다.

경북지방은 서울, 부산, 대구 등 대도시와 달리 야권성향 유권주자들이 신한민주당보다 민한당을 선호했다.

그리하여 서종렬(포항 – 영일 – 울릉), 김일윤(경주 – 월성 – 청도), 이기한(김천 – 금릉 – 상주), 오경의(안동 – 의성), 김창환(달성 – 고령 – 성주), 황병우(영덕 – 청송 – 울진), 김문석(문경 – 예천) 후보들에게 밀린 최수환, 김순규, 이재옥, 신진욱, 임차문, 김찬우, 반형식 후보들이 신한민주당을 찾아들어 이재옥, 반형식 후보들은 금뱃지의 영광을 차지하기도 했다.

□ 득표상황

후보자	정당	연령	주요 경력	득표(%)
채문식	민정당	60	11대의원 (4선)	62,435 (49.2)
반형식	신민당	50	신민당지구당위원장	20,893 (16.5)
김문석	민한당	49	11대의원 (지역구)	15,738 (12.4)
김기수	국민당	58	11대의원 (전국구)	18,170 (14.3)
신영국	신민주당	41	한국무역사협회장	9,562 (7.6)

경상남도

<마산> 김영삼 전 신민당 총재의 후광, 함안 출향민들의 적극적 지지, 젊은 패기로 예상을 뒤엎고 금메달을 차지한 신한민주당 강삼재

독립선거구가 된 11대 총선에선 떡장수의 아들이었으나 사법·행정 양과에 합격한 수재라는 이미지와 함안 조씨 문중의 지원을 기대하고 공화당 낙점에 반발하여 무소속으로 출전했으나 지난 총선에서 낙선한 조정제 후보가 민정당 공천이라는 행운을 잡고 금메달을 예약했다.

남은 은메달을 놓고 남성모직 대표인 민한당 박민흠, 통대의원 출신으로 경남약사회장인 국민당 이석범, 통대의원 출신으로 한국노

총경남 협의회장인 민사당 백찬기, 경희대 총학생회장 출신으로 경남매일 신문기자인 무소속 강삼재 후보들이 혈투를 전개했다.

마산 부두노조원들의 전폭적인 지원과 다른 후보들보다 빠른 출발이 돋보인 백찬기 후보가 마산고, 서울대 정치학과 학력과 풍부한 재력, 밀양박씨 문중을 기대한 박민흠, 대학원에 재학 중인 최연소 후보로서 젊은 패기와 함안 출향민의 지지를 기대한 강삼재 후보를 어렵게 따돌렸다.

이번 총선에서 민정당은 지역구 관리 소홀을 이유로 조정제 의원을 배제하고 국방대 교수, 청와대 정무수석, 국회 사무총장을 역임한 우병규 후보를 공천했고 민한당은 기선권현망 어업을 영위하고 있는 김종준 후보를 공천했다.

김영삼 전 신민당 총재의 부친이 거주하여 신한민주당의 강세가 예상된 가운데 신한민주당은 한국노총 경남협의회장으로 지난 총선 때 민사당 공천으로 당선된 백찬기 의원과 경희대 총학생회장으로 지난 총선에 최연소 후보로 출전한 강삼재 후보를 복수 공천했다.

당무위원인 정명준 후보가 근로농민당으로, 민방위대원 정신교육 강사인 이건환 후보가 국민당으로, 마산 향토문화진흥 이사장으로 만날제대회장인 김호일 후보가 민한당 공천에서 낙천되어 무소속으로 출전했다.

마산고 출신과 마산상고 출신 3명의 후보가 팽팽하게 맞선 선거전은 현역의원인 백찬기, 집권여당의 공천을 받은 우병규, 마산고 동문들의 전폭적인 지지를 받은 강삼재 후보들이 선두권을 형성했고,

상당한 재력을 보유한 김종준, 마산시민들에게 얼굴이 알려진 김호일 후보들이 추격하는 양상이다.

김영삼 전 총재의 적극적인 지지와 조정제 의원의 탈락에 대한 반발 심리가 작동한 함안 출향민들의 응집력, 젊은 패기 등이 어우러져 예상치 못한 강삼재 후보가 금메달을 차지했고, 화려한 경력을 자랑하며 마산상고 동문들의 적극적인 지원을 받은 우병규 후보가 동반당선의 행운을 차지했다.

부두 노조 및 노인층의 지지를 독점한 백찬기 후보는 현역의원의 잇점을 살리지 못하고 석패했다.

웅변학원장인 국민당 이건환 후보는 예상을 벗어난 부진을 면치 못했다.

□ 득표상황

후보자	정당	연령	주요 경력	득표(%)
강삼재	신민당	32	경희대총학생회장	56,586 (28.5)
우병규	민정당	54	국회사무총장	54,287 (27.4)
백찬기	신민당	52	11대의원(지역구)	42,242 (21.3)
김종준	민한당	42	국회사무처직원	22,035 (11.1)
김호일	무소속	42	만날제대회장	15,717 (7.9)
이건환	국민당	41	새마을지도자협회장	3,912 (2.0)
정명준	농민당	43	당 당무위원	3,626 (1.8)

<울산 – 울주> 정치규제에 묶이자 신민당 조직을 인계한 민한당 심완구 후보에게 12대 총선에서 패배하자 고향을 등지고 부산 동래에 둥지를 마련한 최형우

지난 10대 총선때 무소속 이후락, 신민당 최형우 후보를 당선시킨 이 지역구는 두 의원이 정치규제에 묶인 11대 총선에서는 울산 상공회의소 부회장인 민정당 고원준, 신민당 상무위원 출신인 민한당 심완구, 농촌 청소년 운동을 전개한 권기술, 반공학생 연합회 회장인 민농당 이규정, 통대의원 출신인 신정당 고찬수 후보들이 각축전을 전개했다.

기호 1번인 민농당 이규정 후보가 지난 총선에서 낙선한 동정표와 1번이라는 기호 덕분에 깜짝 1등에 올랐고 조흥은행장을 지낸 부친 고태진의 후광과 울산 JC회장이라는 재력, 집권여당의 조직을 활용한 민정당 고원준 후보가 2위로 당선됐다.

수협중앙회에 근무했던 심완구 후보는 최형우 전 의원의 야당 표 인맥을 더듬어 제 1야당의 후보임을 내세웠고, 농업기술자협회 감사인 권기술 후보는 안동 권씨 문중 표를 찾아 다녔으나 이규정의 동정표, 고원준의 조직표를 감당할 수 없었다.

이번 총선을 앞두고 민정당은 고원준 의원을 청와대 정무2수석, 경기도지사를 역임한 김태호 후보로 교체했다.

민한당은 지난 총선 때 동메달로 낙선한 심완구 후보를 재공천하자 신한민주당은 김영삼 전 신민당 총재의 최측근으로 3선의원인 최형우 후보를 내세웠다.

지난 총선 때 민농당 간판으로 깜짝 1등을 한 이규정 의원이 근로농민당 총재가 되어 재선가도를 달리며 군웅들의 혈투 속에서 어부지리를 기대하고 있고 이후락 전 의원의 조카인 이복 후보가 국민당 공천으로 출전했다.

울산 공단의 표몰이에 나서며 "가공할 정도로 벌인 지역구 활동의 성과를 기대하고 있다"고 홍보한 민정당 김태호 후보와 3선의원 관록과 민주화 투쟁 경력, 거기에다 신당바람까지 등에 업은 신한민주당 최형우 후보의 동반당선을 여야가 똑같이 예상했다.

그러나 집권여당의 조직과 울산공단표를 석권한 김태호 후보는 예상대로 금메달을 차지했으나 정치규제에 묶이자 신민당 조직을 심완구 후보에게 인계한 최형우 후보가 심완구 후보에게 패배한 선거결과가 만들어졌다.

지난 총선에서 아쉽게 패배한 동정여론과 선거전에 활용할 만한 재력이 이변을 만들어 냈으며 낙선한 최형우 후보는 울산을 등지고 부산 동래에 새로운 둥지를 마련했다.

민정당 김태호 후보가 울산과 울주를 석권한 가운데 신한당 최형우 후보가 울주에서 14,989표 (22.6%)로 2위를 했지만 울산에서 75,170표 (28.7%)로 2위를 한 민한당 심완구 후보에게 패배하는 수모를 겪었다.

□ 득표상황

후보자	정당	연령	주요 경력	득표(%)

김태호	민정당	49	경기도지사	112,088 (34.6)
심완구	민한당	46	지구당위원장	88,918 (27.4)
최형우	신민당	52	국회의원 (3선)	73,360 (22.6)
이규정	농민당	43	11대의원 (지역구)	42,899 (13.2)
이 복	국민당	43	중앙정보부직원	7,071 (2.2)

<진주 - 진양 - 삼천포 - 사천> 진주 - 진양과 삼천포 - 사천의 대표주자 선정전에서 승리한 진양의 민정당 안병규, 삼천포의 민한당 이상민 후보가 동반당선

지난 11대 총선에서는 부산일보기자 출신이지만 4·19 의거 때 서울대 총학생회장이었던 민정당 안병규 후보가 입법의원에 발탁되는 행운을 딛고 10대 총선 때 패배한 아쉬움을 떨쳐내고 금메달을 확보했다.

공천경합설이 나돌던 하순봉 후보가 전국구에 배치된 것도 여권 지지표를 결집시키는데 도움이 됐다.

군서기에서 경남도지사를 거쳐 유정회 의원에 발탁된 국민당 조병규 후보가 높은 지명도와 사천 출신이란 잇점까지 안고서 진주농고 선후배의 지지와 30년 가까이 공직생활 때의 인연을 찾아 내어 은메달을 거머쥐었다.

유력후보 중 유일한 진주고 출신이자 인물없는 경상대 출신임을 강조한 민농당 강춘성 후보가 진양 강씨들의 도움으로 동메달을 차지했고, 경남도의원 출신으로 "진주가 두 병규의 싸움터란 말은 조작된 여론에 불과하다"는 민한당 허병호, 3선개헌 반대 서울대 투쟁위원장 경력의 무소속 김재천 후보들은 2만표 득표고지를 넘어서지 못했다.

이번 총선에는 지난 11대 총선에서 당선된 민정당 안병규 의원과 국민당 조병규 의원이 수성의 의지를 불태우고 있는 가운데 태림상사 대표로서 10대 의원인 민한당 이상민 후보와 우남실록편찬회 대표인 신한민주당 이위태 후보가 출전했다.

민정당 경남도지부장인 안병규 후보는 강한 성격 때문에 유지급들과 서먹한 관계로 한 때 공천을 놓고 술렁거렸으나 권익현 대표의 도움으로 공천을 받고 지역구를 누비고 다녔다.

경남도지사 때 닦은 폭넓은 인기와 지명도를 가진 조병규 후보는 전통적으로 강한 야당세에 어떻게 대응하느냐가 승패의 갈림길이었다.

3차 해금자의 강점을 살린 이상민 후보는 '억울한 이상민이 돌아왔다'는 구호를 내걸고 삼천포를 중심으로 옛날 조직의 복원에 나섰다.

재력이 풍부한 양재권 전국구 의원과 복수조직책으로 선정됐으나 끈질긴 노력으로 신한민주당의 단수 공천을 받은 이위태 후보는 지명도는 미약하나 전주 이씨 대동종약원 이사로 종중의 전폭적인 지원을 기대하고 있다.

유권자 17만 1천여 명인 진주 – 진양과 유권자 7만 7천 여명인 삼천포 – 사천의 지역대결은 안병규, 이위태 후보와 조병규, 이상민 후보들의 대결로 펼쳐졌다.

민한당은 양재권, 이위태, 강갑중, 박영식, 이상민 후보들을 놓고 저울질하다 이상민 후보를 낙점하자 이위태, 양재권 후보들은 신한민주당으로 옮겨 공천경쟁을 벌였고 지역기반이 있는 김재천 후보는 신한민주당 공천경쟁에서도 밀리자 출전을 포기했다.

진주 – 진양에서는 민정당 조직과 지명도를 앞세운 안병규 후보가 압도했고 삼천포 – 사천에서는 선명한 야당을 표방하며 젊은 패기를 앞세운 이상민 후보가 상대적으로 노령층인 조병규 후보를 앞질렀다.

진주에서 32,210표 (30.3%), 진양에서 21,816표 (44.5%)로 1위를 한 민정당 안병규 후보와 삼천포에서 13,256표 (43.4%), 사천에서 11,131표 (32.3%)로 1위를 한 민한당 이상민 후보가 동반 당선됐다.

신한민주당 이위태 후보는 진주와 진양에서는 선전했지만 삼천포와 사천에서 부진하여 당선권에서 멀어졌다.

☐ 득표상황

후보자	정당	연령	주요 경력	득표(%)
안병규	민정당	47	11대의원 (지역구)	72,498 (33.4)
이상민	민한당	42	10대의원(지역구)	57,597 (26.5)
이위태	신민당	51	설창수의원비서관	47,738 (22.0)

| 조병규 | 국민당 | 61 | 11대의원 (2선) | 39,264 (18.1) |

<창원 – 의창 – 진해> 신민당 원내총무를 지낸 3선의원 관록을 자랑한 황낙주 후보가 옛 조직의 복원에 성공하여 국민당 김종하 의원으로부터 금뱃지를 인수

지난 11대 총선에서 진해중 동문으로 육사 출신인 민정당 배명국, 해사출신인 민한당 이수권, 서울대 출신인 국민당 김종하 후보가 3파전을 전개했다.

'배약국집의 아들'로 알려진 배명국 후보는 새 시대의 주도적 인물이며 지역발전을 실현시킬 능력의 보유자임을 부각시키며 진해 시민의 숙원이었던 마산 – 진해 터널 공사의 착공으로 힘을 받아 금메달을 확보했다.

마산 – 창원 지역 출신 의원 중 유일하게 정치 풍토쇄신법을 돌파한 김종하 후보는 언론계와 정계에서 유능한 일꾼이라는 평판과 아직도 이 지역에서 변호사업을 하고 있는 부친의 도움, 김해 김씨의 문중표를 바탕으로 기름진 표밭을 갈아 은메달을 차지했다.

해군 대령 출신으로 타코마 조선 감사를 거쳐 창원공단 입주업체의 사장인 이수권 후보는 전통적인 야세와 야당조직을 다지면서 해군가족들을 찾아 호소했으나 당선까지는 역부족이었다.

국회의원 비서관인 민권당 이종택, 통대의원 출신인 신정당 김석곤 후보의 득표력은 미미했다.

이번 총선에는 11대 총선에서 동반당선된 민정당 배명국, 국민당 김종하 의원들이 수성을 다짐한 가운데 신민당 원내 총무로 활약한 3선의원 출신인 황낙주 후보가 해금되어 민한당 공천으로 고토회복에 나섰고, 경남대 강사인 엄판호 후보가 신한민주당 공천으로 뒤늦게 참여했으나 선거전은 배명국, 김종하 의원들의 수성과 황낙주 후보의 공성으로 치달렸다.

개혁주도라는 이미지를 가진 배명국 후보는 굵직한 지역사업을 탱크같은 성격으로 돌파력을 발휘하여 경남도청의 창원 이전, 장복터널 완공, 진해 주물단지 유치 등을 집중 홍보하고 7백 가구 배씨 문중, 진해 중・고 동문들의 결집을 기대했다.

배명국 후보는 "10・26 이후 백척간두에 선 나라를 두고 볼 수 없어 목숨을 걸고 일어난 것이 지금의 대통령을 비롯한 양심 세력이다"라고 신군부 세력을 옹호했다.

창원을 거점으로 김해 김씨 종중의 지지를 받고 있는 김종하 후보는 지명도가 높고 수재라는 평판을 얻고서 표밭으로 다가가고 있으며 야풍을 기대하며 창원 공단 근로자에게도 접근했다.

마산상고 동문들의 전폭적인 지지를 받은 황낙주 후보는 자신의 학교 재단과 연고를 갖는 표밭을 일구고 다니고 김종하 후보와 같이 창원 공단 야성 표밭 개간에 나섰다.

이종택, 김기수 후보들을 꺾고 신한민주당 공천을 받은 엄판호 후보는 젊은 패기를 앞세우며 선명성을 부각시키고 있다.

김종하 후보는 창원을 근거지로 삼고 수성에 전력하고 있으나 황낙주 후보는 진해에 근거를 두고 창원, 의창을 공략하며 옛날 신민당 조직을 복원하는데 성공했다.

민정당 배명국 후보가 창원은 물론 진해, 의창까지 석권하여 1위를 확정한 가운데 국민당 김종하 후보는 창원에서 23,620표 (26.8%)를 득표하여 2위를 했지만 진해에서 18,031표 (28.9%), 의창에서 10,443표 (23.2%)로 2위를 한 민한당 황낙주 후보의 적수가 되지 못했다.

☐ 득표상황

후보자	정당	연령	주요 경력	득표(%)
배명국	민정당	50	11대의원 (지역구)	79,815 (41.3)
황낙주	민한당	56	국회의원 (3선)	50,726 (26.4)
김종하	국민당	50	국회의원 (2선)	45,201 (23.4)
엄판호	신민당	33	경남대 강사	16,935 (8.8)

<충무 - 통영 - 거제 - 고성> **민추협 운영위원으로의 활약과 김영삼 전 신민당 총재의 후광으로 설욕전을 승리로 장식하고 조형부 의원으로부터 금뱃지를 인계받은 신한민주당 김봉조**

11대 총선에선 삼익악기 대표로 풍부한 재력을 가진 민정당 이효

익 후보가 고성의 최고 대성인 함안 이씨를 기반으로 피아노를 각급 학교에 기증하는 공적과 방대한 민정당 조직을 동원하여 충무, 통영, 고성을 석권하여 1위를 차지했고 중앙정보부 경남지부 수사과장 출신으로 통대의원 기반을 살린 무소속 조형부 후보가 거제에서 1위를 한 기세를 몰아 동반 당선의 행운아가 됐다.

재무부 장관 비서관을 지낸 국민당 장영택 후보가 고성에서, 김동욱 전 의원의 동생인 민권당 김관욱 후보가 충무에서, 충무상호신용금고 사장인 무소속 정원진 후보가 통영에서 2위를 하며 당선권을 넘나들었으나 다른 시·군에서 부진하여 낙선의 불운을 곱씹었다.

민정당은 이번 총선에는 지난 총선에서 동반 당선된 이효익 후보를 밀쳐내고 청와대 정무수석을 지낸 정순덕 후보로 교체했고, 무소속으로 당선됐으나 국민당으로 옮긴 조형부 의원이 수성을 위해 버티고 있는 가운데 신민당 중앙상무위원으로 한국학생연합회장인 민한당 이갑영 후보와 지난 11대 총선에서 3위로 석패한 신한민주당 김봉조 후보가 도전하여 4파전이 전개됐다.

육사 16기로 청와대 정무수석을 지낸 민정당 정순덕 후보는 태생은 고성이지만 충무에서 학교를 다닌 연고와 방대한 민정당의 조직을 활용하여 충무, 통영, 고성을 석권하며 선거전을 주도했다.

김동욱, 제정훈 후보들과의 공천경쟁에서 승리한 민한당 이갑영 후보는 고향인 고성표를 지키기 위해 안간힘을 쏟으며 함안 이씨 문중을 다독이며 이효익 의원의 조직 재건에 나섰다.

신한민주당 김봉조 후보는 김영삼 신민당 전 총재의 인척으로 김영삼 총재 비서실장 출신임을 부각시키며 골수 야당표 흡수에 전력하고 있으며 지난 총선에서의 석패에 대한 동정표도 기대하고 있다.

충무 – 통영의 유권자가 8만 3천여명이지만 거제의 유권자가 10만 3천여명으로 거제에서의 승패가 당락을 결정지었다.

민추협 중앙위원으로 김영삼 후광을 업은 김봉조 후보가 현역의원의 잇점을 살리고 망산장학회를 통한 표밭을 개간한 조형부 후보에게 거제에서 무려 24,277표 차로 대승을 거두고 금뱃지를 인계받았다.

민정당 정순덕 후보는 충무에서 35,380표 (71.1%), 통영에서 23,628표 (77.2%), 고성에서 22,946표 (48.2%)로 1위를 하며 승세를 굳혔고, 신한민주당 김봉조 후보는 거제에서 35,070표 (41.1%)를 쓸어담아 동반당선됐다.

민한당 이갑영 후보는 고성에서 18,213표 (38.2%)를 득표하여 동메달을 차지했다.

□ 득표상황

후보자	정당	연령	주요 경력	득표(%)
정순덕	민정당	49	11대의원 (전국구)	114,500 (54.5)
김봉조	신민당	45	김영삼총재비서실장	46,041 (21.9)
이갑영	민한당	38	한국학생연합회장	30,866 (14.7)
조형부	국민당	56	11대의원 (지역구)	18,676 (8.9)

<의령 – 함안 – 합천> 국민당 조일제 의원이 선거대책 본부장을 맡아 동분서주한 틈새와 신당 바람을 업고 숙질간의 설욕전을 승리로 장식한 신한민주당 조홍래

지난 11대 총선에선 서울고법 부장판사 출신인 민정당 유상호 후보가 뒤늦은 조직책 교체로 출발은 늦었지만 방대한 민정당 조직을 활용하여 고향인 합천에서 41,039표 (69.5%)를 쓸어담고, 주일공사출신으로 유정회 의원에 발탁된 국민당 조일제 후보가 함안 조씨 총연합회장이라는 지명도로 함안에서 15,735표 (38.3%)로 1위를 하여 동반당선됐다.

조일제 후보의 조카뻘로 8대와 10대 의원을 지낸 무소속 조홍래 후보는 함안에서, 3,4대의원인 부친 이영희의 후광을 업은 민한당 이태식 후보는 의령에서, 10대 총선 때 신민당 공천 경쟁을 벌였던 민권당 공정무 후보는 합천에서 2위를 차지했지만 아쉽게 낙선의 불운을 곱씹게 됐다.

이번 총선에선 지난 총선에서 당선된 민정당 유상호, 국민당 조일제 의원들이 선점한 가운데 이상신 의원 비서관을 지낸 신민주당 강석정, 신민당 유진오 총재 보좌역 출신으로 8대, 10대 의원을 지낸 신한민주당 조홍래, 지난 총선에도 출전했던 민한당 김재현 후보들이 도전장을 내밀었다.

유권자 6만 7천여명인 합천에서는 유상호, 강석정, 김재현 후보들이, 유권자 4만 9천 여명인 함안에서는 조일제, 조홍래 후보들이 출전했지만, 유권자 3만 7천 여명인 의령에서는 후보자가 없었다.

그리하여 선거전은 합천의 대표주자와 함안의 대표주자 선정으로 귀결됐다.

합천에서는 방대한 민정당 조직을 가동한 유상호 후보가 32,239표 (55.6%)를 쓸어담고 강석정 후보가 8,346표 (14.4%), 김재현 후보가 3,785표 (16.5%)를 득표하여 우열이 가려졌다.

함안에서는 지난 총선에서는 함안 조씨 총연합회장이라는 직함으로 함안 조씨 2만표를 휩쓸어버린 조일제 후보가 승리했지만, 이번 총선에서는 지난 4년간 설욕을 다짐하며 함안 조씨 씨족 기반을 반분하고 신당 바람을 등에 업고 야당성 회복을 주장한 조홍래 후보가 함안에서 13,663표 (32.2%)를 득표하여 국민당 선거대책본부장을 맡아 동분서주하여 9,352표 (22.1%) 득표에 머문 조일제 후보를 꺾고 금뱃지를 인계받았다.

조홍래 후보는 신민당 공천으로 8대 의원에 당선됐으나 박정희 대통령의 은총을 입어 유정회 의원으로 활약하다가 다시 신한민주당에 복귀하여 당선되는 행운아가 됐다.

민정당 유상호 후보는 고향인 합천에서 32,239표 (55.6%)를 쓸어담고 의령에서도 17,389표 (46.4%)를 득표하여 다른 후보들의 추격을 허용하지 않았고, 신한민주당 조홍래 후보는 고향인 함안에서 13,663표 (32.2%)로 1위를 하여 유 후보와 동반 당선의 행운을 잡았다.

공정무, 정화영, 이중구 후보들을 꺾고 민한당 공천장을 건네받은 김재현 후보는 고향인 합천에서는 강석정 후보에게 4,561표 뒤졌지만 민한당원들의 활약으로 함안과 의령에서 선전하여 강석정 후보를 따돌릴 수 있었다.

□ 득표상황

후보자	정당	연령	주요 경력	득표(%)
유상호	민정당	50	11대의원 (지역구)	60,845 (45.1)
조홍래	신민당	44	국회의원 (2선)	27,292 (20.2)
조일제	국민당	56	11대의원 (2선)	21,833 (16.2)
김재현	민한당	44	민한당 총무부 국장	14,477 (10.7)
강석정	신민주당	43	이상신 의원 비서관	10,772 (7.9)

<밀양 - 창녕> 밀양에서는 창녕 두 후보에게 3,616표 (4.2%)를, 창녕에서는 밀양 세 후보에게 19,648표 (53.1%)를 투표하여 밀양 출신들이 국회의원을 독식

지난 11대 총선 때 민정당은 10대 총선 때 당선된 창녕 출신 하대돈의원을 밀양 출신으로 조양상선 전무인 신상식 후보로 교체하는 결단을 내렸다.

뒤늦게 조직을 인수한 신상식 후보는 과감한 조직보강과 집권당 프리미엄을 안고 처가인 밀양 박씨 문중을 공략하고 부산고, 서울대 출신이라는 학력과 진실한 인품을 부각시켜 금메달을 차지했다.

창녕에서는 이 지역에서 오랫동안 농장을 경영하며 농민교육 등 사심없는 봉사를 하여온 무소속 노태극 후보가 이번만은 문중에서 국회의원을 내자는 노씨 들은 성낙현의 성씨, 하대돈의 하씨 등과 합동지원으로 마산경찰서장, 부산시 내무국장을 역임하고 10대 총선에서 아쉽게 낙선한 민한당 신화식 후보를 122표 차로 꺾고 은메달을 차지했다.

경향신문 논설위원인 국민당 박희선 후보는 밀양에서는 14,190표(16.7%)를 득표했지만 역부족이었고, 통대의원 출신인 민권당 정성영 후보는 최하위를 기록했다.

이번 총선에서는 지난 총선에서 동반 당선된 민정당 신상식, 국민당 노태극 의원들이 재선을 향해 진군나팔을 불고 있는 가운데 신민당 정책심의의장을 지낸 3선의원인 박일 후보가 해금되어 민한당 공천으로 출전하고 농림부장관 비서관 출신으로 민한당 전국구의원에 발탁됐으나 민한당 공천을 놓친 손정혁 후보가 신한민주당 공천으로, 민사당 지구당 위원장을 지낸 김정수 후보가 신정사회당으로 출전하여 5파전이 전개됐다.

민정당원 8천명을 활용하여 지역사업을 자신의 역량으로 선전하고 평산 신씨 1천 1백 50가구를 집중공략한 신상식 후보는 "과거 10년 동안 이 지역은 야당을 뽑아 낙후되었다"고 야당후보들을 공격했다.

'왜 농민만 울리나'의 의정보고서 수 만부를 배포한 노태극 후보는 "정부는 60만원에 소를 도입해서 농민에게 90만에 팔았다"며 "이 정부는 장사나 하는 돈벌이 정부"라고 정부 비난에 앞장섰다.

"나는 꼭 야당 당수가 되겠다"는 박일 후보는 3선 의원으로 지명도가 높은 강점을 살려 밀양 박씨 문중표를 집중공략했다.

박일 후보는 밀양역사 신축, 새마을호 밀양역 정거 등 지역 발전의 공을 자신의 업적이라고 홍보하고 '선명 통합신당으로 민주주의 이룩하자'는 선전 팜프렛을 대량으로 배포하고 김영삼과의 사진을 게시하여 실정과 바람의 양면작전을 전개했다.

유권자 9만 6천여명인 밀양에서는 신상식, 박일, 손정혁 후보가 출전했고 유권자 6만 8천여명인 창녕에서 노태극, 김정수 후보가 출전하여 군별 대항전이 예상됐다.

그러나 밀양에서는 창녕 두 후보에게 3,616표 (4.2%)를 투표한 반면, 창녕에서는 밀양 세 후보에게 29,648표 (53.1%)를 투표하여 밀양 출신들의 당선을 축하해 주었다.

창녕 재향군인회장, 창녕 농협장을 역임하여 창녕표를 결집할 수 있었던 노태극 후보는 전통적으로 하대돈의 하씨, 신재기의 신씨, 성낙현의 성씨 등 대성들의 대결이 전통을 이어와 창녕표가 결집되지 못해 낙선했고 현역의원인 손정혁 후보의 득표력은 미약했다.

밀양에서 민정당 신상식 후보는 44,007표 (50.7%)로 1위를 하고 창녕에서도 15,755표 (28.2%)를 득표하여 금메달을 확정했다.

민한당 박일 후보는 밀양에서 26,273표 (30.2%)로 2위를, 창녕에서는 10,270표 (18.4%)로 3위를 했지만, 창녕에서 16,197표 (29.0%)를 득표하여 1위를 했지만 밀양에서 2,483표 (2.9%) 득표에 그친 국민당 노태극 후보를 가볍게 제압할 수 있었다.

민한당 박일 후보는 지난 총선에서 석패한 신화식, 손태곤과 손정혁 전국구 의원들을 꺾고 공천을 받았고, 민한당 공천을 놓쳐버린 신한민주당 손정혁 후보는 하필송, 이장우, 구자호 후보들의 꿈을 꺾어버리고 공천을 받았으나 승천을 하지는 못했다.

□ 득표상황

후보자	정당	연령	주요 경력	득표(%)
신상식	민정당	48	11대의원 (지역구)	59,762 (42.5)
박 일	민한당	57	국회의원 (3선)	36,543 (26.0)
노태극	국민당	46	11대의원 (지역구)	18,680 (13.3)
손정혁	신민당	41	11대의원 (전국구)	15,429 (11.0)
김정수	사회당	51	지구당위원장	10,196 (7.2)

<김해시 – 김해군 – 양산> 부산에서 불어온 신당 바람을 등에 업고 양산에서 35,734표 (49.9%)를 득표하여 설욕전에서 승리한 김동주

지난 11대 총선에선 김택수, 신상우 의원의 아성이었던 이 지역구는 김택수 의원의 조카 사위로 한일합섬 김한수 대표의 사위인 민정당 이재우 후보가 사업기반과 가계의 지명도, 3만 명에 가까운 한일합섬계열 직원들의 표를 결집시키고, 본적은 양산, 거주지는 김해라는 잇점을 살려 김해, 양산을 휩쓸었다.

신상우 민한당 사무총장으로부터 조직을 인수받은 민한당 신원식 후보가 김해에서 22,138표 (27.9%)를 득표하여 재향군인회 양산군 회장 출신으로 지난 총선 때 낙선한 데 따른 동정표로 양산에서 20,080표 (30.5%)를 득표한 신정당 김동주 후보를 2,058표 차로 꺾고 은메달을 차지했다.

김해에서 8대와 9대 의원을 지냈으나 10대 총선 때 김택수 의원에게 공천을 빼앗긴 국민당 김영병 후보가 풍부한 선거 경험을 바탕으로 "양산의 이재우는 정치 신인이니 김해에서는 경험있는 나를 뽑아달라"고 호소하면서 김해표 결집에 나섰으나 김해중 동창회장으로 제1야당 후보임을 내세운 신원식 후보에게 밀렸다.

이번 총선에선 지난 총선 때 동반당선된 민정당 이재우 의원과 민한당 신원식 후보가 김해 시·군과 양산을 분점하여 재선의 기반을 공고히 하고 있는 가운데 두 번이나 낙선한 김동주 후보가 신한민주당 공천을 받아, 신민당 지구당부위원장 출신인 김정봉 후보가 신민주당 공천을 받아, 김택수 의원 비서출신으로 대신통상 대표인 배정일 후보가 국민당 공천을 받아 도전장을 제출했다.

민한당 이재우 후보는 민정의 당조직을 활용하여 김해 상수도 건설, 김해 도서관 건립, 양산~물금 도로 확장 등 지역 사업 실적을 적극 홍보하며 지역 기반을 다져갔다.

신한민주당 김동주 후보는 부산에서 불어온 신당 바람을 등에 업고 동래에서 양산으로 편입된 지역 출신들을 집중공략했다.

민한당 신원식 후보는 김해중과 김해농고 출신으로 JC 김해 회장, 부산 – 경남 JC 회장 경력을 활용하여 폭넓은 지역기반을 다지고 있으며, 김해중 동창회장으로 동문들의 전폭적인 지지를 기대하고 있다.

유권자 10만 4천여명인 김해 시·군에서는 신원식, 김정봉, 배정일 후보들이 출전했고 유권자 8만 5천여명인 양산에서는 이재우, 김동주 후보들이 출전했다.

그러나 이재우 후보는 김해에 주소지를 두고 있어 김해에서 29,387표를 잠식할 수 있었고 양산에서도 25,560표를 득표하여 김해에서는 신원식, 양산에서는 김동주 후보에게 뒤진 2위를 했으나 고른 득표로 금메달을 확보했다.

김해시에서는 민한당 신원식 후보가 18,706표 (46.4%)로, 양산에서는 신한당 김동주 후보가 35,734표 (49.9%)로, 김해군에서는 민정당 이재우 후보가 17,274표 (33.5%)로 1위를 하며 팽팽한 접전을 벌였다.

김해시와 양산에서 37,673표를 득표한 이재우 후보가 1위를, 양산에서 35,734표 (49.9%)의 득표율을 올린 김동주 후보가 2위를 차지했다. 김해시와 군에서 선전한 신원식 후보는 양산에서 3,887표의 득표가 발목을 잡았다.

□ 득표상황

후보자	정당	연령	주요 경력	득표(%)
이재우	민정당	45	11대의원 (지역구)	54,947 (34.1)
김동주	신민당	40	부산승공회장	47,781 (29.6)

신원식	민한당	48	11대의원 (지역구)	39,818 (24.7)
배정일	국민당	41	김택수의원비서관	15,937 (9.9)
김정봉	신민주당	53	경남도정자문위원	2,660 (1.7)

<하동 – 남해> 하동의 유권자들은 남해의 박익주, 최치환 후보에게 18,891표 (36.6%)를 투표한 반면, 하동의 문부식, 이수종 후보는 남해에서 3,570표 (7.3%)를 득표하여 낙선

11대 총선에는 육사 8기 출신으로 예비역 육군 준장으로 주택공사 이사로 활약한 박익주 후보가 민정당 공천을 받고 남해표와 밀양 박씨 종중들을 규합하여 남해에서 27,781표 (51.2%)를 득표하여 하동시장 번영회회장 출신으로 10대 총선 때 출전하여 신민당 문부식 의원의 뒷덜미를 잡아 챈 이수종 후보가 무소속으로 출전하여 하동에서 31,861표 (61.7%)를 득표하여 동반당선됐다.

왕산금속 대표인 신정당 고정남 후보의 득표력은 놀라웠으나 최치환 의원 비서관이었던 민권당 최종림, 웅변협회 선전부장인 민사당 김금석 후보들의 득표력은 내놓을 것 없었다.

지난 총선에서 동반 당선된 민정당 박익주, 무소속으로 당선됐으나 민한당에 입당한 이수종 후보가 재선을 향해 조직을 다지고 있는 상황에서 정치규제에서 풀려난 9대의원인 문부식 후보는 신한민주당으로, 4선의원인 최치환 후보는 국민당으로 출전하여 고토회복에 나섰다. 성진개발, 성진식산, 성진상사 대표인 김기호 후보도 근로농민당으로 출전했다.

유권자 58,357명인 남해와 유권자 54,629명인 하동의 군별 대항전은 전통을 자랑하여 왔고 이번 총선에서도 남해의 박익주, 최치환, 하동의 문부식, 이수종 후보의 대결로 압축됐다.

<하동을 일변시켰다>는 박익주 후보는 밀양 박씨 문중 3천 5백가구를 파고 들면서 경남도위원장의 명함을 활용하고 있다.

4선의 관록과 지명도를 자랑하고 있는 최치환 후보는 유권자들에게 거물급이라는 이미지 심기에 주력하고 있다.

최치환 후보는 "지금 정치인들은 얘들 아니냐"고 거물인체하자, 박익주 후보는 "그 쪽은 자유당 거물, 우리는 새 시대 거물"이라고 응수했다.

이수종 후보는 '하동찾기 운동'을 전개하고, 민주전선 주간으로 명성을 날린 문부식 후보는 부산에서 불어온 신당의 바람을 기대하면서 신민당 조직 재건에 힘을 쏟았다.

재향경우회장이라는 직함의 무게와 풍부한 재력의 뒷받침이 있었겠지만 하동의 유권자들은 남해의 박익주, 최치환 후보에게 18,891표 (36.6%)를 투표한 반면 하동의 문부식, 이수종 후보는 남해에서 3,570표 (7.3%)를 득표하여 남해 출신 후보들의 등원을 바라만 보게됐다.

고향인 남해는 물론 하동까지도 석권한 민정당 박익주 후보는 금메달을 확정지었고, 남해에서 15,035표 (30.7%)로 2위를 하고 하동에서 3,041표를 득표한 국민당 최치환 후보가 하동에서 14,934표

(29.0%)를 득표하고 남해에서 2,739표를 득표한 신한민주당 문부식 후보를 403표 차로 겪을 수 있었다.

□ 득표상황

후보자	정당	연령	주요 경력	득표(%)
박익주	민정당	53	11대의원 (지역구)	42,896 (43.3)
최치환	국민당	61	국회의원 (4선)	18,076 (18.3)
문부식	신민당	56	9대국회의원	17,673 (17.9)
이수종	민한당	47	11대의원 (지역구)	11,766 (11.9)
김기호	농민당	58	성진개발대표	8,557 (8.6)

<거창 – 산청 – 함양> 집권여당의 대표위원에 대한 기대, 야당의 거목으로 성장하도록 염원을 받아 대승을 거둔 민정당 권익현과 신한민주당 김동영

지난 11대 총선에서는 전두환 대통령과 대구공고 동문인 권익현 후보가 노인환 10대 의원을 밀쳐내고 혜성처럼 나타나 새시대 거물이라는 이미지와 지리산 개발 등 굵직한 공약을 내걸고 고향인 산청표를 쓸어담고 공화당 조직을 그대로 인수하여 금메달을 선점했다.

노인환 10대 의원의 조직책 사퇴와 불출마 선언으로 함양에서

16,801표 (42.7%)를 쓸어담은 민권당 임채홍 후보가 동반 당선의 행운아가 됐다.

신민당 선전국장 출신으로 야당 생활 20년에 얽힌 안면과 조직을 활용하고 3번의 낙선에 대한 동정표를 끌어모은 민한당 정영모 후보는 권익현 후보와 고향이 같아 산청표를 분점한 관계로 또 다시 낙선의 설움을 맛보았다.

공화당 중앙위원 출신이지만 민사당 공천을 받은 김상원 후보는 민사당 고문인 신도성의 적극적인 지원과 거창농고 동문, 김해 김씨 종중의 표를 모아 아쉬운 동메달을 차지했다.

저동기업 대표인 무소속 강종희 후보가 고향인 거창표를 끌어모아 의미있는 득표력을 보여줬다.

이번 총선에서는 지난 총선에서 동반당선된 민정당 권익현 의원과 민권당 총재인 임채홍 후보가 재선고지를 선점한 가운데 김영삼 신민당 전 총재의 오른팔인 김동영 후보가 해금되어 신한민주당 공천으로, 민한당 전국구 의원인 이용곤 후보가 민한당 공천으로, 아림지업과 아림정판 대표인 이동길 후보가 국민당 공천으로 출전하여 5파전이 전개됐다.

유권자 5만 6천여명인 거창에서는 김동영, 이동길 후보가, 유권자 4만 4천여명인 함양에서는 이용곤, 임채홍 후보가, 유권자 4만 1천여명인 산청에서는 권익현 후보가 출전하여 외형상으로도 권익현 후보가 유리한 형국이다.

집권당의 대표위원으로 지역민의 기대를 받고 있는 권익현 후보는 "군사독재 정권은 일부 남미국가와 같이 정권이 군부가 실제로 담당도 하고 좌지우지할 때 성립된 얘기"라면서 우리나라는 군사 독재정권이 아니라고 강변했다.

야당의 거목으로 키우고 싶어하는 여론을 등에 업고 선명야당 기치를 내건 김동영 후보는 "권익현 대표 때문에 경남의 정치 1번지가 된 이곳에서 권 대표가 낙선되면 오히려 정신차려서 지역개발도 더 잘해줄 것"이라고 권익현 후보의 낙선을 호소했다.

함양 출신으로 임채홍 후보의 뒷덜미를 잡아챈 이용곤 후보는 "신한민주당은 정치부패자의 집단"이라고 매도하고 "민한당은 체육관이 아닌 국민의 손으로 대통령을 뽑을 것을 주장한다"며 직선제 개헌을 역설했다.

국민당 이동길 후보는 청중이 대거 빠져나가는 것을 보고 "여러분들의 행동이 과연 민주주의를 이룩할 수 있을까 매우 한심한 생각이 든다"고 유권자들을 훈계했다.

집권여당의 대표위원으로 인한 지역주민들의 기대와 야당의 거목으로 성장해 주기를 염원한 지역주민들의 바램으로 권익현, 김동영 후보가 대승을 거두었다.

고향인 산청에서 30,905표 (82.4%)를 쓸어담고 함양에서도 18,789표 (48.5%)로 1위를 한 민정당 권익현 후보와 고향인 거창에서 25,278표 (45.8 %)로 선두를 차지한 신한민주당 김동영 후보가 동반당선됐다.

□ 득표상황

후보자	정당	연령	주요 경력	득표(%)
권익현	민정당	50	11대의원 (지역구)	70,531 (54.5)
김동영	신민당	48	국회의원 (2선)	32,839 (25.4)
임채홍	민권당	48	11대의원 (지역구)	11,373 (8.8)
이용곤	민한당	50	11대의원 (전국구)	7,815 (6.0)
이동길	국민당	42	아림제지 대표	6,831 (5.3)

3. 여전히 권력의 주변부를 맴도는 비영남권

(1) 이번 총선에서는 민정당 후보 37명 모두 당선

비영남권은 강원도 6개구, 충북과 충남 12개구, 전북과 전남 18개구, 제주도 1개구로 지난 11대 총선 때 37개 선거구를 이번 총선에도 유지했다.

이번 총선에서 비영남권은 민정당이 37명 전 후보의 당선을 가져왔고 신한민주당이 14명, 민한당이 12명, 국민당이 7명, 무소속 2명, 신민주당 1명, 신정사회당 1명이 당선되어 지난 11대 총선 때의 민정당 35명, 민한당 25명, 국민당 8명, 무소속 4명, 안민당 1

명, 신정당 1명과는 큰 차이가 있었다.

지난 총선 때에는 민정당의 임영득(해남 - 진도), 변정일(제주) 후보들이 낙선했으나 이번 총선에서는 모든 후보들이 당선되는 결과를 이뤄냈다. 그러나 민한당은 13석이 줄어들었고 줄어든 13석을 신한민주당이 차지했다.

무소속 의원들은 4석에서 2석으로 줄어들었고 군소정당은 안민당, 신정당이 신민주당, 신정사회당으로 교체됐다.

3차 해금자를 중심으로 급조됐던 신한민주당은 김현수(청주 - 청원), 이택희(충주 - 중원 - 제천 - 단양), 송천영(대전 동구), 김태룡(대전 중구), 김한수(공주 - 논산), 김옥선(부여 - 서천 - 보령), 이철승(전주 - 완주), 최낙도(김제 - 부안), 신기하(광주 동 - 북), 김녹영(광주 서구), 신순범(여수 - 광양 - 여천), 허경만(순천 - 구례 - 승주), 이영권(장흥 - 강진 - 영암 - 완도) 후보 등이 당선됐다.

무소속 후보 가운데에서 김효영(동해 - 삼척 - 태백), 양정규(제주) 후보들이 당선됐고 신민주당 유갑종(정주 - 정읍 - 고창), 신정사회당 김봉호(해남 - 진도) 후보들도 당선됐다.

(2) 비영남권 지역구 의원 재당선율은 52.7%

지난 총선 때 당선된 민정당 후보 35명 중 춘천 – 춘성 – 철원 – 화천의 홍종욱 의원은 이민섭 후보로, 충주 – 중원 – 제천 – 제원 – 단양의 이해원 의원은 이춘구 후보로, 보은 – 옥천 – 영동의 박유재 의원은 박준병 후보로, 진천 – 괴산 – 음성의 안갑준 의원은 김종호 후보로, 대전 중구 이재환 의원은 강창희 후보로, 군산 – 옥구 고판남 의원은 고건 후보로, 이리 – 익산 문병량 의원은 조남조 후보로, 진안 – 무주 – 장수 황인성 의원은 전병우 후보로, 정읍 – 고창 진의종 의원은 전종천 후보로, 광주 동 – 북구 심상우 의원은 고귀남 후보로, 광주 서구 박윤종 의원은 이영일 후보로, 담양 – 곡성 – 화순 정래혁 의원은 구용상 후보로 교체하여 12명의 의원들이 탈락됐다.

그러나 진의종, 황인성, 안갑준, 홍종욱 의원들은 전국구 의원으로 귀환했다.

민한당 25명의 의원중 서산 – 당진 한영수, 광주 동 – 북구 임재정 의원은 공천에서 탈락했고, 김병열(원주 – 원성 – 홍천 – 횡성), 이관형(동해 – 삼척), 고영구(영월 – 평창 – 정선), 김영준(충주 – 중원 – 제천 – 제원 – 단양), 박완규(대전 동구), 유인범(대전 중구), 조중연(부여 – 서천 – 보령), 김태식(전주 – 완주), 박병일(이리 – 익산), 오상현(진안 – 무주 – 장수), 이형배(임실 – 순창 – 남원), 김원기(정읍 – 고창), 김진배(부안 – 김제), 지정도(광주 서구), 유재희(장흥 – 강진 – 영암 – 완도), 민병초(해남 – 진도)의원 등 16명은 낙선했다.

허경구, 유한열, 임종기, 이재근, 고재청, 유준상 의원들은 민한당 공천으로 허경만 의원은 신한민주당 공천으로 당선되어 귀환했다.

국민당 의원 8명 중 윤석민(청주 – 청원) 의원은 공천에서 제외됐고, 이동진(보은 – 옥천 – 영동), 임덕규(공주 – 논산), 이종성(청양 – 홍성 – 예산), 이성일(해남 – 진도) 의원들은 총선에서 낙선하여 신철균, 이봉모, 김완태 의원들만 생환했다.

군소정당이나 무소속 의원 중 무소속 황명수(천안 – 아산 – 천원), 무소속 김길준(군산 – 옥구), 신정당 이원형(함평 – 영광 – 장성), 무소속 강보성(제주) 의원들은 당을 바꿔 출전했으나 낙선했고 안민당에서 신한민주당으로 옮긴 신순범(여수 – 광양 – 여천), 무소속에서 민정당으로 옮긴 현경대(제주) 의원들은 당선됐다.

그리하여 11대 의원 74명 중 지역구로 귀환한 의원은 35명이며 전국구 의원으로 4명이 생환하여 39명의 의원들이 국회로 돌아와 귀환율은 52.7%였다.

지난 총선에서는 낙선했지만 4년간 와신상담의 세월을 이겨낸 함종한, 신민선, 송천영, 김성식, 장기욱, 김봉욱, 최용안, 최낙도, 김득수, 이영권, 이진연 등 11명의 후보들이 당선됐다.

(3) 비영남권 37개 지역구 불꽃 튀는 격전의 현장으로

강원도

<춘천 – 춘성 – 철원 – 화천> 춘천 – 춘성과 철원 – 화천의 지역 대결에서 춘천시장을 지낸 경력으로 연거푸 승리한 국민당 신철균

양구를 속초 지역에 넘겨준 11대 총선에선 춘천교육대 학장과 강원도 교육감을 지낸 홍종욱 후보가 민정당 공천을 받고 출전하여 10대 의원 출신이지만 정치규제라는 터널을 뚫고 나온 민한당 김준섭, 국민당 신철균 후보들과 혈투를 전개했다.

"강원대학교에 의과대학을 신설하겠다"는 공약을 내건 홍종욱 후보는 지구당위원장 교체로 뒤늦게 출전한 핸디캡을 딛고 1만 6천여명의 당원조직과 남양 홍씨 문중을 파고들어 금메달을 차지했고, 국민당 신철균 후보는 홍천 출신이지만 춘천시장 시절 춘천을 지금의 호반 도시로 만든 업적을 내세우며 춘천과 춘성 표몰이에 성공하여 값진 은메달을 움켜잡았다.

'성실하고 의리있는 인간성' '30년동안 변절하지 않은 야당인으로서의 지조'를 강조한 김준섭 후보는 실향민, 기독교인 표를 기대했으나 춘천 – 춘성에서의 저조한 지지세로 3선의 꿈이 부서졌다.

이번 총선에서 민정당은 홍종욱 의원을 서울신문 정치부차장 출신으로 중앙당 조직국장인 이민섭 후보로 교제했고, 지난 총선에서 은메달을 차지한 신철균, 동메달을 차지한 민한당 김준섭 후보가 재격돌을 펼치고 있다.

민추협 운영위원인 김철배 후보가 신한민주당으로, 천주교 전도회장으로 카톨릭신문 춘천지사장인 백태열 후보도 신민주당으로 출전했다.

신한민주당은 백태열, 길용화, 김철배, 김휘원, 양건주, 박건주 등 조직책 신청에 고심 끝에 김철배 후보를 낙점했고 백태열 후보가 반발하여 신민주당으로 출전했다.

교체 출전한 민정당 이민섭 후보는 방대한 조직을 추수리고 얼굴 알리기에 분주하며 패기의 젊은이임을 널리 홍보하고 있다.

3선으로 민한당 강원도지부장, 전당대회의장으로 민한당 거목임을 과시한 김준섭 후보는 지난 총선의 패배를 설욕하기 위해 실향민들과 교회 계통을 중심으로 표밭 관리에 여념이 없다.

춘천사범 동문들의 전폭적인 지원을 받은 국민당 신철균 후보는 춘천시장 시절의 업적을 홍보하며 국민당 사무총장으로 정계의 중진임을 과시하고 있다.

홍천이 고향이지만 춘천 – 춘성이 텃밭인 신철균 후보와 북한이 고향이지만 철원 – 화천이 텃밭인 김준섭 후보의 쟁패전은 고향은 충남 서천이지만 철원에서 정치활동을 펼친 신한민주당 김철배 후보의 등장으로 김준섭 후보에게 상당한 타격을 주었다.

또한 춘천 유권자들이 "다음 번엔 춘천 지방 출신으로 춘천고를 나온 사람을 내기 위해 센 사람을 견제하자"는 심리가 신철균 후보 지지세로 선회했다.

유권자의 절반을 차지하고 있는 춘천 시민들의 투표결과가 후보자별 득표순위가 됐다.

전통적으로 친여 성향을 보여온 이 지역에서는 민정당 이민섭 후보에게 30,190표, 춘천시장을 지낸 국민당 신철균 후보에게

28,165표, 3선 의원으로 설욕전을 전개한 김준섭 후보에게 20,192표를 투표했다.

4개 시·군을 민정당 이민섭 후보가 석권한 가운데 국민당 신철균 후보는 춘천과 춘성에서, 민한당 김준섭 후보는 철원과 화천에서 2위를 했지만 유권자 수가 많은 춘천 – 춘성의 신철균 후보가 은메달을 차지했다.

춘천 – 춘성에서 신철균 후보는 35,397표를 득표한 반면 김준섭 후보는 철원 – 화천에서 11,552표에 득표하는데 머물렀기 때문이다.

□ 득표상황

후보자	정당	연령	주요 경력	득표(%)
이민섭	민정당	45	11대의원 (전국구)	67,005 (40.4)
신철균	국민당	60	11대의원 (2선)	43,893 (26.5)
김준섭	민한당	61	국회의원 (3선)	37,382 (22.5)
김철배	신민당	47	민추협 운영위원	9,555 (5.8)
백태열	신민주당	40	천주교 전도회장	7,999 (4.8)

<원주 – 홍천 – 횡성 – 원성> 민한당 김병열 후보는 공화당 지구당 사무국장 출신으로 친여성향 후보임을 공격하여 지난 총선에서의 패배를 설욕하고 금뱃지를 인계받은 국민당 함종한

10대 총선 때 당선된 김용호 의원과 3위로 낙선한 김병열 후보가 맞붙은 11대 총선에선 통대의원 출신으로 대한상이군경회장인 김용대 후보가 혜성처럼 나타나 민정당 공천을 받고서 '원내 안정세력 없이는 개혁 의지도 공염불'이라는 슬로건으로 전 지역을 석권했다.

원주중, 원주농고, 원주여중·고, 횡성농고 교장을 지내고 강원도 교육감까지 지낸 김병열 후보가 민한당 공천으로 지난 총선에서의 패배에 대한 설욕에 나섰다.

사무국장, 수행비서까지 민정당으로 넘어간 4선의원인 국민당 김용호 후보는 "지역 사회에 마지막 봉사할 수 있는 기회를 달라"고 호소하며 점조직을 활용해 보았으나 공화당원으로 활동했던 김병열 후보를 따라잡을 수가 없었다.

상지대 부교수 출신으로 원주 토박이를 강조하며 "고향사람 뽑자"는 지역감정을 유발한 무소속 함종한 후보가 당선권을 위협했으나 열매를 맺지는 못했다. 오랫동안 야당 생활을 한 김천희, 엄재선 후보들의 득표력은 보잘 것 없었다.

이번 총선에서는 통대의원 출신인 민정당 김용대 후보가 재선 고지를 점령한 가운데 지난 총선에서 은메달 당선한 민한당 김병열 의원과 동메달 낙선한 국민당 함종한 후보가 재대결을 펼치고 있다.

민추협 운영위원으로 활약한 장원준 후보가 정현우, 김준수, 정봉철, 김천희 후보들을 따돌리고 신한민주당 공천으로, 20대의 조일현 후보가 근로농민당 공천으로 출전했다.

유일한 횡성 출신인 민정당 김용대 후보는 광산 김씨 문중들의 지지를 받으며 풍부한 재력을 동원하여 지역사업 공약을 대대적으로 홍보했다.

유일한 원성 출신인 민한당 김병열 후보는 강원도 교육감 출신으로 단단한 기반을 갖고 있으며 사조직도 가동하고 있으나 공화당 지구당 사무국장 출신으로 야당성 시비에 휘말렸다.

유일한 원주 출신인 국민당 함종한 후보는 원주고를 다닌 학연으로 원주고 동문들의 전폭적인 지지를 받으며 상지대 부교수로서 '제3의 바람'을 일으키고 있다.

홍천 출신인 신한민주당 장원준 후보는 8대 총선에도 출마한 경험을 살리며 골수 야당 성향표를 훑고 있고, 패기를 앞세운 근로농민당 조일현 후보가 5%의 득표율을 올린 것은 성장의 가능성을 엿보게 했다.

유권자의 40%인 8만 3천여명의 유권자를 보유한 원주시민들이 승자와 패자를 선택하였고 원주시민들의 투표 결과가 후보자별 순위가 됐다.

원주에서 민정당 김용대 후보는 31,001표, 국민당 함종한 후보는 28,781표, 민한당 김병열 후보는 9,455표를 득표했다.

4개 시·군을 민정당 김용대 후보가 휩쓴 가운데 홍천에서는 신한민주당 장원준 후보가 9,325표 (18.7%)로 2위를 했지만 원주, 원성, 횡성에서 2위를 한 국민당 함종한 후보의 적수가 되지 못했다.

□ 득표상황

후보자	정당	연령	주요 경력	득표(%)
김용대	민정당	52	11대의원 (지역구)	91,082 (47.3)
함종한	국민당	42	상지대 부교수	50,505 (26.3)
김병열	민한당	63	11대의원 (지역구)	20,342 (10.6)
장원준	신민당	55	민추협 운영위원	20,148 (10.5)
조일현	농민당	29	당 부대변인	10,248 (5.3)

<동해 – 태백 – 삼척> 충북·경남도지사, 대한석탄공사 총재, 재선의원의 화려한 경력으로 해금되자 고토를 회복한 무소속 김효영

북평읍과 묵호읍이 통합되어 동해시가 신설되면서 삼척과 병합한 지난 11대 총선에선 20년 외지생활을 하다 민정당 공천을 받고 출전한 김정남 후보는 지명도가 낮아 고전했으나 "여당 후보가 떨어져 본 적이 없다"는 지역정서로 선두권을 달렸다.

10대 총선 때 1천 2백표로 김진만 국회부의장에게 패배했던 민한당 이관형 후보는 묵호 지역의 몰표를 기대하며 광산촌 사건을 무료로 변론해 준 지명도로 동반 당선의 행운을 잡았다.

공화당 공천으로 7대 의원으로 당선됐으나 8대 총선에선 무소속으로 낙선한 김우영 후보가 국민당으로 출전하여 삼척 김씨 문중표를 기대했으나 역부족이었다.

이번 총선에서는 어릴 적부터 친구 지간인 민정당 김정남 의원과 민한당 이관형 의원이 또 다시 동반 당선을 기약하고 있는 가운데 김영삼 총재 비서관을 지낸 이원종 후보가 신한민주당으로, 삼원통운 대표로 삼척 김씨 문중들의 지지를 기대한 김명하 후보가 국민당으로 출전했고, 정치규제에서 풀려난 김효영 후보와 지일웅 후보가 무소속으로 출전했다.

집권여당이면 무조건 찍고 보는 지역정서를 안은 대한매일 편집부국장 출신인 김정남 후보는 "여당은 열가지를 잘하다가도 한 번 실수를 하면 얻어맞는 것"이라며 "너무 얻어 맞다 보니 허리가 시큰시큰할 정도"라고 엄살을 부렸다.

충북·경남도지사, 대한석탄공사 총재, 재선 의원을 역임한 김효영 후보는 4년동안 자신의 손과 발을 묶어 놓은 정치활동규제법은 민주주의에서는 있을 수 없는 소급입법이라고 주장했다.

민추협 기획위원 출신으로 선명야당 육성을 외치고 있는 이원종 후보는 "강원도 사람들이 온순해서 여당만 찍어주니까 여태까지 사람 대접을 못 받았다"고 질타했다.

신민당 김영삼 전 총재의 공보특보로 활약했던 이원종 후보는 지역에 뿌리를 내린 김진하, 심재정, 지일웅, 김남렬 후보들을 제치고 신한민주당 공천으로 분투했으나 지역기반이 미약해 선거 초반부터 당선권에서 멀어졌다.

강원도에서 집권여당의 당선은 명약관화한 사실이고 은메달을 놓고 현역의원인 민한당 이관형 후보와 재선의원으로 고토 회복을 노린 무소속 김효영 후보의 쟁패전은 거의 조직을 방치했다는 여론에 시달린 이관형 후보의 패배로 귀결됐다.

민정당 김정남 후보가 동해, 태백, 삼척에서 부동의 1위를 차지한 가운데 민한당 이관형 후보가 고향인 동해에서 13,847표 (26.1%)를 득표하여 2위를 했지만 태백에서 11,783표 (22.3%), 삼척에서 13,229표 (22.3%)를 득표하여 2위를 차지한 무소속 김효영 후보에게 4,335표 뒤져 은메달 경쟁에서 패배했다.

□ 득표상황

후보자	정당	연령	주요 경력	득표(%)
김정남	민정당	44	11대의원 (지역구)	74,387 (45.7)
김효영	무소속	61	국회의원 (2선)	34,331 (21.1)
이관형	민한당	46	11대의원 (지역구)	29,996 (18.4)
이원종	신민당	45	김영삼 총재비서	15,282 (9.4)
지일웅	무소속	43	해금동지회총무국장	6,144 (3.8)
김명하	국민당	45	삼원통운대표	2,514 (1.6)

<강릉 - 명주 - 양양> 강릉 김씨들의 절대적인 지원을 받았지만 해운공사 대표, 한양대 사범대학장, 현역의원인 국민당 이봉모 후보의 옹벽을 넘어서지 못한 신한민주당 김필기

삼척을 분구시키고 양양을 병합시킨 11대 총선에선 김효영, 김진

만 의원들이 정치규제에 묶여 무주공산이 되어 신인들의 각축장이 됐다.

육사 출신인 예비역 육군중장 출신으로 해운항만청장을 지낸 민정당 이범준 후보는 당원 3만명을 확보하여 당선을 예약했다.

태진운수 대표인 민한당 최선규 후보와 대한해운 대표인 국민당 이봉모 후보의 은메달 경쟁 혈투는 강릉 최씨 문중과 강릉농고 동문을 주축으로 민주당 시절 청년회장을 지낸 경력을 회상한 최선규 후보를 5천 가구의 평창 이씨 문중과 강릉상고 동문을 주축으로 "중앙에 가서 일할 수 있는 인물을 뽑아달라"며 공학박사로 한양대 명예교수를 내세운 이봉모 후보의 승리로 마감됐다.

"넥타이를 맨 사람은 모두 민정당원"이라며 군인 정치인과 자연인의 대결로 선거권을 몰아간 것도 주효했다.

이번 총선에선 지난 총선에서 동반당선된 민정당 이범준, 국민당 이봉모 의원들이 재선의원의 꿈을 갖고 조직기반을 다지고 있는 가운데 이 지역의 최대 성씨인 강릉 김씨 후보들이 도전하고 나섰다.

똑같이 신민당 중앙상무위원을 지낸 민한당의 김필기, 신한민주당 김기현 후보들의 도전이다.

김필기 후보는 함영주, 정인수 후보들을 제압하고 민한당 공천을, 김기현 후보는 김용각 후보를 따돌리고 신한민주당 공천을 받았다.

집권여당이면 무조건 찍고보는 강원도 정치성향을 업고 있는 민정당 이범준 후보는 공천경합을 벌인 김문기의 조직 향배가 궁금할 뿐 당선을 의심치 않으면서 "정직하고 성실하고 근면한 사람이 정당한 댓가를 받는 풍토를 이룩하자"고 호소했다.

강릉상고 출신들과 평창 이씨 문중들의 지원을 받고 있는 국민당 이봉모 후보는 "오랜만에 강릉이 만들어 낸 선량을 계속 밀어주자"는 호소로 표밭을 다지고 있다.

10년 동안 공천을 노렸으나 번번히 실패했다가 이번에 소원을 이룬 민한당 김필기 후보는 강릉 김씨 문중들의 전폭적인 지원을 기대하고 있으나 동교동계로 활동한 신한민주당 김기현 후보의 등장으로 금뱃지를 탈환할 수 있는 절호의 기회를 놓쳐버렸다.

김필기 후보는 해운공사 대표, 한양대 사범대학장, 현역 국회의원으로 중무장한 이봉모 후보의 옹벽을 낮은 지명도 등으로 넘어설 수 없었다.

민한당 김필기 후보와 신한민주당 김기현 후보의 득표는 35,706표(27.9%)로 국민당 이봉모 후보보다 5,808표가 많아 아쉬움을 남겼다.

유권자 2만 3천여명의 양양은 후보자를 배출하지도 못했지만 유권자 12만 3천여명의 강릉 – 명주의 적수가 결코 되지 못한 상황이었다.

□ 득표상황

후보자	정당	연령	주요 경력	득표(%)
이범준	민정당	56	11대의원 (지역구)	62,522 (48.8)

이봉모	국민당	54	11대의원 (지역구)	29,828 (23.3)
김필기	민한당	39	신민당중앙상무위원	23,052 (18.0)
김기현	신민당	54	신민당중앙상무위원	12,654 (9.9)

<속초 – 양구 – 인제 – 고성> 선명야당의 기치를 내걸고 속초에서는 허경구 의원에게 3,237표 앞섰으나 고향인 고성에서 1,375표 뒤져 패배한 신한민주당 최정식

양양을 떼어주고 양구를 할양받은 11대 총선에선 정일권 국회의장을 대신하여 민정당 공천을 받은 정재철 후보가 재무부 기획관리실장, 한일은행장의 경력을 내세우며 1만 2천 명의 당원을 확보하고 부락 단위별 당원 단합 대회를 개최하며 기세를 올렸다.

10대 총선 때 신민당 공천을 받고도 1천 3백 표차로 낙선한 민한당 허경구 후보는 '정치학 박사로 장래가 촉망되는 젊은 정치인'이라는 슬로건을 내걸고 야세가 강한 속초시를 집중 공략하여 은메달을 확보했다.

고희의 3성장군으로 6.25 동란 때 전공을 내세우며 고성 표밭을 누빈 5대 민의원을 지낸 김응조 민권당 후보의 출전이 이채로웠다.

이번 총선에서는 한일은행장 출신인 민정당 정재철 의원과 한국일보 기자, 고려대 조교수 출신인 민한당 허경구 의원에게 6대와 7대 의원을 지낸 김종호 후보의 도전설이 회자됐으나 출마포기를 선언하고 신민당 중앙위원 출신으로 동보운수 대표인 최정식 후보가 유일하게 동반당선 저지에 나섰다.

같은 고성 출신으로 5,6대 출마 경력을 가진 최정식 후보의 등장에 긴장한 정재철 후보는 "당초에는 좀 신경을 쓰기도 했는데 야당과는 별 관계도 없고 지역 연고도 희박한 사람이 나왔기 때문에 논외"라고 결론을 내리고 4년 동안 구석구석까지 심어 놓은 조직을 동원하여 속초 대공략에 나섰다.

"정 의원을 이겨보겠다는 생각을 해서 화를 자초하지는 않겠다"는 허경구 후보는 2등 당선은 무난하다는 태도이고, 최정식 후보는 "누구라도 떨어질 것을 알고 나올 사람이 있겠느냐, 나는 진인사할 뿐"이라고 담담하게 대응했다.

선명야당 기치를 내건 최정식 후보는 속초에서는 허경구 후보에게 3,237표 앞섰지만 고향인 고성에서마저 1,375표 뒤져 현역의원의 위용을 실감하며 다음을 기약할 수밖에 없었다.

민정당 정재철 후보가 4개 시·군에서 1위를 하여 금메달을 확보한 가운데 신한당 최정식 후보는 속초시에서 10,022표 (25.2%)를 득표하여 2위를 했지만 양구, 인제, 고성에서 2위를 차지한 민한당 허경구 후보에게 4,960표 차로 무릎을 꿇었다.

□ 득표상황

후보자	정당	연령	주요 경력	득표(%)
정재철	민정당	56	11대의원 (지역구)	62,030 (59.9)

| 허경구 | 민한당 | 42 | 11대의원 (지역구) | 23,226 (22.4) |
| 최정식 | 신민당 | 56 | 동보운수회장 | 18,266 (17.6) |

<영월 - 평창 - 정선> 영월중과 영월공고 동문들의 전폭적인 지원과 지난 총선에서의 석패에 대한 동정여론으로 승기를 잡은 신민선

지난 11대 총선에선 두 번에 걸쳐 동반 당선됐던 장승태, 엄영달 의원이 정치규제에 묶인 이 지역구는 한국일보 편집국장 출신인 심명보 후보가 민정당 공천을 받고 선두권에 진입했다.

은메달을 놓고 서울지법 부장판사를 지낸 민한당 고영구, 정선고교 교사였던 국민당 전승표, 신민당 조직국장출신인 민권당 신민선, 광산노조 조직국장을 지낸 민사당 한완수, 통대의원을 지낸 신정당 안영배 후보들이 각축전을 전개했다.

정선에서는 정선 권씨 문중을 다져놓은 권승표 후보가, 영월에서는 영월 신씨 문중을 파고든 신민선 후보가, 평창에서는 평창국교 동문에 기댄 고영구 후보가 2위를 했으나 영월, 정선에서 민한당원들의 활약으로 고영구 후보가 값진 은메달을 차지했다.

이번 총선에선 지난 총선에서 동반당선된 민정당 심명보 의원과 민한당 고영구 후보가 재선의원을 향해 발버둥치고 있는 상황에서 10대와 11대 의원을 경험했고 2차 해금으로 돌아온 엄영달 후보가 신한민주당 공천을 받아, 지난 총선에서 민권당으로 출전하여 동메달로 석패한 신민선 후보가 국민당으로 옮겨, 대제중재단 이사장인 김익로 후보가 무소속으로 도전했다.

한국일보 편집국장 출신인 심명보 후보는 "야당 후보들의 유세를 듣자니 헌법 개정의 ㄱ자만 나와도 징역살이를 해야하던 지난 날에 비해 세월 참 많이 좋아졌다"고 비아냥됐다.

정선태생으로 평창에서 자랐고 영월에서 학교를 다녔다는 고영구 후보는 "현행 대통령 선거제도는 선거인단이라는 괴물단체가 국민들이 얼굴도 모르는 대통령을 뽑은 제도"라고 규정하고 "이는 사람만 바꿔 정권을 인도 내지 상속시키려는 저의가 아니겠느냐"고 선거제도를 힐난했다.

재선의원으로 지명도는 높지만 민한당, 신민주당, 신한민주당을 두루 순례한 정치행태가 입방아에 오른 엄영달 후보는 "생명을 걸고 민주투쟁을 해온 김대중, 김영삼씨를 모시고 있는 신민당이 야당입니까, 아니면 민주투쟁 한 번 해본 적 없는 유치송씨가 총재로 있는 민한당이 진정한 야당이냐"고 반문한 뒤 "정부·여당에 협력해서 공로훈장이나 받으려는 정당이 어떻게 야당일 수 있겠느냐"고 민한당을 공격했다.

영월중, 공고 동문회장인 신민선 후보는 "민정당과 민한당은 서로 합작하여 지난 4년 동안 국민들의 눈을 피해 동지생활을 해왔다"고 현역의원들을 비난했다.

무소속 김익로 후보는 "신민당의 계파싸움은 이조시대의 사색당파를 방불케 한다"고 신한민주당 엄영달 후보를 공격했다.

유권자 7만여명인 정선에서는 고영구, 유권자 4만 9천여명인 영월에서는 심명보, 신민선, 엄영달 유권자 4만여명인 평창에서는 김익로 후보가 출전했지만 군별 대항전은 온데간데없고 민정당 깃발만이 휘날렸다.

정선에서는 심명보, 엄영달, 고영구, 신민선 순서였지만 표 차가 적었고 영월에서는 심명보, 신민선, 고영구, 엄영달 순서였지만 표 차가 많아 그대로 순위로 굳어졌다.

영월중과 영월공고 동문들의 적극적인 지원과 지난 총선에서의 석패에 대한 동정여론이 국민당 신민선 후보 승리의 밑거름이 됐다.

영월, 평창, 정선에서 압승을 거둔 민정당 심명보 후보가 금메달을 확정한 가운데 정선에서는 신한민주당 엄영달 후보가 12,743표 (20.7%)를 득표하여 간발의 차로 2위를 했지만 영월에서 7,579표 (16.1%), 평창에서 371표 (1.0%) 뒤져 당선권에서 멀어졌다.

서울지법 부장판사 출신인 민한당 고영구 후보는 현역의원의 이점, 다채로운 지역적 연고로 승리가 예상됐지만 친여정서와 지역구 관리 부실, 한때 성장했던 평창에서 4위로 밀려난 것이 결정적인 패인이었다.

□ 득표상황

후보자	정당	연령	주요 경력	득표(%)
심명보	민정당	50	11대의원 (지역구)	56,932 (40.0)
신민선	국민당	45	영월공고동문회장	31,578 (22.2)

고영구	민한당	45	11대의원 (지역구)	25,818 (18.1)
엄영달	신민당	56	국회의원 (2선)	25,444 (17.9)
김익로	무소속	67	대제중재단이사장	2,616 (1.8)

충청북도

<청주 – 청원> 선명야당의 기치를 내걸고 신당바람을 등에 업은 신한민주당 김현수 후보가 어렵지 아니하게 고토를 회복

10대 총선 때 금, 은, 동메달을 차지했던 김현수, 이민우, 민기식 후보들이 퇴출당한 11대 총선에선 충북도지사, 노동청장을 지내고 농수산부장관으로 재직중 육진성 지구당 위원장을 밀쳐내고 민정당 공천을 받은 정종택 후보가 충북의 얼굴이라는 지명도와 '4H도백'이란 별명이 붙을 정도로 부지런히 맺은 광범위한 인연으로 금메달을 예약했다.

서주우유와 대한선주 대표인 국민당 윤석민 후보는 3억불 수출탑 트로피를 자랑하며 "이 고장과 조국을 위해 더 열심히 일할 수 있는 기회를 달라"고 호소하여 은메달을 거머쥐었다.

광주, 영동 경찰서장을 지내고 초정약수 대표로 '평생 청주인'을 강조한 민권당 김우현, 국회의장 비서실장 출신으로 '청주의 홍길동'이란 슬로건을 내건 민한당 신경식, 통대의원 출신인 민주농민당 변종석 후보들에겐 못내 아쉬운 선거전이었다.

이번 총선에서는 민정당 정종택 의원은 재공천을 받고 출전했으나 국민당 윤석민 후보는 석연치 않는 사유로 정계은퇴를 선언하여 한국은행 직원이었던 이경열 후보가 교체 출전했다.

지난 총선에 출전했지만 낙선한 민한당 신경식 후보가 재도전하고 10대 총선 때 통일당 공천으로 당선됐으나 정치규제에 묶였다가 풀려난 김현수 후보가 신한민주당으로 출전했다.

'나라의 큰 일꾼, 지역개발의 기수'라는 구호를 내건 정종택 후보는 4년간의 업적을 집중 홍보하며 꿀벌, 독일병정의 별명과 함께 화려했던 시절의 업적 홍보에 열을 올리고 있으나 "소값, 돼지값, 고추값 떨어진 것도 정 의원 덕택이냐"는 비난을 함께 받았다.

정종택 후보는 "맏며느리인 민정당은 1년 내내 시어머니에게 꾸중을 듣고 살지만 여우 같은 셋째 며느리는 1년에 한 번 친정에 들려 맏며느리 욕만 한다"고 야당후보들을 비난했다.

국회의장 비서실장을 지낸 신경식 후보는 "주인의식 되찾고 시민정신 살리자" "나의 투쟁목표는 민정당이다. 야당 두 사람을 국회로 보내자"고 호소했다.

대학생들의 여당 후보 거부 성향과 공단 내 도산세력의 강세로 기세를 올린 김현수 후보는 "돈으로 선거풍토를 망쳐 놓은 장본인들이 사라졌는데도 돈이 아니면 외면하는 풍토가 잔존하고 있다"고 개탄했다.

충북도지사, 노동청장, 농수산부장관 등 화려한 경력을 자랑한 정종택 후보가 '충북의 인물'을 내세워 금메달을 확보했고, 선명야당의 기치를 내걸고 신당 바람을 등에 업은 김현수 후보가 민한당 신경식 후보를 두 번째 울리고 고토를 회복했다.

□ 득표상황

후보자	정당	연령	주요 경력	득표(%)
정종택	민정당	49	11대의원(지역구)	120,584 (49.7)
김현수	신민당	47	10대의원(지역구)	63,625 (26.2)
신경식	민한당	46	국회의장비서실장	53,785 (22.2)
이경열	국민당	36	한국은행직원	4,756 (1.9)

<충주 – 제천 – 중원 – 제원 – 단양> '충주의 인물을 키우자'는 기치를 내걸고 충주고 동문들의 적극적인 지원으로 고토를 회복한 이택희

9대 총선 때 공화당 복수 공천을 받아 함께 당선됐으나 10대 총선 때에는 유정회와 지역구 의원으로 나뉜 이해원, 이종근 의원들이 11대 총선에선 민정당과 국민당 공천을 받고 출전했다.

여기에 청주지검 검사출신인 김영준 후보가 민한당 공천으로 통대 의원이었던 안영기, 하영환 후보들이 무소속으로 뛰어들었다.

유정회 원내총무로 9대 총선때 월경 금지 약속의 잔재를 무시하고 민정당원들을 활용한 이해원 후보는 금메달을 확보했으나 4선의원인 이종근 후보는 "정부·여당의 모든 것을 경험해 본 야당인이기 때문에 진짜 야당을 할 수 있다"고 호소했으나 광산 김씨 8백가구를 파고들며 '새 사람 새 정치'를 구호로 내건 김영준 후보에게 무너졌다.

충주 – 중원에서는 이종근 후보는 그동안 쏟아부은 갖가지 정성으로 김영준 후보에게 6,866표 앞섰으나 박달재 넘어 제천 – 단양에서는 16,597표나 뒤져 금뱃지를 넘겨줬다. 한의사이며 통대의원 출신인 안영기 후보의 선전도 돋보였다.

이번 총선에서 민정당은 이해원 의원을 육사 출신으로 내무부차관, 11대 전국구 의원을 지낸 이춘구 후보로 교체했으나 민한당은 지난 총선 때 당선된 김영준 의원을 재공천했다.

8대와 10대 의원이었으나 정치규제에 묶였다가 풀려난 이택희 후보가 송창달, 윤대희, 김진억 후보들을 꺾고 신한민주당으로 출전하여 고토회복에 나섰다.

제천, 충주 농협의 직원이었던 국민당 박종완, 홍익출판사 대표인 신정사회당 박종만 후보도 등록했다.

'새정치 인물' 부각에 주력하고 있는 이춘구 후보는 신군부세력의 핵심 주체임을 과시하며 조직확대에 열을 올렸다.

'진짜 충주인'이며 제천에서 검사생활을 한 지연을 강조한 김영준 후보는 2천여 주민에게 무료변호한 뿌리를 찾아 표밭 점검을 하고 다녔다.

8대와 10대 의원으로 충주고 동문들의 지원을 받은 이택희 후보는 '충주의 인물을 키우자'며 조직확대에 심혈을 기울였다.

이택희 후보는 사생활 문제로 뒤늦게 공천을 받았지만 파렴치범으로 신군부 세력의 수배령은 "정통야당인으로 탄압을 받았다"고 변명하며 도리여 동정 여론을 조성하는데 성공했다.

5개 시·군을 민정당 이춘구 후보가 석권한 가운데 충주에서 26,550표 (41.3%), 중원에서 15,247표 (31.5%)로 2위를 한 신한민주당 이택희 후보가 제천, 제원, 단양에서 2위를 한 민한당 김영준 후보를 큰 표 차로 따돌릴 수 있었떤 것은 김영준 후보의 지역구 관리 부실로 득표력이 미약했기 때문이었다.

□ 득표상황

후보자	정당	연령	주요 경력	득표(%)
이춘구	민정당	50	11대의원 (전국구)	114,497 (52.8)
이택희	신민당	51	국회의원 (2선)	56,758 (26.2)
김영준	민한당	43	11대의원 (지역구)	33,769 (15.6)
박종완	국민당	45	제천농협직원	7,557 (3.5)
박종만	사회당	45	홍익출판사회장	4,138 (1.9)

<영동 – 보은 – 옥천> 유권자가 332명 많은 영동에서 옥천 출신인 박준병, 이용희 후보에게 34,117표 (65.7%)를 투표하여 독식하

도록

육인수, 이용희 의원이 퇴출당한 이 지역구의 11대 총선에서는 옥천 출신인 오리표싱크 대표인 박유재 후보가 민정당 공천을 받고 1만 7천여명의 당조직, 공장이 있는 영동 그리고 영동고 동창회장 직함으로 전 지역을 휩쓸고 금메달을 예약했다.

영동 출신으로 6대 국회의원을 지낸 정우개발 부회장인 이동진 후보가 국민당 공천을 받고서 정구영 공화당 초대 총재의 아들로 주태국대사관 상무관을 지낸 정선영 후보가 민한당 공천을 받고 이용희 전 의원의 조직을 흡수하여 결집에 나섰으나 옥천에서 박유재 후보와의 중첩으로 득표율이 떨어진데다 무주공산인 보은에서 1,070표 뒤져 은메달을 이동진 후보에게 넘겨줄 수밖에 없었다. 옥천 출신들의 의원독점 현상이 이동진 후보의 당선으로 무너졌다.

이번 총선에서 민정당은 박유재 의원을 탈락시키고 국군 보안사령관 출신인 박준병 후보를 내세웠고, 지난 총선 때 옥천 출신들의 국회의원 독점을 깨뜨리고 당선된 국민당 이동진 의원이 3선고지를 향해 질주했다.

9대와 10대 의원이었다가 정치규제에 묶였다가 풀려난 이용희 후보가 정선영 후보를 꺾고 민한당 공천으로 출전하자, 신민당 시절 라이벌이었던 최극 후보가 신한민주당 공천을 받고 출전하여 4파전을 전개했다.

육군대장 출신으로 국회의장감 운운하면서 전국 최다득표 지지를 강조하며 전천후 폭격을 감행한 박준병 후보는 "나는 금강의 기적을 이룩하고 내 사무실 문턱을 낮추며 몸도 낮춰 지역주민을 섬기 겠다"고 약속했다.

지난 총선 때 영동에서 2만 4천여표를 득표하여 당선된 이동진 후보는 "지금 농촌 문제를 민정당이 다루는 것을 보면 자유당 때보다 못하다" "선명, 선명하고 있지만 무엇보다 정치인의 도덕성이 중요하다"고 박준병, 이용희 후보들을 비난했다.

두더지 작전을 펼쳐 두더지라는 별명을 얻은 이용희 후보는 "이번 선거는 국회의원을 뽑는 선거라며 지역사업은 국회의원이 아닌 행정 기관에서 하는 것"이라며 "정신 못차리는 민정당, 내 주권은 내가 행동한다. 표 못주겠다는 의식으로 한 표도 주지말자"고 호소했다.

뿌리깊은 정통야당의 기수임을 자임하며 '영동하나 옥천하나'를 구호로 내걸고 고군분투한 최극 후보는 "두 번 세 번 의원하며 일은 제대로 안하고도 또 해보겠다고 나온 사람들 가당치 않다"고 전현직 의원출신들을 비난했다.

유권자가 51,957명인 영동에서는 이동진, 최극 후보가, 유권자가 51,625명인 옥천에서는 박준병, 이용희 후보가 지역대결을 펼쳤다.

옥천에서는 이동진, 최극 후보에게 3,796표 (8.2%)를 투표한 반면, 영동에서는 박준병, 이용희 후보에게 34,117표 (65.7%)를 투표하여 옥천출신들에게 국회의원 두 석을 넘겨줬다.

영동, 보은, 옥천을 민정당 박준병 후보가 석권한 상황에서 국민당 이동진 후보가 영동에서 11,083표 (21.3%)로 2위를 했지만 옥천에서 10,515표 (22.7%)로 2위를 하고 보은에서 4,503표 앞선 민한당 이용희 후보에게 결코 적수가 되지 못했다.

□ 득표상황

후보자	정당	연령	주요 경력	득표(%)
박준병	민정당	50	보안사령관	88,047 (64.7)
이용희	민한당	53	국회의원 (2선)	22,143 (16.3)
이동진	국민당	53	11대의원 (2선)	15,726 (11.6)
최 극	신민당	52	대우상역이사장	10,163 (7.4)

<괴산 – 진천 – 음성> 내무부차관, 충북도지사, 국회 내무위원장 경력을 내세워 고향인 괴산에서 50,254표 (75.4%)를 쓸어 담은 김종호

오용운, 이충환 의원들이 정치규제에 묶여 신인들의 혼전장이 된 지난 11대 총선에서는 통일주체 국민회의 사무차장으로 활약하다 유정회 의원으로 발탁된 안갑준 후보가 민정당 공천을 받고 9천여 명의 당조직과 순흥 안씨 문중표를 파고들어 선두권에 진입했다.

통대 운영위원으로 활약한 한일학원 이사장인 김완태 후보가 음성에서 47.4%인 21,365표를 쓸어 담아 공인회계사로 원양개발이사인 김년태 후보를 꺾을 수 있었다.

음성 생극중이사장이며 충주탁약주 제조협회장을 지낸 민한당 허탁 후보는 신민당 조직 흡수에 총력을 기울였으나 민권당 김형순 후보와의 선명야당론에 휩싸여 소기의 성과를 거두지 못했다. 허탁 후보는 10대 총선에는 통일당 후보로 출전했었다.

이번 총선에서 민정당은 안갑준 의원을 탈락시키고 사단법인 성균관 이사장, 충북도지사 출신으로 전국구 의원으로 활약한 김종호 의원과 맞바꾸었고 국민당은 대변인으로 활약한 김완태 의원을 재공천했다.

사단법인 4·19 동지회 부회장인 오성섭 후보가 민한당 공천으로, 해금된 이충환 전 의원의 출마포기로 제일산업공사 대표인 서광열 후보가 신한민주당 공천으로 출전하여 4각 편대를 형성했다.

유권자가 가장 많은 괴산을 중심으로 집권여당의 위용을 자랑한 김종호 후보가 고향인 괴산에서 50,254표 (75.4%)를 쓸어 담는 등 전국 최고 득표율을 자랑했다.

음성을 기반으로 한 김완태 후보는 김년태 후보를 꺾고 민한당 공천을 받은 오성섭 후보의 잠식이 있었으나 음성에서 17,221표 (36.8%)를 득표하여 신인들의 정치 도전을 무색하게 했다.

고향인 진천을 중심으로 서광열 후보가 신당바람을 업고 뛰어보았으나 오성섭 후보와 함께 5%득표율도 올리지 못했다.

□ 득표상황

후보자	정당	연령	주요 경력	득표(%)

김종호	민정당	49	11대의원 (전국구)	95,781 (67.0)
김완태	국민당	54	11대의원 (지역구)	35,320 (24.7)
오성섭	민한당	45	4·19회 부회장	7,169 (5.0)
서광열	신민당	49	제일산업회장	4,667 (3.3)

충청남도

<대전 동구> 대전고 동문, 은진 송씨 종중의 지원과 선명 야당의 기치를 내걸고 의외의 대승을 거둔 신한민주당 송천영

동구와 중구로 분구된 11대 총선에선 대전일보 사장인 민정당 남재두 후보가 대전지검 부장검사를 지낸 부친 남정섭의 후광을 기대하며 7천 명의 민정당 기간 조직을 바탕으로 "사는 곳이 고향이 아니겠느냐"며 경북 안동 출신이라는 수군거림을 잠재우고 선두권에 올라섰다.

한밭중과 대전상고 출신으로 첫 출마자로서의 이미지 굳히기에 안간힘을 쏟은 민한당 박완규 후보는 공인회계사로서 맺어왔던 연줄을 점검하며 "세금의 적정사용여부를 철저히 파헤쳐 국민 부담을 경감시키겠다"고 공약했다.

충남 축구협회장, 상호신용금고 이사장을 지내면서 넓혀온 조직과 교회활동으로 맺어 온 기독교 신자들을 국민당 황규상 후보는 파고들었으나 대전의 야세를 업은 박완규 후보의 적수가 되지 못했다.

10대 총선 때 공화당 원내총무였던 김용태, 통일당 부총재였던 박병배 후보들을 꺾고 돌풍을 일으킨 무소속 임호 후보는 대전 인구의 20%가량을 점하고 있는 이북 출신에 기대를 걸었으나 10대 의원 시절 정치적 방황을 했던 것이 못내 아쉽게만 다가왔다.

이번 총선에선 지난 총선에서 금메달을 확보한 민정당 남재두, 은메달을 차지한 민한당 박완규, 동메달로 석패한 국민당 황규상 후보들이 출전했고 7대, 8대 총선에 입후보했으나 낙선한 민추협 중앙위원인 송천영 후보가 신한민주당 공천을 받고 도전했다.

민정당 총재 비서실장으로 중무장하고 <영원한 서민의 친구, 검소하고 소탈한 정치인>을 표방하고서 통금해제, 해외 여행자유화, 구정의 공휴일 지정을 업적이라고 홍보한 남재두 후보는 "불난 집에서 불이야 하기는 쉽지만 막상 뛰어들어가 불 끄기는 어렵다"면서 욕하기는 쉽지만 칭찬하기는 어렵다고 야당 후보들을 비난했다.

"악발이 박완규를 1등 당선시켜 민정당 독재 견제하자"는 구호를 내건 박완규 후보는 "현 정권이 동토 선거를 하는 것은 국민을 혹싸리껍데기로 보고있음을 나타내 주고 있다"고 야멸차게 민정당을 공격했다.

"선명세력 1등 아니면 형무소로 보내달라"며 신당 바람을 등에 업은 송천영 후보는 "광주사태에 민주주의를 소리쳐 부르다가 죽은

영혼들이 구천을 떠돌다 통곡한다. 명복이라도 빌어주자"고 묵념을 제청했다. 충일상호금고 대표인 황규상 후보는 지난 총선에서 석패에 대한 동정여론을 일으키고 있었다.

충남대생 1백명이 자원봉사로 나서고 대전고 동문들의 적극적인 지원을 받은 송천영 후보는 은진 송씨의 지지를 기대하며 <민권의 승리를 쟁취하자> 라는 홍보책자를 대량으로 배포하여 대승을 거두었다.

공인회계사 출신으로 국회등원의 행운을 잡은 박완규 후보는 민한당세의 위축으로 선명야당의 기치를 내걸고 신당바람을 등에 업은 송천영 후보에게 금뱃지를 인계할 수밖에 없었다.

□ 득표상황

후보자	정당	연령	주요 경력	득표(%)
송천영	신민당	45	민추협중앙위원	52,653 (35.9)
남재두	민정당	45	11대의원 (지역구)	49,186 (33.5)
박완규	민한당	42	11대의원 (지역구)	24,691 (16.8)
황규상	국민당	40	충일상호금고대표	20,173 (13.8)

<대전 중구> 선명 기치를 내건 신당 바람을 타고 무명의 김태룡 후보가 민한당 충남도지부장으로 강창희 후보와 강 후보의 스승인 유인범 민한당 현역의원을 격침

후보 모두 정치신인들로 자기 얼굴을 알리려고 혼신의 힘을 쏟은 11대 총선에는 고려대 정외과 출신으로 청와대 경호실 행정차장을 지낸 민정당 이재환 후보가 1만여명의 당조직, 대전고 동문들을 앞세워 고려대 재학시절 4·19 의거를 주도했다고 주장하며 선거전을 주도했다.

대전고, 서울대 정치학과 출신으로 대전고와 대전공고에서 교사생활한 민한당 유인범 후보는 대성학원장으로 사제 인연을 득표로 연결시켜 동반당선의 기쁨을 맛보았다.

대전 시의원, 반공연맹 대덕지부장 등 다채로운 경력을 내세운 국민당 강석하 후보는 토박이 후보임을 내세우고, 통대의원 출신으로 대전고, 충남대 동문조직을 파고든 무소속 송두영 후보들도 당선권을 넘나들었고, 동국대 총학생회장 출신인 신정당 김홍만 후보도 젊은 패기를 내세워 선전했다.

이번 총선에서 민정당은 이재환 의원을 육사 25기로 민정당 초대 조직국장, 국무총리 비서실장, 전국구 의원을 지낸 강창희 의원으로 교체하고 민한당은 강창희 의원의 스승인 유인범 후보를 재공천했다.

예비군 중대장, 통대의원을 지낸 국민당 송두영, 전국대학총학생회장 출신으로 지난 총선에도 출전했던 신정사회당 김홍만, 선명야당의 기치를 내건 신한민주당 김태룡, 한미문화교류재단 자문위원인 무소속 정길준 후보들이 도전했다.

민정당 조직국장답게 1만 5천명의 당원들을 확보한 강창희 후보는 '내일의 주연 강창희'를 구호로 내걸고 대전고 36회 동문들의 지원을 기대하며 내과 의사인 부인의 무료 진료도 도움이 되고 있다.

110만부 의정보고서를 배부하고 대전공고 동문, 대성학원 수료자, 대전고 제자, 유씨 종친회 등의 표밭을 점검함 유인범 후보는 "10•26 이후 평화적 정권 교체의 기회가 있었으나 야당끼리 집안 싸움과 욕지거리하다가 군사정권을 맞게됐다"고 선명성 시비에 대응했다.

송석찬 후보를 예선전에서 꺾고서 선명성을 강조하며 기반을 다진 김태룡 후보는 "민정당 정권은 최루탄이 아니면 정권을 유지 못하는 허약한 정권"이며 "4년 전 만들어진 야당은 민정당의 작은 집으로 한 핏줄에서 나온 정당이 무슨 야당인가"라고 힐난했다.

천막에서 선거운동을 전개한 김홍만 후보는 "현재의 선거법은 여당과 관제야당의 동반당선을 위한 술책"이라고 비난했다.

무소속 정길준 후보는 "평화적 정권 교체란 정당과 정당 사이에, 여와 야 사이에 정권이 바뀌는 것이다. 사람만 바뀌는 것은 평화적 정권교체가 아니라 집권의 연장에 불과하다"고 평화적 정권 교체를 정의했다.

대전도 직할시 승격을 못했지만 선명기치를 내건 신당바람이 거세게 불어 신민당 중앙상무위원으로 무명의 김태룡 후보가 민한당 충남도지부장으로 "강창희 의원은 학생시절 똑똑한 학생이었다"며 스승임을 내세운 유인범 현역 의원을 깊은 수렁으로 밀어넣었다.

젊은 패기를 앞세운 김홍만 후보가 유인범 현역의원과 통대의원 출신으로 농장을 팔아 선거전을 치룬 국민당 송두영 후보를 누르고 동메달을 획득했다.

직할시 승격에서 제외된 대전은 전국 7대 도시에 포함된다는 시민의식으로 무명의 신한민주당 후보 2명을 당선시키는 저력을 보여줬다.

□ 득표상황

후보자	정당	연령	주요 경력	득표(%)
강창희	민정당	38	11대의원 (전국구)	73,698 (32.1)
김태룡	신민당	51	신민당중앙상무위원	49,381 (21.5)
김홍만	사회당	41	대학생회장단회장	41,427 (18.0)
유인범	민한당	53	11대의원 (지역구)	31,381 (13.6)
송두영	국민당	45	통대의원	29,605 (12.9)
정길준	무소속	50	문화재단자문위원	4,319 (1.9)

<천안 – 아산 – 천원> 천안 – 천원의 유권자들이 쏠림 현상을 보이지 않고 두 후보에게 균분하게 투표하여 아산 출신을 따돌려

10대 총선에선 황명수 의원의 피선거권 상실로 김종철, 정재원 의원이 동반당선됐으나 11대 총선에선 자유당 시절부터 정치생활을 한 김종철 의원은 생환했으나 정치초년생인 정재원 의원은 귀환하지 못했다.

국민당 총재에 오른 김종철 후보의 출마가 기정사실화 되자 민한당이 정책지구로 지정하고 미공천지구로 발표하자 조직책에 내정된 황명수 후보가 탈당했다.

김종철 총재가 전국구로 선회하고 실제인 김종식 후보를 내세우자 민한당은 부랴부랴 박동인 후보를 공천하는 해프닝을 연출했다.

미국 뉴욕주립대 공학박사 출신으로 대한전선 상무출신인 민정당 정선호 후보는 1만 4천여명의 당조직을 활용하고 아산만 개발, 관광권 형성 등을 공약으로 내걸어 단숨에 당선권에 진입했다.

신민당 총무국장 출신으로 9대의원을 지낸 무소속 황명수 후보는 "요즈음 들러리 정당은 많지만 야당 구실을 하는 정당은 없다"며 아산지역의 소외감을 기폭제로 삼아 아산에서 2만 7천여 표를 득표하여 동반당선의 기쁨을 누렸다.

통대의원 출신으로 문화목장을 경영중인 무소속 유인명, 캘리포니아 유학생 회장을 한 국민당 김종식, 돌쇠라는 인물평 속에 뒤늦게 참전한 민한당 박동인, 통대의원 출신으로 천안문화원장인 무소속 전병규 후보들이 1만여 표 이상을 득표했으나 '정치는 정치학 박사에게'라는 슬로건을 내건 신정당 강처원, 공화당 중앙위원 출신인 민권당 김재홍, 충남도지사를 지낸 무소속 민유동, 한의사인 무소속 문병기 후보들의 득표력은 미약했다.

이번 총선을 앞두고 무소속으로 당선된 황명수 의원이 신한민주당으로 옮겨 민정당 정선호 의원과 동반당선을 꿈꾸고 있는 상황에서 신민당 시절 박권흠 대변인의 부상으로 임시 대변인으로 활약하다 정치규제에 묶였다가 풀려난 정재원 10대의원이 민한당 공천으로 도전하여 진검승부가 펼쳐졌다.

육사 7기 출신으로 체육부차관을 지내고 '충남도청의 천안유치'를 공약으로 내건 정선호 후보는 "도청이전을 원하는 사람이 이 지역에 더 많다는 사실을 알려주기 위해서라도 이번에 나를 뽑아달라"고 호소했다.

잔칫집을 찾아다니며 꽹과리를 치며 흥을 나누는 전략을 구사한 황명수 후보는 "선거 50여일을 앞두고 그것도 꽁꽁 얼어붙은 2월 선거를 실시하는 파렴치한 민정당 정권은 국민의 심판을 받아야 한다"고 목소리를 높였다.

박동인, 이원창 후보들을 예선전에서 제압하고 해병대 출신인 청용회를 기동타격대로 삼아 천안의 골수 야당표 주워담기에 성공한 정재원 후보는 청용회와 물결 동지회, 컴퓨터와 꽹과리의 대결을 승리로 장식했다.

유권자 17만 2천여명인 천안 – 천원과 유권자 6만 6천여명인 아산의 대결, 그것도 2대1의 경쟁은 천안 – 천원의 유권자들이 쏠림 현상을 보이지 않을 때 승패는 결정되어 있었다. 천안 – 천원의 유권자가 아산의 유권자보다 2배가 넘기 때문이다.

이진구, 조병현 후보들을 예선전에서 제압한 신한민주당 황명수 후보는 아산에서 33,864표 (43.5%)를 득표하여 1위를 했지만 천안 – 천원에서 21,602표 득표에 그쳐 석패했다.

민정당 정선호, 민한당 정재원 후보는 천안에서는 57,287표 (79.2%), 천원에서도 46,394표 (84.1%)를 쓸어 담고 아산에서 42,339표 (54.4%)로 선전하여 동반당선을 일궈냈다.

□ 득표상황

후보자	정당	연령	주요 경력	득표(%)
정선호	민정당	47	11대의원 (지역구)	85,475 (42.4)
정재원	민한당	42	10대의원(지역구)	60,545 (30.1)
황명수	신민당	57	11대의원 (2선)	55,466 (27.5)

<대덕 – 연기 – 금산> 대덕을 기반으로 한 민정당 천영성 의원과 금산을 대대로 이어받은 민한당 유한열 의원이 11대에 이어 동반 당선

11대 총선에서 민정당은 이준섭 의원을 버리고 예비역 공군소장으로 전투비행단장 출신인 천영성 후보를 내세웠고, 유진산 신민당 총재의 아들로 10대 총선 때 지역구를 물려받은 유한열 의원은 입법의원을 거쳐 민한당 후보로 출전하여 천 후보와 쌍벽을 이뤘다.

중앙정보부 충남지부장 출신으로 10대 총선 때 당선된 이준섭 의원이 국민당 공천으로 출격했으나 중도에 사퇴했다. 유진산 총재 비서관이었던 민권당 박천식, 한의사인 신정당 박은영 후보들이 출전했으나 천영성, 유한열 후보의 쌍벽을 넘어서기에는 역부족이었다.

이번 총선에서는 지난 총선에서 동반당선된 민정당 천영성 의원과 민한당 유한열 의원이 철옹성을 구축하고 동반당선을 향해 질주하고 있는 상황에서 신민당 조직국장, 민추협 조직부장 출신인 박희부 후보가 신한민주당 공천으로, 청주대 학생인 유관석 후보가 국민당 공천으로 도전했다.

유성 지역이 대전에 편입되어 유권자가 4만 7천여명으로 상대적으로 불리하지만 민정당의 조직을 활용하고 있는 천영성 후보는 "벼 이삭 속에도 한 두개 쭉정이가 있게 마련인데 쭉정이 몇 개 있다 해서 그 해 농사를 망쳤다고 할 수는 없지 않느냐"고 정부의 시책을 옹호했다. 10대 총선 이후 연기 지역에는 국회의원을 배출하지 못한 한을 내비치며 밀양 박씨 1천 8백여명을 근간으로 두더지 작전을 펼치고 있는 박희부 후보는 "누가 고기맛을 알면 절간에 빈대 한 마리 안남는다는 말이 있듯이 정치는 정치하는 사람에게 맡겨야지 다른 사람이 해서는 안된다"고 강조했다.

유권자가 5만 8천여 명으로 가장 많은 금산의 몰표를 기대하고 있는 유한열 후보는 민한당 사무총장으로서의 중량감으로 표밭을 누벼 또 다시 동반당선을 이뤄낼 수 있었다.

대덕과 연기에서 1위를 한 민정당 천영성 후보와 금산에서 1위를 한 민한당 유한열 후보가 어깨동무하며 동반당선됐다.

신한민주당 박희부 후보가 연기에서 13,755표(27.8%)를 득표하여 선전했지만, 금산에서 23,797표(48.5%)를 쓸어담은 유한열 후보에겐 역부족이었다.

□ 득표상황

후보자	정당	연령	주요 경력	득표(%)
천영성	민정당	55	11대의원(지역구)	61,930 (44.3)
유한열	민한당	47	11대의원(지역구)	45,712 (32.6)
박희부	신민당	46	민추협 조직부장	24,419 (17.5)
유관석	국민당	26	학 생	7,820 (5.6)

<논산 – 공주> 선명야당의 기치를 내걸고 신당바람을 업고 논산에서 정석모 후보에 이어 2위를 하여 동반당선된 신한민주당 김한수

10대 총선 때 은메달인 박찬 의원만 묶어 놓고 금메달과 동메달이 출전한 11대 총선에서 치안국장, 충남도지사, 10대 의원, 입법의원을 지낸 민정당 정석모 후보의 당선을 의심한 사람은 아무도 없었다.

10대 총선 때 공주 출신인 정석모, 박 찬 후보를 당선시켜 허탈감에 젖은 논산 유권자들에게 국민당 임덕규, 신정당 김영운, 민권당 김태형, 민한당 육순응 후보들이 지역감정을 자극하며 추파를 던졌다.

동국대 교수로 대전 중·고 동문 6천여 명과 나주 임씨 5백 가구를 파고 든 임덕규 후보가 논산교육감 출신으로 지난 20년 간 이

지역에서 교직생활, 변호사 생활로 쌓아 온 지역민 봉사활동에 기댄 김태형, 5대 의원을 지낸 부친 육완국의 후광을 기대한 육순응, 광산 김씨 6천 가구를 기반으로 당선권을 노린 김영운 후보들을 지난 10대 총선 때 석패에 따른 지명도와 동정여론으로 격파했다.

이번 총선에선 지난 총선에서 동반당선된 민정당 정석모, 국민당 임덕규 의원 외에 민한당 전국구 의원이었으나 민한당 공천에서 밀린 조주형 의원이 출전하여 세 현역의원이 혈투를 전개하게 됐다.

여기에 풍의학원 이사장으로 3선의원인 박 찬, 8대 의원이었던 김한수 후보들이 정치규제에서 풀려나자 민한당, 신한민주당으로 출전했고 문교부 중앙연수원 교수 출신으로 홍익대 교수인 이성구 후보가 무소속 후보로 출전하여 여섯 후보가 난마처럼 얽힌 혼전지구로 돌변했다.

유권자 11만 7천여 명인 논산에서는 임덕규, 김한수, 조주형 후보들이 출전했고 유권자 9만 4천여 명인 공주에서도 정석모, 박 찬, 이성구 후보들이 출전하여 균형을 이뤘다.

민정당 정석모 후보는 "충남의 인물 재상 한번 만들자"는 구호 아래 중앙정치무대에서의 거물상을 부각시키며 백제문화 관광권 개발과 고속도로 개설 등의 공약을 내걸었다.

'민주주의 파수꾼 서민의 대변자'임을 자처한 민한당 박 찬 후보는 "전국구 보장설도 있었지만 유권자의 지지도를 확인하기 위해 지역구 출마를 결심했다"며 구연을 찾아 실지회복을 위해 동분서주했다.

박찬 후보는 "국무총리는 장관을 거쳐야지 월반하면 안된다"고 정석모 후보의 국무총리설을 공격했다.

"유신시대와 달라진 것은 대통령 선출장소를 장충체육관에서 잠실체육관으로 옮긴 것"이라는 무소속 조주형 후보는 "압도적 다수표로 당선되어 민한당에 재입당하겠다"고 선언했다.

논산 출신이지만 공주농고를 졸업한 신한민주당 김한수 후보는 광산 김씨 문중과 천주교 신자들을 찾아다니며 선명야당 후보임을 홍보했다.

동국대 교수 출신인 국민당 임덕규 후보도 나주 임씨 5백 가구를 기반으로 현역의원의 이점을 살려 표밭 확대에 나섰다.

충남도지사, 내무부 차관을 거친 국회의원으로 민정당 정책위의장인 정석모 후보의 금메달은 예약된 상황에서 2위 쟁탈전은 공주표의 쏠림 현상으로 논산 출신들이 상대적으로 유리했다.

공주 출신인 민정당 정석모 후보가 공주는 물론 논산까지 휩쓸어 버린 가운데 은메달을 놓고 국민당 임덕규, 신한민주당 김한수, 민한당 박 찬, 무소속 조주형 후보들이 각축전을 전개했다.

선명야당의 기치를 내걸고 '논산의 호랑이'를 자처하며 신당바람을 업은 김한수 후보가 논산에서 조주형, 임덕규 현역의원들을 제치고 정석모 후보에 이어 2위를 차지했다.

조주형 후보를 밀치고 민한당 공천을 꿰어 찬 박 찬 후보는 공주에서 정석모 후보에 이어 2위를 했지만 득표력은 초라했다.

논산에서 31,195표(29.8%)를 득표하여 2위를 차지한 김한수 후보가 공주에서 10,829표(13.7%)를 득표하여 2위를 한 박 찬 후보를 가볍게 제압했다. 전국구 의원인 조주형, 8대 의원인 김한수 후보들을 꺾고 박찬 후보는 민한당 공천을 받았고 민한당 공천에서 밀린 김한수 후보는 서승삼, 이희원, 노준선, 윤완중, 김중화, 김형중 후보들을 꺾고 신한민주당 공천을 받았었다.

□ 득표상황

후보자	정당	연령	주요 경력	득표(%)
정석모	민정당	55	11대의원(지역구)	91,479 (50.8)
김한수	신민당	49	8대의원(논산)	39,135 (21.7)
조주형	무소속	44	11대의원(전국구)	18,176 (10.1)
박 찬	민한당	60	국회의원(3선)	15,310 (8.5)
임덕규	국민당	48	11대의원(지역구)	11,220 (6.2)
이성구	무소속	36	홍익대교수	4,776 (2.7)

<부여 – 서천 – 보령> 유권자가 가장 적은 서천의 민정당 이상익, 신한민주당 김옥선 후보가 인물론과 선명야당론으로 동반당선

지난 11대 총선에서는 김종필 전 국무총리 지역구인 이 지역구에 민정당은 주일공사 출신으로 8대 의원과 10대 유정회 의원으로 활약한 이상익 의원을 공천했고, 민한당은 10대 의원으로 기사회

생한 조중연 후보를 공천했다.

10대 총선 때 당선됐다는 기득권을 최대한 활용하고 있는 조중연 후보는 전통적인 야당성향표를 고수하면서 공주고 동문과 풍양 조씨 1천여 가구를 집중 공략했다.

경희대 총학생회장 출신으로 부여 대표 주자로 부상한 국민당 임연상 후보가 1위를, 중앙대학생회장 출신인 무소속 윤상배 후보가 보령에서는 1위를 했지만 서천표를 양분하고 민정당과 민한당 조직표를 활용한 이상익, 조중연 후보들의 옹벽을 넘지 못해 서천 출신들의 독무대가 형성됐다.

이번 총선에선 지난 총선에서 당선된 민정당 이상익, 민한당 조중연 의원들이 3선을 향해 질주하고 있는 상황에서 일본 명치대 객원교수로 지난 총선에 출전하여 동메달로 석패한 국민당 임연상, 세도 도정대표인 근로농민당 이상일, 7대와 9대 의원으로 김옥선 파동으로 국회의원직을 사퇴한 신한민주당 김옥선, ㈜대우 관리본부장 출신인 무소속 채의숭 후보들이 도전했다.

유권자 8만 6천여 명인 부여에서는 임연상, 이상일 후보가, 유권자 8만 5천여 명인 보령에서는 채의숭 후보가, 유권자 6만 7천여 명인 서천에서는 이상익, 조중연, 김옥선 후보가 출전하여 외형상 채의숭 후보가 가장 유리하다.

중앙정보부 기획조정관, 주일공사를 역임한 민정당 이상익 후보는 서천 출신이지만 주소지를 부여로 옮겨 방대한 민정당 조직원들을 독려하며 3선을 향해 질주했다.

"김종필 씨가 10대 선거 당시 나에게 표를 주기 싫으면 조중연 후보에게 표를 주라고 할 정도로 나를 사랑했다"고 민한당 조중연 후보는 "나보고 야당인이 아니라고 말할 수 있는 사람이 있으면 나서 보라"고 응수했다.

지난 총선에서 석패한 국민당 임연상 후보는 "우리 국민당은 JP를 총재로 모시고 88년 대통령 선거 때 국민의 심판을 받아 이 지역의 한을 풀 것"이라고 국민당은 JP당이라고 선전했다.

보령의 몰표를 기대한 무소속 채의숭 후보는 "거짓말 잘하는 돈 많은 신사를 국회로 보낼 것이 아니라 인분냄새 물씬 풍기는 농민 출신 상머슴을 한 번 써 달라"고 호소했다.

선명야당의 기치를 내건 신한민주당 김옥선 후보는 "이 지역에서도 김종필 씨와 나 정도가 정치를 해야 중앙정치 무대에서 빛도 나고 말발도 선다"고 스스로 중진정치인이라고 자랑했다.

김옥선 제명파동을 최대한 선전하고 있는 김옥선 후보는 속리산에 홀리랜드를 건설하는 등 치부했다는 공격을 받았으나 조중연 의원이 가스충전소 허가증을 받아내 엄청난 치부를 했다고 반격했다.

이 지역구의 승패는 유권자가 가장 적은 서천의 득표에 의해 승패가 엇갈렸다.

서천에서 민정당 이상익 후보는 19,261표를, 신한민주당 김옥선 후보는 19,061표를 득표하여 당선된 반면, 민한당 조중연 후보는 10,681표 득표에 머물러 낙선했다.

민정당 이상익 후보가 서천은 물론 부여까지 석권한 가운데 부여에서는 국민당 임연상 후보가 19,593표(24.2%)로 2위, 서천에서는 신한민주당 김옥선 후보가 19,061표(34.0%)로 2위, 보령에서는 무소속 채의숭 후보가 25,486표(36.1%)로 1위를 했지만 타 군에서 김옥선 후보는 32,001표를 득표한 반면, 채의숭 후보는 6,430표를, 임연상 후보는 4,681표 득표에 머물러 김옥선 후보의 적수가 되지 못했다.

□ 득표상황

후보자	정당	연령	주요 경력	득표(%)
이상익	민정당	56	11대의원(지역구)	62,907 (30.9)
김옥선(여)	신민당	50	국회의원(2선)	51,062 (25.1)
채의숭	무소속	45	대우관리본부장	31,916 (15.7)
조중연	민한당	48	11대의원(지역구)	29,394 (14.4)
임연상	국민당	39	명지대 객원교수	24,274 (11.9)
이상일	농민당	34	세도도정공업대표	4,101 (2.0)

<홍성 – 청양 – 예산> '찍고 보자 김성식' 이라는 구호를 내걸고 두 번이나 동메달로 낙선하고 정치규제에 묶인 동정여론으로 당선을

검찰총장, 법무부 장관 출신으로 3선 의원인 장영순, 홍익대 사무처장 출신으로 3선 의원인 한건수 의원들의 동반퇴진 이후인 11

대 총선에서 민정당은 서울대 교수로 면암 최익현 선생의 증손인 최창규 후보를 내세워 청양을 발전기지로 충절의 고장을 강조하며 4천 6백여 명의 민정당 조직을 추스렀다.

내무부 총무과장 출신으로 충남방적 회장인 국민당 이종성 후보는 종업원 3천 명의 예산공장과 부설학교를 골간으로 충남도지사를 지낸 부친 이기세의 후광까지 활용한 사조직을 가동했다.

한국물가협회 이사장으로 적산엔지니어링 대표인 민한당 김철운, 한국일보에 근무한 민권당 대변인으로 활약한 김동분, 공화당 중앙위원 출신인 무소속 고기영 후보들이 추격하기엔 두 후보가 너무나 멀리 떨어져 있었다.

이번 총선에는 지난 총선에서 동반당선된 민정당 최창규, 국민당 이종성 의원들이 재선고지를 점령하기 위해 동분서주한 가운데 통일당 조직국장 출신인 김성식 후보가 민한당으로, 4선 의원으로 신민당 정무위원을 지낸 한건수 후보가 신한민주당으로 출전하여 4파전이 전개됐다.

홍성읍 외곽도로 건설, 지방도 확장 포장 사업을 공약으로 25년간 국회의원을 배출하지 못한 홍성을 집중 공략 중인 최창규 후보는 "내가 국회의원이 된 것은 나의 영광이며 이 지역의 금자탑이며 1등 국회의원을 키워 준 여러분의 손길은 위대하다"고 주장했지만 "수 천억원을 가지고도 해결하지 못할 공약의 남발"이라는 공격을 받기도 했다.

충남방적 직원 2만 명, 3만 5천여 명의 당원을 가지고 '향토발전의 기수, 활동하는 정치인'을 구호로 내걸고 표밭을 누빈 이종성 후보는 금품살포설, 충남방적의 부도설, 정계은퇴설이 꾸준히 나돌고 있으나 이는 모두 중상모략이라고 일축했다.

이종성 후보는 충남지사를 지낸 아버지의 약력을 소개한 뒤 "아버지를 보아서라도 그 자식인 나를 잘 봐달라, 선거에서 떨어져 불효자가 되지 않게 해 달라"고 읍소했다.

"학자는 학교로 기업가는 기업으로 돌아가야 한다"며 신민당 조직 재건에 심혈을 기울이고 있는 한건수 후보는 "정치는 프로정치인이 해야 한다. 나는 다섯 번이나 떨어졌고 네 번 당선됐다. 나 같은 노련한 정치인이 국회로 가야 옳지 않은 것을 잘 가르쳐 줄 수 있다"고 호소했다.

"찍고 보자 김성식"이라는 캐치프레이즈를 내건 김성식 후보는 현행 헌법이나 유신헌법은 똑같다고 지적한 후 "야당하는 사람들이 정부 비판하는 소리를 TV에서 본 일이 있느냐"며 현 정권은 알 권리를 빼앗은 독재정권이라고 주장했다.

이 지역구의 선거결과는 설명할 길이 전혀 없다. 집권여당인 최창규 후보가 무주공산인 홍성과 고향인 청양을 휩쓸고 예산에서 선전한 것은 누구나 예상할 수 있었다.

그러나 지명도가 낮은 김성식 후보가 9대와 10대 총선에 통일당으로 출전하여 두 번이나 낙선하고도 정치규제 묶여 있다가 그것도 관제야당으로 비난받은 민한당 후보로 출전하여 현역의원으로 2만 명의 종업원과 3만 5천 명의 당원을 거느린 이종성 후보와 4선 의원으로 정치규제에서 풀려나자 선명야당의 기치를 내건 신한민주당 공천을 받은 한건수 후보를 꺾었기 때문이다.

동메달로 두 번이나 낙선한 동정 여론이 충남방적의 부도설에 시달린 이종성, 네 번이나 당선됐으니 이제는 물러가라는 주민들의 여론을 반영한 결과로 보이며 예산에서의 득표에 따라 당락의 방향이 그려졌다.

홍성과 청양에서는 민정당 최창규 후보가 30,828표(43.3%), 16,684표(49.7%)를 득표하여 우위를 차지한 반면, 예산에서는 민한당 김성식 후보가 26,239표(38.2%)를 득표하여 동반당선됐다.

국민당 이종성 후보는 홍성과 청양에서 2위를 하여 김성식 후보에게 3,664표 앞섰지만 예산에서 11,389표 뒤져 금뱃지를 넘겨줬다.

□ 득표상황

후보자	정당	연령	주요 경력	득표(%)
최창규	민정당	47	11대의원(지역구)	69,491 (41.0)
김성식	민한당	46	통일당조직국장	48,081 (28.4)
이종성	국민당	60	11대의원(지역구)	40,356 (23.8)
한건수	신민당	63	국회의원(4선)	11,459 (6.8)

<서산 - 당진> 서산과 당진의 군별 대항전에서 서산의 대표주자로 선정되어 김현욱 후보와 동반 당선된 민한당 장기욱

11대 총선에선 10대 총선 때 함께 뛰었던 민정당 김현욱, 민한당 한영수 후보들이 재격돌한 가운데 8대 의원으로 성아물산 대표로 재경 서산군민회장인 국민당 박승규, 서산 청년단체협의회장인 원일민립당 박태권, 19세 때 사법, 행정 양과에 합격하여 대한민국 천재로 평가받은 무소속 장기욱 후보들이 뛰어들었다.

10대 총선 때 공화당 공천에서 낙천되자 무소속으로 도전하여 하위권에 맴돌았던 김현욱 후보는 운산천이란 조그마한 개천이 경계를 이루고 있지만 선거 때만 되면 두 지역의 벽이 유난히 높아 애향적 배타성이 강한 지역에서 유일한 당진 출신이라는 이점과 제헌의원 김용재 부친의 후광, 단국대 교수라는 직함, 낙선한 선거경험이 어우러져 금메달을 차지했다.

9대와 10대 의원을 거치며 신민당 대변인이라는 직함과 입법의원이라는 양기를 얻어 한영수 후보가 은메달을 손쉽게 거머쥐었다.

"과거 야당은 밤에는 여당, 낮에만 야당을 했다"는 장기욱, "8대 국회때 단명에도 불구하고 오지개발, 학교신설에 공을 세웠다"는 박승규, "나를 제외한 다른 후보들은 모두 잎이나 뿌리가 썩은 나무"라고 비난한 박태권 후보들은 서산표를 나누기에 매달렸다.

이번 총선에서는 한명수 의원이 불미스러운 사건으로 퇴출당하고 민정당 김현욱 의원이 3선고지를 선점한 가운데 지난 총선에서 무소속으로 출전하여 3위로 낙선한 민한당 장기욱, 원일민립당으로 출전하여 5위로 낙선한 신한민주당 박태권 후보들이 재도전했고, 국토통일원 상임연구위원인 김영수 후보가 국민당으로 출전하여 4파전이 전개됐다.

한국의 천재로 알려진 장기욱 후보는 2천여 명에게 무료 변론으로 지지세를 확대하고 한영수 의원의 조직을 흡수하여 승세를 굳혀 갔다.

축산조합 충남계육분회장인 박태권 후보는 지난 총선에서 구축한 조직을 활용하여 추격전을 전개했다.

국민당의 김영수 후보는 "민정의 김현욱은 당선이 확실하니까 김해 김씨 종친들은 나를 밀어 달라"고 호소했다.

유일한 당진 출신으로 집권여당의 조직을 활용한 김현욱 후보가 금메달을 예약한 가운데 서산출신 세 후보들이 서산의 대표주자를 선정하는 선거전으로 돌변했다.

당진에서는 민정당 김현욱 후보가 47,696표(68.2%)를 쓸어 담고 서산에서도 35,880표(29.2%)를 득표하여 부동의 1위를 차지했다.

임석재, 장승운, 정성원, 유제연 후보들을 따돌리고 공천을 받은 민한당 장기욱 후보는 서산에서 37,015표(30.2%)를 득표하여 1위를 하여 27,177표(22.1%)를 득표한 신한민주당 박태권 후보를 여유 있게 따돌릴 수 있었다.

지난 11대 총선에 출전한 박태권 후보는 이두연, 채수호, 최지영 후보들을 제압하고 신한민주당 공천장을 받았으나 신당의 회오리 바람을 일으키지는 못했다.

□ 득표상황

후보자	정당	연령	주요 경력	득표(%)
김현욱	민정당	46	11대의원(지역구)	83,576 (44.3)
장기욱	민한당	41	대전지검 검사	46,841 (24.8)
박태권	신민당	38	축산조합분회장	35,647 (18.9)
김영수	국민당	58	국토통일원연구위원	22,596 (12.0)

전라북도

<전주 – 완주> "40년 거목 같은 정자나무 이철승을 압도적인 지지로 밀어 호남의 한을 풀자"고 호소하여 대승을 거둔 신한민주당 이철승

11대 총선에선 10대 총선에서 동반당선됐던 이철승, 유기정 의원들이 퇴장하고 한국일보 논설위원으로 청와대 대변인으로 활약한 임방현이 민정당으로, 이철승 신민당 대표 비서실장이었던 김태식이 민한당으로 출전하여 쌍벽을 이뤘다.

정읍, 고창, 완주군수를 역임하다가 7대 의원을 지낸 유범수 후보가 국민당으로 출전하여 "유신만이 살 길이라고 외치면서 방방곡곡을 돌아다닌 사람으로서 세상이 바뀌었으면 몇 달쯤은 머리 깎고 수양을 해야 할 것"이라고 임방현 후보를 공격했다.

그러나 임방현 후보가 전주와 완주를 석권한 가운데 "돈없다 김태식, 길러 주자 김태식"이란 구호로 다리(多利) 군수라는 유범수 후보에게 완주에서는 뒤졌지만 전주의 야성을 불러일으켜 여유 있게 은메달을 확보했다.

전북체육회 사무국장 출신인 무소속 이춘영, 10대 총선에도 출전했던 사회당 임광순, 산천초목 농장을 경영한 민권당 최전권, 미주문화방송 사장과 JC 회장인 무소속 신동욱 후보들도 선전했다.

이번 총선에서는 지난 총선에서 당선된 민정당 임방현, 민한당 김태식 의원들이 재출격한 가운데 정치규제에서 풀려난 6선의원으로 신민당 대표였던 이철승 후보가 신한민주당으로, 운암산업학교 교장인 홍범식 후보가 국민당으로 출전하여 4파전이 전개됐다.

신민당 대표와 비서실장과의 대결에 대해 이철승 후보는 "골육상쟁을 피하겠다"고 선언했지만, 김태식 후보는 "공인 대 공인의 길을 가겠다"면서 대결을 펼쳤다.

"묘목이라면 옮겨 심을 수도 있지만 40년 된 정자나무는 옮겨 심을 수가 없다"는 이철승 후보는 "지난 4년 간의 정치는 낙제를 했다. 정치경륜이 없는 사람들만 모였기 때문이다. 그리고 현 정부에서는 민주국가에서 가장 배격해야 할 정치보복을 했다"고 주장했다.

이철승 후보는 "군인들의 정치에 어떻게든 종지부를 찍게 해야 하며 몸으로라도 막을 결심이니 압도적으로 지지해 달라"고 호소했다.

임방현 후보는 "지난 4년 간 민정당은 멱살 잡는 정치, 피 터지는 정치를 몰아냈고 대화하고 타협하고 표결하는 정치를 이룩했다"고 응수했다.

민한당 김태식 후보는 "옛날 동학란으로 규정됐던 것이 동학혁명으로 바뀐 것처럼 광주사태도 반드시 민주시민의 혁명으로 승화되리라 믿는다"고 선명성을 강조했고, 신한민주당 조직책을 신청했던 국민당 홍범식 후보는 "먹지도 못할 썩은 소나 술도 못 담을 썩은 쌀이나 들여온 집권당에는 단 한 표도 안 주는 것이 애국하는 길이다"라고 민정당을 비난했다.

동책 30여 명이 이탈했고 야당가의 특무상사 격인 서준영 전북도 당부위원장이 탈당하여 신한민주당으로 옮겨 갔고, 공천에서 밀려난 임광순도 이철승 후보를 돕기로 약속했다.

이러한 상황에 대해 신한민주당은 "빼 오고 있는 것이 아니라 우리 것을 당연히 가져오는 것"이라고 주장했다.

이철승 후보는 "40년 거목 같은 정자나무 이철승을 압도적인 지지로 밀어 호남의 한을 풀자"고 호소하여 대승을 거두었고, 김태식 비서실장으로부터 금뱃지를 인계받았다.

□ 득표상황

후보자	정당	연령	주요 경력	득표(%)
이철승	신민당	62	국회의원(6선)	125,023 (48.2)
임방현	민정당	54	11대의원(지역구)	78,344 (30.2)
김태식	민한당	45	11대의원(지역구)	46,345 (17.9)

| 홍범식 | 국민당 | 46 | 운암산업고교장 | 9,699 (3.7) |

<군산 – 옥구> 한일연료 대표로 풍부한 재력을 활용하여 군산고와 군산상고 대결로 선거전을 끌고 가 승리한 민한당 김봉욱

11대 총선에선 김현기, 채영철 의원들이 퇴장하고 군산 – 옥구, 이리 – 익산으로 분구된 상황에서 한국합판, 세대제지, 한국염업, 영진주철을 경영하여 호남 재벌로 알려진 고판남 후보가 민정당 공천을 받고서 "동네 머슴에서 나라머슴이 되겠다"며 고씨 문중을 주축으로 군산과 옥구를 석권했다.

전주지법 판사출신으로 미군부대 노조 고문변호사로 활약한 무소속 김길준 후보가 군산상고 출신으로 처음 고시합격자라며 동문표를 규합하여 통대의원 출신으로 연탄과 탁주판매망을 동원하여 군산고, 서울법대 출신이라며 김해 김씨 문중표를 파고 든 국민당 김봉욱 후보를 667표차로 누르고 국회 입성에 성공했다.

군산중앙상고 교장으로 통대의원 출신인 통일민족당 고병태 후보도 당선권을 넘나들었으나, "민한당만이 파수꾼이 될 수 있다"고 외친 채규희, 지난 총선 때 4위로 낙선한 채영석 후보는 평강 채씨 문중표를 나눠 가지며 1만 표 득표에도 실패했다.

이번 총선에서 민정당은 고판남 의원을 은퇴시키고 교통부 장관과 농수산부 장관을 지낸 고 건 후보로 교체했고 무소속으로 당선됐던 김길준 의원은 신한민주당으로 옮겨 재출격했다.

지난 총선에서는 국민당으로 출전하여 667표 차로 김길준 의원에게 패배했던 김봉욱 후보가 이번 총선에서 민한당으로 옮겨 설욕전을 감행했다.

같은 집안인 고판남 의원이 몰심양면으로 지원하고 전남도지사, 농수산부장관 관록을 내세워 '호남의 인물로 키우자'는 여론을 조성하는 인물론을 앞세운 고 건 후보는 "주인 많은 나그네가 저녁 굶는다는 말처럼 유권자들이 여당 후보는 따 논 당상이라고 찍어주지 않으면 야당만 둘이 당선될 수 있다"고 엄살을 부렸다.

군산상고 출신으로 서울법대를 나와 인물론을 내세우고 19대째 내려온 군산토박이로 재력을 구비하고서 군산개방대학과 야구를 유치하는데 일익을 했다고 홍보한 김길준 후보는 "현 정권은 민심의 바탕이 없기 때문에 두려움에 가혹한 억압과 공포정치를 계속하고 있다"면서 "이번 선거는 국민의 힘으로 현 정권을 종식시킬 수 있다는 것을 보여주는 계기"라고 기염을 토했다.

김길준 후보는 "남의 당 지도자를 계속해서 팔아먹은 것은 참을 수 없다"면서 "과거 통대의원을 지내고 집권당에 줄곧 협력해 온 김봉욱이 아무리 야당 후보라지만 김대중 선생을 들먹이는 것은 유권자를 우롱하는 것"이라고 비난했다.

김봉욱 후보는 "오는 2월 8일 귀국하는 김대중 선생을 유권자 여러분과 함께 진심으로 환영한다"고 김대중 팔이로 전락했다.

한일연료 대표로 풍부한 재력을 활용한 민한당 김봉욱 후보가 김대중의 후원자인 양 유세하여 김길준 현역의원으로부터 금뱃지를 인계받았다.

같은 서울법대 출신으로 군산고 김봉욱과 군산상고의 김길준 대결에서 군산고 승리로 귀결됐다.

☐ 득표상황

후보자	정당	연령	주요 경력	득표(%)
고 건	민정당	47	농수산부장관	67.179 (49.7)
김봉욱	민한당	55	한일연료대표	40,233 (29.8)
김길준	신민당	51	11대의원(지역구)	27,707 (20.5)

<이리 – 익산> 민권당 후보로 3만 4천여 표 차로 패배한 김득수 후보가 국민당으로 출전하여 두 번 낙선에 따른 동정여론, 민한당은 관제야당으로 몰아붙여 대승을

11대 총선에서 분구된 이 지역구는 보배소주 대표로서 이리상공회의소장인 민정당 문병량, 제1야당 후보임을 내세운 감사원 부감사관 출신인 민한당 박병일 후보가 혜성처럼 나타나 여론을 주도했다.

소선규 의원 비서관을 지낸 민권당 김득수, 김현기 의원 비서관을 지낸 민사당 이기순 후보가 쟁패전을 벌인 가운데 시사통신 편집부국장 출신인 국민당 이 헌 후보도 표밭을 개간했다.

지역사회에서의 지명도와 재력을 바탕으로 자신의 입지전적인 성장과정을 홍보한 문병량 후보와 조직책 선정 과정에의 잡음을 잠재우고 이리공고 동문회와 박씨 종친회를 파고 든 박병일 후보가 동반당선됐다.

이번 총선에서 민정당은 문병량 의원을 은퇴시키고 중앙일보 정치부장, 민정당 선전국장, 전국구 의원을 지낸 조남조 후보로 교체했고 변호사 출신인 민한당 박병일 의원은 재출격했다.

소선규 의원 비서관 출신으로 지난 총선에선 민권당으로 출전했던 김득수 후보가 국민당 공천으로, 전북 아마츄어 복싱 연맹회장인 오승엽 후보가 신한민주당 공천으로 출전하여 4파전이 전개됐다.

남성고 동문과 민정당 조직을 활성화시키고 있는 조남조 후보는 면별로 득표율 올리기 경쟁을 벌이면서, <클 수 있는 재목> 이라는 이미지를 심고자 노력하고 있다.

박씨 문중을 중심으로 거점조직을 유지하고 있는 박병일 후보는 민정당사 농성사건 구속 학생 변호인이란 점과 무료변론 실적을 홍보하는데 중점을 두고 있다.

민한당 박병일 후보는 "의령사건처럼 엄청난 사건이 발생했는데도 누구 하나 책임지는 사람이 없다"며 민정당은 책임 안 지는 정당이라고 공격했다.

8대와 11대 총선에서 낙선하여 "이번에 떨어지면 만경강에 몸을 던지겠다"고 결심하며 동정여론을 불러일으키고 있는 김득수 후보는 "민정당의 조남조 후보는 중앙일보 출신이니 삼성라이온즈고 이리 토박이인 나는 해태 타이거즈"라며 "삼성과 해태의 대결에서 해태가 압승하도록 해 달라"고 호소했다.

김득수 후보는 "정통야당 골수분자는 그동안 서대문형무소, 경찰서, 유치장을 다섯 번이나 갔다 온 본인"이라고 큰소리를 쳤다.

남성고 동문조직을 활용하고 신민당 때부터 야당을 지켜 온 강점을 살리고 있는 오승엽 후보는 "지난 4년간 김대중씨라는 말한마디도 못한 민한당이 요즘 전단을 뿌리며 귀국을 환영한다고 떠들고 있으니 한심하다"라고 신한민주당의 선명성을 부각시켰다.

지난 총선에서 3만 4천여표 차로 패배한 김득수 후보가 두 번 낙선한데 따른 동정여론과 민한당은 관제야당이며 김대중 지지정당이 아니라는 이반된 민심을 업고 대승을 거두었다.

국민당 김득수 후보가 이리에서 30,624표(35.6%)를 득표하여 1위를 하고 익산에서 민정당 조남조 후보가 23,797표(35.9%)를 득표하여 1위를 하여 사이좋게 동반당선됐다.

황성근, 박경철, 이기훈, 황준규, 이 협 후보들을 제치고 신한민주당 공천을 받은 오승엽 후보는 신당바람을 업고 분전하여 박병일 현역의원을 제압했으나 동정여론을 불러일으킨 김득수 후보를 따라잡을 수는 없었다.

□ 득표상황

후보자	정당	연령	주요 경력	득표(%)

김득수	국민당	46	평통자문위원	50,252 (33.4)
조남조	민정당	46	11대의원(전국구)	46,631 (30.8)
오승엽	신민당	43	전북복싱연맹회장	28,276 (18.8)
박병일	민한당	47	11대의원(지역구)	25,183 (16.8)

<진안 – 무주 – 장수> 두 번 낙선하고 세 번째 출전하여 동정여론을 업고 동분서주했으나 무주에서 유일하게 출전한 김광수 후보에게 618표 차로 무너진 이상옥

지난 11대 총선에서는 육사 4기 출신으로 전북지사, 교통부 장관을 지낸 관록을 바탕으로 무주를 기지로 진안, 장수를 휩쓸어 버린 민정당 황인성 후보를 따라잡기에는 야당 후보들에게는 버거운 과제였다.

진안 출신으로 지난 총선에도 얼굴을 내밀었던 중앙정보부 정치담당관이었던 오상현 후보는 민한당으로, 현대영어사 상무인 이상옥 후보가 민권당으로 출전하여 재격돌했다.

고향인 진안에서는 이상옥 후보가 664표 앞섰지만 제1야당을 내세운 오상현 후보에게 무주와 장수에서 뒤져 919표차로 무너져 국회입성을 다음으로 미루어야 했다.

이번 총선에서 민정당은 황인성 의원을 전국구로 돌리고 전북부지사 출신으로 민정당 전국구 의원에 발탁된 전병우 의원을 내세웠고 지난 총선에서 당선한 민한당 오상현 의원도 재출격했다.

대한교과서 사장 출신으로 9대와 10대 의원이었으나 정치규제에 묶여있다가 해금된 김광수 후보가 국민당 공천으로, 지난 총선에서 아쉽게 패배한 이상옥 후보가 신한민주당 공천으로 출전했다.

유권자 4만여 명인 진안에서는 전병우, 오상현, 이상옥 후보들이 출전했지만 유권자 2만 8천여 명인 무주에서 유일하게 출전한 김광수 후보는 "이 정권이 아무리 자화자찬에 몰두하고 호화로운 공약을 남발해도 이제 속아 넘어갈 유권자는 아무도 없다"고 역설했다.

신한민주당 이상옥 후보는 전병우 후보의 행정력 동원과 금품공세를 비난하며 전 후보는 임실 태생으로 "우리 고장을 어떻게 보고 타지역사람을 공천했느냐"고 지역감정을 유발하자, 전병우 후보는 "진안에 선영이 있다"고 대응했다.

민한당 오상현 후보는 황 의원의 지역구 포기는 김광수와 국교 동창인 전병우 의원이 공천을 받기 위한 작전이었고 진안, 장수, 무주 등 3개 군수가 모두 전병우 후보의 고교, 대학 동문들이라고 비난했다.

10대와 11대 총선에서 낙선하여 동정여론을 불러일으킨 이상옥 후보가 선명야당의 기치를 내걸고 동분서주했으나 무주에서 30% 득표율을 올린 김광수 후보에게 618표차로 또 다시 분루를 삼켜야만 했다.

민정당 전병우 후보가 진안에서는 16,746표(43.8%), 무주에서는 10,159표(40.1%), 장수에서도 10,720표(43.0%)를 득표하여 3개 군을 석권한 가운데 도토리 키재기식 경쟁을 벌인 세 후보가 진안에서는 민한당 오상현 후보가 8,328표(21.8%)로, 무주에서는 국민당 김광수 후보가 7,675표(30.3%)로, 장수에서는 신한민주당 이상옥 후보가 5,243표(21.1%)로 2위를 했으나 무주에서 득표율 30.3%로 가장 높은 김광수 후보가 당선됐다.

☐ 득표상황

후보자	정당	연령	주요 경력	득표(%)
전병우	민정당	53	11대 의원(전국)	37,625 (43.3)
김광수	국민당	59	국회의원(2선)	17,363 (20.0)
이상옥	신민당	34	총선입후보 2회	16,745 (19.3)
오상현	민한당	45	11대 의원(지역구)	15,144 (17.4)

<남원시 – 남원군 – 임실 – 순창> 고향인 임실에서 17,013표(46.2%)를 쓸어 담아 지난 총선에서의 패배를 설욕한 국민당 최용안

10대 총선에서 경쟁하던 설인수(순창), 손주항(임실), 양해준(남원) 후보들이 사라진 11대 총선에선 민정당 양창식, 민한당 이형배(남원), 민권당 김홍필(순창), 국민당 최용안(임실) 후보들이 각축전을 전개했다.

육사 10기 출신으로 예비역 육군준장으로 이리직업훈련원장을 지낸 양창식 후보는 남원 양씨를 주축으로 민정당 조직을 점검하며 남원과 임실을 석권하여 금메달을 차지했다.

순창에서 김홍필 후보는 18,061표(56.6%)를 득표했지만 임실과 남원에서 6,103표에 그쳐 남원에서 19,318표(26.7%)를 득표하고 임실과 순창에서 7,092표를 득표한 민한당 이형배 후보에게 2,246표가 뒤져 아쉽게 금뱃지를 놓쳐 버렸다.

왕유산업대표인 최용안 후보는 승공지도자회 전북지회장인 신정당 양태년 후보의 임실표 잠식으로 당선권에서 멀어졌다.

이번 총선에서는 지난 총선에서 동반당선된 민정당 양창식 의원과 민한당 이형배 의원이 동반당선을 꿈꾸고 있는 상황에서 지난 총선에서 낙선한 최용안 후보는 국민당으로, 경성무역과 신세계개발 대표인 임대호 후보는 신한민주당으로 출전했다.

유권자 8만 1천여 명인 남원시 – 군에서는 양창식, 이형배 후보가, 유권자 4만 5천여 명인 임실에서는 최용안 후보가, 유권자 3만 8천여 명인 순창에서는 임대호 후보가 출전하여 시 – 군별 대항전이 펼쳐졌다.

민정당 중앙집행위원에 선임된 양창식 후보는 군인 출신으로서 위대한 정치지도자인 드골, 워싱턴, 이성계, 왕건 등을 열거하고 "기본적인 역사상식도 없는 사람들이 국회의원을 하겠다고 나선 걸 보니 한심하다"고 야당후보들을 힐난했다.

민한당 중앙상무위원회 부의장에 오른 이형배 후보는 "복지, 정의, 자유신장을 강조했던 이 정권은 농민, 근로자, 서민을 짓밟고 재벌들의 배만 불려준 것 외에 한 일이 무엇이냐"고 공격했다.

지난 총선에서의 패배에 대한 설욕을 다짐한 최용안 후보는 "철없는 민정당원들이 사전에도 없는 평생동지를 만들어 의료보험혜택, 영농 후계자 등을 독점해 자기들끼리만 잘 살아보겠다고 하고 있다"고 민정당을 비난했다.

지난 총선에서 선전한 김홍필 후보를 꺾고 신한민주당 공천을 받고서 순창의 집중적인 지원을 기대한 임대호 후보는 "손주항 선생을 모처에서 끌고가 반죽음을 만들어 놓고 이제와서 복권조차 시키지 않은 현 정권의 포악성을 폭로하고자 내가 대리로 나섰다"고 선명성을 부각시켰다.

예상된 군대항전 보다는 집권여당의 조직이 선거전을 좌지우지하여 민정당 양창식 후보가 남원시에서 15,010표(48.7%), 남원군에서 22,148표(51.1%), 순창에서도 12,786표(39.7%)를 득표하여 1위를 확정지었고 임실에서 17,013표(46.2%)를 쓸어 담은 국민당 최용안 후보가 턱걸이 당선을 이뤄 냈다.

남원시 – 군에서는 민한당 이형배 후보가 9,652표(31.3%), 12,026표(27.7%)를 득표하여 2위를, 순창에서는 신한당 임대호 후보가 11,177표(34.7%)로 2위를 했지만 최용안 후보를 향한 임실의 몰표로 인해 국회등원에 실패했다.

현역의원인 민한당 이형배 후보의 낙선은 민한당의 인기하락과 남원 시 – 군에서 민정당 양창식 후보와의 표의 경쟁에서 밀렸기 때문이었다.

□ 득표상황

후보자	정당	연령	주요 경력	득표(%)
양창식	민정당	54	11대의원(지역구)	60,945 (43.4)
최용안	국민당	44	왕유산업대표	29,839 (21.2)
이형배	민한당	46	11대의원(지역구)	28,254 (20.1)
임대호	신민당	52	경성무역회장	21,513 (15.3)

<정주시 – 정읍군 – 고창> 8대 의원으로 감옥에서, 정치규제로 핍박받은 야당정치인상을 부각시켜 금뱃지를 인계받은 신민주당 유갑종

지역구 조정으로 정읍과 고창이 병합된 11대 총선에선 10대 의원이지만 규제에서 풀려난 정읍 출신인 민한당 김원기 후보와 10대 총선에서 김상흠 위원장과의 앙금으로 463표 차로 낙선한 고창 출신인 민정당 진의종 후보가 지역구를 분점했다.

변절론에 시달린 진의종 후보는 "평생 처음으로 보람과 긍지를 갖고 전북을 대표하는 여당의 중진으로서 마음껏 일해보고자 다시 나왔다"고 변명하며 1위를, 김원기 후보는 유력주자들이 고창 표를 분점하여 정읍에서 37,840표(39.2%)를 득표하였지만 은메달을 차지했다.

공화당 공천으로 10대 의원에 당선되었던 국민당 이호종, 새교육

신문사장으로 재력을 갖춘 무소속 노동채, 육군대령 출신으로 전북신문 논설위원인 조병후 후보들이 진의종 후보와 함께 고창 표를 골고루 나눠가진 것이 승패를 결정지었다.

이번 총선에서는 민정당은 진의종 의원을 전국구 상위순번에 배치하고 제주도경국장, 치안본부 감식과장 출신인 전종천 후보를 내세웠고 민한당은 김원기 의원을 재출전시켰다.

8대의원이었으나 정치규제에 묶였다가 해금된 유갑종 후보가 신민주당을 창당하여 총재가 되어 출전했고, 김대중 대선후보 비서실차장을 지낸 이원배 후보가 신한민주당 공천을 받아 출전했다.

유갑종 후보와 종친으로 동학사상 연구소장인 유종기 후보도 국민당 공천으로 출전했다.

정균환, 은종숙, 유갑종 등 쟁쟁한 후보들을 제치고 이원배 후보는 신한민주당 공천을 받았고 공천에서 밀려난 유갑종 후보는 신민주당을 창당하여 총재가 되어 출전했다.

유권자 11만 8천여 명인 정읍에서는 유종기, 유갑종, 이원배, 김원기 후보들이 선두주자가 되기 위해 혈투를 전개한 상황이지만 유권자 7만 5천여 명인 고창에서는 전종천 후보가 유일하다.

진의종 국무총리로부터 지역구를 물려받고서 33년간 경찰에 봉직한 전종천 후보는 '33년간 고향에 진 빚을 이제 갚을 때"라며 "정읍이 발전이 안 된 것은 그동안 야당이 많이 국회에 나갔기 때문이다"라며 여당인 자신을 지지해 달라고 호소했다.

중앙정치훈련원장으로 선임되어 '지도적 정치인으로 성장'했음을 홍보한 김원기 후보는 '중앙정치는 야당 중 야당, 지역사업은 의원 중 의원'으로 자평하면서 "이제 3선의 문턱에 선 이 사람을 당선시켜 거목이 되게 해 달라"고 호소했다.

8대 의원으로 옥중사진을 돌리며 동정여론을 불러 일으키고 있는 유갑종 후보는 당적을 여러 번 옮겼고 당 공천과정에서 곡절이 있었지만, 그동안 겪었던 옥고내용을 전달하면서 진짜 야당이라고 주장하며 "13년간 변절하지 않고 또 다시 나왔다"고 지지를 호소했다.

김상흠 의원 비서관 출신으로 6천 가구의 전주 이씨의 지지를 기대한 이원배 후보는 정읍 출신이지만 고창에서 정치생활을 했고 처가도 고창이다.

이원배 후보는 "소 키우면 소에서 손해보고 돼지 키우면 돼지에서 손해보게 하는 것이 중농정책이냐"고 정부를 비난했다.

'20년 품어온 꿈'을 펴겠다는 유종기 후보는 "엄동설한에 무슨 시 공식이 많은지 알 수 없다"면서 "동학혁명의 발상지인 정읍에서 나를 뽑아 기적을 낳게 하자"고 호소했다.

8대 의원으로 박정희 정권에서는 옥중에서, 전두환 정권에서는 정치규제로 핍박받은 야당 정치인상을 부각시킨 유갑종 후보가 철옹성을 구축한 김원기 의원으로부터 금뱃지를 인계받았다.

정주시에서는 신민주당 유갑종 후보가 15,160표(36.4%)로 1위를, 민정당 전종천 후보가 정읍과 고창에서 21,711표(35.6%)와 33,060표(53.9%)로 1위를 하여 동반당선됐다.

신한민주당 이원배 후보가 고창에서는 12,045표(19.6%)를 득표하여 2위를 했지만 역부족이었다. 철옹성을 구축한 김원기 후보의 패배는 유갑종 후보가 유신정권, 전두환 정권에서 김원기 후보보다 더 핍박받은 정치인이라는 인식에서 출발했다.

□ 득표상황

후보자	정당	연령	주요 경력	득표(%)
전종천	민정당	58	제주경찰국장	68,248 (42.4)
유갑종	신민주당	52	8대의원	37,688 (23.4)
김원기	민한당	47	11대의원(2선)	26,449 (16.4)
이원배	신민당	52	대선후보비서실차장	26,314 (16.4)
유종기	국민당	46	동학사상연구소장	2,212 (1.4)

<김제 - 부안> 동진강을 사이에 둔 군별대항전에서 부안 유권자들이 민정당 조상래 후보에 대한 집중적인 투표로 김제출신들이 독식을

지역구 조정으로 김제와 부안이 병합된 11대 총선에선 민정당은 통대의원 출신으로 동일유업 대표인 조상래 후보를, 민한당은 동아일보 기자 출신으로 20년간 언론계에 몸 담아 온 김진배 후보를, 민권당은 장경순 의원 비서 출신으로 서해방송 보도국장인 최낙도

후보를 공천했다.

1만 1천여 명의 당원, 남성고 동문조직을 활용하여 과묵하고 성실한 젊은 사업가라는 홍보에 열중한 조상래 후보와 "다 된거나 진배없다"며 부안농고 동문조직을 묶은 김진배 후보가 동반당선됐다.

조상래 후보와 한 동네로 통대의원 출신인 민농당 이창열, 전북도지사를 지낸 국민당 이존일 후보들이 최낙도 후보의 뒷덜미를 잡아 챈 결과이기도 했다.

이번 총선에서는 지난 총선에서 동반 당선된 민정당 조상래 의원과 민한당 김진배 의원이 재선의 꿈에 부풀어 있는 상황에서 지난 총선에서 동메달로 석패한 최낙도 후보가 신한민주당 공천으로, 반공연맹 김제지부장으로 지난 총선에 민농당으로 출전했던 이창열 후보가 근로농민당으로 재도전했다.

전북도의원 출신으로 10대 의원에 당선됐던 박용기 후보가 국민당 공천으로 고토회복에 나섰다.

동진강을 사이에 두고 배타성이 유별난 이 지역에서는 유권자 11만여 명인 김제에서는 최낙도, 이창열, 조상래 후보가, 유권자 7만 2천여 명인 부안에서는 박용기, 김진배 후보가 출전했다.

도정공장과 식용유 회사를 갖고 있는 조상래 후보는 공천교체설 터널에서 벗어나 515명의 학생에게 7천만원의 장학금을 지급한 실적을 널리 홍보했다.

조상래 후보는 "김제가 큰 인물을 많이 냈지만 일할 수 있는 여당이 적어 그동안 발전이 다소 느렸다"고 주장했다.

활발했던 원내활동을 발판으로 '부안 최초의 야당의원'이라는 인물론을 펼치고 있는 김진배 후보는 "민심을 떠난 정권에는 국민들이 철퇴를 가해야 하며 철퇴는 몽둥이 아닌 유권자의 표로도 충분하다"면서 김해 김씨 종중을 파고들었다.

범박 씨족기반을 갖고 도정업 및 부동산으로 쌓은 월등한 재력을 활용하고 있는 박용기 후보는 "현행제도로 평화로운 정권교체가 실제로 이루어질 것으로 믿는 국민은 없다"면서 평화적 정권교체의 허상을 폭로했다.

전주 최씨의 기반과 교회지지에 기대를 걸고 있는 최낙도 후보는 "국회는 민정당 대학교로 전락했으며 민정당은 아무나 그 간판만 걸고 나오면 당선된다는 궤변을 펴고 있다"면서 "70이 다 된 분이 돈이 많으면 장학사업이나 하지 물 쓰듯 돈을 뿌린다" "국회에 보내 놓으니 번번히 발언 한 번 못하더라"고 박용기, 조상래 후보들을 비난했다.

조상래 의원과 같은면 같은리에서 도정업도 같이 하고 있는 이창열 후보는 부지런함을 바탕으로 진정한 농민의 일꾼임을 홍보했다.

김제에서는 최낙도(34,776표), 조상래(25,707표), 이창열(20,728표) 후보 순이고 부안에서는 김진배(17,834표), 조상래(15,079표), 박용기(11,104표)로 부안 유권자들의 집권여당에 대한 지지로 승패가 엇갈렸다.

김제에서는 신한민주당 최낙도 후보가 34,776표(36.0%)를 득표하여 1위를, 부안에서는 민한당 김진배 후보가 17,834표(30.2%)를 득표하여 1위를 차지해 동반당선을 기대했다.

그러나 민정당 조상래 후보가 김제에서는 25,707표(26.6%), 부안에서는 15,079표(25.5%)로 2위를 했지만 부안에서 1위를 한 김진배 후보를 밀쳐내고 국회에 등원했다.

오석균, 최재규, 홍순철, 조찬옥, 최규정 후보들을 따돌리고 신한민주당 공천을 받은 최낙도 후보는 공화당 장경순 의원 비서라는 전력을 잠재우고 동정여론을 일으켜 승리할 수 있었다.

□ 득표상황

후보자	정당	연령	주요 경력	득표(%)
최낙도	신민당	47	JC전북지회장	41,780 (27.3)
조상래	민정당	48	11대의원(지역구)	40,786 (26.6)
이창열	농민당	54	반공연맹지부장	27,697 (18.1)
김진배	민한당	50	11대의원(지역구)	23,478 (15.3)
박용기	국민당	65	10대의원	19,342 (12.7)

전라남도

<광주 동 - 북> 재선의원으로 정치규제에 묶였다가 해금되자 민한당 현역의원을 밀쳐 내고 공천을 받았으나 김대중 바람으로 나락으로 떨어진 이필선

광주가 동 – 북, 서구로 분구된 11대 총선에는 우후죽순처럼 12명의 후보가 난립했다가 광주사태 때 31사단장이었던 무소속 정웅 후보가 사퇴했다.

전남매일신문 사장인 민정당 심상우 후보는 비교적 폭넓은 지면과 여당기간조직을 활용하면서 '한 사람은 지역발전, 한 사람은 정권교체'를 구호로 내걸고 광주일고 동문조직을 파고들어 지역정서를 극복하고 금메달을 확정지었다.

전남매일신문 부주필인 민한당 임재정 후보는 야당성을 부각시키며 '의리의 사나이 임꺽정'을 내세워 선명논쟁을 잠재우고 은메달을 목에 걸었다.

통대의원 출신으로 대한건설 대표인 민권당 김옥천, 신민당 중앙위원 출신인 신정당 정재필, 통대의원 출신으로 대륙개발 대표인 무소속 손경석, 독립유공자 유족회 전남도지회장인 민사당 양덕승, "광주시민의 긍지가 정당한 평가를 받아야 한다"고 절규한 국민당 조영석 후보들이 "유니폼을 입었다고 모두 운동선수가 아닌 것처럼 야당 모자를 썼다고 다 야당인이 아니다"며 추격전을 전개했으나 제1야당의 옹벽에 모두 주저앉았다.

이번 총선에서 민정당은 고인이 된 심상우 의원을 대신하여 광주고 동창회장으로 10대와 11대 의원을 지낸 고귀남 전국구 의원을 내세웠고 민한당은 임재정 의원을 5대와 10대 의원을 역임한 이필선 후보로 교체했다.

민한당과 신한민주당에서 배제된 임재정 의원이 무소속으로 도전하고 연방관광 대표인 안광양 후보는 신정사회당으로, 정치신인인 김병수 후보는 자유민족당으로 등록했다.

광주지법 판사 출신으로 인권변호사로 명성을 얻은 신기하 후보가 신한민주당 공천을 받고 혜성처럼 나타나 선명야당의 기치를 휘날렸다.

버마에서 순직한 심상우 의원의 광주고 동창회장후임으로, 호인으로 정평이 나 있는 고귀남 후보는 "구멍가게를 하면서 대학에 다녀 봤기 때문에 가난이 무엇인지를 잘 안다"며 자신의 개인적 이미지 부각에 심혈을 기울였다.

'진짜 뿌리 있는 야당인'임을 내세우며 10대 때 금메달 실력을 자랑으로 삼고 있는 이필선 후보는 "정권에 앞장섰던 일이 있는 사람이라면 갑자기 야당을 할 수 있느냐"고 신기하 후보를 공격하고서 "민한당을 낮에는 야당, 밤에는 여당이라는데 자기가 언제 정치를 해 봤다고 이따위 수작을 해"라면서 "이 이필선을 정상배라고 했는데 정치규제에 묶였던 사람을 정상배라고 하는 그 사람이 바로 정상배"라고 신기하 후보에게 반격했다.

현역의원인 임재정, 무등산관광호텔 대표인 김옥천, 지역에 뿌리를 내린 김재균 후보들을 꺾고 민한당 공천을 받은 이필선 후보는 "광주시민이 무슨 죄가 있느냐, 얼마나 땅을 칠 일이냐"면서 "민한당에는 과거 신민당 동료의원들이 많이 있고 여당의 독재에 투쟁할 곳은 제1야당뿐이다"라고 생각했다면서 민한당 입당이유를 밝혔다.

민한당의 공천탈락을 자신의 투사 이미지 부각에 활용하고 있는 임재정 후보는 광주를 의식해서 국회에서 할 말을 다 했기 때문에 민한당 공천에서 탈락했다면서 자신은 하나님의 공천장, 광주 시민의 공천장을 받고 나왔다고 기염을 토했다.

임재정 후보는 "현 정권이 나팔부는 민주, 정의, 복지는 집권자만의 민주, 강한자만의 정의, 있는자만의 복지"라고 주장하며 2백명이 안 되는 재벌들의 재산만 눈덩이처럼 키워 준 재벌공화국이라고 규탄했다. 임 후보는 "하루아침에 급조된 민주 투사" "광주문제를 정치적으로 악용하는 나쁜 후보자"라고 신기하 후보를 비판하고 "김대중 선생을 함부로 팔지 말라"고 절규했다.

광주일고, 전남대 출신으로 민추협 운영위원인 신기하 후보는 전남대 화염병사건 관련 구속 학생과 민정당사 농성학생 변호인으로 지명도를 높혀왔다.

신기하 후보는 5·18 유족회 전계량 회장이 선거사무장이라고 홍보하면서 "인생의 황혼길에 들어선 분이 나를 모략하는데 나는 그분을 라이벌로 생각지 않는다"면서 "이필선 후보가 김대중 선생을 만나고 싶어 한다면 우리 전세버스에 함께 타고 서울에 갈 수 있도록 하겠다"고 비아냥댔다.

"아 무등산이여, 귀여운 딸년은 어디서 입을 벌리고 누워 있나"라며 광주사태를 상기시킨 신기하 후보는 "11대 선거에서 민정당에 금메달을, 그 정권에서 시녀 노릇을 하는 2중대원에게 은메달을 준 것을 보고 광주시민은 뼈도 없고 간도 없느냐는 말을 하는 사람이 있더라"며 "이번에도 그럴 것이냐"고 청중들을 휘어잡았다.

"기성정치인들은 심산유곡에 가서 참회해도 모자란 사람들"이라고 비난한 자유민족당 김병수 후보는 "광주의 한을 밝히지 못하면 할

복자살하여 망원동 묘지에 함께 묻히겠다"면서 "광주는 한국민주주의의 성지"라고 선언했다.

신정사회당 안광양 후보는 "민주역적도 정의를 표방하고 어용정치인도 김대중 선생을 이용하는 이 마당이 통탄스럽다"면서 "김대중 선생은 45억 전 인류가 존경하는 분이니 버릇없이 외판원하지 말라"고 경고했다. 안 후보는 "사이비 정치인이 왜 김대중 선생을 팔아먹어"라고 소리치며 김대중씨와 신기하 후보의 사진을 나란히 실는 유인물을 찢어 던지기도 했다.

김대중이 선거판을 주도한 선거전에서 김대중이 신한민주당을 음성적으로 지원하고 있다는 입소문 하나로 신기하 후보는 욱일 승천했고 재선의원으로 정치규제에 묶였다가 해금되자 민한당을 선택한 이필선 후보는 나락으로 떨어졌다.

광주항쟁이 선거전을 주도한 가운데에서도 민정당의 조직을 활용한 고귀남 후보가 정치규제에도 풀려나자 민한당을 선택한 이필선 후보를 꺾고 은메달을 목에 걸었다.

□ 득표상황

후보자	정당	연령	주요 경력	득표(%)
신기하	신민당	43	광주지법 판사	96,449 (44.2)
고귀남	민정당	51	11대의원(2선)	60,680 (27.8)
이필선	민한당	54	국회의원(2선)	39,175 (18.0)
임재정	무소속	53	11대의원(지역구)	17,530 (8.0)
안광양	사회당	40	연방관광 대표	2,711 (1.2)

| 김병수 | 민족당 | 36 | 당 선전부장 | 1,683 (0.8) |

<광주 서구> 광주사태, 김대중이 선거전을 주도한 선거에서 선명 야당의 기치를 내걸고 대승을 거둔 신한민주당 김녹영

지난 11대 총선에서 이 지역구는 전남도 기획관리실장, 광주시장을 역임하다가 통대의원에 당선되고 입법의원에 발탁된 민정당 박윤종 후보는 그동안 원만한 대인관계를 바탕으로 조직확대에 심혈을 기울였으나 광주시민의 불만과 대정부 소외감으로 은메달에 머물렀고, 대한곡물협회 전남도회장으로 "광주 없는 야당은 없다"면서 제1야당의 후보임을 내세우며 만만치 않은 재력을 활용한 민한당 지정도 후보가 금메달을 차지했다.

전남도 약사회장으로 10여년 동안 지역구에 나름대로 쏟은 정성에 기댄 민권당 최인영 후보가 공화당 부위원장인 경력이, 서광주로타리클럽 회장인 신정당 서정민 후보는 통대의원 출신인 경력이 발목을 잡아 추격에 한계를 보였다.

이번 총선에서 민정당은 박윤종 의원을 전국구 의원으로 배려하고 중앙정치 연수원장인 이영일 의원으로 교체했고, 민한당은 지난 총선에서 당선된 지정도 의원을 재출격 시켰다.

3선의원으로 통일당 총재 권한대행으로 활약한 김녹영 후보가 해금되어 신한민주당 공천으로, 전남도 약사회장인 최인영 후보가 지난 총선에 이어 민권당으로, 신민당 광주시당 조직부장이었던 신금남 후보가 신민주당으로 출전했다.

평통 자문위원인 김판종 후보와 김대중 비서 출신으로 통일당 노동국장을 지낸 박광태 후보들이 무소속으로 도전했다.

광주일고, 서울대 출신에 달변으로 광주정서를 극복하고 있는 이영일 후보는 통일원 연수소장, 당 정치연수원장을 지냈으며 "5공화국 정부가 어떤 정치적 명분을 내걸더라도 광주문제의 해결을 서두르지 않는 한 진정한 국민통합은 없다"고 되풀이했다.

믿을 만한 당원이 5천명이라는 것이 강점이며, 재력이 있어 활동에 불편이 없다는 지정도 후보는 11대 총선 때 금메달을 확보하고 광주시 의원, 통대의원 선거의 경험을 살리면서 "중앙에서 서열 50위, 1백위 이하인 사람이 나 아니면 지역개발이 안 된다고 외치니 가소롭다"고 이영일 후보를 비난했다.

선명야당의 길을 김대중과의 연결로 지어지는 세평을 딛고 광주인의 심정에 호소하고 있는 김녹영 후보는 "김대중씨 귀국을 환영하러 가기 위해 버스를 전세 냈는데 어느 쪽 사람들이 압력을 넣어 취소됐다"면서 "광주사태가 폭동이냐, 의거냐"고 질문하며 광주사태를 활용했다.

신한민주당 공천문을 두드렸으나 좌절되자 다시 민권당으로 출전한 최인영 후보는 "민정당은 민주주의를 정지시킨 무리들이 모인 민정당(民停黨)"이라면서 "광주사태를 국회의원 당선의 무기로 삼는 후보자는 시민이 용서치 않을 것"이라고 경고했다.

광주사태, 김대중이 선거전을 주도한 선거에서 신한민주당 김녹영 후보가 대승을 거두었고 민정당의 조직과 풍부한 자금을 동원한 이영일 후보가 광주정서를 극복하고 턱걸이 당선을 이뤄냈다.

오치갑, 신금남, 최인영 후보들을 꺾고 신한민주당 공천을 받은 김녹영 후보는 4선의원 반열에 올랐고 지난 11대 총선에서 당선된 심상우, 임재정, 박윤종, 지정도 후보들의 국회 재당선은 유고와 낙천, 낙선으로 기대하기 어려웠다.

□ 득표상황

후보자	정당	연령	주요 경력	득표(%)
김녹영	신민당	60	국회의원(3선)	78,458 (49.4)
이영일	민정당	45	11대의원(전국구)	44,837 (28.2)
지정도	민한당	59	11대의원(지역구)	18,800 (11.8)
최인영	민권당	52	전남약사회장	7,992 (5.0)
박광태	무소속	41	김대중선생 비서	6,760 (4,3)
김판종	무소속	42	평통 자문위원	1,142 (0.7)
신금남	신민주당	38	신민당 광주조직부장	943 (0.6)

<목포 - 무안 - 신안> 민정당 정책위부위원장, 민한당 원내총무로 철옹성을 구축하며 10대, 11대에 이어 이번 총선에도 동반당선된 최영철과 임종기

11대 총선에서는 10대 총선에 당선된 최영철, 임종기 의원이 오롯이 살아남은 이 지역구는 최영철 의원은 민정당으로, 임종기 의원은 민한당으로 출전하여 철옹성을 구축했다.

최영철 후보는 "나를 변절자라고 하지만 여당에서 여당으로 옮긴 것이 무슨 변절이냐"고 변명하며 금메달을 지켜냈고, 임종기 후보는 무안에서 17,394표(38.7%)를 쓸어 담아 행운의 동반당선을 이뤄냈다.

목포시의원 출신으로 공화당 지구당사무국장을 지낸 무소속 서신배, 신한산업 대표인 국민당 장두석, 민권당민이 선명야당이라고 부르짖으며 목포의 야세에 기댄 유경현 후보들의 추격은 추격에 머물렀다.

이번 총선에도 민정당 최영철 의원과 민한당 임종기 의원이 4선을 위해 철옹성을 구축한 상황에서 지난 총선에도 출전하여 선명야당 기치를 내걸었으나 낙선한 유경현 후보가 신한민주당 공천을 받고 재도전했다.

유권자들에게 많은 편지를 보냈을 정도로 근면한 민한당 임종기 후보는 "금메달을 한번 따 보자"며 제1야당 총무로서 은메달의 고충을 털어 놓았다.

김대중과 국민학교, 고등학교에서 1, 2등을 다투던 시절의 얘기로 김대중과의 인연을 강조한 임종기 후보는 "추석이나 구정 때 경부선은 자가용 승용차가 많은데 호남지방으로 가는 차는 공원들의 회사 버스가 많다"면서 "전라도 사람들이 그만큼 살기가 어렵기 때문인 것 아니냐"고 영호남의 지역차별정책을 비난했다.

동양신약 대표로서 지난 총선에는 민권당 공천으로 출전하여 낙선했고 민권당 정책위의장으로 활약했지만 신한민주당으로 옮긴 유경현 후보는 신안에서 당선된 정판국 전 의원의 불출마로 단일화를 이뤄 최영철, 임종기의 철옹성에 도전했으나 역부족이었다.

관록과 청렴을 내세우며 '큰 인물 키워서 황소처럼 부려보자'를 구호로 내 건 최영철 후보는 섬 지역의 전기사정을 해결하기 위해 노력했다는 실적도 홍보하면서 "이번에 당선되면 4선 의원으로 호남지방에선 4선 의원이 혼자 뿐"이라면서 "큰 재목으로 목포의 영화를 되찾겠다"고 지지를 호소했다.

최영철 후보는 "홍싸리껍데기 같은 의원 키우지 말고 비삼봉 같은 국회의원을 키워달라"면서 목포 최초의 4선의원을 만들어 달라고 거듭 호소했다.

목포에서는 신한민주당 유경현 후보가 38,460표(36.3%), 무안에서는 민한당 임종기 후보가 20,892표(42.1%), 신안에서는 민정당 최영철 후보가 25,661표(48.8%)로 1위를 했지만 득표율에서 48.8%인 최영철 후보와 42.1%인 임종기 후보가 동반당선됐다.

양정목, 이영우, 박종원, 정안용, 이재원 후보들을 꺾고 신한민주당 공천을 받은 유경현 후보는 야멸차게 재도전했으나 최영철, 임종기의 쌍벽을 무너뜨리기에는 역부족이었다.

□ 득표상황

후보자	정당	연령	주요 경력	득표(%)

최영철	민정당	49	11대의원(3선)	75,877 (37.2)
임종기	민한당	58	11대의원(3선)	67,830 (33.3)
유경현	신민당	46	동양신약 대표	60,034 (29.5)

<여수 – 광양 – 여천> 민정당의 조직을 활용한 김재호, 특유의 달변가인 신한민주당 신순범 후보가 수성에 성공

10대 총선 때 당선됐던 이도선, 박병효 의원들이 출전하지 못한 11대 총선에선 9대와 10대 총선에 출전하여 아쉽게 동메달로 낙선한 안민당 신순범 후보가 타고난 연설 솜씨로 유세장을 휘어잡고 "돈 없으나 키워주자"는 여론을 등에 업고 금메달을 차지했다.

여천군수, 여수시장을 지낸 민정당 김재호 후보는 지난 몇 년간 지역사회에 공을 들여온 데다 당 조직을 활용하여 '정직하고 성실한 서민 정치인'을 홍보하여 은메달을 확보했다.

통대의원 출신으로 반공연맹지부장인 국민당 주인철 후보가 여천에서, 여순산업신보사장인 무소속 김충조 후보는 여수에서, 중앙정보부 안보 담당관이었던 신정당 김형주 후보는 광양에서 각각 2위를 확보했다.

서울법대 졸업, 행정고시 합격, 해동화재 대표 등 화려한 학력과 경력을 자랑하는 민한당 심의석 후보는 강한 야세의 전통을 가진 지역적 특수성으로 강세가 예상됐으나 지역적 뿌리가 부실하여 소

기의 성과를 거두지 못했다.

지난 총선에서 동반당선된 민정당 김재호 의원과 인민당으로 당선 됐지만 신한민주당으로 옮긴 신순범 의원이 재선의 발판을 구축한 가운데, 지난 총선에선 신정당으로 출전했던 김형주 후보는 국민당으로, 민한당으로 출전했던 심의석 후보는 무소속으로, 무소속으로 출전했던 김충조 후보는 근로농민당으로 재도전했다.

고흥군수, 여수시장, 목포시장을 역임한 김선규 후보가 무소속으로, 사단법인 4·19 동지회 중앙회장 출신으로 민한당 전국구 의원으로 발탁된 이홍배 후보도 민한당으로 출전하여 7명의 후보들이 난립됐다.

민정당 김재호 후보는 "금메달이 아니면 차라리 낙선"이라는 비장한 각오로 동분서주하며 돌산연육교 준공의 업적을 홍보하면서 특유의 근면성과 서민에게 어필하는 이미지를 부각시키고 있다.

여수토박이 이홍배 후보는 부인도 여수 여중·고 출신으로 내조에 힘을 얻고 있으나 전국구 의원으로 지역에 뿌리가 미약한 것이 극복할 과제이다.

민정당의 조직을 활용한 김재호 후보와 김충조, 김용일을 공천경쟁에서 따돌린 특유의 달변가인 신순범 후보가 군웅들의 도전을 물리치고 재선고지를 점령했다.

유권자가 가장 많은 여수에서는 신순범, 김충조, 김재호 후보 순이었고 여천에서는 김재호, 신순범, 김충조 후보 순이었다.

김충조 후보의 선전이 돋보였으나 광양에서의 득표력이 미약하여 도전에 머물렀다.

여수에서 18,601표(22.6%)로 1위를 한 신한민주당 신순범 후보와 광양에서 19,068표(49.3%), 여천에서 19,293표(28.3%)로 1위를 한 민정당 김재호 후보가 동반당선됐다.

여수에서는 근로농민당 김충조 후보가 18,523표(22.5%)로, 광양에서는 국민당 김형주 후보가 11,118표(28.8%)로 2위를 했지만 다른 시·군에서 부진하여 패배했다.

□ 득표상황

후보자	정당	연령	주요 경력	득표(%)
김재호	민정당	54	11대의원(지역구)	56,624 (30.4)
신순범	신민당	51	11대의원(지역구)	40,685 (21.9)
김충조	농민당	42	당 부총재	26,357 (14.2)
김선규	무소속	48	여수시장	21,084 (11.3)
이홍배	민한당	48	11대의원(전국구)	19,769 (10.6)
김형주	국민당	44	새마을연수원 교수	14,331 (7.7)
심의석	무소속	47	해동화재 사장	7,245 (3.9)

<순천 - 구례 - 승주> 박용구, 박강근 후보의 비난과 조연하 전 의원의 지역구 이적으로 메달의 색깔이 바뀐 허경만과 유경현

지난 10대 총선 때 금, 은, 동메달을 목에 걸었던 세 후보가 11대 총선에서도 정당명만을 바꿔 출전한 이색지구로 공화당 유경현 후보는 민정당으로, 신민당 허경만 후보는 민한당으로, 무소속 조규순 후보는 국민당으로 출전했다.

"여당의 독주를 막아야 한다"는 허경만 후보가 순천의 야세와 순천고 동문, 가락종친회를 파고들어 금메달을 차지했고, "인재를 뽑아 지역발전, 인물 키워 지역발전"을 외친 유경현 후보가 구례 유권자들의 도움으로 524표 차로 진땀승을 거뒀다.

옥천 조씨 문중을 기반으로 9대와 10대 총선에 출전하여 3위로 낙선한 조규순 후보는 "마지막 소원이니 한 번만 밀어 달라"며 동정표에도 호소해 봤지만 구례에서의 뿌리가 흔들려 정계를 은퇴할 수밖에 없었다.

10대 총선에 이어 11대 총선에서도 동반당선된 민정당 유경현 의원과 민한당에서 신한민주당으로 옮긴 허경만 의원이 3연속 동반당선을 꿈꾸고 있는 상황에서 두 번이나 아슬아슬하게 금뱃지를 놓친 국민당 조규순 후보가 마지막 투혼을 살리고자 노익장을 과시하며 도전했다.

동국대총학생회장 출신인 박용구 후보가 허경만 의원이 버리고 간 민한당 공천장을 주워들었고, 신민당 중앙상무위원이었고 민추협 운영위원인 박강근 후보도 근로농민당 공천으로 출전했다.

110표차 메달경쟁에서 패배한 유경현 후보는 "금메달을 주어 큰 심부름을 시켜 달라"라는 구호를 내걸고 당선이 아닌 금메달 경쟁에 뛰어들었다.

민한당을 탈당하고 신당 가담의 동기를 설명하는 유인물을 배포하여 선명의 길을 걷고 있음을 부각시키고 있는 허경만 후보는 조연하 전 의원이 선거구를 서울 구로구로 이적하여 옥천 조씨 문중의 향배가 승패를 좌우할 것으로 보고 신경을 곤두세우고 있다.

524표차 낙선에 울고 있는 조규순 후보는 4천 5백 가구의 옥천 조씨의 전폭적인 지지를 기대하며 세진관광대표로서의 재력을 쏟아부으며 '이제 인생의 마지막 길'이라는 동정심에 호소하고 있다.

국민당 조규순 후보는 "안타까운 이 사람을 버리지 말고 마지막이자 처음으로 국회에 보내달라"고 노한(老恨)을 달래며 읍소했다.

민한당 박용구 후보는 "허경만 후보는 민한당을 만든 장본인"으로 자신이 만든 정당을 팽개치고 다른 당으로 옮겨 갔다고 비난했고, 박강근 후보는 "허경만 후보가 검사에서 물러난 것은 여수의 밀수왕 허 모씨와의 관련 때문"이라고 허경만 후보 비난에 맞장구 쳤다.

지난 총선과 달리 선명야당의 기치를 내걸었으나 메달의 색깔이 바뀐 것은 박용구, 박강근 후보들의 비난보다 조연하 전 의원의 지역구 이적에 따른 옥천 조씨들의 이탈이 많았기 때문이다.

민정당 유경현 후보가 순천은 물론 구례, 승주까지 석권하여 부동의 1위를 차지한 반면 순천에서 18,592표(31.6%)를 득표한 신한민주당 허경만 후보가 승주에서 15,246표(29.2%)를 득표하여 2위를 한 국민당 조규순 후보를 간발의 차로 따돌리고 국회 재입성에 성공했다.

국민당 조규순 후보는 승주에서는 허경만 후보를 2,832표 앞섰으나 순천에서 3,441표, 구례에서 1,101표 뒤져 통한의 3연패(三連敗)를 당했다.

□ 득표상황

후보자	정당	연령	주요 경력	득표(%)
유경현	민정당	45	11대의원(2선)	47,963 (35.6)
허경만	신민당	46	11대의원(2선)	38,217 (28.4)
조규순	국민당	67	순천상공회의소장	36,507 (27.1)
박용구	민한당	55	동국대총학생회장	6,251 (4.7)
박강근	농민당	42	민추협 운영위원	5,652 (4.2)

<금성 – 광산 – 나주> 신한민주당은 광산 출신 김면중, 박병용 후보를 복수공천하여 나주 출신들 당선의 도우미로 전락시켜

지난 11대 총선에서는 여야가 뒤바뀐 전직의원들의 대결이 이루어져 세간의 주목을 받았다.

서울지법 판사출신인 민정당 나석호 후보는 신민당 공천으로 8대 총선 때 당선됐으나 정치적 방황을 거쳐 이번 총선에는 집권여당인 민정당 후보로 출전하여 "옷걸이는 좋은데 입은 옷이"라는 따가운 여론의 눈총을 받았다.

농림부 농정국장, 수산청 어정국장을 섭렵한 국민당 한갑수 후보는 지난 10대 총선에서는 공화당 공천에서 탈락하자 무소속으로 출전하여 169표 차로 당선됐다가 정치적 방황을 하다가 이번 총선에는 야당으로 변신했다.

'새 술은 새 부대에' '나를 활용하여 이 지역을 발전시키라'고 호소한 나석호 후보는 4·19 혁명동지회 초대회장을 지냈으나 공화당 의원 비서관으로 활동하다가 이번 총선에는 민한당 공천을 받고 자신이 운영하는 금성학원을 기반으로 함평 이씨 문중과 젊은 층을 공략한 이재근 후보와 동반당선됐다.

광산 김씨 문중을 중심으로 광산표 몰이에 나선 반도건설 대표인 민권당 김면중 후보는 '나주군 광산면을 면하자'는 지역정서를 자극하여 광산에서는 19,317표(35.7%)는 쓸어담았으나 나주에서 저조하여 청주 한씨 문중을 파고 든 한갑수 후보에게 3위 자리마저 물러 주고 4위로 밀려났다.

사회당 김정길 후보도 통대의원 출신으로 토박이 일꾼론을 내세워 선거판도에 영향을 미칠 수 있는 복병 역할을 했다.

이번 총선에선 지난 총선에서 동반 당선된 서울고법 판사 출신인 민정당 나석호, 황등산업 대표로 재력을 구비한 민한당 이재근 후보가 다시 동반당선의 아성을 구축했다.

신한민주당은 민권당 사무총장 출신으로 지난 총선에 민권당으로 출전하여 낙선한 김면중 후보와 신민당 중앙상무위원으로 상당한 재력을 자랑한 박병용 후보를 복수공천하는 대우(大愚)를 저질렀다.

정치적 야망을 가진 정치신인인 김장곤 후보는 신정사회당으로,

정병인 후보는 국민당으로 출전했다.

유권자 10만 1천여 명인 금성 – 나주에서는 이재근, 나석호, 김장곤 후보들이 출전했고 유권자 7만 7천여 명인 광산에서는 박병용, 김면중, 정병인 후보들이 출전하여 3대 3 균형을 이뤘다.

야권에서 변신 때문에 부담을 가지고 있는 나석호 후보는 민정당 정책위의장, 전남도지부장으로서 '호남의 대표 인물'임을 유권자들에게 부각시켰다.

금성중·종합고교 이사장의 기반과 재력을 구비한 이재근 후보는 10대 총선 때 169표 차로 낙선한 조홍규의 입당과 지원으로 천군만마를 얻었으며 1천 8백 가구의 함평 이씨 문중을 파고들었다.

'뿌리 있는 야당인'을 내세운 신정사회당 김장곤 후보와 신한민주당 김면중 후보들이 동분서주했으나 군소정당 후보로서의 한계와 복수공천의 함정으로 당선권에서 멀여졌다.

김면중, 박병용 후보의 득표는 4만 5천여 표로 당선한 이재근 후보보다 무려 1만 3천표가 많아 당선권을 넘어섰고 특히 광산에서만 두 후보는 34,345표 득표하여 아쉬움만을 남겼다.

금성시에서는 민정당 나석호 후보가 10,891표(37.6%)로, 나주에서는 민한당 이재근 후보가 16,861표(28.9%)로, 광산에서는 신한민주당 김면중 후보가 19,301표(31.0%)로 1위를 했지만 김면중 후보는 나주와 금성에서 3,964표 득표에 머물러 당선권에서 멀여졌다.

적지인 광산에서는 나석호 후보는 13,366표를, 이재근 후보는 8,833표를 득표하여 순위를 확정지었다.

□ 득표상황

후보자	정당	연령	주요 경력	득표(%)
나석호	민정당	50	11대의원(2선)	39,944 (27.2)
이재근	민한당	47	11대의원(지역구)	32,081 (21.8)
김장곤	사회당	46	당 도지부장	25,769 (17.5)
김면중	신민당	47	민권당 사무총장	23,265 (15.8)
박병용	신민당	49	신민당 중앙상무위원	22,013 (15.0)
정병인	국민당	42	지구당위원장	3,977 (2.7)

<담양 - 곡성 - 화순> '참신한 새 인물' '정통야당의 기둥'이라는 기치를 내걸고 동반 당선된 민정당 구용상과 민한당 고재청

담양(민한당 고재청), 곡성(민정당 정래혁), 화순(국민당 윤형호)의 대표 주자들이 각축전을 벌인 11대 총선에서 국방부 장관, 입법회의 부의장을 지낸 경력을 내세우며 "기필코 압도적인 당선을 해야 체면이 서겠다"는 정래혁 후보와 입법의원으로 기사회생하여 "국회에 들어가면 원내 총무로 활약하겠으며 4년 내에 기필코 당수 되겠다"는 고재청 후보가 동반 당선됐다.

통대의원 출신으로 "이 선거구에는 입법의원 2명과 진짜야당 1명이 나왔다"고 야당후보임을 주장한 윤형호 후보는 화순에서는 압도적인 1위를 했지만 담양과 곡성에서 저조하여 동메달에 머물렀다.

이번 총선에서 민정당은 정래혁 의원이 낙마하자 광주시장, 전남 부지사를 역임한 화순 출신 구용상 후보를 내세웠고, 국회부의장으로 중무장된 민한당 고재청 의원이 4선고지를 향해 전진했다.

지난 총선 때 화순을 대표하여 출전했던 윤형호 후보가 국민당 공천으로 재출격했고 민권당 조직국장인 김사석 후보, 감사원 감사관 출신으로 재경전남학우회장인 전천수 후보, 동아일보 기자 출신인 박영옥 후보, 전남도 4H 연합회장인 김정권 후보, 통일당 지구당위원장 출신인 양동희 후보, 전남도의원 출신인 임춘성 후보들이 정당공천을 받고 출전하여 난립했다.

유권자 5만 9천인 화순에서는 민정당 구용상, 국민당 윤형호, 자유민족당 양동희 후보들이, 유권자 5만 2천여 명인 담양에서는 민한당 고재청, 민권당 김사석, 신한민주당 전천수, 신민주당 박영옥, 근로농민당 김정권 후보들이, 유권자 3만 9천여 명인 곡성에서는 신정사회당 임춘성 후보가 유일하게 출전했다.

전남 북부의 농촌 지역에서 '참신한 새인물' 이미지로 지역을 누빈 집권여당인 민정당의 구용상 후보와 국회부의장을 지낸 '정통야당의 기둥'이라는 캐치프레이즈를 내건 민한당 고재청 후보의 동반당선을 막아서기에는 지명도와 관록, 재력을 구비한 후보들이 없어 역부족이었다.

민정당 구용상 후보가 화순은 물론, 곡성, 담양까지 석권하여 부동의 1위를 확정한 가운데 담양에서 13,724표(27.7%)를 득표한 민한당 고재청 후보와 화순에서 12,711표(25.4%)를 득표한 국민당 윤형호 후보와의 혈투는 곡성에서 5,796표 대 2,417표로 승리한 고재청 후보의 승리로 돌아갔다.

양동희, 고대석, 정인환 후보들을 꺾고 신한민주당 공천을 받은 전천수 후보는 신당바람의 붐을 조성하지 못했다.

□ 득표상황

후보자	정당	연령	주요 경력	득표(%)
구용상	민정당	49	광주시장	53,528 (40.8)
고재청	민한당	56	11대의원(3선)	24,512 (18.7)
윤형호	국민당	45	통대의원	18,312 (14.0)
전천수	신민당	53	감사원 감사관	16,815 (12.8)
양동희	민족당	45	당 노동위원장	6,159 (4.7)
임춘성	사회당	54	민주당 전남사무국장	5,690 (4.3)
김정권	농민당	41	4H 전남연합회장	2,391 (1.8)
박영옥	신민주당	43	동아일보 기자	2,150 (1.6)
김사석	민권당	43	당 대표 비서실장	1,657 (1.3)

<보성 - 고흥> 보성과 고흥의 자존심이 걸린 은메달 경쟁은 유준상 후보가 1,662표 차로 신형식 후보를 꺾고 승리

10대 총선에서 힘겨루기를 했던 신형식, 김 수, 이중재 정객들이 사라진 11대 총선에선 문교부 기획관리실장, 전남도교육감을 지낸 민정당 이대순 후보가 고흥을 표밭으로, 6·3 굴욕적인 한일회담 반대시위 당시 고려대 학생회장이었던 민한당 유준상 후보가 보성

을 표밭으로 양분 상태를 유지했다.

통대의원 출신으로 백화당약국 대표인 국민당 홍민표가 당선권을 넘나들었으나 대통령 비서관 출신으로 7대 의원을 지낸 신정당 양달승, 8대 총선 때에도 입후보했던 민권당 송기태, 육군부관학교장을 지낸 사회당 김형운 후보들의 득표력은 미약했다.

이번 총선에선 지난 총선에서 동반당선된 민정당 이대순, 민한당 유준상 의원이 고흥과 보성을 분점하여 재선고지를 점령한 상황에서 4선의원으로 공화당 사무총장, 건설부 장관을 지낸 신형식 후보가 국민당 공천으로, 서울법대 출신으로 법무부 검사를 거친 변호사인 임미준 후보가 신한민주당 공천으로 출전하여 4파전이 전개됐다.

유권자 10만 5천여 명인 고흥에서는 이대순, 신형식 후보가, 유권자 7만여 명인 보성에서는 유준상, 임미준 후보가 출전하여 균형을 이루자 유권자가 적은 보성에서는 "자칫하면 보성에서는 국회의원 하나도 못 낼 수가 있다"는 위기의식이 감돌기도 했다.

동갑계와 교회신도들을 대상으로 득표활동을 전개한 이대순 후보는 고흥에서 출생했지만 보성에서 성장하여 '보성사람'이라며 보성 표밭을 가꾸고 있다.

이중재 의원의 조직을 오롯이 물려받고 신형식은 한물 간 사람이라고 폄하한 유준상 후보는 학생의 날을 부활시킨 원내활동을 집중 홍보하여 벌교를 정치적 고향으로 여기고 있는 신한민주당 공천에서 밀려난 김 수 전 의원이 지지를 약속했다는 설을 유포하기도 했다.

고흥의 최대 성씨인 고령 신씨 문중을 기반으로 뛰고 있는 신형식 후보는 30년 동안 지역에 심은 음덕과 인연을 찾아나서며 현역의원들을 "정치역량이 부족한 사람들"이라고 평가절하했다.

이대순 의원과 국민학교에서 대학까지 동문인 임미준 후보는 선명성의 기치를 내걸고 신당바람을 일으키고 있으나 농촌 지역구로 미풍에 그치고 있는 것이 안타까울 뿐이다.

유준상 후보와 신형식 후보의 은메달 경쟁은 고흥의 민한당원들의 활동에 따라 당락이 결정되었으며 신 후보의 조직이 흘러간 조직인 것이 패인으로 다가왔다.

고흥과 보성에서 1위를 차지한 민정당 이대순 후보의 금메달이 확정된 가운데 보성에서 21,039표(33.0%)를 득표한 민한당 유준상 후보와 고흥에서 27,571표(31.6%)를 득표한 국민당 신형식 후보의 혈투는 신 후보가 보성에서 9,225표(14.5%) 득표에 머문 반면 이 후보가 고흥에서 17,419표(20.0%)를 득표함으로써 승패가 결정됐다.

유박준, 박득순, 오이철, 김 수 후보들을 제압하고 신한민주당 조직책을 꿰어찬 임미준 후보의 돌풍은 기대 이하였다.

☐ 득표상황

후보자	정당	연령	주요 경력	득표(%)
이대순	민정당	51	11대의원(지역구)	59,026 (39.8)
유준상	민한당	42	11대의원(지역구)	38,458 (38.5)

| 신형식 | 국민당 | 58 | 국회의원(4선) | 36,796 (24.8) |
| 임미준 | 신민당 | 52 | 검사, 변호사 | 14,044 (9.5) |

<장흥 – 강진 – 영암 – 완도> 지난 총선에서 패배로 인한 동정표, 선명성을 기치로 내건 야권성향표, 고향인 장흥표를 묶어 당선을 엮은 신한민주당 이영권

10대 총선에서 자웅을 겨뤘던 길전식, 황호동, 윤재명, 이선동 정객들이 사라진 11대 총선에선 육사 11기로 국방부 조달물자국장을 지낸 김 식 후보가 민정당 공천을 받고 '강직하고 참신한 새 일꾼' 이미지 심기에 성공하여 선두권을 선점했다.

육사 8기로 삼성건설 이사를 지낸 국민당 백정기와 광운공대 교수인 무소속 이영권 후보가 장흥군표를 균분한 가운데 무역회사 사장으로 유일한 영암 출신인 민한당 유재희 후보가 영암군민들의 전폭적인 지지로 은메달을 차지했다.

이번 총선에는 지난 총선에서 동반당선된 민정당 김 식, 민한당 유재희 의원이 재선의 나래를 펼치고 있는 상황에서 3선 의원으로 한 · 일 문화친선협회장을 지낸 윤재명 후보가 정치규제에서 풀려나자 국민당 공천으로 출전했고, 지난 총선에도 무소속으로 출전했던 이영권 후보가 신한민주당 공천으로 출전하여 사생을 건 경쟁을 벌이게 됐다.

유권자 6만 6천여 명인 완도는 무주공산이고 유권자 5만 3천여 명인 영암은 민한당 유재희 후보가, 유권자 5만 5천여 명인 강진에서는 민정당 김 식, 국민당 윤재명 후보가, 유권자 4만 9천여 명인 장에는 신한민주당 이영권 후보가 출전하여 군별 대항전이 펼쳐졌다.

육사 11기 출신으로 당내비중이 높아 국회 농수산위원장을 역임하여 지역사업실적을 집중 홍보한 김 식 후보는 우세한 조직과 자금으로 금메달 당선을 예약했다.

새로운 강자로 부상한 3선의 국민당 윤재명 후보는 술수를 부리는 사람으로 공격을 받자 김식, 유재희 두 현역의원을 '미숙한 사람들'이라고 반격했다.

민한당 유재희 후보는 "강진에서만 두 사람을 보낼 수 있느냐"면서 영암에서의 몰표를 기대했다.

광운대 조교수로 유광렬, 오석보, 김안종, 안희우, 김원식, 김석영, 최수영, 김동재 후보들을 따돌리고 신한민주당 공천을 받은 이영권 후보는 신당 바람을 업고 고향인 장흥에서 47%가 넘는 득표율을 올리며 무주공산인 완도에서 선전하여 박두형 후보와 공천경쟁에서 힘을 소진한 윤재명 후보를 가볍게 제압할 수 있었다.

강진에서는 22,370표(54.6%), 영암에서는 19,459표(42.7%), 완도에서는 33,121표(59.0%)를 쓸어담은 민정당 김 식 후보와 장흥에서 25,396표(47.7%)를 득표하여 1위를 한 신한민주당 이영권 후보가 동반 당선됐다.

영암에서는 민한당 유재희 후보가 14,404표(31.6%)를 득표하여, 강진에서는 국민당 윤재명 후보가 8,790표(21.5%)를 득표하여 2위에 올라서며 당선권을 바라보았으나 다른 군에서 득표력이 미약하여 주저앉았다.

장흥에서 47.7%의 득표율을 올린 이영권 후보는 무주공산인 완도에서 8.932표(15.9%)를 득표하여 2위를 한 것이 당선의 밑거름이 되었다.

□ 득표상황

후보자	정당	연령	주요 경력	득표(%)
김 식	민정당	51	11대의원(지역구)	95,055 (49.4)
이영권	신민당	48	광운대 조교수	45,447 (23.6)
윤재명	국민당	53	국회의원(3선)	26,022 (13.5)
유재희	민한당	49	11대의원(지역구)	25,785 (13.4)

<해남 - 진도> 재력을 바탕으로 해남중·고 동문, 김해 김씨, JC 회원 등을 규합한 신정사회당 김봉호 후보가 고토를 회복

공화당 김봉호 의원이 정치규제에 묶인 11대 총선에서 무소속 후보로 출전하여 김봉호 의원과 동반 당선되어 입법의원에 발탁되는 행운까지 겹친 임영득 후보는 민정당 공천을 받고 출전하여 당선을 의심하는 사람은 아무도 없었다.

그러나 임영득 후보는 '해남의 인물'을 내세운 통대의원 출신으로 JC 전남부회장으로 민한당 공천을 받은 민병초, 통대의원 출신으로 재경해남향우회장인 국민당 이성일 후보에게 밀려 민정당 후보로 전국 92개 선거구에 낙선한 두 후보 중 한 명이 되었다.

제주의 변정일 후보도 임영득 후보와 같이 무소속으로 10대 의원에 당선됐다가 민정당 공천을 받은 행운아였으나 낙선했다.

민한당 민병초 후보는 "20년 야당 불모지의 오명을 씻자"고 제1야당 후보임을, 재력을 구비한 국민당 이성일 후보는 "입법의원 하나 없는 국민당만이 진짜 야당" 이라고 주장했다.

신흥학원 이사장이며 용천빌딩 사장인 신정당 박준육 후보는 진도에서 13,619표(38.8%)를 득표했으나 해남에서 1,498표로 부진하여 당선권에서 멀어졌다.

이번 총선에는 지난 총선에서 당선된 민한당 민병초, 국민당 이성일 의원들이 재선을 노리며 절차탁마하고 있는 상황에서 전남부지사 출신으로 민정당 전국구 의원으로 발탁된 정시채 의원이 민정당 공천으로 출전하여 세 현역의원의 경쟁이 불가피했다.

여기에 공화당 공천으로 10대 의원에 당선됐으나 정치규제에 묶였다가 해금된 김봉호 후보가 신정사회당 공천으로 출전하여 고토회복을 선언했고 광주고법판사 출신인 윤철하 후보가 박문수, 이경식 후보들을 제압하고 신한민주당 공천으로 출전하여 신당 바람을 일으키고 있다.

'농지세법 개정의 주인공' "고천암의 간척을 막아 냈다" 는 현수막을 내걸은 민정당 정시채 후보는 유일한 진도 출신으로 진도의 몰표를 기대하고 있다.

착실한 사업가로 소문난 민병초 후보는 여흥 민씨 종중을 기반으로 처가인 해남 윤씨 문중의 지원까지 기대하고 있다.

해남군수, 진도군수 출신을 사무장으로 특별 채용한 이성일 후보는 풍부한 재력으로 재선고지를 향해 표몰이에 나섰다.

다시 한번 금메달을 노리며 재력을 바탕으로 맹활약을 하고 있는 김봉호 후보는 해남 중·고출신들과 김해 김씨 5천 가구, JC 회원 등을 규합하면서 "정치규제는 유권자만이 할 수 있는 것"이라고 정치규제의 부당성을 규탄했다.

해남 대표주자 선정으로 치달은 선거전은 해남에서 김봉호 후보는 18,977표, 이성일 후보는 16,813표, 민병초 후보는 14,797표로 전체의 순위가 확정됐다.

민정당 정시채 후보는 진도에서 32,404표(85.4%)를 쓸어담고 해남에서도 22,514표(27.4%)를 득표하여 금메달을 확정지었고 은메달의 혈투는 해남에서는 18,977표(23.1%)를 득표한 신정사회당 김봉호 후보가 16,813표(20.5%)인 국민당 이성일 후보를 가까스로 제압했다.

진도에서는 국민당 이성일 후보가 1,390표 대 864표로 526표 앞섰으나 해남에서의 2,164표차를 메꿀 수가 없었다.

□ 득표상황

후보자	정당	연령	주요 경력	득표(%)
정시채	민정당	48	11대의원(전국구)	54,918 (46.5)
김봉호	사회당	51	10대 국회의원	19,841 (16.8)
이성일	국민당	56	11대의원(지역구)	18,203 (15.4)
민병초	민한당	43	11대의원(지역구)	16,348 (13.9)
윤철하	신민당	58	광주고법 판사	8,699 (7.4)

<영광 – 함평 – 장성> 영광과 장성에서는 두 후보가 출전했지만 함평에서 유일하게 출전하여 지난 총선에서의 패배를 설욕한 이진연

이 지역 10대 의원 2명이 정치규제에서 풀려나 11대 총선에서 격돌한 이 지역구는 지난 10대 총선에서 통일당 후보로 출전하여 192표 차로 낙선한 조기상 후보가 민정당으로, 신민당 후보로 출전하여 재선의원이 된 이진연 후보는 민한당으로, 9대 지역구 의원이었으나 유정회 의원으로 말려난 4선의원인 윤인식 후보는 국민당으로 출전했다.

"이제 지역감정을 해소하고 낙후된 고장을 발전시키자"며 당원들을 독려한 조기상 후보가 금메달을 확보했고, 당선이 예상됐던 이진연 후보는 고향인 함평에서 윤인식 후보와 균점하다 보니 청주지검 제천지청장 출신으로 복병인 신정당 이원형 후보에게 일격을 맞고 쓰러졌다.

이원형 후보는 고향인 영광에서 조기상 후보에게 밀려 20,472표 (35.3%) 득표에 머물렀지만 고향인 함평에서 1위를 했지만 16,931표 (41.8%)를 득표한 이진연 후보를 제압할 수 있었다.

4선의원인 윤인식 후보는 함평에서 2위를 했을 뿐 영광, 장성에서 부진을 면치 못했고, 유일한 장성 출신인 민권당 김상복 후보는 "과거처럼 함평군 영광면 장성리가 되지 않도록 장성 출신 단일 후보인 나를 밀어달라"고 호소했지만 장성에서 14,639표(25.7%) 득표에 머물러 5위로 밀려났다.

이번 총선에선 지난 총선에서 동반당선된 민정당 조기상, 신정당에서 신정사회당으로 옮긴 이원형 의원이 재선을 기대하고 있고 지난 총선에서 민한당으로 출전한 이진연 후보는 민한당으로, 민권당으로 출전한 김상복 후보는 김영석, 김기수, 장기언 후보들을 따돌리고 신한민주당 공천을 받아 출전했다. 통정주택 대표인 백상규 후보는 풍부한 재력을 자랑하며 국민당 공천으로 가세했다.

유권자 6만 9천여 명인 영광에서는 민정당 조기상, 신정사회당 이원형 후보들이, 유권자 5만 1천여 명인 장성에서는 신한민주당 김상복, 국민당 백상규 후보들이, 유권자 5만 1천여 명인 함평에서는 민한당 이진연 후보가 유일하게 출전했다.

부친 조영규 전 의원의 후광을 업은 장훈 중·고 교장인 조기상 후보는 1만 5천명의 당원을 활용하여 극성스런 지역활동으로 재선의 고지를 점령한 것으로 알려졌다.

고학으로 사법고시에 합격하여 신정당으로 당선된 이원형 후보는 의정동우회 원내총무로 활약했으며 아들의 사법고시 합격을 널리 홍보하기도 했다.

9, 10대 의원으로 지난 총선에서 낙선한 이진연 후보는 양보다 질 위주의 거점조직을 구축하고 함평군민의 지역의식을 최대한 활용하여 유리한 고지를 선점했다.

청와대 경호실에 근무했던 백상규 후보는 '의리의 사나이'라는 이미지 홍보에 주력했으며 덕화여상 교장으로 세 차례 낙선에 따른 동정여론을 등에 업은 김상복 후보는 선명논쟁에서 우위를 유지하여 이번만은 당선을 확신했다.

군별 대항의식이 팽배한 이 지역구에서 집권여당의 조직을 활용한 민정당 조기상 후보와 함평의 유일한 주자인 이진연 후보의 당선을 선거초반부터 예견됐다.

영광에서 31,181표(48.6%)로 1위를 한 민정당 조기상, 함평에서 23,524표(57.8%)로 1위를 한 민한당 이진연, 장성에서 20,183표(48.0%)로 1위를 한 국민당 백상규 후보의 혈투는 다른 군에서의 득표력에서 결정됐다.

함평과 장성에서 17,659표를 득표한 조기상 후보가 1위, 영광과 장성에서 9,953표를 득표한 이진연 후보가 2위로 당선됐다. 영광과 함평에서 7,558표를 득표한 백상규 후보는 3위로 밀려났다.

금뱃지와 인연이 닿지 아니한 신한민주당 김상복 후보는 9대 총선에는 통일당으로, 지난 11대 총선에는 민권당으로 출전하여 낙선했다.

□ 득표상황

후보자	정당	연령	주요 경력	득표(%)
조기상	민정당	47	11대의원(지역구)	48,840 (33.9)
이진연	민한당	52	국회의원(2선)	33,477 (23.2)
백상규	국민당	48	통정주택 대표	27,741 (19.2)
이원형	사회당	51	11대의원(지역구)	25,707 (17.8)
김상복	신민당	54	덕화여상 교장	8,473 (5.9)

제주도

<제주 - 북제주 - 서귀포 - 남제주> 복지사업가, 프로권투 협회장의 지명도를 활용하여 와신상담의 세월을 보낸 변정일 후보를 꺾고 세 번째 등원에 성공한 무소속 양정규

지난 11대 총선에서는 10대 총선 때 무소속으로 출전하여 공화당 현오봉 후보와 동반당선된 변정일 후보가 공화당에 입당하여 정풍운동 주역으로 활동하다가 정치규제에서 벗어나 민정당 공천을 받고 재선의원 고지를 선점했다.

그러나 남제주고 이사장으로 신민당지구당 위원장으로 활약했던 무소속 강보성 후보가 두 번 낙선에 따른 동정표와 1만 2천여 명의 진양 강씨 문중표의 결집으로 남제주에서 27,600표(37.9%)를 득표하여 1위를, 서울법대 출신으로 서울지검 특별수사부 검사출신인 무소속 현경대 후보가 오현고 동문들과 현씨 문중들을 파고들어 제주시에서 22,346표(30.0%)를 득표하여 1위를 발판으로 동반당선하여 정당공천 후보들을 아연실색케 했다.

1만 2천 명의 당원과 반책까지 확보한 변정일 후보는 사조직까지 막강하게 구축했지만 변신을 거듭한 정치역정이 발목을 잡았고, 동아일보 기자, KBS 해설위원을 지낸 민한당 김택환 후보는 가락종친회 감사로 종중표와 범야세 규합에 나섰으나 지역에 뿌리를 뻗지 못한 것이 발목을 잡았다.

공화당 훈련원 교수 출신으로 "민정당이 무슨 여당이냐 실권 없는 들러리 정당일 뿐이다"라고 비난한 신정당 고문승 후보의 득표력은 1만 표 내외였다.

이번 총선에는 지난 총선에서 무소속 동반당선됐던 현경대 후보는 민정당으로 변신하여 민정당 공천을 받아, 강보성 후보는 민한당으로 변신하여 재선고지를 향해 달렸다.

지난 총선에서 민정당 공천을 받고도 3위로 낙선한 변정일 후보는 무소속으로, 7대와 9대 의원으로 한국권투위원회 회장인 양정규 후보도 무소속으로 출전했다.

신민당 중앙상무위원이었던 고수문 후보는 신한민주당으로, 민권당 사무총장인 신두완 후보도 민권당으로 출전하여 6파전이 전개됐다.

11대 총선 때 93표차로 2위로 당선됐던 현경대 후보는 당원 1만 2천 명을 활용하고 개인기반으로 4만 표를 확보하여 당선권에 진입했다. 입지전적 인물로 알려졌고 당내에서 손꼽히는 이론가 현경대 후보는 "지난 4년간 의정활동 등을 거울 삼아 선진제주를 만드는데 온 정성을 다 바치겠다"고 다짐했다.

11대 총선 때 무소속으로 금메달을 딴 기반을 가진 강보성 후보는 40만부의 의정활동 보고서를 배포하고 진양 강씨 문중표 2만 6천표의 결속을 다지며 민선 제주지사였던 장인 강성식의 출신지인 서귀포의 표밭유지에도 심혈을 기울였다.

무소속 현경대 후보의 출현으로 민정당 공천을 받고도 낙선한 변정일 후보는 와신상담하며 4년 간의 무료변론을 기반으로 재기를 다짐하고 있다.

북제주에서 재선의원의 오랜 기반을 자랑하고 있는 양정규 후보는 프로 권투협회장으로 지명도를 높였으며 의원생활 때 도와준 세대의 여론을 등에 업고 고토회복을 기대하고 있다.

민권당 사무총장으로 6전 7기를 위해 고군분투하고 있는 신두완 후보는 동정여론을 겨냥하고 있고, 정치신예인 고수문 후보는 선명성을 내걸고 신당바람이 불기를 기대했다.

어제의 적수들이 소속을 바꾸어 사감(私感)마저 응어리진 채 재회전을 벌인 이 지역구는 집권여당의 조직과 현씨 문중을 다독인 현경대 후보가 대승을 거두었고, 제주복지회 이사장으로 복지사업을 펼쳐오며 지명도를 높인 양정규 후보가 절치부심하며 남제주지역을 훑고 다닌 변정일 후보를 1,130표인 간발의 차로 꺾고 세 번째 등원에 성공했다.

제주시에서 32,480표(33.1%), 북제주에서 18,199표(33.0%), 남제주

에서 12,755표(29.5%)로 1위를 하고 서귀포에서 353표 차로 2위를 한 민정당 현경대 후보는 다른 후보들의 추격을 뿌리치며 금메달을 확정지었다.

제주시에서 23,867표(24.3%), 북제주에서 14,676표(26.6%)를 득표하여 2위를 굳힌 무소속 양정규 후보가 남제주에서 12,511표(28.9%)로 2위를 했으나 서귀포에서 7.825표(20.3%)로 부진하여 강보성, 현경대 후보들에 밀려 3위로 추락한 무소속 변정일 후보를 1,130표라는 간발의

차로 제압하고 은메달을 확보했다.

□ 득표상황

후보자	정당	연령	주요 경력	득표(%)
현경대	민정당	45	11대의원(지역구)	73,798 (31.9)
양정규	무소속	52	국회의원(2선)	51,357 (22.2)
변정일	무소속	42	10대의원, 변호사	50,227 (21.7)
강보성	민한당	54	11대의원(지역구)	39,635 (17.1)
고수문	신민당	45	민추협 운영위원	13,819 (5.9)
신두완	민권당	56	당 사무총장	2,792 (1.2)

4. 충성파와 돈 냄새가 물씬 풍긴 전국구

(1) 7개 정당에서 171명의 전국구 후보 추천

각계 각층 전문가들의 의회진출로 의회의 전문성을 높이기 위한 전국구 제도가 본연의 역할을 벗어나 집권여당의 정국안정의 받침대로 활용하면서 최고 권력자의 주위를 맴도는 어용 언론인들과 어용 학자들 더구나 군 장성들의 의회진출 등용문이 됐다.

야권에서도 지역구에서 뛰고 있는 후보들에게 총알을 주기 위한 총알걷이용으로 전국구를 활용하다 보니 전문가 그룹을 내팽개치고 운수업이나 요식업 등으로 치부한 재력가들의 놀이터로 전락됐다.

이번 총선에서도 어김없이 민정당은 권력주위를 맴도는 어용단체 임원, 어용언론인, 어용 학자들을 대거 추천했고 민한당, 국민당, 신한민주당은 이름도 알려지지 아니한 5억원 정도의 정치헌금을 낼 수 있는 중소기업체 대표들을 무더기로 추천했다. 이들은 5억원 정도의 정치헌금을 내고 족보에 국회의원이란 직함을 올리겠다는 심산일 것이다.

민정당은 전국구의 3분의 2인 61석을 할애받을 것을 알면서도 예비후보 20명을 추가하여 81명을 추천했고, 민한당은 지난 총선에서 24석을 할애받은 추억 속에서 7석이 많은 31명을 추천했다.

지난 총선에서 7석을 할당받은 국민당도 3배가 넘는 25명을 추천했고 민추협과 신민당 최고위원들의 결사체인 신한민주당도 논란 끝에 30명의 전국구 후보들을 추천했는데 이들 모두 제1당이 되어 61석을 차지하겠다는 포부를 아예 갖지 아니했다는 것을 보여주고 있다.

지역구에서 5석 이상을 차지하거나 전국의 득표율을 5%이상 올려야 전국구 의석이 배분되어 의석 배분에서 제외될 것을 알면서도 신정사회당 2명, 민권당 1명, 근로농민당 1명을 등록시켜 171명이 등록되어 2대 1의 경쟁률에도 미치지 못했다.

(2) 제1당인 민정당에게 조건 없이 61석을 우선배정

전국구 92석 가운데 제1당인 민정당에 3분의 2인 61석을 할애하고 나니 겨우 31석만 남았다.

지역구 5석 이상 차지한 정당은 민한당, 국민당, 신한민주당 뿐으로 이들을 의석수에 따라 배분하다 보니 민한당 9석, 국민당 5석, 신한민주당 17석으로 나뉘게 됐다.

민정당 전국구 당선자 61명의 본적이나 연고지를 분석해 보면 서울, 경기 등 수도권이 25명으로 가장 많고 부산, 대구, 경남북 등

영남권이 17명을 차지한 반면 충청권과 호남권이 9명으로 균형을 이루고 강원도 출신이 1명으로 영남권의 점유율의 27.9% 수준이다.

그러나 민한당, 국민당, 신한민주당 등 야권 31석의 연고지는 서울, 인천 등 수도권 8명, 부산, 대구, 경남북 등 영남권이 17명으로 절반을 넘어섰다. 충청권 2명, 호남권 4명, 제주도가 1명일뿐이다.

따라서 전국구 92명 가운데 영남권 출신이 34명으로 37.0%를 점유하게 됐다.

따라서 전국구 34명, 영남권 29개 선거구에서 당선된 58명, 서울 등에서 당선된 박용만, 권영우, 이 철, 허청일, 김수한, 김정남, 남재두 의원 등을 포함하면 영남출신은 99명이 되어 전체 의원정수 276명의 35.7%를 차지하고 있다.

(3) 정당별 전국구 당선자와 입후보자

○ 민주정의당 : 당선자 61명

순위	성명	연령	본적(연고)	주요 경력
1	이재형	70	경기	당 대표, 6선의원
2	진의종	63	전북	당 대표, 3선의원
3	노태우	52	대구	육사 11기, 내무부장관

4	왕상은	64	부산	협성해운회장, 11대의원
5	유학성	57	경북	안전기획부장
6	이상재	50	충남	당 사무차장, 사정비서관
7	서정화	51	경남	내무부장관
8	박종문	52	경남	농수산부장관, 강원도지사
9	강경식	48	경북	대통령비서실장
10	황인성	59	전북	육사 4기, 11대의원
11	박동진	62	경북	외무부장관, 11대의원
12	이용훈	58	서울	법제처장, 11대의원
13	나웅배	50	서울	재무부장관, 11대의원
14	조일문	67	서울	건국대총장
15	권중동	52	경북	노동부장관
16	이성열	58	전남	대법원판사
17	김현자(여)	56	서울	YWCA 부회장, 11대의원
18	배성동	48	대구	서울대교수, 11대의원
19	현홍주	44	서울	안기부차장
20	이영욱	52	경남	법무부차관
21	김영작	44	서울	국민대 교수
22	조상현	61	서울	한양대교수
23	김영정(여)	55	서울	이화여대교수
24	안갑준	58	충북	전남부지사, 2선의원
25	김성기	49	서울	사회정화위원장
26	조종호	63	충북	입법의원, 3선의원
27	이상희	46	부산	동아제약고문, 11대의원
28	유근환	56	충남	정보사령관, 11대의원
29	한양순(여)	55	서울	연세대교수
30	홍종욱	60	강원	강원도교육감, 11대의원

31	정창화	44	경북	11대의원(전국구)
32	김종인	44	서울	서강대교수, 11대의원
33	김영귀	45	서울	중립전기대표, 11대의원
34	최병열	46	경남	조선일보 편집국장
35	강용식	45	서울	KBS 보도본부장
36	송용식	52	서울	연합통신 상무
37	지연태	57	전남	주이태리대사
38	임두빈	51	충남	명지대교수
39	정현경	51	전남	해사 9기, 해군 1차장
40	진치범	53	충북	공사 2기, 방공관제단장
41	최영덕	56	경기	해경 대장, 경기도경국장
42	임영득	52	전남	농정차관보, 10대 의원
43	김 집	58	경북	11대의원(전국구)
44	지갑종	58	서울	11대의원(전국구)
45	최명헌	54	서울	육사 9기, 11대 의원
46	이종률	43	전북	입법의원
47	조경목	47	충남	과학기술처차관
48	김형효	44	서울	서강대부교수
49	김학준	42	인천	서울대교수
50	서정화	45	경기	육사 19기, 당 조직국장
51	김두종	45	서울	당 훈련국장
52	양경자(여)	44	서울	당 여성국장
53	문희갑	47	경북	경제기획원 예산실장
54	김양배	46	전남	전북부지사
55	정휘동	59	경북	퍼시픽호텔 대표, 2선의원
56	김장숙(여)	50	전북	여약사회장
57	박혜경(여)	43	서울	숙명여대 교수

58	이철우	51	충남	새마을경기회장
59	안영화	43	경남	국회운영전문위원
60	최상진	43	충남	당 중앙위원
61	이성호	44	경기	당 경기지부사무국장
62	이 진	42	서울	당 정책국장
63	정호근	47	경북	당 교수실장
64	김중위	45	경북	당 전문위원
65	박성태	46	서울	당 중앙위원, 새서울병원장
66	김정균	45	전남	당 선전부국장
67	김태수	48	경북	당 부산지부 사무국장
68	홍희표	47	강원	광희학원 이사장
69	김문기	52	강원	상지학원 이사장
70	정동윤	47	경북	당 중앙위원
71	심국무	45	전북	당 재무전문위원
72	김종열	54	충북	금성섬유대표
73	허상령	45	경남	당 총무국장
74	박명환	46	서울	신일기공 대표
75	민제영	50	경기	호남석유부사장
76	임인규	45	서울	출판문화협회장
77	김충휘	45	서울	당 의원실장
78	이종환	51	전남	당 전남지부 사무국장
79	서성호	50	경남	당 경남지부 사무국장
80	구문회	39	충북	당 중앙위원
81	이건상	38	서울	육사 25기, 당 경리실장

○ 민주한국당 : 당선자 9명

순위	성명	연령	본적(연고)	주요 경력
1	이태구	64	서울	당 부총재, 11대의원
2	박해충	56	경북	4선의원
3	신재휴	48	경북	11대의원(전국구)
4	손태곤	56	경남	11대의원(전국구)
5	정상구	59	부산	참의원, 7대의원
6	최운지	57	경북	국제전선 대표, 대학교수
7	신동준	52	경북	유진산총재 비서실장
8	황대봉	57	경북	대원교통 회장
9	송현섭	48	서울	당 후원회장
10	이상홍	57	서울	뉴코리아 관광 대표
11	감병태	47	경남	한올제약 대표
12	문준식	61	서울	원일통상 회장
13	정규완	48	서울	아세아산업 대표
14	이동근	45	경북	코리아실업 대표
15	김옥천	44	전남	전남탁구협회장
16	송봉명	44	부산	당 전문위원
17	이동균	42	경기	당 총재보좌역
18	조홍규	41	전남	민주전선 편집국장
19	이태식	49	경남	태평양관광 대표
20	정선영	45	충북	당 총재 보좌역
21	박재홍	44	서울	당 총무부국장
22	기정서	40	경기	당 조직부국장
23	박영식	46	경남	당 중앙상무위원
24	장기천	46	경기	신민당 조직부국장

25	장동수	44	충남	당 정책심의연구실차장
26	김금동	49	서울	당 중앙상무위원
27	신병희	43	충북	당 농수산부국장
28	김삼웅	41	전남	당 편집부국장
29	이재환	46	전북	당 전문위원
30	박동인	46	충남	천안 - 아산 지구당위원장
31	장명숙(여)	60	충남	당 부녀부국장

○ 한국국민당 : 당선자 5명

순위	성명	연령	본적(연고)	주요 경력
1	김종철	64	충남	당 총재, 5선의원
2	정시봉	68	서울	통대의원, 시장협의회장
3	문병하	52	서울	상공부국장, 대양상선대표
4	김규원	56	서울	국제가스, 국제운수 대표
5	최재구	55	경남	불교신도회 회장, 3선의원
6	조용직	44	서울	공화당 총무국장
7	김종학	43	경북	공화당훈련원 교수
8	송업교	43	전남	공화당 의원국장
9	조현상	57	경남	당 당기위원장
10	백정기	55	전남	예비역육군준장
11	이백래	62	전남	공화당 보성지구당 위원장
12	지홍재	50	경기	삼우석재 회장
13	장청치	40	대구	당 조직국장
14	정원조	42	서울	당 선전국장

15	배길랑	43	서울	당 기획조정실장
16	신정철	44	전남	약산농장 대표
17	공영옥	44	전북	당 전북지부 사무국장
18	정한식	55	경남	당 서울지부 사무국장
19	최장현	50	전남	당 전남지부 사무국장
20	조우규	54	경남	당 경남지부 사무국장
21	김의행	43	대구	당 경북지부 선전부장
22	박두형	48	전남	대원산업 대표
23	전원욱	44	전남	금계실업 대표
24	김정국	42	경북	정선의원장
25	이종애(여)	43	경북	당 여성부장

○ 신한민주당 : 당선자 17명

순위	성명	연령	본적(연고)	주요 경력
1	신달수	61	경남	경남버스 대표
2	임춘원	46	서울	동아대 재단이사
3	고한준	54	제주	아세아상사 대표
4	김형경	49	부산	김영삼총재 특보
5	정재문	48	경남	버스터미널 협회장
6	한석봉	38	부산	세화학원 이사장
7	윤영탁	51	경북	대우상무
8	신병열	50	경남	창당발기인
9	박종율	55	전북	장면총리 비서관, 8대 의원
10	조영수	43	부산	중학교 교사

11	김병수	49	전북	신민당 대표 비서실장
12	김동욱	47	경남	10대의원(충무-통영)
13	이길범	46	전남	민권당 조직국장
14	김용오	56	부산	서울 조계사 주지
15	장충준	48	서울	신민당 조직국장
16	최 훈	56	서울	신민당 청년국장
17	신경설	53	충남	신민당 사회노동국장
18	박기수	47	전남	민추협 운영위원
19	임광순	46	전북	신민주전선주간
20	김종순	49	부산	부산선대본부장
21	김홍조	45	충남	민권당대변인
22	최상덕	52	서울	신민당 조직국장
23	임명산	55	경기	선대본부 특보
24	한영애(여)	43	충남	김대중 후보 보좌역
25	박희동	48	경북	국회의원 비서관
26	이유형	47	서울	김대중 후보 비서
27	최정택	44	경기	신민당 중앙상무위원
28	백영기	43	경북	민주전선사업부국장
29	김정신	43	충남	신민당 금산지구당 위원장
30	장기언	54	전남	민추협 운영위원

○ 신정사회당 : 당선자없음

순위	성명	연령	본적(연고)	주요 경력
1	황경섭	44	경북	구산판지 대표

| 2 | 이강백 | 44 | 서울 | 당 대변인 |

○ 민권당 : 당선자 없음

순위	성명	연령	본적(연고)	주요 경력
1	김응조	75	서울	5대의원(고성), 육군준장

○ 근로농민당 : 당선자 없음

순위	성명	연령	본적(연고)	주요 경력
1	고태만	62	제주	당 중앙위의장

<참고자료>

○ 역대국회의원 선거총람 (중앙선거관리위원회 2016. 2월)

○ 13대 총선(1988. 4. 26) 이야기 (선암각 2018. 11월)

○ 해방 후 정치사 100장면 (가람기획 1994. 7월)

○ 주요일간지 (1981. 3. 1 ~ 1985. 2. 28)

- 경향신문   - 동아일보   - 조선일보

- 한국일보   - 중앙일보

○ 주요지방지 (1985. 1. 1 ~ 1985. 2. 28)

- 전북일보   - 대전일보   - 전남일보

- 부산일보   - 영남일보   - 대구매일